2023

国家统一法律职业资格考试

民商法

主观案例一本通

韩心怡 刘安琪 李劲松/编著

中国民主法制出版社

图书在版编目（CIP）数据

2023 国家统一法律职业资格考试．民商法主观案例一本通／韩心怡，刘安琪，李劲松编著．—北京：中国民主法制出版社，2023．5

（瑞达法考主观题系列）

ISBN 978-7-5162-3113-5

Ⅰ．①2… Ⅱ．①韩…②刘…③李… Ⅲ．①民商法-中国-资格考试-自学参考资料 Ⅳ．①D920．4

中国国家版本馆 CIP 数据核字（2023）第 043327 号

图书出品人：刘海涛
责任编辑：陈 曦 张雅淇 李 郎 魏敬仁

书 名／2023 国家统一法律职业资格考试·民商法主观案例一本通
作 者／韩心怡 刘安琪 李劲松 编著

出版·发行／中国民主法制出版社
地址／北京市丰台区右安门外玉林里 7 号（100069）
电话／（010）63055259（总编室） 63058068 63057714（营销中心）
传真／（010）63055259
http：//www. npcpub. com
E-mail：mzfz@npcpub. com
经销／新华书店
开本／16 开 787 毫米×1092 毫米
印张／27．25 **字数**／789 千字
版本／2023 年 8 月第 1 版 2023 年 8 月第 1 次印刷
印刷／三河市鑫鑫科达彩色印刷包装有限公司

书号／ISBN 978-7-5162-3113-5
定价／80．00 元

民法、商法和民诉法的三年之约

这是本书出版的第三个年头，我们三人满心欢喜再次在本书中相遇，与你共赴战场，见证你的胜利时刻。这篇序言，写给你的同时，也写给我们自己。

法考主观题的新趋势

2021 年的 5 月，本书的三位作者想写一本案例集，把民法、民诉法和商法综合在一起，以应对主观题考试中民商综合的命题趋势——“民商不分家，实体程序不分家”。具体而言，当前法考主观题中的民商大案例呈现如下趋势：

1. 知识点涉及面广泛

在一个案例中将民法、商法、民诉法的知识点进行融合考查，并且在考查时往往在三者结合处命题，换言之并非三者各考各的，而是以点带面，一箭三雕。传统复习方法中往往三科各行其是，缺乏总结，未提炼三者关联性，导致考生在考场上易迷失在知识点的密网中，甚至在基础法律关系的定性上都出现错误。

2. 法律关系复杂

在近几年的题目中，每个案件所涉及的法律关系均极为复杂，不仅涉及当事人之间的合同关系、担保人与债权人的担保关系、担保人之间的追偿关系还涉及公司内部的治理关系。在叠床架屋的法律关系中，考生往往难以准确定位所考查的知识点。

3. 题目设问较多

自 2018 年民商法主观题设置夺命 13 问以来，民商法主观题长期保持着高数量设问这一特点。不过，最近两年设问数量逐渐稳定在 10 问左右。许多考生在考场上见到 10 个设问直接就茫茫不知所云，尤其是带着设问回去看题干信息时，难以将设问与题干信息进行对应，无法提取有效的题干信息，导致频繁回头阅读题干信息，最终造成答题时间紧张。

我们的编写过程

在司法考试“主客一体”考查的时代，由于不存在独立的主观题阶段，因此考试对于主观题的要求并不高，甚至很多题目难度比不上不定项选择题。但进入法考时代，主观题考查难度陡升。很多考生仅凭借客观题的知识难以充分应对当下考试的新要求，尤其面对综合性的案例更是捉襟见肘。基于此，本书的三位作者合力为大家编写了《民商法主观案例一本通》。

在编写时，我们许下了满满的心愿：

案例不能是三个学科既有题目的简单拼接，案例和问题应行云流水；

问题不能是陈词滥调，应体现新增和热点；

设问不能是老师的一厢情愿、随意发挥，应紧扣考试脉搏；

案例不能仅仅是对过去题目的改编，而应结合每年的形势编写更为贴切的题目。

但法考培训领域，各位老师向来是相互调侃多，学科之间横向交流并不多，这样手牵手一起写题，更是头一回。回想我们的工作方式，很有“公司合并”的特色：公司合并，第一，合并主体作出决议；第二，编制资产负债表和财产清单，把各自有些什么盘点清楚；第三，通知债权人并公告。

这个编写的过程不仅是在为各位的学习助力，也是我们自己在提升的过程。在我们编写的交流中，韩心怡老师会给我们分享民诉法中存在的新观点，比如“轮候查封”在论文中的体现；刘安琪老师会把最近看到的司法实务中的典型案例拿出来给我们讲这个案例牛在哪里；李劲松老师也会把最近在担保制度学习中得到的新视角进行分享。

案例编纂的工作模式是：某个主题，A 写题干，编写基本剧情，可以试着设计其他两科问题，同时给 B、C 留好接口。然后传给 B，B 对题干进行完善和修订，写好自己学科的问题，再传给 C。最后返给 A 进行汇总和修订。工作节奏上，能够做到两天完成一个案例。

配套视频录制的时候，为保证连贯性、避免支离破碎，没有把一道题目拆成三位老师分别讲，而是一个人全讲下来。于是，我们每个人都硬着头皮“大胆”地尝试了对于其他部门法的讲解，韩心怡老师更是对多个夺命 18 问的题目进行了讲解，导致很多同学都在吐槽一个案例的讲解时间都快赶上一部电影的时长了。

本书的组织结构

2023 年，我们在对前两年编写经验的总结之上，再次出发进行了更新的尝试，由此有了第三版的《民商法主观案例一本通》。今年各位手中的一本通由以下几个部分组成，分别解决不同的问题。

1. 主观题考点详解

本部分通过短平快的知识点整理，将各个科目在主观题考试中可能考查的知识点进行较为浓缩的表达，尤其是在各个科目中对于能够彼此融合的部分着重提示并强调。对于基础知识薄弱的同学，建议在开始案例训练之前，将本部分所涉及的知识点进行强化记忆。

三位作者今年在这一部分皆为特地增加了“命题线索”。在命题线索中，三位作者对历年真题进行整理，结合命题趋势，对可能考查的案情线索进行梳理。为诸位同学呈现出几条明确的命题线索，有助于在考场上迅速锁定可能的得分点。

2. 民商法主观题破题技巧及答题规范

该部分是 2023 年的全新板块。民商法大综合案例的案情复杂，设问较多，如何迅速锁定有效信息？在组织答案时，到底如何用法言法语？这些问题无论是对于首次准备主观题的同学还是二战的同学可能都是巨大的障碍。市面上的既有材料，多强调破题、答题，但欠缺可操作的方法论指引。为了帮助大家迅速从方法论层面打破主观题的障碍，三位作者为大家准备了破题的

思路以及答题的规范。

3. 历年真题详解

本部分收录了2018—2022年的所有民商法综合案例及商法选作案例，并且进行了较为详细的解读。对于存在争议的地方，在本部分中将进行详细的说明、辨析。我们力争做到一本在手，真题再无困惑。在历年真题的答案中，作者对得分点均进行了明确的标注，因此各位同学在对历年真题进行练习后可以对照采分点答案，对自己的答案进行矫正。

4. 综合案例实训

本部分为三位作者合力编写的15个仿真模拟案例，难度略高于历年真题，所涉及的知识点也较为全面。在对本部分的模拟案例练习时，需要注意以下几点：

（1）对于做题的时间、正确率均不要以考场上的状态进行衡量，因为本部分的题目设问均多于真题，且难度高于真题，因此大家以练习为主，而不必以此衡量自己的得分水平。

（2）在基础案情之后，作者特意增加了对案件关键信息的标注，各位同学在练习时可以将自己标注的案件信息与书中标注的进行比较，看是否存在差异。

（3）答案部分，原则上由以下几个部分构成：采分点答案 + 题目解析 + 答题结构 + 易错点提示。其中，采分点答案是各位在考场中可以模仿的答题风格，较为简单明确。题目解析部分则是对于案情详细的分析，在对题目存在疑惑时可以着重阅读。

5. 考前实战演练

该部分是应众多同学要求，推出的全新模块。三位作者完全仿照真题的分值、案情风格、设问数量、分值分布为大家编写三个模拟案例，建议各位将其留在备考后期，作为考前的模拟训练：做好计时，仿照考场上的真实状态，对三个题目进行练习。一是，帮助各位熟悉考试的状态。二是，和真题如有雷同，纯属偶然，绝非泄题。

需要说明的是，对备考主观题的考生而言本书并非基础款的“四梁八柱”，而是强效的黏合剂，作者编写本书的目的不在于帮助考生从零到一的掌握知识点，而是在于帮助考生黏合已经掌握的知识点，进而实现民法、商法、民诉法三个部门法知识体系整合，进而强效提升考生提取能力、分析能力、综合能力、作答能力，最终实现得分！得分！得分！

莫听穿林打叶声——李劲松的话

2022年，在《民商法主观案例一本通》的授课过程中提到了苏东坡先生的一首词《定风波》，将其中的一句送给了备考主观题的同学——“莫听穿林打叶声，何妨吟啸且徐行”。事实上，很多同学在备考过程中是承受了很大的压力的，尤其是二战甚至三战主观题的同学。一路行来，耽搁了身边太多的事，冷淡了身边许多重要的人。可能心中会怀疑自己，会谴责自己如果无法通过这次考试，如何才能给自己、给家人、给单位一个交代？

大雨穿林而过，激起千层响。但是，不要去听雨是如何落下的，不必去管周围的人是如何议论你甚至嘲讽你。何妨吟啸且徐行，你的路和他们是不一样的，大雨穿林而过是从上往下的，而你一路行来，你要穿林而过是从外到里的。因此，何妨一路吟啸、欢声笑语地穿林而过。只要你坚持下来，必将看到，在大雨之后，“也无风雨也无晴”的新天空。

《民商法主观案例一本通》是我在法考领域公开出版的第一本书，拿到书时，我满心欢喜。在回家时，将书取出给我的家公、家婆看，告诉老人家你们的外孙也挺有出息的，现在都出书了，指着书上作者那一行告诉他们这就是我的名字。2022年底，那位陪伴了27年、爱了我27

年的家婆离开了这个她认为不开心的人世间。她的离去让我陷入了长期的悲哀。

2023 年在写本书的序言时，我问了我姐和我哥，说能否夹带点“私货”，让我说两句怀念我家婆的话，得到了他们的同意。下面这段话，写给我的家婆，写给我自己，也写给各位正在备考 2023 年法考主观题的同学们：

生命总会逝去，这是自然规律，任何人、事都不可能阻挡。既然生命一定会逝去，那么我们为什么不让自己这只有一次的生命活得更加精彩呢？让这个世界因我们的存在而有改变，哪怕只是一丝的改变。于我的家婆而言，从小的教育、爱护，塑造了今天的我，这是她对世界的改变；于我而言，当前的法考授课，让更多的同学通过法考，这是我对世界的改变；对你而言，通过法考在法治的发展中贡献哪怕一点点力量，推动法治哪怕一点点进步，这是你对世界的改变。

最后，期待在这个考季，和亲爱的各位有一场难忘的民法、商法和民诉法的美好邂逅。种瓜得瓜，种豆得豆；你我一起，静待花开。

韩心怡、刘安琪、李劲松

2023 年 7 月 1 日

目　录

第一编　主观题考点详解

第一部分

民法主观题考点详解

一、民法相关指导性案例整合

案例名称	裁判要点
最高法指导案例第 171 号：中天建设集团有限公司诉河南恒和置业有限公司建设工程施工合同纠纷案	执行法院依其他债权人的申请，对发包人的建设工程强制执行，承包人向执行法院主张其享有建设工程价款优先受偿权且未超过除斥期间的，视为承包人依法行使了建设工程价款优先受偿权。发包人以承包人起诉时行使建设工程价款优先受偿权超过除斥期间为由进行抗辩的，人民法院不予支持
最高法指导案例第 170 号：饶国礼诉某物资供应站等房屋租赁合同纠纷案	违反行政规章一般不影响合同效力，但违反行政规章签订租赁合同，约定将经鉴定机构鉴定存在严重结构隐患，或将造成重大安全事故的应当尽快拆除的危房出租用于经营酒店，危及不特定公众人身及财产安全，属于损害社会公共利益、违背公序良俗的行为，应当依法认定租赁合同无效，按照合同双方的过错大小确定各自应当承担的法律责任
最高法指导案例第 169 号：徐欣诉招商银行股份有限公司上海延西支行银行卡纠纷案	持卡人提供证据证明他人盗用持卡人名义进行网络交易，请求发卡行承担被盗刷账户资金减少的损失赔偿责任，发卡行未提供证据证明持卡人违反信息妥善保管义务，仅以持卡人身份识别信息和交易验证信息相符为由主张不承担赔偿责任的，人民法院不予支持
最高法指导案例第 168 号：中信银行股份有限公司东莞分行诉陈志华等金融借款合同纠纷案	以不动产提供抵押担保，抵押人未依抵押合同约定办理抵押登记的，不影响抵押合同的效力。债权人依据抵押合同主张抵押人在抵押物的价值范围内承担违约赔偿责任的，人民法院应予支持。抵押权人对未能办理抵押登记有过错的，相应减轻抵押人的赔偿责任
最高法指导案例第 167 号：北京大唐燃料有限公司诉山东百富物流有限公司买卖合同纠纷案	代位权诉讼执行中，因相对人无可供执行的财产而被终结本次执行程序，债权人就未实际获得清偿的债权另行向债务人主张权利的，人民法院应予支持
最高法指导案例第 166 号：北京隆昌伟业贸易有限公司诉北京城建重工有限公司合同纠纷案	当事人双方就债务清偿达成和解协议，约定解除财产保全措施及违约责任。一方当事人依约申请人民法院解除了保全措施后，另一方当事人违反诚实信用原则不履行和解协议，并在和解协议违约金诉讼中请求减少违约金的，人民法院不予支持
最高法指导案例第 109 号：安徽省外经建设（集团）有限公司诉东方置业房地产有限公司保函欺诈纠纷案	1. 认定构成独立保函欺诈须对基础交易进行审查时，应坚持有限及必要原则，审查范围应限于受益人是否明知基础合同的相对人并不存在基础合同项下的违约事实，以及是否存在受益人明知自己没有付款请求权的事实 2. 受益人在基础合同项下的违约情形，并不影响其按照独立保函的规定提交单据并进行索款的权利

续表

案例名称	裁判要点
最高法指导案例第109号：安徽省外经建设（集团）有限公司诉东方置业房地产有限公司保函欺诈纠纷案	3. 认定独立反担保函项下是否存在欺诈时，即使独立保函存在欺诈情形，独立保函项下已经善意付款的，人民法院亦不得裁定止付独立反担保函项下款项
最高法指导案例第95号：中国工商银行股份有限公司宣城龙首支行诉宣城柏冠贸易有限公司、江苏凯盛置业有限公司等金融借款合同纠纷案	当事人另行达成协议将最高额抵押权设立前已经存在的债权转入该最高额抵押担保的债权范围，只要转入的债权数额仍在该最高额抵押担保的最高债权额限度内，即使未对该最高额抵押权办理变更登记手续，该最高额抵押权的效力仍然及于被转入的债权，但不得对第三人产生不利影响
最高法指导案例第73号：通州建总集团有限公司诉安徽天宇化工有限公司别除权纠纷案	符合《破产法》[1]第18条规定的情形，建设工程施工合同视为解除的，承包人行使优先受偿权的期限应自合同解除之日起计算
最高法指导案例第57号：温州银行股份有限公司宁波分行诉浙江创菱电器有限公司等金融借款合同纠纷案	在有数份最高额担保合同情形下，具体贷款合同中选择性列明部分最高额担保合同，如债务发生在最高额担保合同约定的决算期内，且债权人未明示放弃担保权利，未列明的最高额担保合同的担保人也应当在最高债权限额内承担担保责任
最高法指导案例第53号：福建海峡银行股份有限公司福州五一支行诉长乐亚新污水处理有限公司、福州市政工程有限公司金融借款合同纠纷案	1. 特许经营权的收益权可以质押，并可作为应收账款进行出质登记 2. 特许经营权的收益权依其性质不宜折价、拍卖或变卖，质权人主张优先受偿权的，人民法院可以判令出质债权的债务人将收益权的应收账款优先支付质权人
最高法指导案例第33号：瑞士嘉吉国际公司诉福建金石制油有限公司等确认合同无效纠纷案	1. 债务人将主要财产以明显不合理低价转让给其关联公司，关联公司在明知债务人欠债的情况下，未实际支付对价的，可以认定债务人与其关联公司恶意串通、损害债权人利益，与此相关的财产转让合同应当认定为无效 2.《合同法》第59条规定适用于第三人为财产所有权人的情形，在债权人对债务人享有普通债权的情况下，应当根据《合同法》第58条的规定，判令因无效合同取得的财产返还给原财产所有人，而不能根据第59条规定直接判令债务人的关联公司因“恶意串通，损害第三人利益”的合同而取得的债务人的财产返还给债权人

〔1〕《中华人民共和国企业破产法》（以下简称《破产法》）。

续表

案例名称	裁判要点
最高法指导案例第 23 号：孙银山诉南京欧尚超市有限公司江宁店买卖合同纠纷案	消费者购买到不符合食品安全标准的食品，要求销售者或者生产者依照食品安全法规定支付价款 10 倍赔偿金或者依照法律规定的其他赔偿标准赔偿的，不论其购买时是否明知食品不符合安全标准，人民法院都应予支持
最高法指导案例第 17 号：张莉诉北京合力华通汽车服务有限公司买卖合同纠纷案	1. 为家庭生活消费需要购买汽车，发生欺诈纠纷的，可以按照《消费者权益保护法》处理 2. 汽车销售者承诺向消费者出售没有使用或维修过的新车，消费者购买后发现系使用或维修过的汽车，销售者不能证明已履行告知义务且得到消费者认可的，构成销售欺诈，消费者要求销售者按照消费者权益保护法赔偿损失的，人民法院应予支持

二、法人的责任承担

（一）设立阶段的责任承担

合同行为	1. 法人设立失败：发起人连带
	2. 法人设立成功： （1）原则：法人承担责任 （2）例外： ①发起人以自己名义实施的行为，相对人享有选择权，可选择发起人或法人承担责任（只能选一次） ②发起人为自己利益且合同相对人知情，发起人承担责任
侵权行为	1. 致他人损害： （1）职务行为：法人承担责任 （2）个人行为：发起人承担责任
	2. 致公司损害：发起人承担责任

（二）运营阶段的责任承担

1. 法人机关的行为（法定代表人）

（1）法律行为

原则	以法人名义实施的行为，由法人担责；以个人名义实施的行为，个人担责（看名义）
职权限制	①约定限制：超越法人、非法人组织的章程或者权力机构对法定代表人、负责人的代表权进行的限制，法人、非法人组织不能证明相对人知道或者应当知道该限制的，人民法院应当认定合同对法人、非法人组织发生效力（内部约定不对外）（推定善意）
	②法定限制：相对人不能证明其已尽到合理审查义务的，人民法院应当认定合同对法人、非法人组织不发生效力（推定每个人知法）（证明善意）

续表

公章问题	①真人假章：享有代理权、代表权之人，使用假章的，不影响该行为的效力
	②假人真章：不享有代理权、代表权之人，使用真章，除构成表见代理（代表）或法人追认之外，行为不能归属于法人 【注】使用“公章”签订合同的唯一意义在于表明法定代表人此时“以法人名义从事民事活动”，除此以外别无其他意义

（2）侵权行为

原则	侵权行为属于职务行为的，由法人担责（看职务）
职务行为	①本职工作标准：执行公司本职工作或分配的任务致人损害
	②内外关联标准：侵权行为与执行本职工作的行为之间存在外在关联或内在联系

（3）内部追责

法律行为	①原则：法人承担责任后，可以向有过错的法定代表人追偿
	②例外：法人的财产不足以承担民事责任，又不起诉有过错的法定代表人，相对人有权起诉法定代表人请求其向自己承担民事责任
侵权行为	①原则：法人承担责任
	②例外：法定代表人、工作人员存在故意或重大过失的，法人可以向法定代表人、工作人员进行追偿

2. 法人工作人员的行为

（1）法律行为

原则	有代理权的行为，由法人担责（看授权）
规则	①有权：基于委托授权、职务授权而具有代理权，在代理权范围内实施的法律行为直接归属于法人
	②无权：超出代理权限的行为，除非构成表见代理或法人追认，否则法人对此不承担责任
内部追偿	工作人员超越职务范围、职权限制实施法律行为，法人、非法人组织承担责任后，可以向故意或者有重大过失的工作人员追偿

（2）侵权行为

原则	侵权行为属于职务行为的，由法人担责（看职务）
职务行为	①本职工作标准：执行公司本职工作或分配的任务致人损害
	②内外关联标准：侵权行为与执行本职工作的行为之间存在外在关联或内在联系

三、表见代理与无权代理

（一）表见代理的构成要件

<table>
<tr><td rowspan="3">无权代理</td><td>行为人实施无权代理行为</td></tr>
<tr><td>1. 代理：以本人名义为民事法律行为</td></tr>
<tr><td>2. 无权：
（1）自始没有、超出授权范围、代理权已到期
（2）职务授权已经解除</td></tr>
<tr><td rowspan="4">权利外观</td><td>无权代理在客观上存在有权代理的外观</td></tr>
<tr><td>常见的权利外观如下：</td></tr>
<tr><td>1. 空白合同书、授权委托书、合同专用章、公司公章</td></tr>
<tr><td>2. 劳动关系解除，但未通知相对人</td></tr>
<tr><td rowspan="3">相对人善意</td><td>相对人不知道行为人行为时没有代理权且无重大过失</td></tr>
<tr><td>1. 不知情：相对人不知道代理人没有代理权</td></tr>
<tr><td>2. 无过错：相对人对于此种不知情没有过错</td></tr>
<tr><td rowspan="4">可归责</td><td>被代理人对权利外观的形成具有可归责性</td></tr>
<tr><td>1. 行为人伪造公章、盗窃公章</td></tr>
<tr><td>2. 被代理人公章遗失后已经公告</td></tr>
<tr><td>3. 解除劳动关系后，被代理人已经通知相对人</td></tr>
</table>

（二）表见代理的法律效果

有权代理	无须被代理人追认，该法律行为直接归属于被代理人
损失追偿	被代理人存在损失的，可以向无权代理人主张责任

（三）无权代理的法律后果

<table>
<tr><td rowspan="2">补正</td><td>1. 表见代理：满足表见代理的法律效果时，无须追认，直接发生有权代理的法律后果</td></tr>
<tr><td>2. 狭义无权代理：被代理人追认的，发生有权代理的法律后果</td></tr>
<tr><td rowspan="4">狭义的无权代理</td><td>1. 含义：不构成表见代理且被代理人拒绝追认</td></tr>
<tr><td>2. 法律效果：
（1）被代理人对此不承担责任
（2）须对相对人进行救济</td></tr>
<tr><td>3. 相对人的救济：
（1）相对人善意：不知道代理人没有代理权（选择权）
①请求无权代理人履行合同债务
②请求无权代理人承担损害赔偿责任，但是赔偿的范围不得超过被代理人追认时相对人所能获得的利益
（2）相对人恶意：相对人与无权代理人之间按过错分担损失</td></tr>
<tr><td>4. 善意的认定：推定相对人为善意，由无权代理人证明相对人为恶意</td></tr>
</table>

四、担保制度·担保制度概述

（一）担保的从属性（物保、人保）

1. 成立上的从属性

<table>
<tr><td>原则</td><td>主债权债务合同不成立，担保合同亦不成立</td></tr>
<tr><td rowspan="2">受托持有</td><td>（1）原则：担保物权应登记在债权人名下</td></tr>
<tr><td>（2）例外：债权人可主张登记在他人名下的担保物权
①为债券持有人提供的担保物权登记在债券受托管理人名下
②为委托贷款人提供的担保物权登记在受托人名下
③担保人知道债权人与他人之间存在委托关系的其他情形
④主债权转让他人，担保物权人还未变更登记，但担保人知道债权转让的事实</td></tr>
</table>

2. 效力上的从属性

<table>
<tr><td>原则</td><td>主债权债务合同无效，担保合同无效</td></tr>
<tr><td rowspan="4">独立担保</td><td>（1）含义：债权人与担保人约定排除担保合同所具有的从属性</td></tr>
<tr><td>（2）表现形式：
①当事人在担保合同中约定担保合同的效力独立于主合同
②约定担保人对主合同无效的法律后果承担担保责任</td></tr>
<tr><td>（3）效力：
①无效：有关担保独立性的约定无效
②不影响：不影响担保合同的效力，担保合同的效力仍取决于主合同的效力</td></tr>
<tr><td>（4）例外：因金融机构开立的独立保函发生的纠纷，适用《最高人民法院关于审理独立保函纠纷案件若干问题的规定》，其约定有效</td></tr>
</table>

3. 移转上的从属性

<table>
<tr><td rowspan="2">债权转移</td><td>（1）原则：
①担保物权、保证随之转移（即便没有办理公示手续，也发生转移）
②应通知：未通知担保人的，债权转移对担保人不发生效力</td></tr>
<tr><td>（2）例外：
①商事留置权
②最高额担保中债权确定之前，个别债权转移的，最高额担保不随之转移
③当事人另有约定。保证人约定禁止债权人转让债权或约定仅对债权人承担担保责任</td></tr>
<tr><td rowspan="2">债务转移</td><td>（1）免责的债务承担：未经其他担保人书面同意，其他担保人不再承担相应的担保责任
【注】若为债务人自己提供担保的，则除另有约定外，债务人仍须承担担保责任</td></tr>
<tr><td>（2）并存的债务承担：担保人的担保责任不受影响</td></tr>
</table>

4. 范围与强度上的从属性

原则	担保人承担担保责任的范围和强度不得大于或重于主债务
	（1）担保的范围不得大于主债务的范围，担保的范围仅能小于或等于主债务
	（2）担保的强度不得大于主债务的强度，主债务存在抗辩的，担保人亦可主张此种抗辩
超范围担保	（1）具体表现： ①对担保责任约定专门的违约金 ②担保责任的数额高于主债务 ③担保责任约定的利息高于主债务利息 ④担保责任的履行期限先于主债务履行期限
	（2）范围大于主债务的效力： ①可抗辩：当事人约定的担保责任范围超出债务人应当承担的责任范围，担保人可主张仅在债务人应当承担的责任范围内承担责任 ②不支持超范围追偿：担保人承担的责任超出债务人应当承担的责任范围，担保人向债务人追偿，债务人可主张仅在其应当承担的责任范围内承担责任 ③不当得利返还：担保人可请求债权人返还超出部分

5. 消灭的从属性（《担保制度解释》[1]第16条）

原则	主债权消灭的，担保物权也消灭
借新还旧	（1）借新还旧的认定： ①新贷与旧贷的当事人相同 ②新贷与旧贷具有关联性
	（2）旧贷担保人的责任：主合同当事人协议以新贷偿还旧贷，旧贷担保人不再承担担保责任
	（3）新贷担保人的责任： ①新贷与旧贷的担保人相同：新贷担保人须承担担保责任 ②新贷与旧贷的担保人不同或者旧贷无担保新贷有担保： A. 原则：新贷担保人不承担担保责任 B. 例外：新贷担保人知道或者应当知道新贷偿还旧贷的，新贷担保人须承担责任 【注】债权人负有告知义务，其应当告知担保人借新还旧的事实，否则担保人无须承担担保责任
	（4）顺位延续：主合同当事人协议以新贷偿还旧贷，旧贷的物的担保人在登记尚未注销的情形下同意继续为新贷提供担保，其担保物权的顺序按照原登记时间认定

（二）流担保条款

构成	1. 时间要件：债务到期前达成
	2. 内容要件：债权人直接取得担保物所有权，无须清算
效力	1. 流担保条款无效，债权人不能主张直接取得所有权
	2. 不影响担保物权的效力，债权人可以主张优先受偿

[1]《最高人民法院关于适用〈中华人民共和国民法典〉有关担保制度的解释》（以下简称《担保制度解释》）。

（三）异种担保物权竞合

前提	同一动产之上存在着抵押权、质权、留置权
第一步：留置权	1. 原则：留置权优先于动产抵押权、质权
	2. 例外：先设立留置权，留置权人以自己名义设立动产抵押权、质权的，抵押权、质权优先
第二步：价款	价款优先权优先于买受人设立的抵押权、质权
第三步：普通	1. 抵押权与质权均公示，先公示的优先于后公示的
	2. 抵押权或质权未公示，已公示的优先于未公示的

（四）共同担保

1. 共同担保

（1）类型判断

第一步	各担保人与债权人约定了明确的担保份额的，属于按份共同担保
第二步	存在法定的三种情形的，属于连带共同担保
	①担保人之间明确约定可以相互追偿
	②担保人之间明确约定构成连带共同担保
	③各担保人在同一份合同上签字盖章（同债同签）
第三步	其余共同担保，均属于不真正连带共同担保

（2）规则适用

按份共同担保	①对外按份：各担保人对外按照确定的责任份额承担担保责任，对于超出责任份额的部分，担保人不承担担保责任
	②对内无关：各担保人承担担保责任后仅能向债务人进行追偿，不能向其他担保人进行追偿
不真正连带共同担保	①对外连带：各担保人对外承担连带责任，债权人可以要求任何一个担保人承担任意份额的责任
	②对内无关：各担保人承担责任后只能向债务人进行追偿，而不能向其他担保人要求分担
连带共同担保	①对外连带：各担保人对外承担连带责任，债权人可以要求任何一个担保人承担任意份额的责任
	②对内按份：各个担保人承担担保责任后，不仅可以向债务人进行追偿，还可以按照约定或者法定规则向其他担保人请求分担
	③如何追偿： A. 有份额，按份额，直接追：明确约定了追偿份额的，直接按照该份额追偿（不要求先向债务人追偿） B. 无份额，按比例，间接追：未明确约定追偿份额的，可向其他担保人按比例分担向债务人追偿不能的部分（要求先向债务人追偿）

（3）精炼总结

对外关系	①有份额按份额：明确约定了担保责任的份额时，各担保人对外承担按份责任
	②无份额则连带：未明确约定担保责任的份额时，各担保人对外承担连带责任
对内关系	①原则：担保人承担担保责任后只能选择向债务人追偿，不能请求担保人分担
	②例外：构成连带共同担保的，可以进行分担 A. 担保人之间明确约定可以相互追偿 B. 担保人之间明确约定构成连带共同担保 C. 各担保人在同一份合同上签字盖章（同债同签）
	③怎么分担： A. 有份额按份额直接追 B. 无份额按比例间接追
特别提示	共同保证的规定和一般保证、连带责任保证是不同的概念。就共同保证而言，是指多个保证人之间的相互关系，即保证人之间是按份关系还是连带关系。而一般保证、连带保证是指保证人与主债务人之间的关系，是以保证人是否享有先诉抗辩权予以区分的

2. 混合共同担保

界定	同一笔债权既存在人保，又存在物保
行权顺序	第一步：有约定，从约定
	第二步：没有约定，且债务人自己提供物保：债权人应当先就债务人的物保实现权利 【注】债权人放弃债务人提供的物保的，其他担保人在债权人丧失优先受偿权益的范围内免除担保责任，但是其他担保人承诺仍然提供担保的除外
	第三步：没有约定，且债务人未提供物保：债权人主张权利没有顺序限制
对内追偿	同共同担保

3. 担保人的追偿权与清偿承受权

追偿事由	（1）担保人承担担保责任，担保人对主债务人享有追偿权
	（2）担保人受让债权，应当视为承担担保责任
清偿承受权（法定代位权）	（1）债务人提供的物保： ①担保人承担责任后可代位主张债务人提供的物保（可以甩锅） ②担保人仅承担部分担保责任的，其享有的权利劣后于原债权人（顺位劣后）
	（2）第三人提供的物保： ①不可甩锅：受让债权的担保人不得请求其他担保人承担担保责任 ②可以分担：担保人可按照连带共同担保的规定向其他担保人请求分担

（五）非典型担保

1. 概述

含义	当事人以法律、行政法规尚未规定可以担保的财产权利设立担保

续表

效力	（1）债权效力：该担保合同不因违反物权法定而无效，具备合同效力
	（2）物权效力： ①已经依法办理登记，具备物权效力 ②未依法办理登记，不具备物权效力
常见类型	（1）商铺租赁权质押：不具备登记条件，仅具备债权效力，不具备物权效力。贷款人可根据担保合同，要求对案涉商铺租赁权折价、变价、拍卖以清偿债权，但不得要求就相关款项优先受偿
	（2）出租车经营权质押：不具备登记条件，仅具备债权效力，不具备物权效力。可要求变价受偿，但不享有优先受偿权

2. 让与担保

（1）一般规则

债权效力	①让与担保合同本身有效
	②其中涉及流担保条款的部分无效 【注】让与担保与担保条款的关系：流担保条款仅为担保合同中的一类条款，让与担保合同中可能有此类条款，也可能没有此类条款
物权效力	①经登记亦不产生所有权变动的效力，故担保期间，债权人不成为标的物的所有权人
	②债务人到期未能偿还债务，债权人不能直接依据流质条款取得担保物的所有权
	③已经登记、交付（公示）的，可产生担保物权的效力，债权人可以取得优先受偿权 清算方式有两种： A. 归属型清算：对标的物进行评估，超出债务价值的部分由债权人返还给担保人，债权人取得所有权 B. 处分型清算：对标的物进行拍卖、变卖，由债权人对价款优先受偿，多余部分返还给担保人
	④债务人履行债务后可请求返还财产

（2）特殊类型

①股权让与担保

界定	通过让与股权的方式担保债权
债权效力	股权让与担保合同有效，但其中涉及流质条款的部分无效
物权效力	A. 尽管完成股权变更登记，担保权人未取得股权，其不享有股东权利亦不承担股东责任 【注】担保期间，债权人处分股权的属于无权处分，第三人可以根据善意取得制度取得股权
	B. 经登记产生担保物权效力，担保权人可主张对股权优先受偿
	C. 债务人偿还债务后可要求返还股权

②回购条款

界定	债务人与债权人约定将财产转移至债权人名下，在一定期间后再由债务人或者其指定的第三人以交易本金加上溢价款回购，债务人到期不履行回购义务，财产归债权人所有

续表

规则	A. 存在标的物的：按让与担保处理
	B. 不存在标的物的：按实际交易关系处理

3. 买卖型担保

含义	以买卖合同担保借款合同，将借款合同掩饰为买卖合同的价款，若债务人不能按期还款，则债权人要求履行买卖合同交付标的物
债权效力	（1）担保合同本身有效，但不得以买卖合同进行起诉，而应按照借款关系进行起诉 【注】债权人起诉要求履行买卖合同的，当事人不变更为借款合同的，法院判决驳回诉讼请求
	（2）涉及流质条款的部分无效
物权效力	（1）不得要求履行买卖合同，取得担保物所有权
	（2）可以申请拍卖、变卖标的物，以所得价款偿还借款，但不享有优先受偿权

（六）公司担保

1. 公司担保的正常程序

无关联担保	依照公司章程的规定，由董事会或者股东会、股东大会决议
关联担保	（1）界定：公司为公司股东或者实际控制人提供担保
	（2）程序： ①决议机关：必须经股东会或者股东大会决议 ②表决比例：由出席会议的其他股东所持表决权的过半数通过 ③表决权回避：利害关系股东表决权回避，不得参与表决

2. 法定代表人越权担保

（1）处理原则

适用情形	法定代表人未经公司决议而为他人提供担保
效果归属	①相对人善意： A. 构成表见代表，担保合同的效果归属于公司 B. 公司可请求法定代表人承担赔偿责任
	②相对人恶意： A. 不构成表见代表，担保合同的效果不能直接归属于公司 B. 公司对该担保合同予以追认的，该担保合同的效果归属于公司 C. 公司对该担保合同不追认的，该担保合同的效果不归属于公司，公司须承担与其过错相应的缔约过失责任
善意的认定	①善意的内容：尽到合理的形式审查义务的相对人为善意相对人
	②善意的认定： A. 关联担保：审查是否具备股东会决议、利害关系股东表决权是否回避、通过决议的表决权是否过半 B. 非关联担保：审查是否存在符合章程的决议、通过决议的表决权是否过半

续表

善意的认定	③恶意的表现： A. 未审查：相对人未审查股东会或董事会决议 B. 明知：相对人知道或者应当知道决议系伪造、变造
	④善意的时间：订立合同时为善意即可

（2）无决议担保

规则	即便相对人知道无决议，该担保也有效
适用范围	上市公司不适用此例外规则
法定事由	①业务：金融机构开立保函或者担保公司提供担保
	②母子：公司为其全资子公司开展经营活动提供担保
	③签字：担保合同系由单独或者共同持有公司2/3以上对担保事项有表决权的股东签字同意

（七）特殊公司的担保责任

1. 上市公司

有效	相对人根据上市公司公开披露的关于担保事项已经董事会或者股东大会决议通过的信息，与上市公司订立担保合同，该担保有效，上市公司需要承担担保责任 【注】只要存在公开的决议，即便该决议为虚假，也不影响担保合同的效力
无效	相对人未根据上市公司公开披露的关于担保事项已经董事会或者股东大会决议通过的信息，与上市公司订立担保合同的，该合同无效且上市公司不承担责任

2. 一人公司

担保有效	一人有限责任公司为其股东提供担保后，不得以违反法律关于公司对外担保的相关规定为由主张不承担担保责任
人格否认	（1）规则：公司因承担担保责任导致无法清偿其他债务，提供担保时的股东不能证明公司财产独立于自己的财产，其他债权人可以请求该股东承担连带责任
	（2）适用前提： ①一人公司因承担担保责任导致无法清偿其他债务 ②提供担保时的股东不能证明公司财产独立于自己的财产

五、担保制度·抵押权

（一）抵押财产

权属不明	1. 债权效力：抵押合同有效
	2. 物权效力： （1）若构成有权处分：担保物权发生基于法律行为的物权变动 （2）若构成无权处分：可适用善意取得制度。不符合善意取得要件的，根据合同承担违约责任

续表

查扣监	1. 债权效力：抵押合同有效 2. 物权效力：实现抵押权时限制措施被解除的，可以主张优先受偿

（二）动产抵押权

1. 成立要件

设立要件	（1）抵押合同有效 （2）抵押人享有处分权 【注】动产抵押权自抵押合同生效时设立
对抗要件	动产抵押权无须登记生效，但未经登记不得对抗善意第三人

2. 登记对抗规则

善意买受人	动产抵押权设立后未办理登记的，抵押权人不得向取得抵押物所有权的善意买受人主张抵押权
善意承租人	未经登记的动产抵押权实现时不影响在抵押权设立后承租该物且占有租赁物的善意承租人的租赁关系（适用买卖不破租赁）
查封、扣押债权人	抵押人的其他债权人向人民法院申请保全或者执行抵押财产，人民法院已经作出财产保全裁定或者采取执行措施的，未经登记的动产抵押权人不得再主张优先受偿
破产债权人、管理人	抵押人破产，未经登记的动产抵押权人不得主张对抵押财产优先受偿

3. 正常经营活动买受人规则

规则	以动产抵押的，不得对抗正常经营活动中已经支付合理价款并取得抵押财产的买受人
构成要件	（1）满足三个要件：正常经营活动；已经支付合理价款；取得抵押财产 （2）不看两个限制：无论是否登记；无论是否善意 （3）发生一个后果：动产抵押权不得对抗买受人，抵押权人不得再主张抵押权
正常经营活动	（1）正面认定：出卖人的经营活动属于其营业执照明确记载的经营范围，且出卖人持续销售同类商品 （2）反面排除： ①数量：购买商品的数量明显超过一般买受人 ②设备：购买出卖人的生产设备 ③担保：订立买卖合同的目的在于担保出卖人或者第三人履行债务 ④关联：买受人与出卖人存在直接或者间接的控制关系 ⑤买受人应当查询抵押登记而未查询的其他情形
扩张适用	（1）所有权保留买卖的出卖人 （2）融资租赁合同的出租人

（三）抵押物转让

1. 对抵押人的保障

无须同意	抵押期间，抵押人可以转让抵押财产，无须抵押权人同意

续表

需要通知	抵押人转让抵押财产的，应当及时通知抵押权人 【注】抵押人未能及时通知抵押权人，导致抵押权人无法行使抵押权或者增加了实现抵押权的费用的，抵押人须对抵押权人的损失承担赔偿责任

2. 对抵押权人的保障

追及力保障	（1）不动产：不动产抵押权绝对具有追及力
	（2）动产：动产抵押权原则上具有追及力，但存在例外 ①登记对抗主义：未经登记的动产抵押权，在买受人为善意时，不具有追及力 ②正常经营活动中买受人规则：以动产抵押的，不得对抗正常经营活动中已经支付合理价款并取得抵押财产的买受人
物上代位保障	（1）抵押权人能够证明抵押财产转让可能损害抵押权的，可以请求抵押人将转让所得的价款向抵押权人提前清偿债务或者提存
	（2）转让的价款超过债权数额的部分归抵押人所有，不足部分由债务人清偿（多退少补）（无优先受偿权）

3. 禁止转让特约

约定未登记	（1）合同不无效：当事人约定禁止或者限制转让抵押财产但是未将约定登记，抵押人违反约定转让抵押财产，抵押权人请求确认转让合同无效的，人民法院不予支持
	（2）物权可变动：抵押财产已经交付或者登记，抵押权人请求确认转让不发生物权效力的，人民法院不予支持，但是抵押权人有证据证明受让人知道的除外（善意可变，恶意不变）
	（3）违约责任：抵押权人可以请求抵押人承担违约责任
约定已登记	（1）合同不无效：当事人约定禁止或者限制转让抵押财产且已经将约定登记，抵押人违反约定转让抵押财产，抵押权人请求确认转让合同无效的，人民法院不予支持
	（2）物权不变动：抵押财产已经交付或者登记，抵押权人主张转让不发生物权效力的，人民法院应予支持
	（3）涤除权：受让人代替债务人清偿债务导致抵押权消灭的，物权可发生变动

（四）价款优先权

构成要件	1. 以动产作为担保 （1）抵押权 （2）保留所有权：保留所有权买卖、融资租赁
	2. 担保的债权为动产的价款 （1）直接的价款： ①赊销买卖的价款 ②保留所有权买卖的价款 （2）间接的价款： ①为价款的支付进行融资的借款 ②融资租赁合同中的租金
	3. 交付动产的10日内办理登记

续表

效力	1. 价款优先权与其他担保物权： （1）价款优先权优先于买受人的其他担保物权人 （2）价款优先权不能优先于留置权
	2. 价款优先权之间：按照登记先后优先受偿

（五）最高额抵押权

债权范围	最高额抵押权设立前存在的债权，当事人可以通过约定将该债权纳入最高额抵押权的范围内
从属性	最高额抵押权在债权确定之前，该抵押权不从属于个别债权
	1. 个别债权发生转让、消灭的，最高额抵押权不随之转让、消灭
	2. 整个基础交易关系转让、消灭的，最高额抵押权随之转让、消灭
债权的确定	1. 约定的债权确定期间届满
	2. 没有约定债权确定期间或者约定不明确，抵押权人或者抵押人自最高额抵押权设立之日起满2年后请求确定债权
	3. 新的债权不可能发生
	4. 抵押权人知道或者应当知道抵押财产被查封、扣押
	5. 债务人、抵押人被宣告破产或者解散
	6. 法律规定债权确定的其他情形
债权清偿	1. 结算的债权低于最高额的，以债权为准确定优先受偿的范围
	2. 结算的债权高于最高额的，以最高额为准确定优先受偿的范围

六、担保制度·保证

（一）保证方式

1. 概念与认定

概念	（1）一般保证：保证人在主债务人财产不足以清偿债务时承担保证责任（补充责任）
	（2）连带责任保证：保证人对主债务与债务人承担连带责任
认定	第一步：按照当事人明确的约定
	第二步：解释规则（《担保制度解释》第25条） （1）当事人在保证合同中约定了保证人在债务人不能履行债务或者无力偿还债务时才承担保证责任等类似内容，具有债务人应当先承担责任的意思表示的，人民法院应当将其认定为一般保证（有顺序） （2）当事人在保证合同中约定了保证人在债务人不履行债务或者未偿还债务时即承担保证责任、无条件承担保证责任等类似内容，不具有债务人应当先承担责任的意思表示的，人民法院应当将其认定为连带责任保证（无顺序）
	第三步：推定规则 当事人对保证方式没有约定或者约定不明确的，认定为一般保证

2. 一般保证

<table>
<tr><td rowspan="4">先诉抗辩权</td><td>(1) 主体：一般保证人</td></tr>
<tr><td>(2) 效力：在就债务人的财产依法强制执行仍不能履行债务前，有权拒绝承担保证责任</td></tr>
<tr><td>(3) 丧失事由：（“四没钱一放弃”）
①经依法强制执行主债务人仍不能清偿债务
②债务人下落不明，且无财产可供执行
③人民法院受理债务人破产案件
④债权人有证据证明债务人的财产不足以履行全部债务或者丧失履行债务能力
⑤保证人书面放弃先诉抗辩权</td></tr>
<tr><td>(4) 意义：
①诉讼阶段：不得单独起诉一般保证人，否则驳回起诉
②财产保全：债权人未对债务人的财产申请保全或保全的债务人财产足以清偿债务，不得申请对一般保证人的财产进行保全
③执行阶段：尚未执行债务人的财产完毕之前，不得执行一般保证人的财产</td></tr>
<tr><td rowspan="3">特别保障</td><td>【小报告制度】</td></tr>
<tr><td>(1) 要件：一般保证人提供债务人财产线索，债权人放弃或怠于行使导致财产不能执行</td></tr>
<tr><td>(2) 效果：保证人在该财产价值内免责</td></tr>
<tr><td rowspan="3">诉讼地位</td><td>(1) 债权人可以以债务人为被告提起诉讼</td></tr>
<tr><td>(2) 债权人可以一并起诉债务人和保证人，但法院应当在判决书主文中明确，保证人仅对债务人财产依法强制执行后仍不能履行的部分承担保证责任（明确执行顺序）</td></tr>
<tr><td>(3) 债权人未就主合同纠纷提起诉讼或者申请仲裁，仅起诉一般保证人的，经法院释明或依职权追加债务人后债权人仍不同意的，人民法院应当驳回起诉（先追加后驳回）</td></tr>
</table>

3. 连带责任保证

效力	保证人对主债务与债务人承担连带责任
抗辩	连带保证人不享有先诉抗辩权，债权人可直接请求其承担保证责任
诉讼地位	债权人可以随意起诉债务人、连带责任保证人

（二）保证期间与诉讼时效

1. 时间概述

<table>
<tr><td>概述</td><td>债权人要想找保证人主张保证责任，一定要在规定的期间内</td></tr>
<tr><td rowspan="3">三重期间</td><td>(1) 第一个期间：债权人未在保证期间内按照规定对保证人主张责任的，保证责任消灭</td></tr>
<tr><td>(2) 第二个期间：债权人未在保证债务诉讼时效期间内主张权利的，保证债务诉讼时效经过的，保证人取得时效抗辩权</td></tr>
<tr><td>(3) 第三个期间：债权人未在主债务诉讼时效期间内主张权利的，主债务诉讼时效经过的，保证人可援用主债务人的时效抗辩权</td></tr>
</table>

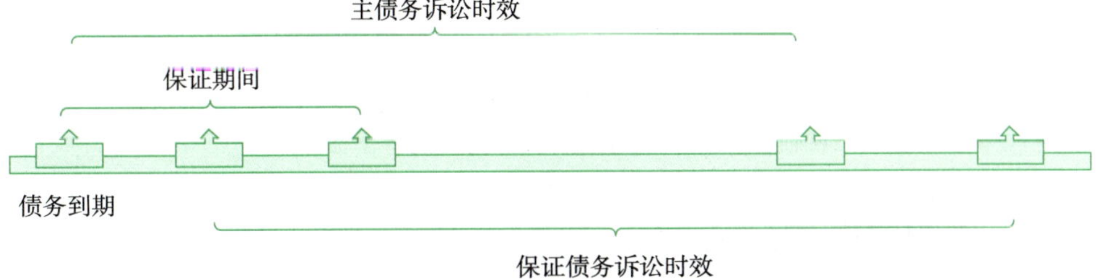

2. 保证期间

<table>
<tr><td rowspan="2">长度</td><td>（1）有约定的，从约定</td></tr>
<tr><td>（2）没有约定或约定不明的，保证期间为主债务届满后6个月
①约定的认定：
A. 没有约定：约定的保证期间先于或等于主债务履行期
B. 约定不明：约定其保证到主债务本息偿还为止
②起算点：
A. 约定了主债务履行期：约定的履行期届满之日开始计算
B. 没有约定主债务履行期：宽限期届满之日开始计算
【注】债务人破产时，债权人的债权提前至破产申请受理时到期，故保证期间也提前至破产申请受理之日开始计算</td></tr>
<tr><td rowspan="2">主张权利方式</td><td>（1）一般保证：
①主张方式：在保证期间内，就主债务人提起诉讼或申请仲裁或就赋强公证申请强制执行
②撤诉：一般保证的债权人在保证期间内对债务人提起诉讼或者申请仲裁后，又撤回起诉或者仲裁申请，债权人在保证期间届满前未再行提起诉讼或者申请仲裁的，保证期间经过（撤诉了，相当于没起诉）</td></tr>
<tr><td>（2）连带保证：
①主张方式：在保证期间内，请求保证人承担保证责任
②撤诉：连带责任保证的债权人在保证期间内对保证人提起诉讼或者申请仲裁后，又撤回起诉或者仲裁申请，起诉状副本或者仲裁申请书副本已经送达保证人的，人民法院应当认定债权人已经在保证期间内向保证人行使了权利（送达了，就等于请求了）</td></tr>
<tr><td rowspan="2">共同保证分别计算</td><td>（1）分别计算：同一债务有两个以上保证人，债权人在保证期间内仅向一部分保证人主张权利，而未向另一部分保证人主张权利的，则另一部分保证人的保证责任消灭</td></tr>
<tr><td>（2）责任免除：在连带共同保证中，债权人未在保证期间内依法向部分保证人行使权利，导致其他保证人在承担保证责任后丧失追偿权，其他保证人在其不能追偿的范围内免除保证责任</td></tr>
<tr><td rowspan="3">经过的效力</td><td>（1）按期主张权利：不再计算保证期间，开始计算保证债务的诉讼时效</td></tr>
<tr><td>（2）未按期主张权利：保证责任消灭</td></tr>
<tr><td>（3）扩张适用：保证合同无效时，保证人需要承担的责任，债权人也需要在保证期间内主张，否则保证人不再承担过错责任</td></tr>
</table>

（三）诉讼时效

保证债务诉讼时效	1. 起算规则： （1）一般保证：自一般保证人丧失先诉抗辩权之日起计算 ①债权人已就债务人财产申请强制执行仍不能清偿债务 A. 人民法院作出终结本次执行程序裁定、终结执行裁定的，自裁定送达债权人之日起开始计算 B. 人民法院自收到申请执行书之日起1年内未作出前述裁定的，自人民法院收到申请执行书满1年之日起开始计算，但是保证人有证据证明债务人仍有财产可供执行的除外 ②存在“三没钱一放弃”的情形： 一般保证的债权人在保证期间届满前对债务人提起诉讼或者申请仲裁，债权人举证证明存在丧失先诉抗辩权的情形（“三没钱一放弃”）的，保证债务的诉讼时效自债权人知道或者应当知道该情形之日起开始计算 （2）连带保证：从债权人请求保证人承担保证责任之日起
	2. 效力：保证债务的诉讼时效经过，则保证人取得时效抗辩权，可以拒绝承担保证责任
主债务时效	1. 计算：同正常的诉讼时效
	2. 过时效担保： （1）前提：保证人知道或者应当知道主债权诉讼时效已经届满仍然提供保证或承担保证责任 （2）对债权人：保证人应当向债权人承担保证责任且不得要求债权人返还财产 （3）对债务人： ①原则：保证人不得对债务人追偿 ②例外：债务人放弃诉讼时效抗辩的，保证人可以向债务人追偿

七、缔约过失责任

构成要件	1. 缔约过失责任发生在合同的缔约阶段
	2. 一方因过错违反了依诚实信用原则所负担的先合同义务，主要是：诚信磋商业务、告知义务、协作义务与保护义务
	3. 另一方的信赖利益因此遭受损害，包括财产的直接减少，也包括应增加而未增加（履行利益）
	4. 违反先合同义务的行为与造成损害之间存在因果关系
典型表现	1. 假借订立合同，恶意进行磋商
	2. 故意隐瞒与订立合同有关的重要事实或者提供虚假情况
	3. 当事人在订立合同过程中知悉的商业秘密，无论合同是否成立，不得泄露或者不正当地使用
	4. 其他违背诚实信用原则的行为

续表

责任承担	1. 信赖利益的损失： （1）订约费用（为订约合理支出的交通费、住宿费、鉴定费、咨询费等） （2）准备履行所支出的费用（为运送标的物或受领标的物合理支出的运输费、租金等） （3）可得利益损失 （4）上述费用的利息损失
	2. 固有利益的损失：侵害对方人身权、物权、知识产权等绝对权的场合下产生的损失

八、合同的保全·债权人代位权

（一）代位权构成要件

口诀	主次债权没毛病，又穷又懒债务人
主债权没毛病	债权人对债务人的债权必须合法、有效、到期
	1. 合法：债权是被法律认可并保护的债权，而不能是自然债权（例如赌债）或不合法债权（例如买卖禁止流通物的债权）
	2. 有效：债权人和债务人对该债权的效力不存在争议
	3. 到期：债务人的履行期限已经届满而仍未履行，即债务人已构成迟延履行 【注】保存行为：债权人的债权到期前，债务人的权利可能因诉讼时效期间届满或者未及时申报破产债权等情形难以实现的，债权人可以代位向债务人的相对人请求履行、向破产管理人申报或者作出其他必要的行为（等不及了）
次债权没毛病	债务人对次债务人享有债权或者该债权有关的从权利合法、有效、到期
	1. 可代位的范围：债权或该债权的从权利
	2. 合法、有效、到期
	3. 不得代位的债权（专属性债权）： （1）基于身份关系产生的请求权，如基于扶养关系、抚养关系、赡养关系、继承关系产生的请求权 （2）基于劳动关系产生的请求权，如劳动报酬、退休金、养老金请求权 （3）人寿保险金 （4）人身伤害赔偿请求权 （5）其他不得扣押的权利，如抚恤金、安置费请求权等

续表

又懒	债务人对次债务人怠于行使其到期债权 【注】债务人能够以诉讼或仲裁方式向次债务人主张权利却未主张的，认定为债务人怠于行使权利
又穷	债务人怠于行使债权影响债权人的到期债权实现

（二）代位权的行使

主体	1. 名义：债权人应以自己的名义行使代位权
	2. 人数： （1）两个或者两个以上债权人以债务人的同一相对人为被告提起代位权诉讼的，人民法院可以合并审理 （2）债务人对相对人享有的债权不足以清偿其对两个或者两个以上债权人负担的债务的，人民法院应当按照债权人享有的债权比例确定相对人的履行份额
	3. 限制：某一债权人行使代位权成功的，其他债权人不得再行使代位权
方式	1. 诉讼方式：债权人代位权必须通过诉讼方式行使
	2. 管辖：由被告住所地人民法院管辖，但是依法应当适用专属管辖规定的除外
	3. 地位： （1）原告：债权人 （2）被告：次债务人 （3）第三人：未将债务人列为第三人的，人民法院应当追加债务人为第三人
	4. 诉讼程序： （1）债权人向人民法院起诉债务人以后，又向同一人民法院对债务人的相对人提起代位权诉讼，受理代位权诉讼的人民法院在债权人起诉债务人的诉讼终结前，应当依法中止代位权诉讼 （2）在代位权诉讼中，债务人对超过债权人代位请求数额的债权部分起诉相对人的，人民法院应当告知其向有管辖权的人民法院另行起诉。债务人的起诉符合法定条件的，人民法院应当受理；受理债务人起诉的人民法院在代位权诉讼终结前，应当依法中止审理
范围	代位权的行使范围以债权人的到期债权为限

（三）代位权的法律效果

债务清偿	1. 原则：代位权成立的，次债务人直接向债权人进行清偿（直接清偿主义）
	2. 例外：债务人破产或财产被保全的，依照其规定进行处理
债务消灭	次债务人向债权人完成清偿后，主债权与次债权均在相应的范围内归于消灭
次债务人抗辩	1. 找次债权的事：次债务人可以主张自己对债务人的抗辩
	2. 找主债权的事：次债务人可以主张债务人对债权人的抗辩
	3. 找代位权的事：次债务人可以主张债权人代位权不成立的抗辩
时效中断	主债权与次债权的诉讼时效均发生中断

续表

费用负担	1. 诉讼费用：次债务人败诉的，须承担诉讼费用 2. 必要费用：债权人行使代位权的律师代理费、差旅费等必要费用，由债务人负担
代位失败	代位权诉讼中，人民法院经审理认为债权人的主张代位权行使条件的，应当驳回诉讼请求，但是不影响债权人根据新的事实再次起诉
执行失败	裁判要点：代位权诉讼执行中，因相对人无可供执行的财产而被终结本次执行程序，债权人就未实际获得清偿的债权另行向债务人主张权利的，人民法院应予支持。（最高法指导案例第167号）

九、合同的保全·债权人撤销权

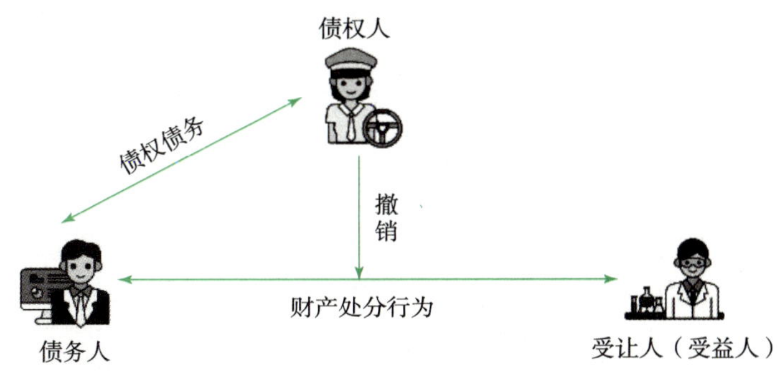

（一）债权人撤销权的构成要件

口诀	负债装大款，损害债权人
债权人身份	债权人对债务人享有的债权合法有效 【注】债权人撤销权的成立，不要求债权人的债权已经到期
诈害行为	债务人负担债务之后实施了诈害行为（财产处分行为）（装大款） 1. 时间：负担债务之后（债权在前，行为在后） 2. 行为类型： （1）无偿行为：放弃债权；放弃债权担保；无偿转让财产；恶意延长到期债权的履行期限 （2）有偿行为：以明显不合理的低价转让财产（低于市价70%）；以明显不合理的高价收购他人财产（高于市价30%）；为他人的债务提供担保 3. 不得撤销的行为： （1）身份行为：结婚、离婚、收养等 （2）拒绝接受赠与、拒绝接受继承、遗赠、拒绝他人提供担保、拒绝工作机会以获得报酬的行为
损害债权	对债权人造成损害 【注】债务人实施的无偿行为或有偿行为导致其责任财产减少，致使债权人的债权不能获得完全清偿的状态（须具备因果关系）

续表

主观要件	1. 无偿行为：受益人无须具有恶意 2. 有偿行为：受让人须具有恶意，明知或应知债务人处分财产的行为有害于债权的心理状态

（二）债权人撤销权的行使

行使主体	1. 名义：债权人应以自己的名义行使撤销权
	2. 人数： （1）存在多个债权人的，债权人可以作为共同原告 （2）两个或者两个以上债权人就债务人的同一行为提起撤销权诉讼的，人民法院可以合并审理
	3. 限制：连带债权中，一个债权人提起撤销权诉讼后，其他共同债权人不得再起诉
行使方式	1. 债权人应当以诉讼的方式行使撤销权
	2. 当事人： （1）原告：债权人 （2）被告：债务人与受让人、受益人为共同被告
	3. 举证责任：（债权人） （1）债权人须承担证明债务人存在不当财产处分行为及损害债权的举证责任 （2）有偿行为中，债权人还须举证证明受让人存在恶意
	4. 债权人行使撤销权的时间限制（双重除斥期间） （1）短期：自知道或者应当知道撤销事由之日起1年内行使 （2）长期：自债务人的行为发生之日起5年内行使
行使范围	不得超出债权人的债权范围
	1. 可分：所撤销行为的标的物是金钱或可分物的，应在债权人享有债权额范围内行使撤销权
	2. 不可分：所撤销行为的标的物是不可分物的，可就整个标的物行使撤销权
连环转让	1. 条件： （1）债务人无偿转让财产或者以明显不合理的低价转让财产（第一个转让） （2）相对人又将该财产无偿转让、以明显不合理低价转让或者为他人的债务提供担保（第二个转让） （3）影响债权人的债权实现（损害债权） （4）前后交易行为中以明显不合理的低价受让财产的人、担保权人知道或者应当知道上述情形（主观恶意）
	2. 效力：债权人有权请求一并撤销债务人的相对人的行为

（三）债权人撤销权的法律效果

自始无效	债务人的行为被撤销后，该行为自始没有法律约束力
返还义务	受益人、受让人取得的财产应当返还债务人，不能返还的，折价赔偿（入库规则）
责任承担	债权人有权请求受益人、受让人向债务人承担该行为被撤销后的民事责任

续表

撤销＋代位	1. 原则：获得胜诉生效法律文书后，债权人在不超过其债权数额的范围内，对相对人申请强制执行并用于实现其债权的
	2. 例外：债务人还有其他申请执行人，且相对人应当给付或者返还债务人的财产不足以实现全部申请执行人的权利的，依照法律、司法解释的相关规定处理
时效中断	债权人的债权发生诉讼时效中断
费用负担	1. 诉讼费用：债权人撤销权成立时，败诉的债务人、相对人负担诉讼费用
	2. 必要费用：债务人负担，受益人或受让人有过错的，应当适当分担

十、合同的转让·债权转让

（一）构成要件

可让与性	所转让的债权具有可让与性，有的债权不具备让与性
	1. 根据债权性质不得转让（专属性债权） （1）以人身信任关系为基础的债权，如合伙、雇佣、委托、租赁、借用合同债权 （2）以特定身份为基础的债权，如配偶之间的扶养请求权、父母对成年子女的赡养请求权、退休金请求权、因人身权益受侵害而产生的精神损害赔偿请求权 （3）不作为债权，如保密义务所对应的债权等
	2. 按照当事人约定不得转让 （1）当事人约定非金钱债权不得转让的，不得对抗善意第三人 （2）当事人约定金钱债权不得转让的，不得对抗第三人
	3. 依照法律规定不得转让：按照以死亡为给付保险金条件的合同所签发的保险单，未经被保险人书面同意的不得转让
让与协议	让与人和受让人签订有效的债权让与协议
特定形式	按照法律、行政法规规定转让债权办理批准等手续生效

（二）债权的多重转让

前提	债权人将同一债权转让给两个以上受让人，且债务人均未履行
效力	1. 最先到达：最先到达债务人的转让通知中载明的受让人有权请求债务人履行
	2. 违约责任：其他受让人有权依据相应的债权转让协议请求债权人承担违约责任

（三）法律效力

1. 对内效力（让与人与受让人）

地位替代	债权由让与人移转给受让人
从权利	与债权有关的从权利移转给受让人
	（1）原则：担保权；利息债权、射幸孳息债权；违约金请求权、损害赔偿请求权等权利随同转让 ①担保物权发生法定转让，不因没有办理登记、交付等手续而受影响 ②未通知担保人，对担保人不发生效力，即担保人对受让人不承担担保责任

续表

从权利	（2）例外：专属于让与人的从权利不发生转移，如商事留置权
瑕疵担保	让与人对所让与债权的瑕疵担保义务

2. 对外效力：受让人与债务人

通知	（1）应当通知：债权转让应当通知债务人，未经通知，债权转让对债务人不生效力 【注】通知不是债权转让生效的要件，而是对债务人生效的要件
	（2）通知主体：让与人向债务人进行通知 ①让与人未通知债务人，受让人通知债务人并提供确认债权转让事实的生效法律文书、经公证的债权转让合同等能够确认债权转让事实的证据的，人民法院应当认定受让人的通知发生法律效力 ②受让人起诉债务人请求履行债务，但是没有证据证明债权人或者受让人已经通知债务人，其主张起诉状副本送达时发生债权转让通知的效力的，人民法院依法予以支持。因此产生的诉讼费用，由受让人负担
	（3）通知的撤销：债权转让的通知不得撤销，但是经受让人同意的除外
抗辩继续	债务人接到债权转让通知后，债务人对让与人的抗辩，可以向受让人主张 【注】债权转让后，债务人向受让人主张其对让与人的抗辩的，人民法院可以将让与人列为第三人
时效中断	债权转让的，应当认定诉讼时效从债权转让通知到达债务人之日起中断
抵销	下列两种情形之一的，债务人可以向受让人主张抵销
	（1）债务人接到债权转让通知时，债务人对让与人享有债权，并且债务人的债权先于转让的债权到期或者同时到期 ①债务人在收到通知前对让与人享有债权 ②债务人的债权先于或者与被转让的债权同时到期
	（2）债务人的债权与被转让的债权是基于同一合同产生

十一、合同的转让·债务承担

（一）免责的债务承担

1. 构成要件

可转移性	所转移的债务具有可转移性
	（1）根据性质不得转让的债务，例如，演出合同中约定由特定演员完成演出行为的债务
	（2）按照当事人约定不得转让的债务
	（3）依照法律规定不得转让的债务，例如，承揽合同中承揽人完成主要工作的义务、建设工程合同中承包人完成建设工程主体结构的施工义务等

续表

承担协议	存在有效的债务承担协议。其表现形式如下： （1）承担人、债务人、债权人三方的债权承担合同 （2）承担人与债权人缔结的债务承担合同 （3）不需要债权人参与，承担人与债务人缔结的债务承担合同
债权人同意	须经债权人同意 【注】债务人或者第三人可以催告债权人在合理期限内予以同意，债权人未作表示的，视为不同意
符合形式	应当遵循法律、行政法规规定转让债务办理批准等手续生效

2. 法律效果

债务转移	债务由原债务人移转给承担人 （1）原债务人：不再承担债务，原债务人对承担人的清偿能力也不负担保义务（免责） （2）承担人：承担人应当向债权人履行债务，并承担债务不履行的责任
抗辩援用	（1）抗辩援用：新债务人可以主张原债务人对债权人的抗辩 【注】债务转移后，新债务人主张原债务人对债权人的抗辩的，人民法院可以将原债务人列为第三人 （2）抵销禁止：原债务人对债权人享有债权的，新债务人不得向债权人主张抵销 （3）内部抗辩禁止：新债务人不得以其对抗原债务人的事项对抗债权人
从债务	与主债务有关的从债务移转给承担人，如利息债务；违约金债务；从给付义务和附随义务等
担保责任	（1）原债务人提供的担保：除另有约定外，担保责任不受影响 （2）第三人提供的担保：未经第三人书面同意，第三人不再承担担保责任
时效中断	债务承担情形下，构成原债务人对债务承认的，应当认定诉讼时效从债务承担意思表示到达债权人之日起中断

（二）债务加入（并存的债务承担）

要件	相比于债务转移，债务加入不要求债权人同意，只须通知债权人或者第三人向债权人表示愿意加入债务，债权人未在合理期限内明确拒绝
效力	1. 承担人取得债务人地位，原债务人也不丧失债务人地位，二者共同对债权人负清偿责任（连带责任） 2. 抗辩的援用：原债务人对债权人的抗辩，承担人也可主张 3. 从债务：承担人对与主债务有关的从债务也负连带清偿责任
追偿	1. 有约定：加入债务的第三人向债权人履行债务后，有权请求按照其与债务人的约定向债务人追偿 2. 无约定：没有约定，第三人有权在履行债务的范围内请求债务人返还所获利益的，但是第三人知道或者应当知道加入债务会损害债务人利益的除外 3. 抗辩：债务人有权就其对债权人享有的抗辩向加入债务的第三人主张

十二、以物抵债

（一）判断规则

可能类型	1. 让与担保
	2. 买卖型担保
	3. 新债清偿
	4. 债务更新
判断思路	1. 看时间： （1）债务到期后达成的以物抵债协议，只可能是新债清偿与债务更新 （2）债务到期前达成的以物抵债协议，可能是让与担保、买卖型担保、新债清偿或者债务更新
	2. 看顺序：（对到期前的划分） （1）需要债务人先履行原债务的以物抵债协议，只能是让与担保、买卖型担保 （2）不需要债务人先履行原债务的以物抵债协议，只能是新债清偿与债务更新
	3. 看约定：（对新债清偿与债务更新的划分） （1）明确约定新债成立则旧债消灭的以物抵债协议属于债务更新 （2）未明确约定新债成立则旧债消灭的以物抵债协议属于新债清偿

（二）新债清偿与债务更新

1. 新债清偿

含义	债务人和债权人约定以负担新债作为旧债的清偿。只有新债被履行的，旧债消灭；新债未履行的，旧债则不消灭
债权效力	该协议自当事人意思表示一致时生效（诺成合同）
旧债消灭	债务人履行以物抵债协议后，相应的原债务同时消灭
违约责任	（1）前提：债务人未按照约定履行以物抵债协议
	（2）效力： ①原则：债权人有权选择请求债务人履行原债务或以物抵债协议 ②例外：法律另有规定或者当事人另有约定

2. 债务更新

含义	债务更新又称为“债务更改”“债务更替”，是指当事人双方以成立新债务而使旧债务消灭的法律行为
债权效力	该协议自当事人意思表示一致时生效（诺成合同）
旧债消灭	新债约定生效时，旧债约定即归于消灭
违约责任	（1）债务人不履行新债，债权人无权要求履行旧债
	（2）债务人不履行新债或履行新债不适当，债权人只能要求承担违反新债的违约责任

（三）以物抵债的物权效力

行为性质	基于以物抵债协议所发生物权变动的，其仍属于基于法律行为的物权变动，须满足基于法律行为物权变动的基本要件
无权处分	1. 前提：债务人或者第三人以自己不享有所有权或者处分权的财产权利订立以物抵债协议（无权处分）
	2. 效力： （1）符合善意取得的要件：债权人可以善意取得财产权利 （2）不符合善意取得的要件：债权人可以要求履行原债务或追究违约责任

（四）诉讼中的以物抵债

效力	1. 人民法院制作的以物抵债调解书不能直接发生物权效力
	2. 执行中所作的以物抵债裁定书，具有发生非基于法律行为物权变动的效力
程序	1. 一审中当事人达成以物抵债协议： （1）可以请求人民法院根据协议制作调解书，可申请执行 （2）可以申请撤回起诉，此后还可再起诉
	2. 二审中当事人达成以物抵债协议： （1）当事人可申请撤回起诉，此后不得再起诉 （2）当事人申请撤回上诉的，法院告知其申请撤回起诉 （3）当事人申请根据协议制作调解书的，人民法院不应准许，并继续审理原债权债务关系
	3. 在执行中，法院不得依据当事人的和解协议制作以物抵债裁定书

十三、合同的解除

（一）解除权的产生

1. 一般法定解除权

不可抗力	因不可抗力致使不能实现合同目的
	（1）解除方：双方当事人均享有解除权
	（2）损失分担：双方当事人分担损失
预期违约	在履行期限届满之前，当事人一方明确表示或者以自己的行为表明不履行主要债务
	（1）要件： ①履行期限届满之前 ②当事人明示毁约或默示毁约
	（2）效力： ①依据预期违约主张违约责任或解除合同 ②等待履行期到来后，当事人实际违约的，解除合同

续表

迟延履行	当事人一方迟延履行主要债务
	（1）须催告的解除：原则上必须催告对方履行后，对方仍不履行的，方可解除合同
	（2）不须催告的解除：当事人一方迟延履行主要债务，导致合同目的不能实现的，可直接解除合同
根本违约	其他违约行为致使不能实现合同目的

2. 特别法定解除权

买卖合同	分期付款的买受人未支付到期价款的数额达到全部价款的1/5，经催告后在合理期限内仍未支付到期价款的，出卖人可以请求买受人支付全部价款或者解除合同
借款合同	借款人未按照约定的借款用途使用借款的，贷款人可以停止发放借款、提前收回借款或者解除合同
租赁合同	承租人未经出租人同意转租的，出租人可以解除合同
承揽合同	承揽人将其承揽的主要工作交由第三人完成的，应当就该第三人完成的工作成果向定作人负责；未经定作人同意的，定作人也可以解除合同
建设工程合同	承包人将建设工程转包、违法分包的，发包人可以解除合同

3. 司法解除

（1）情势变更

构成要件	①须有情势变更的事实，即合同的基础条件发生了变化
	②情势变更发生在合同成立之后，履行完毕之前（履行阶段）
	③情势变更是当事人在订立合同时无法预见的且不可归责于当事人
	④情势变更不包括商业风险
	⑤继续履行合同对于当事人一方明显不公平
法律后果	①受不利影响的当事人可以请求与对方重新协商
	②在合理期限内协商不成的，当事人可以请求人民法院或者仲裁机构变更或者解除合同 A. 当事人请求变更合同的，人民法院不得解除合同 B. 当事人请求解除合同的，人民法院可以根据案件具体情形判决变更或者解除合同
	③因情势变更解除或变更合同的，当事人不承担违约责任，只存在损失的分担问题
适用	当事人事前约定排除情势变更规则适用的，该约定无效

（2）合同僵局

规则概要	存在不适用继续履行的情形，致使不能实现合同目的的，人民法院或者仲裁机构可以根据当事人的请求终止合同权利义务关系

续表

适用条件	①非违约方不能请求违约方继续履行
	②导致合同目的不能实现
	③非违约方未行使解除权
	④当事人提出司法解除申请
效力	①法院、仲裁机构可以终止合同权利义务（司法解除权）
	②不影响违约责任的承担
	③其他法律效果同合同的解除

（二）解除的方式

方式	应当以通知的方式行使解除权（单纯形成权）
生效时间	1. 原则：合同自通知到达对方时解除
	2. 例外： （1）通知载明债务人在一定期限内不履行债务则合同自动解除，债务人在该期限内未履行债务的，合同自通知载明的期限届满时解除 （2）直接以提起诉讼或者申请仲裁的方式依法主张解除合同，人民法院或者仲裁机构确认该主张的，合同自起诉状副本或者仲裁申请书副本送达对方时解除 【注】当事人起诉后又撤诉的，合同的解除时间： （1）撤诉后通知对方当事人：通知到达时合同解除 （2）撤诉后未通知当事人又起诉：合同自再次起诉的起诉状副本送达对方当事人时解除
异议	1. 异议权：对方对解除合同有异议的，任何一方当事人均可以请求人民法院或者仲裁机构确认解除行为的效力
	2. 异议的审查：【人民法院应当对其是否享有法律规定或者合同约定的解除权进行审查】 （1）享有解除权的，合同自通知到达对方时解除 （2）不享有解除权的，不发生合同解除的效力 【注】通知解除合同的一方仅以对方未在合理期限内提出异议为由主张合同已经解除的，人民法院不予支持
除斥期间	第一步：当事人有约定的，按照当事人的约定
	第二步：法律有特别规定的，按照法律的特别规定 1. 承租人非法转租的，出租人在知道后 6 个月内解除合同 2. 商品房买卖合同中，发生迟延履行的： （1）经催告后 3 个月内未履行的，才享有法定解除权 （2）对方催告的，在催告后 3 个月内行使；未催告的，在解除权发生后 1 年内行使
	第三步：法律无特别规定时，适用法律的一般规定 1. 自解除权人知道或者应当知道解除事由之日起 1 年内行使 2. 经对方催告后在合理期限内行使

（三）解除的效力

一般效力	1. 尚未履行：终止履行
	2. 已经履行：根据履行情况和合同性质，当事人可请求恢复原状、采取其他补救措施 （1）一时性合同：解除具有溯及力 （2）继续性合同：解除不具有溯及力
特殊效力	1. 解除与违约责任：合同解除不影响违约责任的承担
	2. 解除与担保责任：主合同解除后，不影响担保人对债务人应当承担的民事责任承担担保责任
	3. 解除与特别条款：合同解除不影响原合同中结算、清理条款的效力

十四、违约责任的形式

（一）继续履行

概念	违约方不履行合同义务时，相对方有权请求法院强制违约方按合同约定的标的履行义务，而不得以支付违约金或赔偿金的方式代替履行
适用	1. 金钱债务：无条件适用继续履行
	2. 非金钱债务，存在下列情形之一的，不适用继续履行： （1）法律上或者事实上不能履行 （2）债务的标的不适于强制履行或者履行费用过高 （3）债权人在合理期限内未要求履行
替代履行	当事人一方不履行债务或者履行债务不符合约定，根据债务的性质不得强制履行的，对方可以请求其负担由第三人替代履行的费用
适用关系	1. 继续履行不得与解除合同同时适用
	2. 继续履行可以和其他违约责任一并适用

（二）损害赔偿

法定损害赔偿	1. 原则：完全赔偿原则，是指因违约方的违约行为使非违约方产生的全部损失（包括履行合同后的可得利益损失）都应当由违约方负赔偿责任
	2. 责任限制： （1）可预见性规则：损失赔偿额不得超过违约方订立合同时预见到或者应当预见到的因违约可能造成的损失 （2）减轻损失规则：当事人一方违约后，对方应当采取适当措施防止损失的扩大；没有采取适当措施致使损失扩大的，不得就扩大的损失请求赔偿 （3）过失相抵规则：在非违约方对损失的发生或扩大也有过错时，可以减轻或免除违约方的赔偿责任 （4）损益相抵规则：非违约方基于导致损失的同一原因而获得利益时，应将所得利益从损害赔偿额中予以扣除
约定损害赔偿	当事人在合同中约定的损害赔偿金额或计算方法

续表

<table>
<tr><td rowspan="2">惩罚性赔偿</td><td>1. 侵权中的：
（1）明知产品缺陷
（2）故意侵害知识产权
（3）故意污染环境、破坏生态</td></tr>
<tr><td>2. 其他法律：
（1）欺诈消费者：退一赔三
（2）明知缺陷向消费者提供，二倍以下
（3）不符合标准的食品：价款十、损失三，不足1000按1000</td></tr>
</table>

（三）违约金责任

1. 违约金调整规则

（1）违约金过高的调整

<table>
<tr><td>认定</td><td>当事人约定的违约金超过造成损失的30%</td></tr>
<tr><td>启动</td><td>当事人可以请求人民法院或者仲裁机构予以适当减少</td></tr>
<tr><td>限制</td><td>违约方的行为严重违背诚信原则，其请求减少违约金的，人民法院不予支持</td></tr>
<tr><td>效果</td><td>人民法院应当根据公平原则和诚实信用原则予以衡量，并作出裁决</td></tr>
<tr><td colspan="2">【最高法指导案例第166号】</td></tr>
<tr><td colspan="2">当事人双方就债务清偿达成和解协议，约定解除财产保全措施及违约责任。一方当事人依约申请人民法院解除了保全措施后，另一方当事人违反诚实信用原则不履行和解协议，并在和解协议违约金诉讼中请求减少违约金的，人民法院不予支持</td></tr>
</table>

（2）违约金过低的调整

<table>
<tr><td>认定</td><td>约定的违约金低于造成的损失</td></tr>
<tr><td>启动</td><td>当事人可以请求人民法院或者仲裁机构予以增加</td></tr>
<tr><td rowspan="2">效果</td><td>①增加后的违约金数额以不超过实际损失额为限</td></tr>
<tr><td>②增加违约金以后，当事人不得再请求对方赔偿损失</td></tr>
</table>

（3）违约金调整的诉讼程序

<table>
<tr><td>强制性</td><td>对方以合同约定不得对违约金进行调整为由主张不应予以调整，经审查不调整违约金将导致显失公平的，人民法院对该主张不予支持</td></tr>
<tr><td>启动</td><td>当事人一方可以通过反诉或者抗辩的方式申请调整违约金</td></tr>
<tr><td rowspan="3">举证责任</td><td>【谁主张，谁举证】</td></tr>
<tr><td>①非违约方主张约定的违约金低于违约造成的损失请求予以增加，非违约方承担举证责任</td></tr>
<tr><td>②违约方主张约定的违约金过分高于违约造成的损失请求予以适当减少的，违约方承担举证责任</td></tr>
</table>

续表

释明	合同约定的违约金过分高于因违约所造成的损失，但是违约方以合同不成立、未生效、无效、确定不发生效力、不构成违约或者非违约方不存在损失等为由抗辩，未主张调整过高的违约金的，人民法院应当向当事人释明
改判	①未释明：第一审人民法院经审理认为抗辩不成立，但是未予释明并判决按照合同约定赔偿违约金，或者第一审人民法院认为抗辩成立故未予释明，但是第二审人民法院经审理认为应当判决支付违约金的，第二审人民法院可以直接释明并根据当事人的请求依法判决适当减少违约金数额
	②未到庭：被告在第一审程序中未到庭参加诉讼，但是在第二审程序中到庭参加诉讼并请求减少违约金的，第二审人民法院可以依法判决适当减少违约金数额

2. 违约金与其他违约责任的适用关系

不得并用	（1）损害赔偿：违约金不能和损害赔偿并用
	（2）定金：违约金不得和定金并用
可以并用	（1）违约金可以和解除合同并用
	（2）违约金可以和继续履行、采取补救措施并用

十五、典型合同·买卖合同

（一）标的物风险负担

1. 标的物风险负担

时间因素	发生在买卖合同生效之后，履行完毕之前
原因因素	因不可归责于双方当事人的事由
标的物因素	只有特定物的风险可能转移，种类物未特定化之前风险恒定地由出卖人承担
结果因素	标的物毁损、灭失

2. 风险负担的后果

出卖人承担	出卖人无权要求买受人支付价款
买受人承担	买受人无法取得标的物，但是仍然应当向出卖人支付价款

3. 风险负担的原则

交付主义	（1）原则：标的物交付之前由出卖人承担，交付之后由买受人承担
	（2）认定： ①出卖人按照约定将标的物运送至买受人指定地点并交付给承运人后，标的物毁损、灭失的风险由买受人承担 ②当事人没有约定交付地点或者约定不明确，标的物需要运输的，出卖人将标的物交付给第一承运人后，标的物毁损、灭失的风险由买受人承担
与所有权	风险的负担与所有权的转移并无关系

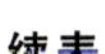

续表

违约责任	当出卖人的交付构成违约时，风险是否发生转移
	（1）出卖人构成一般违约：风险仍然转移，买受人可以请求承担违约责任
	（2）出卖人构成根本违约：买受人拒绝接受标的物或者解除合同的，标的物毁损、灭失的风险由出卖人承担

4. 风险负担的例外

在途货物买卖	（1）原则：合同成立时风险发生转移
	（2）例外：若合同订立前，标的物已经毁损灭失，出卖人知情且没有告知的，风险不发生转移
买受人违约	（1）原则：自违约之日，风险转移归买受人负担
	（2）认定： ①出卖人按照约定将标的物置于交付地点，买受人违反约定没有收取的，标的物毁损、灭失的风险自违反约定时起由买受人承担 ②因买受人的原因致使标的物未按照约定的期限交付的，买受人应当自违反约定时起承担标的物毁损、灭失的风险

（二）特种买卖合同

1. 保留所有权买卖

（1）概念与特征

所有权状态	合同签订后，所有权并不转移，待约定条件成就时转移
特征	①保留所有权买卖只适用于动产买卖，不适用于不动产买卖
	②条件成就前，买受人占有标的物但并不享有所有权，其处分行为属于无权处分
	③保留所有权买卖，未经登记不得对抗善意第三人

（2）取回权

含义	在满足特定条件时，出卖人将标的物取回的权利
情形	①未按约定支付价款的，经催告后在合理期限内仍未支付
	②未按约定完成特定条件
	③将标的物出卖、出质或者作出其他不当处分
阻却	①买受人已支付总价款75%以上
	②第三人善意取得标的物所有权或者其他物权
	③买受人在正常经营活动中将标的物出卖给第三人，第三人已经支付合理价款并取得该财产
取回方式	①出卖人可以与买受人协商取回标的物
	②协商不成，出卖人可以通过诉讼取回 【担保功能】出卖人有权取回，但买受人反诉请求返还必要费用或买受人抗辩标的物价值大于欠款请求法院拍卖、变卖的，法院一并处理
	③出卖人还可以参照适用担保物权的实现程序进行取回

续表

效力	①取回后，买受人在合理期间内，可以主张回赎权
	②取回后，买受人在合理期间内，未主张回赎权的，出卖人享有再次出卖权
	③取回不等于解除合同，取回的标的物价值明显减少的，出卖人有权请求买受人赔偿损失

（3）回赎权与再次出卖权

回赎权	①含义：出卖人取回标的物后，买受人有权在回赎期内赎回标的物
	②如何赎回：消除自己的违约行为
	③回赎期：有约定从约定，无约定的由出卖人指定
再次出卖权	①含义：买受人在回赎期间内没有回赎标的物的，出卖人可以另行出卖标的物
	②效力：出卖人另行出卖标的物的，出卖所得价款依次扣除取回和保管费用、再交易费用、利息、未清偿的价金后仍有剩余的，应返还原买受人；如有不足，出卖人要求原买受人清偿（多退少补）

2. 分期付款买卖

界定	买受人将应付的总价款在一定期限内至少分 3 次向出卖人支付
特殊规则	（1）前提：买受人未支付到期价款的金额达到全部价款的 20%
	（2）选择权：出卖人可以要求买受人支付全部价款或者解除合同
	（3）法定最低比例：20% 属于法定最低比例，当事人可以另行约定更高的比例
使用费	（1）出卖人解除合同的，可以向买受人要求支付该标的物的使用费
	（2）当事人对标的物的使用费没有约定的，可以参照当地同类标的物的租金标准确定

十六、典型合同·租赁合同

（一）租赁合同的类型

固定期限	明确约定固定的租赁期限，当事人应当按照该期限履行 【注】 1. 租赁期限不得超过 20 年。超过 20 年的，超过部分无效 2. 当事人未依照法律、行政法规规定办理租赁合同登记备案手续的，不影响合同的效力
无固定期限	1. 认定： （1）当事人未约定租赁期限 （2）租赁期限 6 个月以上的，当事人未采用书面形式，无法确定租赁期限 （3）租赁期限届满，承租人继续使用租赁物，出租人没有提出异议
	2. 效力：任何一方当事人都有权依自己的意愿随时解除合同，但在解除合同之前，应预先通知对方

（二）租赁合同的效力

1. 出租人的义务

保持使用	（1）在租赁期间保持租赁物符合约定用途
	（2）租赁合同中的风险： ①租赁物的风险：租赁物所有权人负担 ②租金的风险：因不可归责于承租人的事由，致使租赁物部分或者全部毁损、灭失的，承租人可以请求减少租金或者不支付租金（出租人负担）
维修义务	（1）非因承租人原因造成的损坏：除另有约定外，出租人须承担租赁期间的维修义务 ①出租人未履行维修义务的，承租人可以自行维修，维修费用由出租人负担 ②因维修租赁物影响承租人使用的，应当相应减少租金或者延长租期
	（2）因承租人过错造成的损坏：因承租人的过错致使租赁物需要维修的，出租人不承担维修义务

2. 承租人的义务

保管义务	承租人应当妥善保管租赁物，承租人未尽妥善保管义务，造成租赁物毁损灭失的，应当承担损害赔偿责任
不得擅自增改	不得擅自改善和增设他物
	（1）经过同意：承租人经出租人同意，可以对租赁物进行改善或者增设他物，承租人可以请求偿还租赁物增值部分的费用
	（2）未经同意：承租人未经出租人同意，对租赁物进行改善或者增设他物的，出租人可以请求承租人恢复原状或者赔偿损失

（三）转租

1. 合法转租

含义	承租人经过出租人的同意而将租赁物转租他人
转租期限	转租期限超过承租人剩余租赁期限的，超过部分的约定对出租人不具有法律约束力
次承租人代为清偿请求权	（1）前提：承租人拖欠租金
	（2）请求权：次承租人可以代承租人支付其欠付的租金和违约金
	（3）法律效果：次承租人代为支付的租金和违约金，可以充抵次承租人应当向承租人支付的租金；超出其应付的租金数额的，可以向承租人追偿

2. 非法转租

含义	承租人未经出租人的同意而将租赁物转租他人
解除权	出租人可以解除合同
时间限制	出租人知道或者应当知道承租人转租，但是在六个月内未提出异议的，视为出租人同意转租

（四）买卖不破租赁

原则	在租赁关系存续期间，即使所有权人将租赁物让与他人，对租赁关系也不产生任何影响，承受人不能以其已成为租赁物的所有人为由否认原租赁关系的存在并要求承租人返还租赁物
适用条件	1. 租赁合同有效
	2. 承租人按照租赁合同占有租赁物
	3. 租赁物的所有权发生变动
例外	1. 租赁物因没收、征收发生所有权变动
	2. 先抵后租 【注】先抵后租，动产抵押权未登记不得对抗善意承租人
	3. 房屋出租前已经被查封

（五）房屋承租人的优先购买权

适用条件	1. 房屋租赁合同有效
	2. 租赁关系存续期间，出租人处分房屋或抵押权人实现抵押权
	3. 以同等条件行使
	4. 必须在一定期限内行使
除外情形	1. 房屋共有人行使优先购买权的
	2. 出租人将房屋出卖给近亲属，包括配偶、父母、子女、兄弟姐妹、祖父母、外祖父母、孙子女、外孙子女的
权利消灭	1. 出租人履行通知义务后，承租人在 15 日内未明确表示购买
	2. 出租人委托拍卖人拍卖租赁房屋的，应当在拍卖 5 日前通知承租人。承租人未参加拍卖的，视为放弃优先购买权
权利救济	1. 前提：出租人未通知承租人或者有其他妨害承租人行使优先购买权情形
	2. 法律效果： （1）不无效：出租人与第三人订立的房屋买卖合同的效力不受影响 （2）可赔偿：承租人可以请求出租人承担赔偿责任

十七、典型合同·建设工程施工合同

（一）履行规则

1. 工程质量问题

合同有效	分包人就其完成的工作成果与总承包人或者勘察、设计、施工承包人向发包人承担连带责任
分包、转包合同无效	因建设工程质量存在问题的，发包人可以请求承包人与实际施工人承担连带责任

2. 实际施工人的权利

适用要件	（1）建设工程施工合同无效
	（2）建设工程经验收合格 ①修复合格：可以主张工程款，但修复费用由实际施工人承担 ②修复不合格：不得主张工程款
责任主体	（1）违法分包人、转包人
	（2）尚未支付完毕工程款的发包人在欠付的工程款范围内承担责任
工程款确定	（1）实际履行：当事人就同一建设工程订立的数份工程施工合同均无效，但经竣工验收质量合格的，参照实际履行的合同结算工程价款
	（2）最后一份：实际履行合同无法确定的，参照最后签订的合同结算工程价款
被告确定	（1）实际施工人在起诉时，可以仅以转包人或违法分包人为被告起诉
	（2）实际施工人直接以发包人为被告起诉时，法院应当追加转包人或违法分包人为本案第三人

（二）承包人优先受偿权

要件	1. 主体：与发包人直接订立施工合同的承包人 （1）修房子的承包人：与发包人订立建设工程施工合同的承包人 （2）装修房子的承包人：与建筑物的所有权人订立装修装饰合同的承包人 【注】装修房子的承包人仅在装修增值范围内享有优先受偿权
	2. 发包人不支付到期工程款，经催告仍不支付
	3. 建设工程质量合格
	4. 建设工程适宜折价、拍卖
时间	1. 存续期间：承包人应当在合理期限内行使建设工程价款优先受偿权，但最长不得超过18个月，自发包人应当给付建设工程价款之日起算
	2. 起算点：自发包人应当给付建设工程价款之日起算 （1）有约定的，从约定 （2）建设工程已实际交付的，为交付之日 （3）建设工程没有交付的，为提交竣工结算文件之日 （4）建设工程未交付，工程价款也未结算的，为当事人起诉之日
效力	1. 优先受偿的范围： （1）包括：国务院有关行政主管部门关于建设工程价款范围 （2）不包括：利息、违约金、损害赔偿金等
	2. 优先受偿的顺序： （1）建设工程优先受偿权优先于发包人的普通债权人 （2）建设工程优先受偿权优先于建设工程的抵押权人
限制	发包人与承包人约定放弃或限制建设工程价款优先受偿权，损害建筑工人利益，发包人根据该约定主张承包人不享有建设工程价款优先受偿权，法院不予支持

（三）房屋消费者的物权期待权

构成要件	1. 法院查封前已签订有效的书面买卖合同
	2. 购房目的为居住（名下无房屋或房屋面积不够居住）
	3. 支付全部价款或在一审法庭辩论终结前支付全部价款
法律效力	1. 消费者请求交付房屋的权利，优先于建设工程优先受偿权、抵押权
	2. 房屋不能交付的，消费者主张返还价款的权利优先于建设工程优先受偿权、抵押权

十八、典型合同·保理合同

（一）保理合同的类型

1. 有追索权（回购型保理）

具体规则 （多退少补）	（1）选择回购债权：债权人退还融资本息
	（2）选择行使债权：保理人退还多余款项
行权方式	（1）在有追索权的保理中，保理人以应收账款债权人或者应收账款债务人为被告提起诉讼，人民法院应予受理
	（2）保理人一并起诉应收账款债权人和应收账款债务人的，人民法院可以受理
债权人回购	应收账款债权人向保理人返还保理融资款本息或者回购应收账款债权后，可以请求应收账款债务人向其履行应收账款债务

2. 无追索权（买断型保理）

具体规则	【买断债权】
	（1）保理人只能选择向债务人请求偿还债务
	（2）债务人还多还少，均与原债权人无关 ①债务人还多：保理人无须向原债权人退还 ②债务人还少：保理人无权要求原债权人补充
行权方式	只能以债务人为被告提起诉讼

（二）履行规则

1. 虚构债权保理

前提	应收账款债权人与债务人虚构应收账款作为转让标的，与保理人订立保理合同
效果	（1）原则：应收账款债务人不得以应收账款不存在为由对抗保理人
	（2）例外：保理人明知债权为虚构的，则不得主张权利

2. 通知规则

应通知	债权保理事项应当通知债务人
通知者	（1）债权人可以通知债务人
	（2）保理人可以通知债务人，但应当表明保理人身份并附有必要凭证

续表

通知效力	（1）未通知债务人的，对债务人不生效力
	（2）通知债务人后，应收账款债权人与债务人无正当理由协商变更或者终止基础交易合同，对保理人产生不利影响的，对保理人不发生效力

十九、侵权责任法条索引

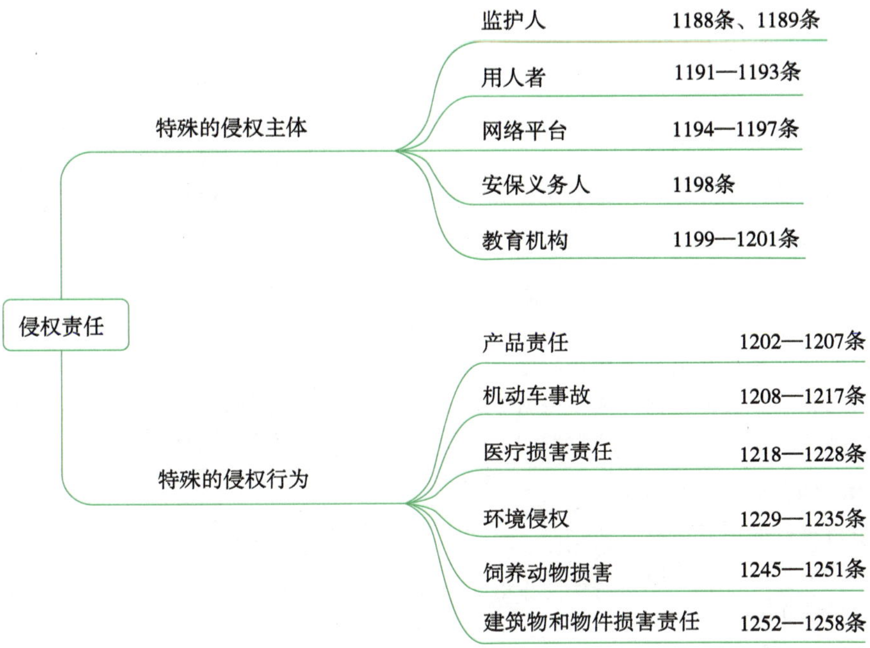

侵权责任

- 特殊的侵权主体
  - 监护人　1188条、1189条
  - 用人者　1191—1193条
  - 网络平台　1194—1197条
  - 安保义务人　1198条
  - 教育机构　1199—1201条
- 特殊的侵权行为
  - 产品责任　1202—1207条
  - 机动车事故　1208—1217条
  - 医疗损害责任　1218—1228条
  - 环境侵权　1229—1235条
  - 饲养动物损害　1245—1251条
  - 建筑物和物件损害责任　1252—1258条

第二部分

民事诉讼法主观题考点详解

一、民诉法相关指导性案例整合

案例名称/编号	裁判要点
最高法指导案例第2号：吴梅诉四川省眉山西城纸业有限公司买卖合同纠纷案	民事案件二审期间，双方当事人达成和解协议，人民法院准许撤回上诉的，该和解协议未经人民法院依法制作调解书，属于诉讼外达成的协议。一方当事人不履行和解协议，另一方当事人申请执行一审判决的，人民法院应予支持
最高法指导案例第25号：华泰财产保险有限公司北京分公司诉李志贵、天安财产保险股份有限公司河北省分公司张家口支公司保险人代位求偿权纠纷案	因第三者对保险标的的损害造成保险事故，保险人向被保险人赔偿保险金后，代位行使被保险人对第三者请求赔偿的权利而提起诉讼的，应当根据保险人所代位的被保险人与第三者之间的法律关系，而不应当根据保险合同法律关系确定管辖法院。第三者侵害被保险人合法权益的，由侵权行为地或者被告住所地法院管辖
最高法指导案例第34号：李晓玲、李鹏裕申请执行厦门海洋实业（集团）股份有限公司、厦门海洋实业总公司执行复议案	生效法律文书确定的权利人在进入执行程序前合法转让债权的，债权受让人即权利承受人可以作为申请执行人直接申请执行，无须执行法院作出变更申请执行人的裁定
最高法指导案例第36号：中投信用担保有限公司与海通证券股份有限公司等证券权益纠纷执行复议案	被执行人在收到执行法院执行通知之前，收到另案执行法院要求其向申请执行人的债权人直接清偿已经法院生效法律文书确认的债务的通知，并清偿债务的，执行法院不能将该部分已清偿债务纳入执行范围
最高法指导案例第51号：阿卜杜勒·瓦希德诉中国东方航空股份有限公司航空旅客运输合同纠纷案	对航空旅客运输实际承运人提起的诉讼，可以选择对实际承运人或缔约承运人提起诉讼，也可以同时对实际承运人和缔约承运人提起诉讼。被诉承运人申请追加另一方承运人参加诉讼的，法院可以根据案件的实际情况决定是否准许
最高法指导案例第56号：韩凤彬诉内蒙古九郡药业有限责任公司等产品责任纠纷管辖权异议案	当事人在一审提交答辩状期间未提出管辖异议，在二审或者再审发回重审时提出管辖异议的，人民法院不予审查
最高法指导案例第68号：上海欧宝生物科技有限公司诉辽宁特莱维置业发展有限公司企业借贷纠纷案	人民法院审理民事案件中发现存在虚假诉讼可能时，应当依职权调取相关证据，详细询问当事人，全面严格审查诉讼请求与相关证据之间是否存在矛盾，以及当事人诉讼中言行是否违背常理。经综合审查判断，当事人存在虚构事实、恶意串通、规避法律或国家政策以谋取非法利益，进行虚假民事诉讼情形的，应当依法予以制裁

续表

案例名称/编号	裁判要点
最高检指导案例第 28 号：许建惠、许玉仙民事公益诉讼案	1. 侵权人因同一行为已经承担行政责任或者刑事责任的，不影响承担民事侵权责任 2. 专业技术问题，可以引入专家辅助人。专家意见经质证，可以作为认定事实的根据
最高法指导案例第99 号：葛长生诉洪振快名誉权、荣誉权纠纷案	1. 对侵害英雄烈士名誉、荣誉等行为，英雄烈士的近亲属依法向人民法院提起诉讼的，人民法院应予受理 2. 英雄烈士事迹和精神是中华民族的共同历史记忆和社会主义核心价值观的重要体现，英雄烈士的名誉、荣誉等受法律保护。人民法院审理侵害英雄烈士名誉、荣誉等案件，不仅要依法保护相关个人权益，还应发挥司法彰显公共价值功能，维护社会公共利益
最高法指导案例第 118 号：东北电气发展股份有限公司与国家开发银行股份有限公司、沈阳高压开关有限责任公司等执行复议案	债权人撤销权诉讼的生效判决撤销了债务人与受让人的财产转让合同，并判令受让人向债务人返还财产，受让人未履行返还义务的，债权人可以债务人、受让人为被执行人申请强制执行
最高法指导案例第 119 号：安徽省滁州市建筑安装工程有限公司与湖北追日电气股份有限公司执行复议案	执行程序开始前，双方当事人自行达成和解协议并履行，一方当事人申请强制执行原生效法律文书的，人民法院应予受理。被执行人以已履行和解协议为由提出执行异议的，可以参照《最高人民法院关于执行和解若干问题的规定》第 19 条的规定审查处理（裁定终结执行）
最高法指导案例第 120 号：青海金泰融资担保有限公司与上海金桥工程建设发展有限公司、青海三工置业有限公司执行复议案	在案件审理期间保证人为被执行人提供保证，承诺在被执行人无财产可供执行或者财产不足清偿债务时承担保证责任的，执行法院对保证人应当适用一般保证的执行规则。在被执行人虽有财产但严重不方便执行时，可以执行保证人在保证责任范围内的财产
最高法指导案例第 122 号：河南神泉之源实业发展有限公司与赵五军、汝州博易观光医疗主题园区开发有限公司等执行监督案	执行法院将同一被执行人的几个案件合并执行的，应当按照申请执行人的各个债权的受偿顺序进行清偿，避免侵害顺位在先的其他债权人的利益
最高法指导案例第 124 号：中国防卫科技学院与联合资源教育发展（燕郊）有限公司执行监督案	申请执行人与被执行人对执行和解协议的内容产生争议，客观上已无法继续履行的，可以执行原生效法律文书。对执行和解协议中原执行依据未涉及的内容，以及履行过程中产生的争议，当事人可以通过其他救济程序解决
最高法指导案例第 126 号：江苏天宇建设集团有限公司与无锡时代盛业房地产开发有限公司执行监督案	在履行和解协议的过程中，申请执行人因被执行人迟延履行申请恢复执行的同时，又继续接受并积极配合被执行人的后续履行，直至和解协议全部履行完毕的，属于民事诉讼法及相关司法解释规定的和解协议已经履行完毕不再恢复执行原生效法律文书的情形

续表

案例名称/编号	裁判要点
最高法指导案例第135号：江苏省徐州市人民检察院诉苏州其安工艺品有限公司等环境民事公益诉讼案	在环境民事公益诉讼中，原告有证据证明被告产生危险废物并实施了污染物处置行为，被告拒不提供其处置污染物情况等环境信息，导致无法查明污染物去向的，人民法院可以推定原告主张的环境污染事实成立
最高法指导案例第136号：吉林省白山市人民检察院诉白山市江源区卫生和计划生育局、白山市江源区中医院环境公益诉讼案	人民法院在审理人民检察院提起的环境行政公益诉讼案件时，对人民检察院就同一污染环境行为提起的环境民事公益诉讼，可以参照行政诉讼法及其司法解释规定，采取分别立案、一并审理、分别判决的方式处理
最高法指导案例第148号：高光诉三亚天通国际酒店有限公司、海南博超房地产开发有限公司等第三人撤销之诉案	公司股东对公司法人与他人之间的民事诉讼生效裁判不具有直接的利益关系，不符合《民事诉讼法》第56条（现第59条）规定的第三人条件，其以股东身份提起第三人撤销之诉的，人民法院不予受理
最高法指导案例第149号：长沙广大建筑装饰有限公司诉中国工商银行股份有限公司广州粤秀支行、林传武、长沙广大建筑装饰有限公司广州分公司等第三人撤销之诉案	公司法人的分支机构以自己的名义从事民事活动，并独立参加民事诉讼，人民法院判决分支机构对外承担民事责任，公司法人对该生效裁判提起第三人撤销之诉的，其不符合《民事诉讼法》第56条（现第59条）规定的第三人条件，人民法院不予受理
最高法指导案例第150号：中国民生银行股份有限公司温州分行诉浙江山口建筑工程有限公司、青田依利高鞋业有限公司第三人撤销之诉案	建设工程价款优先受偿权与抵押权指向同一标的物，抵押权的实现因建设工程价款优先受偿权的有无以及范围大小受到影响的，应当认定抵押权的实现同建设工程价款优先受偿权案件的处理结果有法律上的利害关系，抵押权人对确认建设工程价款优先受偿权的生效裁判具有提起第三人撤销之诉的原告主体资格
最高法指导案例第151号：台州德力奥汽车部件制造有限公司诉浙江建环机械有限公司管理人浙江安天律师事务所、中国光大银行股份有限公司台州温岭支行第三人撤销之诉案	在银行承兑汇票的出票人进入破产程序后，对付款银行于法院受理破产申请前6个月内从出票人还款账户划扣票款的行为，破产管理人提起请求撤销个别清偿行为之诉，法院判决予以支持的，汇票的保证人与该生效判决具有法律上的利害关系，具有提起第三人撤销之诉的原告主体资格
最高法指导案例第152号：鞍山市中小企业信用担保中心诉汪薇、鲁金英第三人撤销之诉案	债权人申请强制执行后，被执行人与他人在另外的民事诉讼中达成调解协议，放弃其取回财产的权利，并大量减少债权，严重影响债权人债权实现，符合债权人行使撤销权条件的，债权人对民事调解书具有提起第三人撤销之诉的原告主体资格
最高法指导案例第153号：永安市燕诚房地产开发有限公司诉郑耀南、远东（厦门）房地产发展有限公司等第三人撤销之诉案	债权人对确认债务人处分财产行为的生效裁判提起第三人撤销之诉的，在出现债务人进入破产程序、无财产可供执行等影响债权人债权实现的情形时，应当认定债权人知道或者应当知道该生效裁判损害其民事权益，提起诉讼的6个月期间开始起算

续表

案例名称/编号	裁判要点
最高法指导案例第154号：王四光诉中天建设集团有限公司、白山和丰置业有限公司案外人执行异议之诉案	在建设工程价款强制执行过程中，房屋买受人对强制执行的房屋提起案外人执行异议之诉，请求确认其对案涉房屋享有可以排除强制执行的民事权益，但不否定原生效判决确认的债权人所享有的建设工程价款优先受偿权的，属于《民事诉讼法》第227条（现第234条）规定的"与原判决、裁定无关"的情形，人民法院应予依法受理
最高法指导案例第155号：中国建设银行股份有限公司怀化市分行诉中国华融资产管理股份有限公司湖南省分公司等案外人执行异议之诉案	在抵押权强制执行中，案外人以其在抵押登记之前购买了抵押房产，享有优先于抵押权的权利为由提起执行异议之诉，主张依据《最高人民法院关于人民法院办理执行异议和复议案件若干问题的规定》排除强制执行，但不否认抵押权人对抵押房产的优先受偿权的，属于《民事诉讼法》第227条（现第234条）规定的"与原判决、裁定无关"的情形，人民法院应予依法受理
最高法指导案例第156号：王岩岩诉徐意君、北京市金陛房地产发展有限责任公司案外人执行异议之诉案	《最高人民法院关于人民法院办理执行异议和复议案件若干问题的规定》第28条规定了不动产买受人排除金钱债权执行的权利，第29条规定了消费者购房人排除金钱债权执行的权利。案外人对登记在被执行的房地产开发企业名下的商品房请求排除强制执行的，可以选择适用第28条或者第29条规定；案外人主张适用第28条规定的，人民法院应予审查
最高法指导性案例第166号：北京隆昌伟业贸易有限公司诉北京城建重工有限公司合同纠纷案	当事人双方就债务清偿达成和解协议，约定解除财产保全措施及违约责任。一方当事人依约申请人民法院解除了保全措施后，另一方当事人违反诚实信用原则不履行和解协议，并在和解协议违约金诉讼中请求减少违约金的，人民法院不予支持
最高法指导性案例第169号：徐欣诉招商银行股份有限公司上海延西支行银行卡纠纷案	持卡人提供证据证明他人盗用持卡人名义进行网络交易，请求发卡行承担被盗刷账户资金减少的损失赔偿责任，发卡行未提供证据证明持卡人违反信息妥善保管义务，仅以持卡人身份识别信息和交易验证信息相符为由主张不承担赔偿责任的，人民法院不予支持
最高法指导性案例第198号：中国工商银行股份有限公司岳阳分行与刘友良申请撤销仲裁裁决案	实际施工人并非发包人与承包人签订的施工合同的当事人，亦未与发包人、承包人订立有效仲裁协议，不应受发包人与承包人的仲裁协议约束。实际施工人依据发包人与承包人的仲裁协议申请仲裁，仲裁机构作出仲裁裁决后，发包人请求撤销仲裁裁决的，人民法院应予支持
最高法指导性案例第199号：高哲宇与深圳市云丝路创新发展基金企业、李斌申请撤销仲裁裁决案	仲裁裁决裁定被申请人赔偿与比特币等值的美元，再将美元折算成人民币，属于变相支持比特币与法定货币之间的兑付交易，违反了国家对虚拟货币金融监管的规定，违背了社会公共利益，人民法院应当裁定撤销仲裁裁决

二、2023年考试大纲修调内容整合

考点调整情况	“在线诉讼原则”修改为“在线诉讼与线下诉讼具有同等效力原则”
	增加“先行调解（先行调解的条件和效力）”
	增加“仲裁的类型”
	“仲裁委员会的设立条件”修改为“仲裁委员会应具备的条件”
	增加“仲裁协会的设立”
	“仲裁条款独立性原则的适用”修改为“仲裁条款独立性原则在实务中的适用”
	在“仲裁审理”中增加考点“开庭通知”
新增法律法规	无

（一）在线诉讼与线下诉讼具有同等效力原则

进行在线诉讼要经过当事人同意，但并不要求双方当事人都同意。一方当事人同意以在线方式进行，另一方当事人不同意的，同意的一方可以以在线的方式进行诉讼。

（二）先行调解的条件和效力

当事人起诉到人民法院的民事纠纷，适宜调解的，先行调解，但当事人拒绝调解的除外。

先行调解达成调解协议后的两条路：（1）当事人双方可以向法院申请司法确认。（2）法院可以在立案后制作调解书送达双方当事人。

（三）仲裁的类型

1. 国内仲裁与涉外仲裁

（1）国内仲裁，是指本国仲裁机构对不具有涉外因素的国内民商事纠纷的仲裁。

（2）涉外仲裁，是指涉及外国或外法域的民商事纠纷仲裁，即基于自然人、法人或其他组织之间及其相互之间，在涉外贸易、运输和海事中发生的民商事纠纷的仲裁。

提示：我国的所有仲裁机构均可根据当事人的仲裁协议受理国内仲裁案件和涉外仲裁案件。

2. 机构仲裁与临时仲裁

（1）机构仲裁，是指根据双方当事人达成的仲裁协议，将纠纷提交给约定的某一常设仲裁机构所进行的仲裁。

（2）临时仲裁，是指根据双方当事人达成的仲裁协议，将纠纷提交给由双方当事人选择的仲裁员临时组成的仲裁庭所进行的仲裁。

提示：《最高人民法院关于为自由贸易试验区建设提供司法保障的意见》第9条规定，在自贸试验区内注册的企业相互之间约定在内地特定地点、按照特定仲裁规则、由特定人员对有关争议进行仲裁的，可以认定该仲裁协议有效。

3. 依法仲裁与友好仲裁

（1）依法仲裁，是指严格按照法律的规定进行的仲裁。

（2）友好仲裁，是指依据双方当事人的授权，仲裁庭不以严格的法律规范为依据，而是以其所认为的公平的标准为依据作出对当事人具有约束力的裁决。

（四）仲裁委员会应具备的条件

仲裁委员会应当具备下列条件：1. 有自己的名称、住所和章程。2. 有必要的财产。3. 有该委员会的组成人员。4. 有聘任的仲裁员。

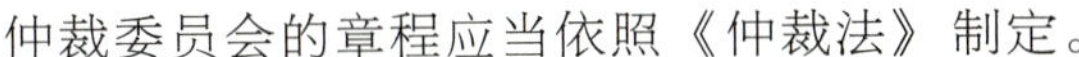

仲裁委员会的章程应当依照《仲裁法》制定。

（五）仲裁协会的设立

中国仲裁协会是社会团体法人。仲裁委员会是中国仲裁协会的会员。中国仲裁协会的章程由全国会员大会制定。中国仲裁协会是仲裁委员会的自律性组织，根据章程对仲裁委员会及其组成人员、仲裁员的违纪行为进行监督。中国仲裁协会依照《仲裁法》和《民事诉讼法》的有关规定制定仲裁规则。

仲裁协会的章程应载明下列事项：1. 名称，即中国仲裁协会。2. 宗旨，即设立目的。3. 组织机构，即仲裁协会的内部机构。4. 仲裁协会会长的产生程序和职权。5. 职责。6. 对仲裁委员会和仲裁员的监督。7. 经费来源。8. 章程的修改程序。9. 其他必要事项。

提示：中国仲裁协会于2022年10月14日在民政部注册成立。

（六）仲裁条款独立性原则在实务中的适用

1. 仲裁协议独立存在，不受合同变更、解除、终止或者无效的影响。仲裁条款具有可以与主合同的其他条款相分离而独立存在的属性，对仲裁条款的效力应当单独判断，即仲裁条款不因主合同的无效而无效，不因主合同被撤销而失效，也不因合同未成立而影响其效力。

2. 当事人之间在破产申请受理前订立有仲裁条款或仲裁协议的，应当向选定的仲裁机构申请确认债权债务关系。

3. 当事人订立仲裁协议后合并、分立的，仲裁协议对其权利义务的继受人有效，但另有约定的除外。

4. 当事人订立仲裁协议后死亡的，仲裁协议对承继其仲裁事项中的权利义务的继承人有效。

5. 债权债务全部或者部分转让的，仲裁协议对受让人有效，但当事人另有约定、在受让债权债务时受让人明确反对或者不知有单独仲裁协议的除外。

（七）仲裁审理中的开庭通知

仲裁委员会应当在仲裁规则规定的期限内将开庭日期通知双方当事人。当事人有正当理由的，可以在仲裁规则规定的期限内请求延期开庭。是否延期，由仲裁庭决定。

申请人经书面通知，无正当理由不到庭或者未经仲裁庭许可中途退庭的，可以视为撤回仲裁申请。被申请人经书面通知，无正当理由不到庭或者未经仲裁庭许可中途退庭的，可以缺席裁决。

三、民诉与仲裁的核心知识点精炼

（一）处分原则与辩论原则

主体	处分权和辩论权均为当事人的专属权利
适用范围	两项原则均贯穿于民事诉讼程序的全过程 在非讼程序和执行程序中不适用辩论原则
内容	处分对象：实体权利＋程序权利
区分	违反处分原则的常见情形：法院遗漏或超出诉讼请求范围
	违反辩论原则的常见情形：将未经质证的证据直接作为定案依据

（二）反诉的构成要件

主体同一	本诉的原告是反诉的被告，本诉的被告是反诉的原告

续表

程序同一	本诉与反诉适用的程序须为同一种类
管辖同一	本诉与反诉的管辖法院须同一
目的对抗性	旨在抵消或吞并本诉原告的全部或部分诉讼请求
请求独立性	反诉与反驳：即使撤回了本诉，也不影响反诉的效力
牵连关系（3种）	反诉与本诉的诉讼请求基于相同法律关系；或者诉讼请求之间具有因果关系；或者反诉与本诉的诉讼请求基于相同事实

（三）管辖的“3+1”结构——法定管辖、协议管辖、裁定管辖+管辖权异议

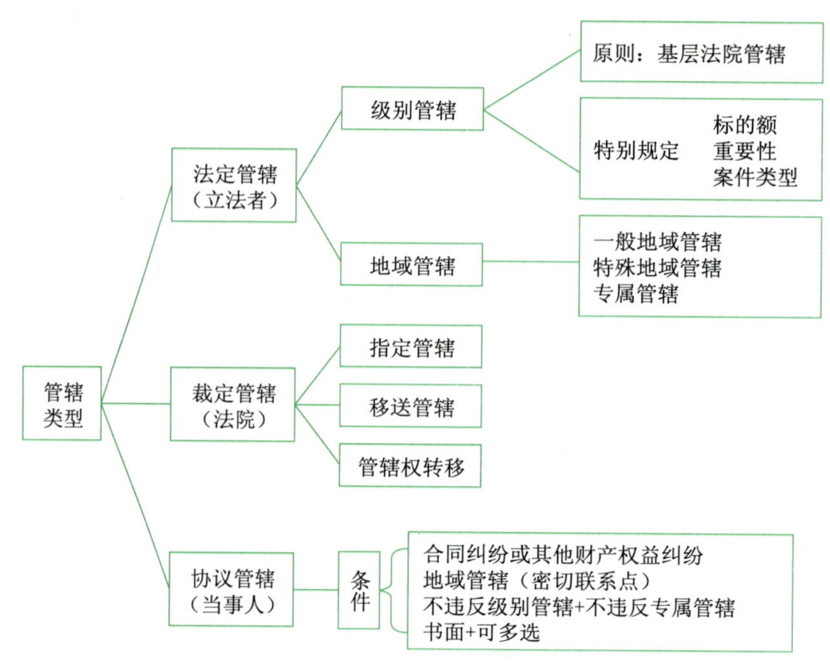

（四）一般地域管辖的“四类型”

<table>
<tr><td rowspan="8">一般地域管辖常考的四类型</td><td rowspan="2">离开住所超过一年的离婚案件</td><td>双方均离开住所：原告就被告</td></tr>
<tr><td>仅被告离开住所：原告和被告均可管</td></tr>
<tr><td rowspan="2">人身不自由的案件（监禁、强制性教育措施）</td><td>双方均不自由：原告就被告</td></tr>
<tr><td>仅被告不自由：被告就原告</td></tr>
<tr><td rowspan="2">“三费”案件</td><td>只有一个被告或几个被告在同一辖区：原告就被告</td></tr>
<tr><td>几个被告不在同一辖区：原告和被告均可管</td></tr>
<tr><td rowspan="2">三种特殊被告（不在中国境内、下落不明、宣告失踪）</td><td>身份关系案件：被告就原告</td></tr>
<tr><td>其他类型案件：原告就被告</td></tr>
</table>

（五）网购合同纠纷的地域管辖

以信息网络方式虚拟交付标的的网购合同	买受人住所地法院 + 被告住所地法院
以其他方式交付标的的网购合同	收货地法院 + 被告住所地法院
约定优先：合同对履行地有约定的，从约定	

（六）公司诉讼的地域管辖

公司住所地法院管辖（主要办事机构所在地优先）	公司设立纠纷，确认股东资格纠纷，分配利润纠纷，公司解散纠纷，股东名册记载纠纷，请求变更公司登记纠纷，股东知情权纠纷，公司决议纠纷，公司合并纠纷，公司分立纠纷，公司减资纠纷，公司增资纠纷等

（七）协议管辖

条件	合同或其他财产权益纠纷 + 书面 + 可多选 + 实际联系 + 不得违反级别管辖和专属管辖
对消费者的专门保护	对消费者的倾斜保护：经营者使用格式条款与消费者订立管辖协议，未采取合理方式提请消费者注意，消费者主张管辖协议无效的，法院应予支持
适用范围	当事人因同居产生的财产争议，以及当事人因离婚或解除收养关系后发生的财产争议，可以适用协议管辖

（八）广义的当事人

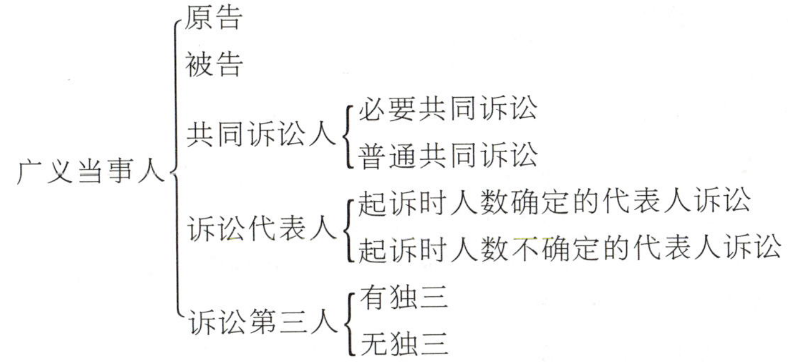

（九）当事人的确定

行为人自己责任	未依法登记领取营业执照的个人合伙：全体合伙人为共同诉讼人
	个体工商户：有字号的，以营业执照上登记的字号为当事人；登记与实际经营者不一致的，为共同诉讼人
	冒用法人名义或超越代理权：实际行为人为当事人
为他人行为负责	法人非依法设立或未领取营业执照的分支机构
	法人或其他组织的工作人员的职务行为致他人损害
	因劳务行为致他人损害
	劳务派遣：被派遣人的工作行为致他人损害——接受劳务派遣的用工单位为被告
机动车侵权责任	因租赁、借用、买卖、盗窃、抢劫或抢夺：实际使用人为被告 租赁、借用时，若机动车所有人对损害的发生有过错：共同被告

续表

校园事故责任	无或限制民事行为能力人在教育机构受到第三人人身侵权：实际侵权人为被告，但教育机构未尽到管理职责的，学校与侵权人为必要共同被告
公共场所管理人、群众活动组织者责任	通常由管理人或组织者作为被告 第三人行为致害的：第三人为被告 第三人侵权但管理人未尽到安保义务：共同被告
宣告股东大会决议无效或撤销	股东为原告，公司为被告
公司解散诉讼	起诉的股东为原告，公司为被告，其他股东可作为第三人
一般保证	只列被保证人为被告或将被保证人和保证人作为共同被告
连带保证	怎么诉、怎么列
企业法人解散	依法清算并注销前：该企业法人为当事人 未依法清算就被注销：以该企业法人的股东、发起人或出资人为当事人
无或限制民事行为能力人致人损害	无或限制民事行为能力人和其监护人为共同被告 注意：无、限人作为原告时，其监护人是法定代理人
居委会、村委会、村民小组	居民委员会、村民委员会或者有独立财产的村民小组可以作为当事人

（十）第三人撤销之诉

起诉主体	有独三和无独三
程序条件	因不能归责于己的事由而未能以第三人身份参诉
实体条件	有证据证明生效的判决、裁定、调解书全部或部分错误
结果条件	民事权益因为上述错误遭受损害
时间条件	知道或应当知道民事权益受损之日起 6 个月内（法定不可变）
适用范围	不适用三撤的情形：非讼案件；涉及身份关系的内容；未参加登记的权利人对代表人诉讼的生效裁判；实际受害人对公益诉讼的生效裁判
管辖	作出相关判决、裁定、调解书的法院
审理事项	合议庭 + 一审普通程序（作出的裁判可上诉）+ 开庭审理
诉讼地位	提起三撤的第三人为原告 + 生效判决、裁定、调解书的当事人为被告
法律效果	受理三撤原则上不中止执行：原告提供担保请求中止执行的，法院可以准许
处理方式	1. 请求成立且确权主张成立：改变原判决、裁定、调解书的错误部分 2. 请求成立但确权主张不成立或未请求确权：仅撤销错误部分 3. 请求不成立：驳回诉讼请求（实体处理）
与再审	三撤通常需并入再审 + 例外情形下中止再审、先审三撤
与案外人执行异议	1. 先三撤、后执行异议：执行异议被驳回的，第三人不得申请再审 2. 先执行异议、后案外人再审：执行异议被驳回时应依法申请再审，法院不受理三撤
性质	第三人撤销之诉属于变更之诉；事后性、特殊性、非通常的救济机制

（十一）案外第三人的救济途径

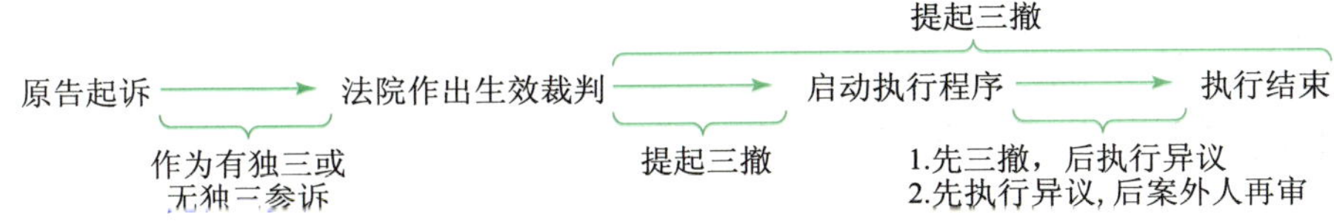

（十二）鉴定人出庭的前置过滤装置

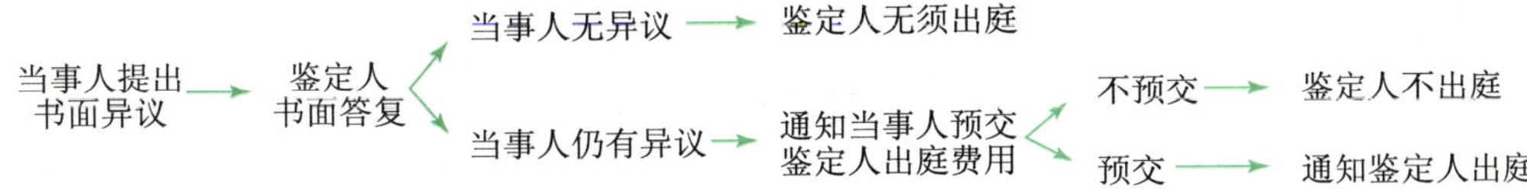

（十三）证人、鉴定人、专家辅助人

—	证人	鉴定人	专家辅助人
功能	对事实问题发表意见（感知、记忆、表述）	对专业性问题提出鉴定意见	对鉴定意见及其他专业性问题发表意见
参诉方式	依申请或依职权	依申请或依职权	依申请
回避	不适用	适用	原则上不适用
费用	谁申请谁垫付、谁败诉谁最终承担	鉴定人出庭费用由异议方预交、败诉方承担	谁申请、谁承担
其他问题	保证书：不签不得作证	鉴定人应当出庭的情形：当事人对鉴定意见有异议；或者法院认为有必要	专家辅助人对专业性问题发表的意见，视为当事人的陈述
	出庭作证为原则、不出庭作证为例外；无正当理由拒不出庭的，证人证言不得作为定案依据	不出庭的多重后果：鉴定意见不得作为定案依据＋要求返还鉴定费用＋处罚鉴定人的司法建议	双方当事人申请的专家辅助人可以对质

（十四）证明责任的具体分配

1. 无过错责任	环境污染侵权；产品质量侵权；饲养动物致害；高度危险作业
2. 举证责任特殊分配的情况整合	（1）环境侵权——倒置因果关系要件 （2）建筑物、构筑物、悬挂物、搁置物、堆放物致害案件——倒置过错要件 （3）一人有限责任公司的股东不能证明公司财产独立于股东自己的财产的，应当对公司债务承担连带责任（《公司法》第63条） （4）经营者提供的机动车、计算机、电视机、电冰箱、空调器、洗衣机等耐用商品或者装饰装修等服务，消费者自接受商品或者服务之日起6个月内发现瑕疵，发生争议的，由经营者承担有关瑕疵的举证责任（《消费者权益保护法》第23条第3款） （5）普通投资者与证券公司发生纠纷的，证券公司应当证明其行为符合法律、行政法规以及国务院证券监督管理机构的规定，不存在误导、欺诈等情形。证券公司不能证明的，应当承担相应的赔偿责任（《证券法》第89条第2款） （6）执行异议之诉：无论是申请执行人起诉还是案外人起诉，均由案外人对执行标的享有足以排除强制执行的民事权益承担证明责任

续表

<table>
<tr><td colspan="2">【解题窍门】分配证明责任的“三步法”
第一步——先定性：合同纠纷与侵权纠纷
第二步——如果是侵权纠纷，看归责原则（过错归责与无过错归责）
第三步——检查：①有无证明责任倒置的特殊规定；②是否存在免证事实（自认、预决事实）</td></tr>
<tr><td>证明责任的基本理论</td><td>1. 行为意义上的证明责任：谁主张、谁举证，当事人对自己主张的事实，有义务提供证据加以证明
2. 结果意义上的证明责任：如果当事人无法提供证据或提供的证据不充分，导致法官无法形成心证（即待证事实真伪不明），且法律上没有拟制、抵充、推定等特殊安排，那么作为穷尽一切手段之后的最后途径，法官可以用结果意义上的证明责任判案，即谁对该真伪不明的要件事实承担证明责任，谁就要承担不利的后果（败诉的风险）</td></tr>
</table>

（十五）起诉条件与立案登记制

起诉的积极条件	起诉的消极条件
原告与本案有直接利害关系	主管：民诉案件、或裁或审、其他机关处理
有明确的被告	管辖：告知向有管辖权的法院起诉
具体的诉讼请求和事实理由	一事不再理/禁止重复起诉
属于法院主管和受诉法院管辖	禁诉期：调解和好及判决不准离婚的案件＋孕产妇特别保护＋撤诉或按撤诉处理的离婚案件

（十六）不予受理、驳回起诉、驳回诉讼请求

—	不予受理	驳回起诉	驳回诉讼请求
文书	裁定	裁定	判决
解决问题	程序	程序	实体
适用阶段	立案受理前	立案受理后	案件审理后
适用条件	不符合起诉条件	不符合起诉条件	不符合胜诉条件
上诉期	10天	10天	15天
法律后果	可以再起诉	可以再起诉	不得再次起诉

（十七）撤诉：撤回起诉＋撤回上诉

<table>
<tr><th>—</th><th>一审中撤回起诉</th><th>二审中撤回起诉</th><th>再审中撤回起诉</th></tr>
<tr><td>条件</td><td>自愿、合法＋法院准许</td><td colspan="2">其他当事人同意且不损害“三益”</td></tr>
<tr><td>法律后果</td><td>可以再起诉</td><td colspan="2">不得再次起诉</td></tr>
</table>

<table>
<tr><td rowspan="2">撤回上诉</td><td>上诉期间</td><td>二审程序中</td></tr>
<tr><td>不得再上诉＋原审裁判尚未生效</td><td>如果撤回上诉的人是案件唯一的上诉人，则原审裁判生效</td></tr>
</table>

（十八）二审中的特殊调解

不得合意放弃审级利益	一审法院漏判：自愿调解；调解不成的，发回重审
	必须参加诉讼的当事人或有独三，在一审中未参诉：自愿调解；调解不成的发回重审
可以合意放弃审级利益的情形	二审中增加独立诉讼请求或提出反诉：自愿调解；调解不成的，告知另行起诉；但双方当事人同意由二审法院一并审理的，二审法院可以一并裁判
	一审判不离、二审判离的：对子女抚养、财产问题一并调解；调解不成的，发回重审，但双方当事人同意由二审法院一并审理的，二审法院可以一并裁判

（十九）二审案件的四类裁判方式

驳回上诉、维持原判决或裁定	直接维持：一审认定事实清楚、适用法律正确
	纠正瑕疵后维持：一审认定事实或适用法律有瑕疵，但裁判结果正确
有错必改	认定事实或适用法律错误：应当依法改判或撤销、变更原裁定
可改判、可发回	认定基本事实不清
只能发回重审	严重的程序违法：漏人、违法缺席判决、审判组织不合法、违反回避制度、未经法定诉讼代理、违法剥夺辩论权

（二十）重复起诉

重复起诉的构成条件（须同时满足）	1. 后诉与前诉的当事人相同 2. 后诉与前诉的诉讼标的相同 3. 后诉与前诉的诉讼请求相同，或者后诉的诉讼请求实质上否定前诉裁判结果
起诉时间	诉讼过程中或裁判生效后再次起诉
重复起诉的后果	法院裁定不予受理；已经受理的，裁定驳回起诉，但法律、司法解释另有规定的除外（不予受理、驳回起诉、撤诉、按撤诉处理）
其他相关规定	1. 二审中撤回起诉后重复起诉的，法院不予受理 2. 再审中撤回起诉后重复起诉的，法院不予受理 3. 不得重复救济；不得人为故意拆分请求，浪费司法资源

（二十一）启动再审的“三条路”

—	法院启动再审	检察机关启动再审	当事人申请再审
法定事由	裁判确有错误	《民事诉讼法》第207条规定的13种四大类事由	《民事诉讼法》第207条规定的13种四大类事由
再审对象/文书	各类判决书、裁定书、调解书	判决书；不予受理和驳回起诉的裁定书；损害国家利益、社会公共利益的调解书	判决书；不予受理和驳回起诉的裁定书；违反自愿原则和合法原则的调解书
效力	必然引发再审	抗诉必然引发再审；检察建议须由法院审查	由法院审查后决定是否裁定再审

（二十二）执行根据与执行管辖（三类四种）

<table>
<tr><th colspan="2">执行根据的种类</th><th>执行管辖法院</th></tr>
<tr><td colspan="2">（诉讼类）法院制作的发生法律效力的民事判决书、裁定书、调解书，以及具有财产内容的刑事判决书、裁定书</td><td>一审法院或与一审法院同级的被执行财产所在地法院</td></tr>
<tr><td rowspan="2">非讼案件中的生效法律文书</td><td>确认调解协议、实现担保物权的裁定以及支付令</td><td>作出裁定、支付令法院或与其同级的被执行财产所在地法院</td></tr>
<tr><td>认定财产无主判决</td><td>谁作出、谁负责执行</td></tr>
<tr><td colspan="2">仲裁裁决书、公证债权文书</td><td>被执行人住所地或被执行财产所在地法院</td></tr>
</table>

（二十三）两类执行标的异议

第一类执行异议：指向原生效裁判的正确性

玉石——玉石——玉石

（判）（执行）（案外人）

案外人异议{成立→中止执行→当事人再审
　　　　　 驳回→案外人再审

第二类执行异议：与原生效裁判无关

钱——玉石——玉石

（判）（执行）（案外人）

案外人异议{成立→中止执行→申请执行人执行异议之诉（许可执行之诉）
　　　　　 驳回→案外人执行异议之诉

（二十四）两种执行异议之诉

<table>
<tr><th>—</th><th>案外人执行异议之诉</th><th>申请执行人执行异议之诉
（许可执行之诉）</th></tr>
<tr><td>前提</td><td>执行异议被裁定驳回</td><td>执行异议被裁定成立</td></tr>
<tr><td>目的功能</td><td>阻碍执行</td><td>恢复促进执行</td></tr>
<tr><td>诉讼地位</td><td>案外人为原告，申请执行人为被告；被执行人反对案外人的，作为共同被告；不反对的，可列为第三人</td><td>申请执行人为原告，案外人为被告；被执行人反对申请执行人的，作为共同被告；不反对的，可列为第三人</td></tr>
<tr><td>举证责任</td><td colspan="2">两种异议之诉中，案外人均应当就其对执行标的享有足以排除强制执行的民事权益承担举证证明责任</td></tr>
<tr><td>审理程序</td><td colspan="2">法院审理执行异议之诉案件，适用普通程序</td></tr>
</table>

（二十五）执行和解

裁定中止执行的情形	1. 各方当事人共同向法院提交书面和解协议的 2. 一方当事人向法院提交书面和解协议，其他当事人予以认可的 3. 当事人达成口头和解协议，执行人员将和解协议内容记入笔录，由各方当事人签名或者盖章的

续表

特别授权	委托代理人代为执行和解，应当有委托人的特别授权
不得以物抵债裁定	当事人达成以物抵债执行和解协议的，法院不得依据该协议作出以物抵债裁定
裁定不予恢复执行的情形	1. 执行和解协议履行完毕后申请恢复执行的 2. 执行和解协议约定的履行期限尚未届至或者履行条件尚未成就的，但符合《民法典》第578条规定情形的除外 3. 被执行人一方正在按照执行和解协议约定履行义务的 4. 其他不符合恢复执行条件的情形
恢复执行与起诉	1. 恢复执行后，对申请执行人就履行执行和解协议提起的诉讼，人民法院不予受理 2. 申请执行人就履行执行和解协议提起诉讼，执行法院受理后，可以裁定终结原生效法律文书的执行。执行中的查封、扣押、冻结措施，自动转为诉讼中的保全措施 3. 当事人、利害关系人认为执行和解协议无效或者应予撤销的，可以向执行法院提起诉讼。执行和解协议被确认无效或者撤销后，申请执行人可以据此申请恢复执行。被执行人以执行和解协议无效或者应予撤销为由提起诉讼的，不影响申请执行人申请恢复执行
执行和解协议履行完毕后的救济	执行和解协议履行完毕，申请执行人因被执行人迟延履行、瑕疵履行遭受损害的，可以向执行法院另行提起诉讼
担保条款的效力	执行和解协议中约定担保条款，且担保人向法院承诺在被执行人不履行执行和解协议时自愿接受直接强制执行的，恢复执行原生效法律文书后，法院可以依申请执行人申请及担保条款的约定，直接裁定执行担保财产或者保证人的财产
自行达成和解协议或单方协议的效力	执行过程中，被执行人根据当事人自行达成但未提交人民法院的和解协议，或者一方当事人提交人民法院但其他当事人不予认可的和解协议，依照《民事诉讼法》第232条规定提出异议的，人民法院按照下列情形，分别处理 1. 和解协议履行完毕的，裁定终结原生效法律文书的执行 2. 和解协议约定的履行期限尚未届至或者履行条件尚未成就的，裁定中止执行，但符合《民法典》第578条规定情形的除外 3. 被执行人一方正在按照和解协议约定履行义务的，裁定中止执行 4. 被执行人不履行和解协议的，裁定驳回异议 5. 和解协议不成立、未生效或者无效的，裁定驳回异议
执行和解的原理提炼	1. 执行和解的内容是变更相关的民事权利内容：当事人可以自愿协商达成和解协议，依法变更生效法律文书确定的权利义务主体、履行标的、期限、地点和方式等内容 2. 执行和解属于一种独立的民事合同，本质上属于私法范畴，该项制度应当尊重当事人的意思表示，切实保障债权人的合法权益 3. 执行和解虽然不否定创设新的法律关系，但是不能因此轻易否认原有债权的性质和效力 4. 当事人不履行和解协议时：可恢复、可起诉，但两条路只能择其一 5. 非规范的和解：当事人自行达成的和解协议，只要协议有效且履行完毕，同样可以产生裁定终结原法律文书执行的效果（可以和解协议履行完毕为由提出执行异议）

（二十六）执行承担

作为申请执行人的自然人离婚时	生效法律文书确定的权利全部或部分分割给其配偶，该配偶申请变更、追加其为申请执行人的，人民法院应予支持
个人独资企业	不能清偿生效法律文书确定的债务，申请执行人申请变更、追加其出资人为被执行人的，法院应予支持。个人独资企业出资人作为被执行人的，法院可以直接执行该个人独资企业的财产
个体工商户	个体工商户的字号为被执行人的，法院可以直接执行该字号经营者的财产
合伙企业	不能清偿生效法律文书确定的债务，申请执行人申请变更、追加普通合伙人为被执行人的，法院应予支持。作为被执行人的有限合伙企业，财产不足以清偿生效法律文书确定的债务，申请执行人申请变更、追加未按期足额缴纳出资的有限合伙人为被执行人，在未足额缴纳出资的范围内承担责任的，法院应予支持
法人分支机构	不能清偿生效法律文书确定的债务，申请执行人申请变更、追加该法人为被执行人的，法院应予支持。法人直接管理的责任财产仍不能清偿债务的，法院可以直接执行该法人其他分支机构的财产。作为被执行人的法人，直接管理的责任财产不能清偿生效法律文书确定债务的，法院可以直接执行该法人分支机构的财产
营利法人	1. 财产不足以清偿生效法律文书确定的债务，申请执行人申请变更、追加未缴纳或未足额缴纳出资的股东、出资人或依公司法规定对该出资承担连带责任的发起人为被执行人，在尚未缴纳出资的范围内依法承担责任的，法院应予支持
	2. 财产不足以清偿生效法律文书确定的债务，申请执行人申请变更、追加抽逃出资的股东、出资人为被执行人，在抽逃出资的范围内承担责任的，法院应予支持
公司	财产不足以清偿生效法律文书确定的债务，其股东未依法履行出资义务即转让股权，申请执行人申请变更、追加该原股东或依公司法规定对该出资承担连带责任的发起人为被执行人，在未依法出资的范围内承担责任的，法院应予支持
一人有限责任公司	财产不足以清偿生效法律文书确定的债务，股东不能证明公司财产独立于自己的财产，申请执行人申请变更、追加该股东为被执行人，对公司债务承担连带责任的，人民法院应予支持

（二十七）申请撤销国内仲裁裁决与申请不予执行国内仲裁裁决

—	申请撤销国内仲裁裁决	申请不予执行国内仲裁裁决
法定事由	程序事项＋两种证据事项＋职业品行	程序事项＋两种证据事项＋职业品行
申请主体	仲裁当事人	被执行人＋案外人
申请时间	收到仲裁裁决书之日起6个月内	执行程序启动后、结束前
管辖法院	仲裁委所在地中级人民法院	受理执行申请的法院
程序设置	以两项证据事由申请撤销仲裁裁决时，法院可以通知重新仲裁	法院不能通知重新仲裁
相同之处	1. 法律属性相同：均体现了法院对仲裁的司法监督权 2. 客体相同：均针对仲裁庭作出的有效仲裁裁决 3. 法院均应当组成合议庭进行审查 4. 法律后果相同：裁定撤销或不予执行仲裁裁决后，当事人可以直接起诉，或者重新达成仲裁协议申请仲裁	

四、民事诉讼法与民商事实体法的结合点提示

（一）总体方向

<table>
<tr><td rowspan="2">基本原理</td><td>1. 基本原则层面的交融：当事人诉讼地位平等原则与平等原则；处分原则与意思自治原则；民事诉讼诚信原则与诚实信用原则</td></tr>
<tr><td>2. 民事纠纷与多元化纠纷解决机制</td></tr>
<tr><td rowspan="5">各类民商事案件的主管和管辖</td><td>1. 法院的受案范围：或裁或审（仲裁协议的效力识别）；请求召开股东（大）会不可诉</td></tr>
<tr><td>2. 公司诉讼的管辖法院</td></tr>
<tr><td>3. 各类民商事合同中协议管辖的效力</td></tr>
<tr><td>4. 破产程序中的相关管辖规则</td></tr>
<tr><td>5. 申请撤销或不予执行仲裁裁决的管辖法院</td></tr>
<tr><td rowspan="2">各类民商事案件中当事人的确定</td><td>1. 各类公司诉讼中当事人的确定：（1）公司法人人格否认诉讼；（2）股东代表诉讼；（3）公司解散诉讼；（4）利润分配诉讼；（5）决议效力诉讼</td></tr>
<tr><td>2. 各类民事案件中当事人的确定：（1）代位权诉讼；（2）撤销权诉讼；（3）连带保证与一般保证；（4）挂靠关系；（5）担保物权</td></tr>
<tr><td>证明责任</td><td>各类民商事案件中证明责任的具体分配</td></tr>
<tr><td rowspan="2">重复起诉的识别</td><td>1. 结合民商事实体法对“两同说”的具体识别</td></tr>
<tr><td>2. 民商事实体法中有关重复起诉的规定：禁止权利滥用；禁止重复救济</td></tr>
<tr><td rowspan="2">破产程序与民事司法程序的关系</td><td>1. 破产程序与民事诉讼程序的关系</td></tr>
<tr><td>2. 破产程序与执行程序的关系</td></tr>
</table>

（二）股东出资的民诉视角

<table>
<tr><td rowspan="2">1. 股东出资的外部责任</td><td>（1）《公司法解释（三）》[1]第13条第2、3款
公司债权人请求未履行或者未全面履行出资义务的股东在未出资本息范围内对公司债务不能清偿的部分承担补充赔偿责任的，人民法院应予支持；未履行或者未全面履行出资义务的股东已经承担上述责任，其他债权人提出相同请求的，人民法院不予支持
股东在公司设立时未履行或者未全面履行出资义务，依照本条第1款或者第2款提起诉讼的原告，请求公司的发起人与被告股东承担连带责任的，人民法院应予支持；公司的发起人承担责任后，可以向被告股东追偿</td></tr>
<tr><td>（2）当事人诉讼地位
①要求公司承担清偿责任，若股东未履行/未完全履行出资义务，且出资期限已经届满，可列公司、股东为被告
②但执行时应当先针对公司财产执行，再针对股东执行</td></tr>
</table>

〔1〕《最高人民法院关于适用〈中华人民共和国公司法〉若干问题的规定（三）》［以下简称《公司法解释（三）》］。

续表

2. 瑕疵股权转让	(1)《公司法解释（三）》第18条 有限责任公司的股东未履行或者未全面履行出资义务即转让股权，受让人对此知道或者应当知道，公司请求该股东履行出资义务、受让人对此承担连带责任的，人民法院应予支持；公司债权人依照本规定第13条第2款向该股东提起诉讼，同时请求前述受让人对此承担连带责任的，人民法院应予支持 受让人根据前述规定承担责任后，向该未履行或者未全面履行出资义务的股东追偿的，人民法院应予支持。但是，当事人另有约定的除外 (2)当事人诉讼地位：公司债权人可列转让股东、受让方为共同被告 转让方 —瑕疵股权→ 受让方（明知/应知） 转让方、受让方：连带责任

（三）股东知情权诉讼的当事人确定

股东知情权的内容	1. 有限公司股东有权查阅、复制章程、股东会会议记录、董事会会议决议、监事会会议决议和财务会计报告 2. 有限公司股东可以要求查阅公司会计账簿 (1)书面请求，说明目的 (2)若有不正当目的，公司可拒绝，并于15日内说明理由 (3)股东可以请求人民法院要求公司提供查阅
股东知情权诉讼	1. 原告：原告起诉时须具备股东资格 原告起诉时应当提供证据证明其股东身份，公司有证据证明原告起诉时或者在诉讼中已经不具有公司股东身份的，法院应驳回起诉
	2. 被告：公司
	3. 例外：若股东已转让股权，但有初步证据证明其在所持股期间合法权益受损的，可以请求查阅其持股期间的相关文件

（四）公司利润分配的民诉视角

利润分配的基本规则	1. 有限公司股东按照实缴的出资比例分配利润，但全体股东另有约定的除外 2. 股份公司股东按照所持有股份比例分配利润，但章程另有规定的除外
起诉条件	股东提起利润分配诉讼，应当提交载明具体分配方案的股东会决议，未提交的，法院驳回其诉讼请求
当事人确定	1. 公司为被告 2. 他人以相同理由请求参加诉讼的，应当列为共同原告；公司其他股东不同意分配利润的，可以第三人身份参加诉讼
利润分配的时间	1. 决议载明的时间内分配 2. 决议未载明的，按照章程中规定的时间分配 3. 决议、章程均未载明的，应当在决议作出之日起1年内分配 4. 若分红决议中利润分配时间与章程不一致的，股东可提起撤销公司决议之诉

（五）股东代表诉讼的民诉视角

1. 法条规定 《公司法》第151条	（董事、监事、他人、高级管理人员）损害公司利益的，有限公司股东、股份公司连续180日以上单独或者合计持有公司1%以上股份的股东，可以书面请求监事（会）或者董事会（执行董事）向人民法院提起诉讼（交叉请求） 监事（会）或董事会（执行董事）收到前述规定的股东书面请求后拒绝提起诉讼；自收到请求之日起30日内未提起诉讼；情况紧急，不立即提起诉讼将会使公司利益受到难以弥补的损害的 上述股东有权为了公司利益以自己名义直接向人民法院提起诉讼
2. 原告	（1）有限公司中任意股东 （2）股份公司连续180天持股，且持股比例1%以上 （3）原告何时成为股东并无影响 （4）法院审理股东代表诉讼纠纷案件，公司其他股东以与原告股东相同的事实和请求申请参加诉讼的，应予以准许。已经进行的诉讼程序，对参加诉讼的公司其他股东发生法律效力
3. 被告	致损方，包括公司董监高，他人 （1）股东主张公司董事、高级管理人员给公司造成损失应承担赔偿责任的，应列公司董事、高级管理人员为被告；主张他人侵犯公司合法权益的，应列他人为被告 （2）股东主张公司董事、高级管理人员与他人共同侵犯公司合法权益的，应列公司董事、高级管理人员与他人为共同被告
4. 前置程序	（1）书面交叉请求，遇到三种情况（紧急、拒绝、30天） 董高　　监事他人 董事会　　监事会 （2）前置程序的豁免（《九民纪要》[1]） 一般情况下，股东没有履行该前置程序的，应当驳回起诉。但是，该项前置程序针对的是公司治理的一般情况，即在股东向公司有关机关提出书面申请之时，存在公司有关机关提起诉讼的可能性。如果查明的相关事实表明，根本不存在该种可能性的，人民法院不应当以原告未履行前置程序为由驳回起诉 【实务拓展】《公司法》第151条规定的代表诉讼中，关于书面交叉请求的规定意在通过公司内部机关的相互制衡，实现利害关系人的回避，避免利益冲突。若被告股东同时也是公司内部董事、监事，不可能既代表公司又代表被告，故豁免代位诉讼的前置程序［（2015）民四终字第54号］

〔1〕《全国法院民商事审判工作会议纪要》（以下简称《九民纪要》）。

续表

5. 第三人	公司
6. 反诉	(1) 被告以原告股东恶意起诉侵犯其合法权益为由提起反诉的，人民法院应予受理 (2) 被告以公司在案涉纠纷中应当承担侵权或者违约等责任为由对公司提出的反诉，因不符合反诉的要件，人民法院应当裁定不予受理；已经受理的，裁定驳回起诉
7. 利益归属	公司
8. 费用承担	股东的诉讼请求部分或者全部得到人民法院支持的，公司应当承担股东因参加诉讼支付的合理费用
9. 调解	(1) 为避免因原告股东与被告通过调解损害公司利益，人民法院应当审查调解协议是否为公司的意思 (2) 只有在调解协议经公司股东（大）会、董事会决议通过后，人民法院才能出具调解书予以确认 (3) 决议机关由章程规定。公司章程没有规定的，认定公司股东（大）会为决议机关

（六）公司解散诉讼

1. 法条规定 《公司法》第 182 条	公司经营管理发生严重困难，继续存续会使股东利益受到重大损失，通过其他途径不能解决的，持有公司全部股东表决权 10% 以上的股东，可以请求人民法院解散公司
2. 原告	持有公司全部股东表决权 10% 以上的股东
3. 经营管理严重困难的认定	(1) 经营管理严重困难的情形 ①公司连续 2 年以上无法召开股东（大）会 ②股东表决时无法达到法定或规定比例，持续 2 年以上不能做出有效的股东（大）会决议 ③公司董事长期冲突，且无法通过股东（大）会解决 ④其他
	(2) 不应当受理的情形 股东以 ①知情权 ②利润分配请求权等权益受到损害 ③公司亏损、财产不足以偿还全部债务 ④公司被吊销企业法人营业执照未进行清算等为由 提起解散公司诉讼的，人民法院不予受理
4. 被告	公司；其他股东列为第三人
5. 其他股东	(1) 原告以其他股东为被告一并提起诉讼的，人民法院应当告知原告将其他股东变更为第三人；原告坚持不予变更的，人民法院应当驳回原告对其他股东的起诉 (2) 原告提起解散公司诉讼应当告知其他股东，或者由人民法院通知其参加诉讼。其他股东或者有关利害关系人申请以共同原告或者第三人身份参加诉讼的，人民法院应予准许
6. 解散之诉与清算申请不并行	股东提起解散公司诉讼，同时又申请人民法院对公司进行清算的，人民法院对其提出的清算申请不予受理。人民法院可以告知原告，在人民法院判决解散公司后，自行组织清算或者另行申请人民法院对公司进行清算

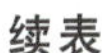

续表

7. 财产保全	股东提起解散公司诉讼时，向人民法院申请财产保全或者证据保全的，在①股东提供担保且②不影响公司正常经营的情形下，人民法院可予以保全
8. 注重调解	（1）当事人协商同意由公司或者股东收购股份，或者以减资等方式使公司存续，且不违反法律、行政法规强制性规定的，法院应予支持 （2）经法院调解公司收购原告股份的，公司应当自调解书生效之日起6个月内将股份转让或者注销 （3）股份转让或注销前，原告不得以公司收购其股份为由对抗公司债权人

（七）公司合并、分立

公司合并、分立	公司分立，分立后的主体对之前的债务承担连带责任，除非分立前另有约定
	母公司与子公司合并重整过程中，母公司涉诉的诉讼程序应当裁定诉讼中止，待合并完成之后由合并后的新公司进行诉讼承担，由其作为新当事人继续进行诉讼

（八）有限公司股权转让的民诉视角

优先购买权受损时，诉讼请求的提出——股东优先购买权受损，仅主张确认股权转让合同或股权转让无效，而未同时主张优先购买权的，不予支持。非因自身原因导致无法行使优先购买权，要求赔偿损失的除外。

1. 保护优先购买权：转让方未就其股权转让事项征求其他股东意见，或者以欺诈、恶意串通等手段，损害其他股东优先购买权，其他股东主张按照同等条件购买该转让股权的，人民法院应当予以支持。

2. 保护期间：其他股东自知道或者应当知道行使优先购买权的同等条件之日起30日内没有主张，或者自股权变更登记之日起超过1年的，法院不予支持。

3. 其他股东仅提出确认股权转让合同及股权变动效力等请求，未同时主张按照同等条件购买转让股权的，人民法院不予支持，但其他股东非因自身原因导致无法行使优先购买权，请求损害赔偿的除外。

4. 股东以外的股权受让人，因股东行使优先购买权而不能实现合同目的的，可以依法请求转让股东承担相应民事责任。

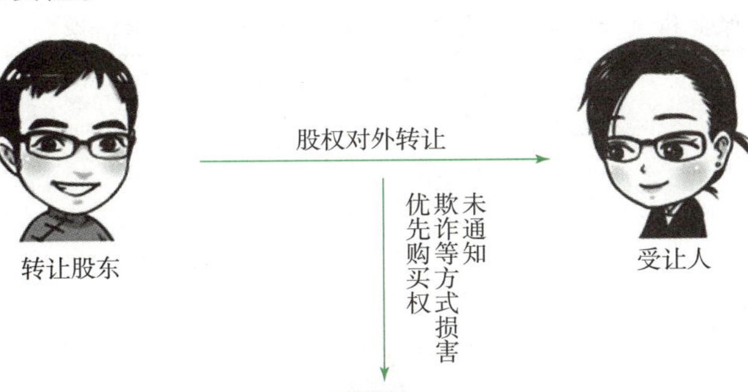

（九）股东直接诉讼

股东直接诉讼	若公司董事、高管未尽到制作、保管有关资料的义务，导致股东知情权受损及其他损失，股东有权要求董事、高管予以赔偿
	原告——股东；被告——公司的董事或高管

（十）《破产法》的民事诉讼法视角

1. 执行转破产	（1）移送破产审查的条件：在执行中，作为被执行人的企业法人有破产原因，执行法院经申请执行人之一或者被执行人同意，应当裁定中止对该被执行人的执行，将执行案件相关材料移送破产审查
	（2）管辖：被执行人住所地法院；中级人民法院管辖为原则，基层人民法院管辖为例外（中院经高院批准，可以将案件交具备审理条件的基层人民法院审理）
	（3）被执行人住所地法院不受理破产案件的，执行法院应当恢复执行 不得重复启动执行移送破产审查程序
2. 破产的受理	申请人未缴纳诉讼费用，法院不得以此为由不受理
3. 受理破产申请对程序的影响	（1）保全措施解除 （2）执行程序中止 （3）破产申请受理后，尚未审结的案件，中止审理 （4）新的诉讼，集中管辖。当事人之间在破产申请受理前订立有仲裁条款或仲裁协议的，应当向选定的仲裁机构申请确认债权债务关系
4. 债权确认之诉	（1）对本人债权有异议：债权人对债权表记载的本人债权有异议的，应将债务人列为被告
	（2）对他人债权有异议：债权人对债权表记载的他人债权有异议的，应将被异议债权人列为被告
	（3）对同一笔债权存在多个异议人，其他异议人申请参加诉讼的，应当列为共同原告
5. 其他	（1）被执行人住所地法院裁定宣告被执行人破产的，执行法院应当裁定终结对该被执行人的执行
	（2）当事人不同意移送破产或者被执行人住所地法院不受理破产案件的，执行法院就执行变价所得财产，在扣除执行费用及清偿优先受偿的债权后，对于普通债权，按照财产保全和执行中查封、扣押、冻结财产的先后顺序清偿

第三部分

商法主观题考点详解

一、商法相关指导性案例整合

案例名称/编号	裁判要点
最高法指导案例第8号：林方清诉常熟市凯莱实业有限公司、戴小明公司解散纠纷案	《公司法》第182条规定："公司经营管理发生严重困难，继续存续会使股东利益受到重大损失，通过其他途径不能解决的，持有公司全部股东表决权百分之十以上的股东，可以请求人民法院解散公司。"而判断公司的经营管理是否出现严重困难，应当从公司的股东会、董事会或执行董事及监事会或监事的运行现状进行综合分析。同时，《公司法解释（二）》[1]第1条第1款又规定了单独或者合计持有公司全部股东表决权10%以上的股东提起解散公司诉讼的几项事由，并且在符合《公司法》第182条规定的情况下，人民法院应予受理。由此可知，股东在符合上述之条件情况下可依法提起解散公司之诉
最高法指导案例第10号：李建军诉上海佳动力环保科技有限公司公司决议撤销纠纷案	核心问题： 公司股东申请撤销公司解聘其总经理职务的决议的，人民法院审理时应当审查哪些方面？ 裁判要旨： 《公司法》第22条第1、2款规定："公司股东会或者股东大会、董事会的决议内容违反法律、行政法规的无效。股东会或者股东大会、董事会的会议召集程序、表决方式违反法律、行政法规或者公司章程，或者决议内容违反公司章程的，股东可以自决议作出之日起六十日内，请求人民法院撤销。" 由此可知，公司股东申请法院撤销公司解聘其总经理职务的决议的，人民法院在审理中应当审查：会议召集程序、表决方式是否违反法律、行政法规或者公司章程，以及决议内容是否违反公司章程。至于解聘总经理职务的决议所依据的事实是否属实，理由是否成立，法院应当尊重公司自治，无须审查
最高法指导案例第15号：徐工集团工程机械股份有限公司诉成都川交工贸有限责任公司等买卖合同纠纷案	1. 关联公司的人员、业务、财务等方面交叉或混同，导致各自财产无法区分，丧失独立人格的，构成人格混同 2. 关联公司人格混同，严重损害债权人利益的，关联公司相互之间对外部债务承担连带责任（横向法人人格否认）
最高法指导案例第67号：汤长龙诉周士海股权转让纠纷案	裁判要旨： 有限责任公司的股权分期支付转让款中发生股权受让人延迟或者拒付等违约情形，股权转让人要求解除双方签订的股权转让合同的，不适用《合同法》第167

[1] 《最高人民法院关于适用〈中华人民共和国公司法〉若干问题的规定（二）》[以下简称《公司法解释（二）》]。

续表

案例名称/编号	裁判要点
最高法指导案例第67号：汤长龙诉周士海股权转让纠纷案	条（现《民法典》第634条）关于分期付款买卖中出卖人在买受人未支付到期价款的金额达到合同全部价款的1/5时即可解除合同的规定 分析过程： 尽管案涉股权的转让形式也是分期付款，但由于本案买卖的标的物是股权，因此具有与以消费为目的的一般买卖不同的特点 1. 汤长龙受让股权是为参与公司经营管理并获取经济利益，并非满足生活消费 2. 周士海作为有限责任公司的股权出让人，基于其所持股权一直存在于目标公司中的特点，其因分期回收股权转让款而承担的风险，与一般以消费为目的分期付款买卖中出卖人收回价款的风险并不同等 3. 双方解除股权转让合同，也不存在向受让人要求支付标的物使用费的情况 综上特点，股权转让分期付款合同，与一般以消费为目的分期付款买卖合同有较大区别。对案涉《股权转让资金分期付款协议》不宜简单适用《合同法》第167条（现《民法典》第634条）规定的合同解除权
最高法指导案例第96号：宋文军诉西安市大华餐饮有限公司股东资格确认纠纷案	国有企业改制为有限责任公司，其初始章程对股权转让进行限制，明确约定公司回购条款，只要不违反公司法等法律强制性规定，可认定为有效。有限责任公司按照初始章程约定，支付合理对价回购股东股权，且通过转让给其他股东等方式进行合理处置的，人民法院应予支持

二、法人人格否认制度

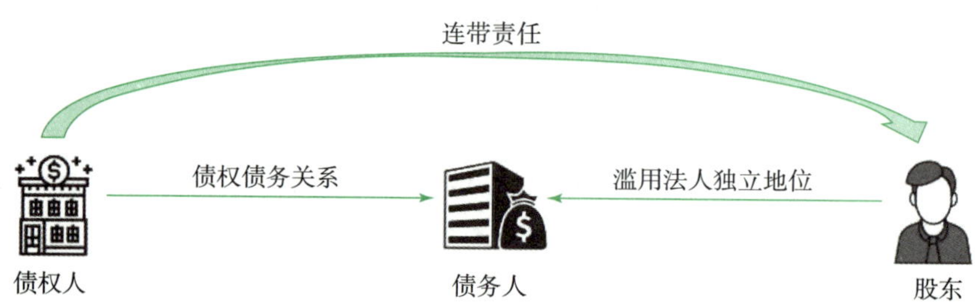

（一）适用要件	1. 股东滥用其有限责任和公司独立法人地位
	2. 逃避债务
	3. 严重损害公司债权人的利益 所谓严重损害公司债权人的利益，是指公司债权人的债权因法人人格的滥用而无法得到清偿
（二）适用的情形	1. 人格混同： （1）股东无偿使用公司资产，不作债务记载的 （2）股东用公司资金偿还个人债务或将公司资金交由关联公司无偿使用，不作财务记载（公款私用） （3）公司账簿与股东账簿不分，导致二者财产无法区分（账簿不分） （4）公司收益与股东收益不分，导致二者利益不清（收益不分） （5）公司财产登记在股东名下，由股东占有、使用（公物私有）

续表

（二）适用的情形	2. 过度支配与控制： （1）母子公司或子公司之间存在利益输送 （2）母子公司或子公司之间进行交易，收益归一方，损失却由另一方承担 （3）从原公司抽走资金，在设立类似公司，逃避原公司债务 （4）先解散原公司，在以原公司的场所、设备、资金设立相似公司
	3. 资本显著不足：公司设立后在经营过程中，股东实际投入公司的资本数额与公司经营所隐含的风险相比明显不匹配

（三）责任承担

1. 特定股东	滥用公司法人人格的股东就该笔债务与公司承担连带责任，未滥用的股东无须就此承担连带责任
2. 个案否认	仅在个案中否认法人的人格，在个案之外，仍奉行股东的有限责任
3. 须经主张	须经债权人主张而适用，法院和仲裁机构不得主动适用

（四）诉讼程序

举证责任	1. 原则：债权人须举证证明股东存在“滥用”的行为
	2. 例外：一人公司股东如不能证明公司财产独立于股东财产，即适用法人人格否认制度（举证责任倒置）
诉讼地位	1. 债权人与公司的债权已确定的，债权人仅起诉股东：股东为被告，公司为第三人
	2. 债权人与公司债权未确定，一并起诉股东和公司：共同被告
	3. 债权人与公司债权未确定，仅起诉股东：拒绝追加公司的，驳回起诉

（五）法人人格否认特殊类型之一：横向否认

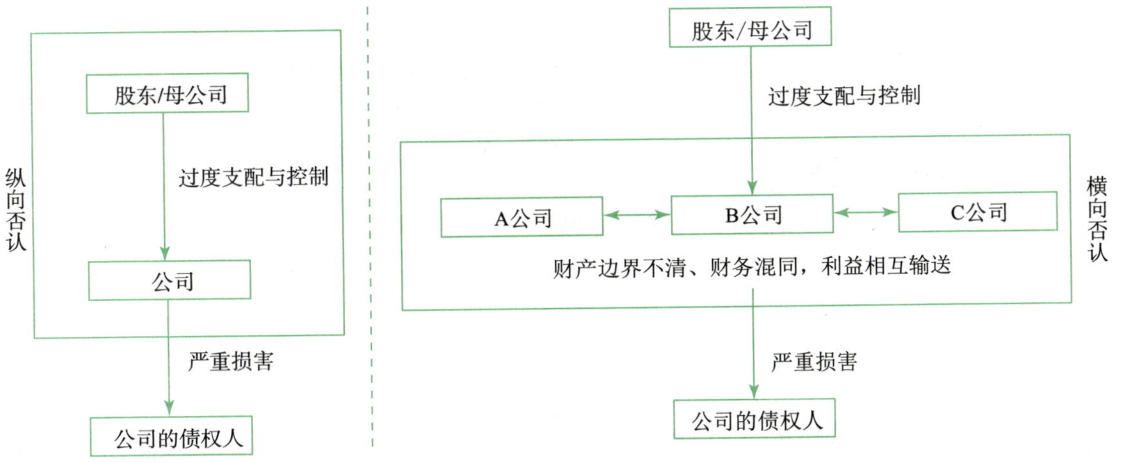

适用前提	控股股东或实际控制人控制多个子公司或关联企业，导致各关联企业间出现财产混同、人格混同现象，损害债权人的利益

续表

法律后果	1. 连带责任：否认各子公司、关联企业的法人人格，判令相互承担连带责任
	2. 合并重整：债权人可以将关联企业申请合并进行重整 （1）各关联企业成员之间的债权债务归于消灭 （2）各成员的财产作为合并后统一的破产财产 （3）各成员的债权人统一进行债权申报，按照法定顺序公平受偿

（六）法人人格否认特殊类型之二：反向否认

在股东的财产与法人的财产出现混同时，反向否认法人的独立人格，要求法人对股东的债务承担连带责任。

三、股东的出资

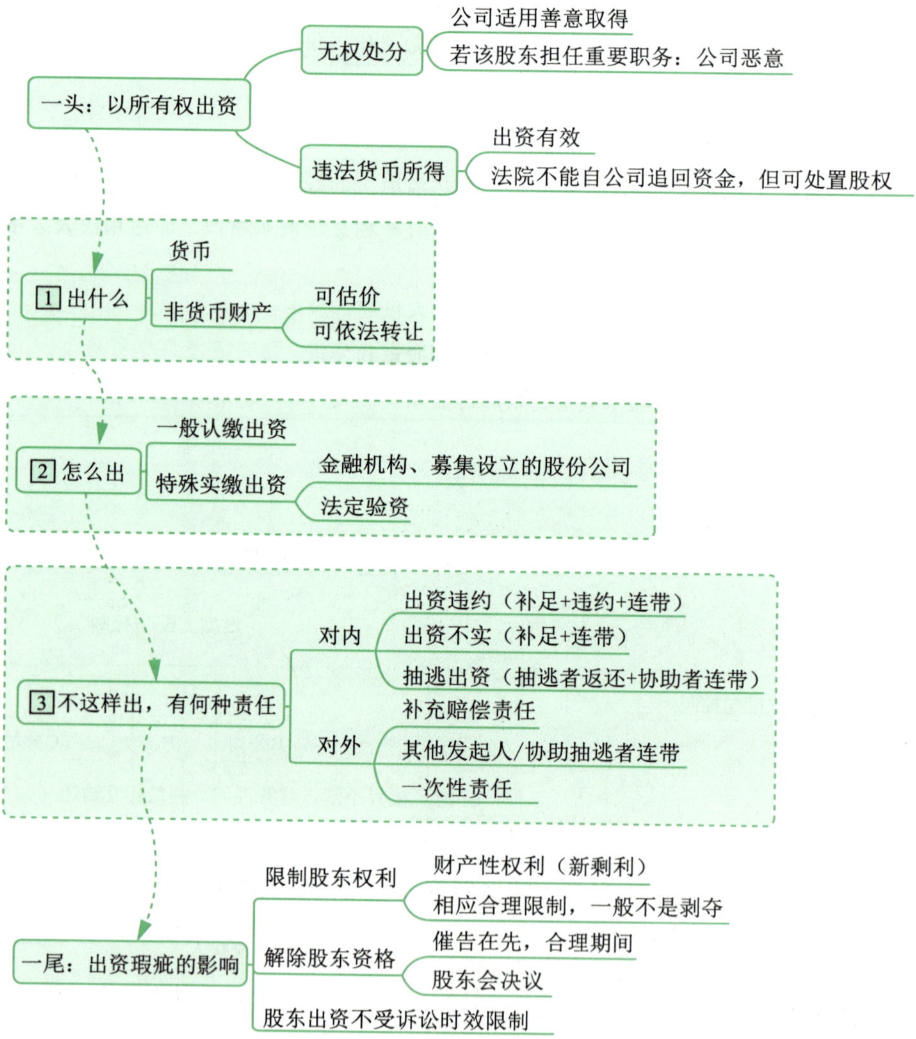

概述	1. 转移所有权——公司财产的独立性 2. 善意取得 出资人以不享有处分权的财产出资，公司可以适用善意取得［《公司法解释（三）》第7条］ 【陷阱提示】 （1）善意取得，要求公司作为受让人“善意”，若出资人以不享有处分权的财产出资，且该出资人担任公司董、监、高，则认定公司知情，不能适用善意取得 （2）以贪污、受贿、侵占、挪用等违法犯罪所得的货币出资 只能执行出资人持有的股权，不能自公司直接划转出资的货币

（一）出资形式

1. 货币出资

应当将货币足额存入公司在银行开设的账户。

2. 非货币出资（实物、知识产权、土地使用权）

价值评估 + 可以依法转让

3. 股权出资的条件

【例子】甲持有A有限公司20%的股权，现与他人共同设立B公司，甲以其持有的20%股权向B公司出资——本质是甲将股权转让给B公司

（1）由出资人合法持有并依法可以转让

（2）无权利瑕疵或者权利负担

（3）出资人已履行关于股权转让的法定手续

（4）进行了价值评估

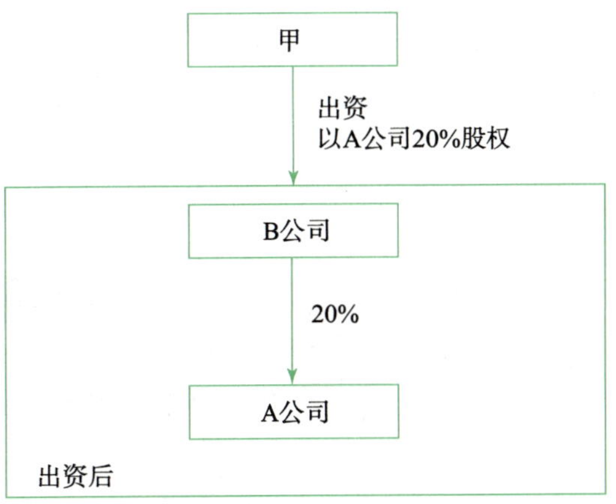

4. 债权出资★

【例子】张某对A公司享有100万元的合法债权，现以该债权向B公司出资，本质上是债权让与。

【民商结合】（1）无须征得A公司的同意；（2）应当通知A公司。

【难点】债转股：债权人以对债务人的债权向该债务人出资，取得债务人的股权。

5. 土地使用权、房屋、知识产权出资：交付 + 登记【交付享权】

（1）已交付，未登记：应当登记，自交付之日享有股东权利。

（2）未交付，已登记：应当交付，交付之前不享有股东权利。

6. 不得作为出资的财产

以劳务、信用、自然人姓名、商誉、特许经营权、设定担保的财产。

7. 土地使用权出资（限于出让地）

（1）以“划拨地”出资的	应当在合理期间内办理土地变更手续，否则认定其未依法全面履行出资义务
（2）以“抵押地”出资的	应当责令其在合理期间内解除权利负担，否则认定其未依法全面履行出资义务

（二）出资方式

认缴资本制：股东的出资方式具体由公司章程规定。

原则	例外
1. 无最低注册资本要求	证券公司、保险公司、银行等金融机构以及上市公司有最低注册资本要求
2. 可分期出资，无出资期限要求 【注意】股东享有出资的期限利益	银行、证券公司、保险公司等金融机构，以及募集设立的股份公司要求实缴注册资本，即股东应当一次性缴纳全部出资

（三）出资责任

1. 对内责任

（1）出资不实 ★★★	①表现形式 非货币财产出资，其价值显著低于章程所定金额 ②责任（补足＋连带） A. 该股东向公司补足差额 B. 设立时的其他股东（发起人）承担连带责任
（2）出资违约	①表现形式：未按期足额履行出资义务 未按期＋货币出资不足额＋未出资 ②责任（补足＋违约＋连带） A. 该股东向公司补足差额 B. 向其他守约股东承担违约责任 C. 设立时的其他股东（发起人）承担连带责任
（3）抽逃出资	①表现形式 A. 制作虚假财务会计报表虚增利润进行分配 B. 通过虚构债权债务关系将其出资转出 C. 利用关联交易将出资转出 D. 其他未经法定程序将出资抽回的行为 【注意】只有损害公司利益，才能认定为抽逃出资 ②责任（抽逃者返还本息＋协助者连带） A. 公司或者其他股东有权要求抽逃者返还出资本息 B. 协助抽逃出资的其他股东、董事、高级管理人员或者实际控制人承担连带责任

2. 对外责任

（1）一般	①补充责任：未履行/未全面履行出资义务的股东在未出资本息范围内对公司债务不能清偿的部分向公司的债权人承担补充赔偿责任 ②一次性责任：股东已经承担上述责任，其他债权人提出相同请求的，人民法院不予支持 ③其他发起人承担连带责任，之后向被告股东追偿

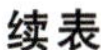

续表

（2）抽逃出资	①抽逃出资的股东在抽逃出资本息范围内对公司债务不能清偿的部分向公司的债权人承担补充赔偿责任 ②协助抽逃出资的其他股东、董事、高级管理人员或者实际控制人承担连带责任 ③抽逃出资的股东已经承担上述责任，其他债权人提出相同请求的，人民法院不予支持

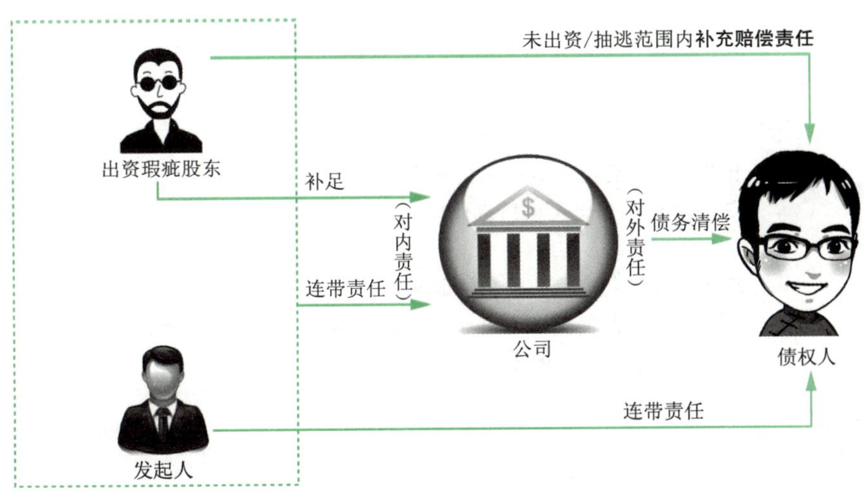

【归纳总结】法人人格否认制度与股东出资对外责任的区别

—	法人人格否认制度	股东出资的对外责任
1. 性质	股东和公司承担连带责任	股东承担补充责任
2. 是否可多次适用	个案适用，可多次对同一公司适用	一次性责任
3. 范围	可超出股东的出资范围	有限责任：限于未出资的本息范围

【注意】股东出资原则上不能被加速到期。但是，下列情形除外：

（1）	公司破产
（2）	公司作为被执行人，法院穷尽执行措施无财产可供执行，公司已具备破产原因，但不申请破产的
（3）	公司解散
（4）	债务产生后，股东（大）会决议或其他方式延长股东出资期限的

（四）瑕疵出资对股东的影响

1. 权利限制	股东未履行/未全面履行/抽逃出资，公司对其利润分配请求权、新股优先认购权、剩余财产分配请求权等股东权利作出相应的合理限制 【陷阱提示】限制为相应的限制，而不能“剥夺”或者超过比例

续表

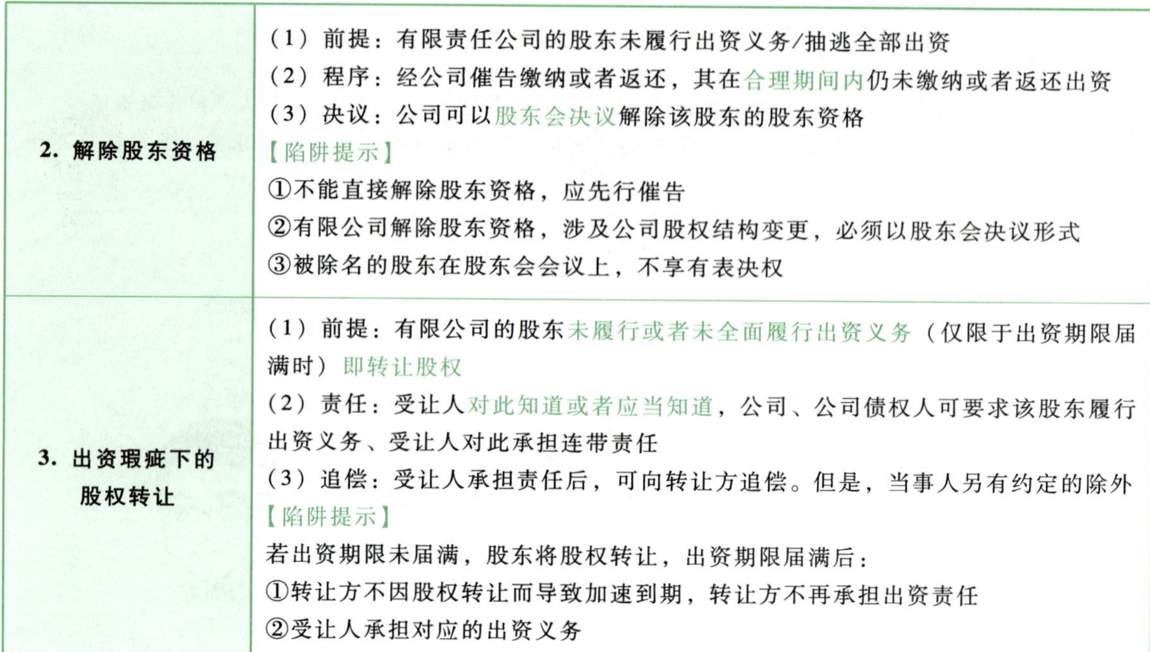

2. 解除股东资格	(1)前提:有限责任公司的股东未履行出资义务/抽逃全部出资 (2)程序:经公司催告缴纳或者返还,其在合理期间内仍未缴纳或者返还出资 (3)决议:公司可以股东会决议解除该股东的股东资格 【陷阱提示】 ①不能直接解除股东资格,应先行催告 ②有限公司解除股东资格,涉及公司股权结构变更,必须以股东会决议形式 ③被除名的股东在股东会会议上,不享有表决权
3. 出资瑕疵下的股权转让	(1)前提:有限公司的股东未履行或者未全面履行出资义务(仅限于出资期限届满时)即转让股权 (2)责任:受让人对此知道或者应当知道,公司、公司债权人可要求该股东履行出资义务、受让人对此承担连带责任 (3)追偿:受让人承担责任后,可向转让方追偿。但是,当事人另有约定的除外 【陷阱提示】 若出资期限未届满,股东将股权转让,出资期限届满后: ①转让方不因股权转让而导致加速到期,转让方不再承担出资责任 ②受让人承担对应的出资义务

【归纳总结】出资期限与相关责任

1. 股东无出资责任
2. 公司、公司债权人无权要求股东出资/对外承担责任
3. 股东转让股权后,不再承担后续出资义务;出资义务由受让方承担

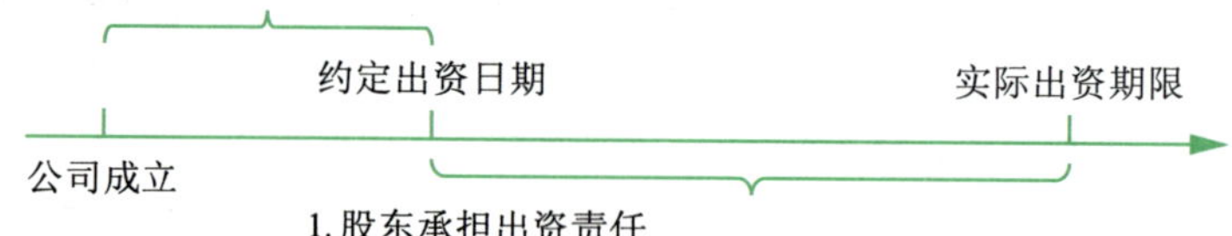

1. 股东承担出资责任
2. 公司债权人有权要求股东对外承担补充清偿责任
3. 转让股权,受让方明知/应知的,承担连带责任

四、名义股东与实际股东

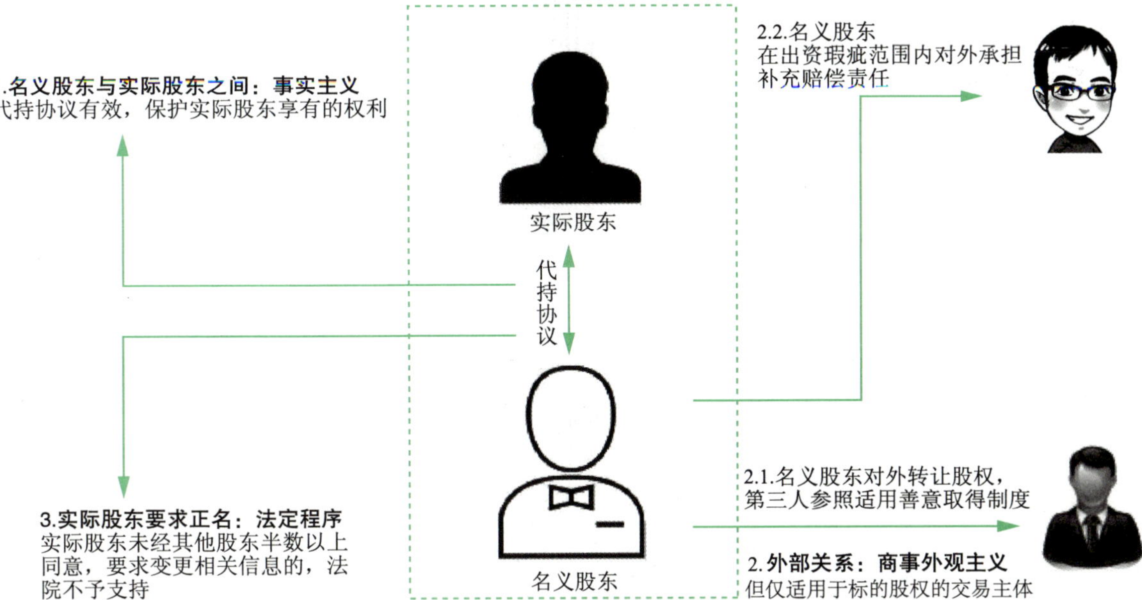

（一）概念

1. 名义股东	登记于股东名册及公司登记机关的登记文件，但事实上并没有真实向公司出资、并且也不会向公司出资的人
2. 实际股东	公司履行了出资义务、并且实际享有股东权利但其姓名或者名称并未记载于公司股东名册及公司登记机关的登记文件的人

（二）名义股东与实际股东的关系

1. 内部关系	（1）不违反强制性规范，则代持协议有效 （2）若名义股东主张享有股东权利，法院不予支持——两者之间，股东权利归属于实际股东 （3）实际股东不能直接向公司主张股东权利，只能通过名义股东间接行使股东权利
2. 对外关系	（1）名义股东未经实际股东同意，将其股权对外转让/出质——参照适用“善意取得”制度 【注意】命题人观点——名义股东属于有权处分 （2）名义股东对公司债权人承担补充清偿责任
3. 实际股东“浮出水面”	（1）实际出资人未经公司其他股东半数以上同意，请求公司变更股东、签发出资证明书、记载于股东名册、记载于公司章程并办理公司登记机关登记的，人民法院不予支持 （2）“半隐”过半数知道即可：实际出资人能够提供证据证明有限责任公司过半数的其他股东知道其实际出资的事实，且对其实际行使股东权利未曾提出异议的，对实际出资人提出的登记为公司股东的请求，人民法院依法予以支持

五、有限公司的股权转让

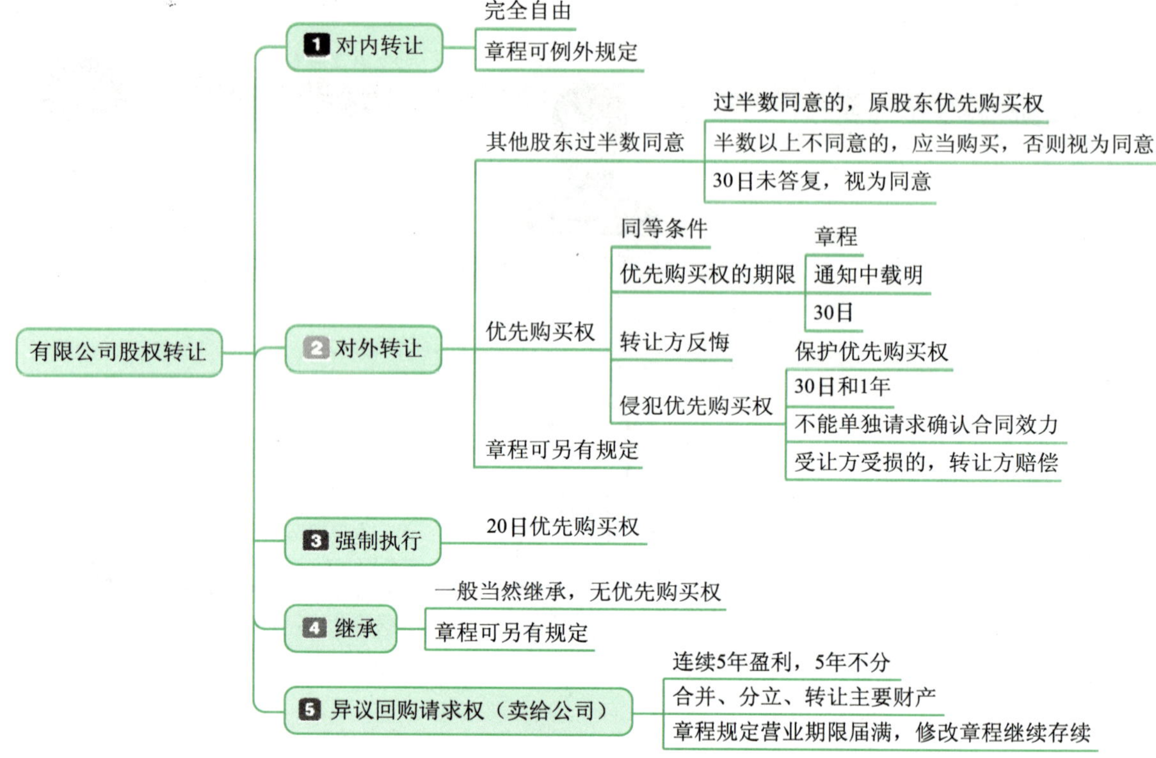

（一）对内转让

股东之间转让股权完全自由。

（二）对外转让——股东向股东以外的第三人转让股权

1. 转让规则——应当经其他股东过半数同意

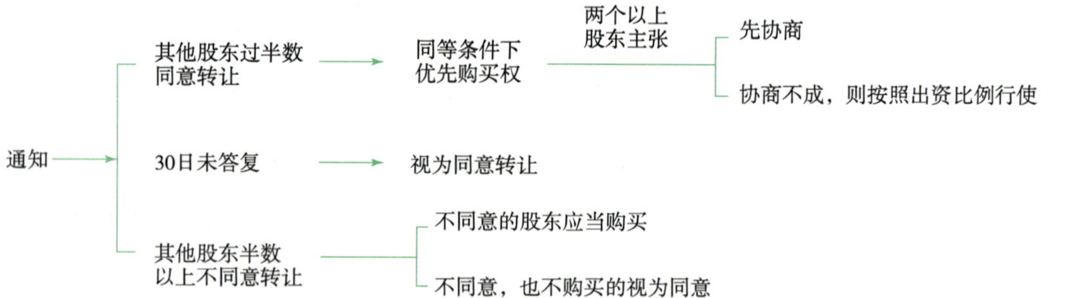

2. 其他股东的优先购买权

（1）经股东同意转让的股权，在同等条件下，其他股东有优先购买权。

同等条件，应当考虑转让股权的数量、价格、支付方式及期限等因素［《公司法解释（四）》[1]第18条］。

〔1〕《最高人民法院关于适用〈中华人民共和国公司法〉若干问题的规定（四）》［以下简称《公司法解释（四）》］。

（2）优先购买权的行使期间［《公司法解释（四）》第19条］

（3）转让方反悔［《公司法解释（四）》第20条］

①不支持其他股东的优先购买权	转让股东，在其他股东主张优先购买后又不同意转让股权的，对其他股东优先购买的主张，人民法院不予支持，但公司章程另有规定或者全体股东另有约定的除外
②缔约过失	其他股东主张转让股东赔偿其损失合理的，人民法院应当予以支持

（4）损害股东优先购买权的救济［《公司法解释（四）》第21条］

有限公司的股东向股东以外的人转让股权，未就其股权转让事项征求其他股东意见，或者以欺诈、恶意串通等手段，损害其他股东优先购买权。

①保护优先购买权	其他股东主张按照同等条件购买该转让股权的，人民法院应当予以支持
②期限	A. 其他股东自知道或者应当知道行使优先购买权的同等条件之日起30日内 B. 自股权变更登记之日起1年内主张优先购买权
③诉讼请求	其他股东仅提出确认股权转让合同及股权变动效力等请求，未同时主张按照同等条件购买转让股权的，人民法院不予支持 【注意】股权转让合同、股权变动，并不因股权转让损害其他股东的优先购买权而无效，按照民法典的规定判断其效力 【例外】其他股东非因自身原因导致无法行使优先购买权，请求损害赔偿的除外
④受让人的救济	股东以外的股权受让人，因股东行使优先购买权而不能实现合同目的的，可以依法请求转让股东承担相应民事责任 A：若转让合同有效，则转让方对受让人承担违约责任 B：若转让方过错导致转让合同无效，则转让方对受让人承担缔约过失责任 C：若转让方、受让人对合同无效均有过错，则转让方向受让人承担不当得利返还义务

3. 离婚时关于股权的分割

法院审理离婚案件，涉及分割夫妻共同财产中以一方名义在有限责任公司的出资额，另一方不是该公司股东的，夫妻双方协商一致将出资额部分或者全部转让给该股东的配偶，按以下情形处理：

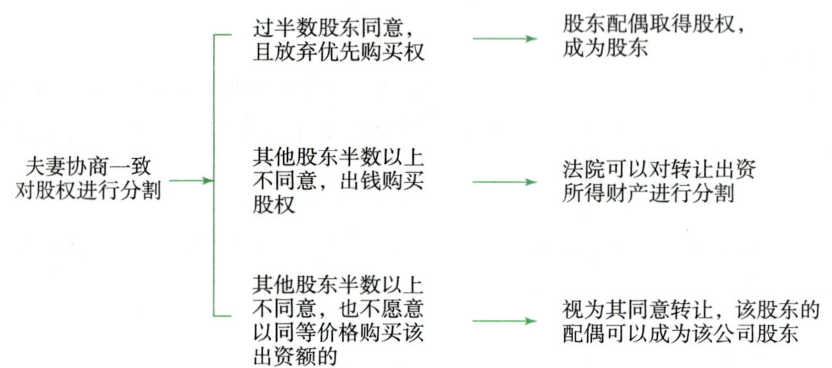

（三）有限公司股权的强制执行（《公司法》第72条）

1. 通知	法院依强制执行程序转让股东的股权时，应当通知公司及全体股东
2. 优先购买权	其他股东自法院通知之日起满20日不行使优先购买权的，视为放弃优先购买权

（四）有限公司股权的继承

1. 原则上当然继承：自然人股东死亡后，其合法继承人可以继承股东资格；但是，公司章程另有规定的除外（《公司法》第75条）。

2. 无优先购买权：有限公司的自然人股东因继承发生变化时，其他股东主张行使优先购买权的，人民法院不予支持，但公司章程另有规定或者全体股东另有约定的除外［《公司法解释（四）》第16条］。

（五）异议股东的回购请求权（《公司法》第74条）★★★

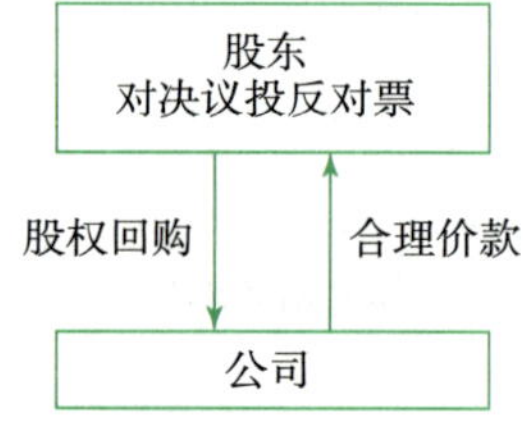

有下列情形之一的，对股东会该项决议投反对票的股东可以请求公司按照合理的价格收购其股权：

1	公司连续5年不向股东分配利润，而公司该5年连续盈利，并且符合公司法规定的分配利润条件的
2	公司合并、分立、转让主要财产的
3	公司章程规定的营业期限届满或者章程规定的其他解散事由出现，股东会会议通过决议修改章程使公司存续的

（六）股权让与担保——真担保，假让与

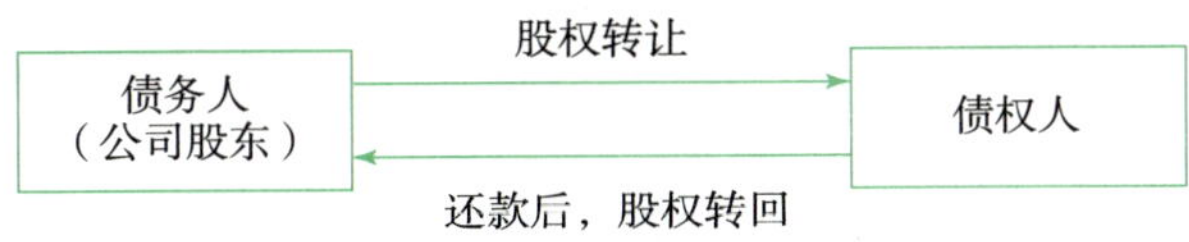

1. 形式	（1）债务人或者第三人与债权人约定将标的股权形式上转移至债权人名下，债务人不履行到期债务，债权人有权对标的股权折价或者以拍卖、变卖该财产所得价款偿还债务 （2）溢价回购股权：债务人与债权人约定将标的股权转移至债权人名下，在一定期间后再由债务人或者其指定的第三人以交易本金加上溢价款回购
2. 公示产生物权效力	当事人已经完成标的股权变动的公示，债务人不履行到期债务，债权人有权请求参照民法典关于担保物权的有关规定就该财产优先受偿
3. 流质条款无效	债务人或者第三人与债权人约定将标的股权形式上转移至债权人名下，债务人不履行到期债务，财产归债权人所有的： （1）该约定无效 （2）不影响当事人有关提供担保的意思表示的效力
4. 债权人不具有股东身份★★★	（1）虽然股权登记在债权人名下，但不能将债权人认定为股东 （2）债权人不承担股东的出资义务，也不享有股东权利

六、公司合并、分立

（一）概念

1. 公司合并，是指两个或两个以上的公司，订立合并协议，依照公司法的规定，结合为一个公司的法律行为。

2. 公司分立，是指一个公司通过依法签订分立协议，分立为两个或两个以上公司的法律行为。

（二）合并、分立程序

<table>
<tr><td>1. 合并
吸收合并：A + B = A
新设合并：A + B = C</td><td rowspan="2">（1）程序要求
①编制资产负债表及财产清单
②决议之日起 10 日内通知债权人，并于 30 日内在报纸上公告
（2）内部决议
由股东（大）会决议
①有限公司需经股东会决议，经代表 2/3 以上表决权的股东通过
②股份公司需经股东大会决议，经出席会议的股东所持表决权的 2/3 以上通过</td><td>债权人保护制度
债权人自接到通知书之日起 30 日内，未接到通知书的自公告之日起 45 日内，有权要求
（1）提前清偿债务，或
（2）提供担保</td></tr>
<tr><td>2. 分立
派生分立：A = A + B
新设分立：A = B + C</td><td>（1）分立后的公司对分立前的债务承担连带责任
（2）公司在分立前与债权人就债务清偿达成的书面协议另有约定的除外</td></tr>
<tr><td colspan="3">3. 在合并、分立程序中，均可能出现公司的解散，但并不需要对解散的公司进行清算</td></tr>
</table>

续表

4. 合并、分立中的异议回购请求权 对股东（大）会作出的合并、分立决议投反对票的股东，有权要求公司回购其股权（份）
5. 债权债务 （1）法人合并的，其权利和义务由合并后的法人享有和承担 （2）法人分立的，其权利和义务由分立后的法人享有连带债权，承担连带债务，但是债权人和债务人另有约定的除外

七、公司决议的效力

（一）类型

1. 不成立 **（程序缺陷）**	（1）公司未召开会议的，但公司法或者公司章程规定可以不召开股东（大）会而直接作出决定，并由全体股东在决定文件上签名、盖章的除外 （2）会议未对决议事项进行表决的 （3）出席会议的人数或者股东所持表决权不符合公司法或者公司章程规定的 （4）会议的表决结果未达到公司法或者公司章程规定的通过比例的 （5）导致决议不成立的其他情形
2. 无效 **（内容违法）**	公司股东（大）会、董事会的决议内容违反法律、行政法规的无效
3. 可撤销 **（内容/程序瑕疵）**	（1）决议内容违反公司章程的，股东可以自决议作出之日起60日内，请求人民法院撤销 （2）股东（大）会、董事会的会议召集程序、表决方式违反法律、行政法规或者公司章程，股东可以自决议作出之日起60日内，请求人民法院撤销 【常见召集程序、表决方式问题】 （1）股东会未能提前15天通知 （2）会议召集、主持主体错误 （3）对未通知事项进行表决 （4）应当回避的主体未回避 （5）未通知个别股东 【例外】会议的召集程序或表决方式仅有①轻微瑕疵，②对决议未产生实质影响的，不予撤销

（二）诉讼

类型	原告	被告
1. 无效/不成立之诉	股东、董事、监事	公司
2. 撤销之诉	股东（起诉时应当有股东资格）	

（三）决议效力被否定的影响

1. 撤销登记	根据决议已经办理变更登记的，法院宣告决议无效或者撤销后，应当申请撤销变更登记

续表

2. 不影响与善意相对人的外部关系	公司依据该决议与善意相对人形成的民事法律关系不受影响 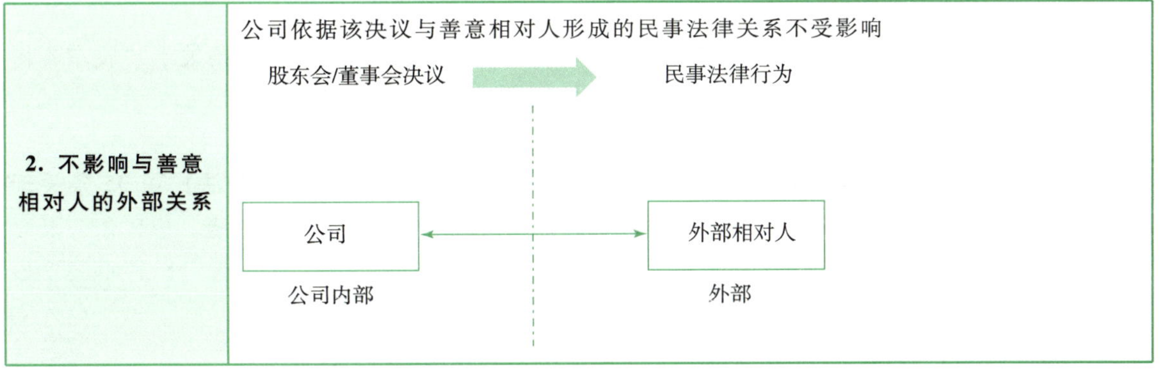

八、对赌协议

（一）概念

实践中俗称的“对赌协议”，又称估值调整协议，是指投资方与融资方在达成股权性融资协议时，为解决交易双方对目标公司未来发展的不确定性、信息不对称以及代理成本而设计的包含了股权回购、金钱补偿等对未来目标公司的估值进行调整的协议。

（二）类型

1. 投资方与目标公司的股东或者实际控制人“对赌”。
2. 投资方与目标公司“对赌”。
3. 投资方与目标公司的股东、目标公司“对赌”等形式。

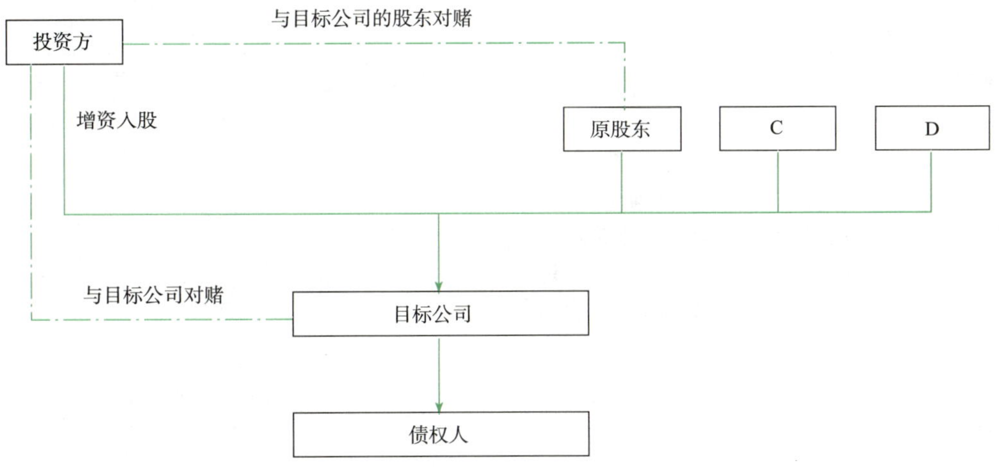

（三）案件处理规则

1. 与目标公司的股东或实控人“对赌”：约定有效＋实际履行

对于投资方与目标公司的股东或者实际控制人订立的“对赌协议”，如无其他无效事由，认定有效并支持实际履行，实践中并无争议。

2. 与目标公司“对赌”：约定有效＋履行与否看情况

（1）约定有效：投资方与目标公司订立的“对赌协议”在不存在法定无效事由的情况下，目标公司仅以存在股权回购或者金钱补偿约定为由，主张“对赌协议”无效的，人民法院不予支持。

（2）是否支持实际履行。

①投资方请求目标公司回购股权的，人民法院应当依据《公司法》第 35 条关于“股东不得抽逃出资”或者第 142 条关于股份回购的强制性规定进行审查。经审查，目标公司未完成减资程序的，人民法院应当驳回其诉讼请求。

②投资方请求目标公司承担金钱补偿义务的，人民法院应当依据《公司法》第 35 条关于“股东不得抽逃出资”和第 166 条关于利润分配的强制性规定进行审查。经审查，目标公司没有利润或者虽有利润但不足以补偿投资方的，人民法院应当驳回或者部分支持其诉讼请求。今后目标公司有利润时，投资方还可以依据该事实另行提起诉讼。

【归纳总结】

与目标公司对赌

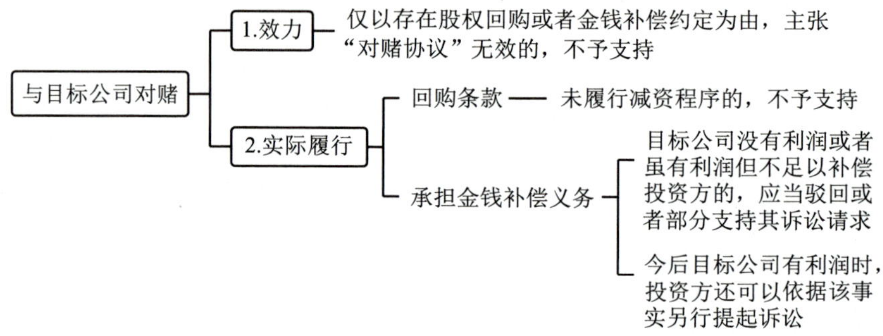

九、公司法中的诉讼制度——公司法与民事诉讼法的结合点

类别	原告	被告	其他
1. 知情权之诉	股东 （1）起诉时有股东资格 （2）例外：有初步证据证明在持股期间其合法权益受到损害，请求依法查阅或者复制其持股期间的公司特定文件材料的除外	公司	—
2. 分红权之诉	股东	公司	（1）应当提交载明具体分配方案的股东会决议 （2）未提交的，驳回诉讼请求
3. 决议无效、不成立之诉	股东、董事、监事等	公司	—
4. 撤销公司决议之诉	股东，起诉时具有股东资格	公司	法院可以应公司的请求，要求股东提供相应担保

续表

类别	原告	被告	其他
5. 请求法院解散公司	10% 表决权的股东	公司	（1）背景：经营管理严重困难 （2）股东提供担保，且不影响公司正常经营的，可以裁定保全公司财产
6. 代表诉讼	（1）有限公司任意股东 （2）股份公司连续持股时间180天以上，持股比例1%以上的股东	损害公司利益的董事、监事、高级管理人员、他人	（1）公司列为第三人 （2）有前置程序 （3）和解应当经公司股东会/董事会通过
7. 直接诉讼	利益受损的股东	违反法律法规损害股东利益的董事、高管	—
8. 异议股东回购请求之诉	有限公司对3项决议投反对票的股东	公司	—

十、保证与破产中的债权申报

（一）债务人破产，存在连带债务人（保证人）

1. 已代为清偿的，以求偿权申报
2. 未代为清偿的，除债权人已申报全部债权外，以将来的求偿权申报

债权人

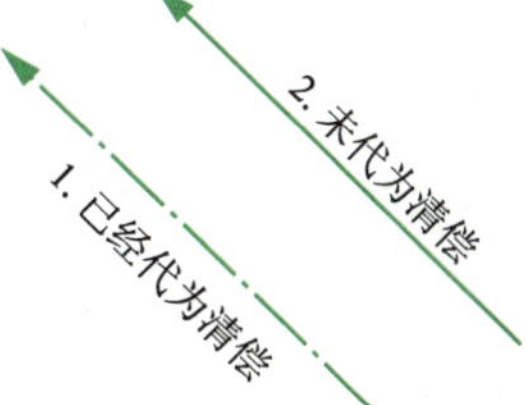

债务人

连带保证人

续表

（二）保证人破产
1. 保证人被裁定进入破产程序的，债权人有权申报其对保证人的保证债权 2. 主债务未到期的，保证债权在保证人破产申请受理时视为到期 3. 一般保证的保证人主张行使先诉抗辩权的，人民法院不予支持，但债权人在一般保证人破产程序中的分配额应予提存，待一般保证人应承担的保证责任确定后再按照破产清偿比例予以分配 4. 保证人被确定应当承担保证责任的，保证人的管理人可以就保证人实际承担的清偿额向主债务人或其他债务人行使求偿权
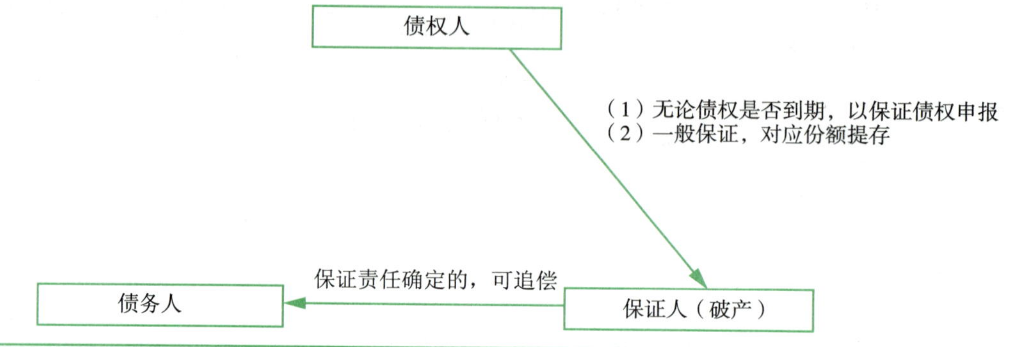
（三）债务人、保证人均破产
1. 债务人、保证人均被裁定进入破产程序的，债权人有权向债务人、保证人分别申报债权 2. 债权人向债务人、保证人均申报全部债权的，从一方破产程序中获得清偿后，其对另一方的债权额不作调整，但债权人的受偿额不得超出其债权总额 3. 保证人履行保证责任后不再享有求偿权
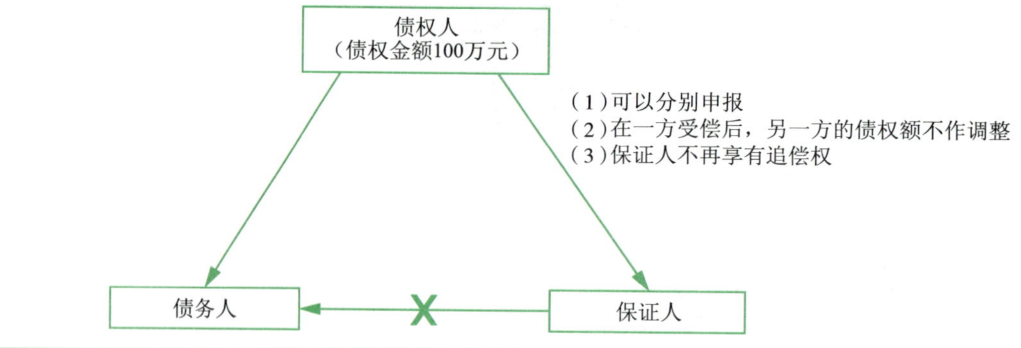

十一、担保物权与破产法

（一）动产抵押未登记

抵押人破产，抵押权人主张对抵押财产优先受偿的，人民法院不予支持。

（二）别除权的行使

1. 破产清算	（1）对破产人的特定财产享有担保权的权利人，对该特定财产享有优先受偿的权利 （2）行使优先受偿权未能完全受偿的，其未受偿的债权作为普通债权；放弃优先受偿权利的，其债权作为普通债权

续表

2. 破产重整	（1）重整期间，对债务人的特定财产享有的担保权暂停行使 （2）但是，担保物有损坏或者价值明显减少的可能，足以危害担保权人权利的，担保权人可以向人民法院请求恢复行使担保权
3. 破产和解	对债务人的特定财产享有担保权的权利人，自人民法院裁定和解之日起可以行使权利

（三）表决权受限制

对债务人的特定财产享有担保权的债权人，未放弃优先受偿权利的，对于《破产法》第61条第1款第7项（和解协议）、第10项（分配破产财产）规定的事项不享有表决权。

十二、债的保全与破产法

（一）债权人的撤销权与破产法中管理人的撤销权

—	民法中债权人的撤销权	破产法中针对欺诈破产的撤销
1. 前提	债务人行为影响债权人的债权实现	破产申请受理前1年内，债务人转移财产
2. 情形	（1）无偿行为 放弃债权、放弃债权担保、无偿转让财产等方式无偿处分财产权益，或者恶意延长其到期债权的履行期限	放弃债权 无偿转让财产
	（2）有偿行为 以明显不合理的低价转让财产、以明显不合理的高价受让他人财产或者为他人的债务提供担保，影响债权人的债权实现	以明显不合理价格进行交易 对没有财产担保的债务追加担保的
	债务人的相对人知道或者应当知道该情形的	对相对人的主观方面并无要求
	（3）恶意延长到期债权的履行期	—
	—	对未到期债务提前清偿的
3. 撤销权的行使范围	撤销权的行使范围以债权人的债权为限	（1）管理人未依法行使撤销权，债权人可请求法院对上述行为予以撤销并追回相应的财产 （2）并且撤销权的行使范围不受债权人债权金额的制约

（二）债权人的代位权在破产法中的特殊规定

—	民法中的代位权	破产法中的特殊规则
1. 债权是否到期	债权人的债权已经到期	债务人的相对人破产，债务人未及时申报破产债权，影响债权人的债权实现的，债权人可以代位向破产管理人申报债权

续表

—	民法中的代位权	破产法中的特殊规则
2. 效果	代位权成立的，由债务人的相对人向债权人履行义务，债权人接受履行后，债权人与债务人、债务人与相对人之间相应的权利义务终止	债务人破产的，债权人只能主张债务人的相对人向债务人清偿
3. 主张方式	诉讼	债权申报

十三、破产法中的取回权

（一）基本规则

<table>
<tr><td>1. 一般情形</td><td colspan="2">（1）受理破产申请后，债务人占有的不属于债务人的财产，该财产的权利人可以通过管理人取回
（2）但是，法律另有规定的除外（重整时，应当按照合同约定行使取回权）
例：A公司自B公司租赁卡车，租期至2025年，2021年1月A公司破产
若A公司破产清算，虽租期未届至，B公司仍可取回卡车
若A公司破产重整，则B公司不能立即取回卡车</td></tr>
<tr><td>2. 行使时间</td><td colspan="2">（1）应在破产财产变价方案或和解协议、重整计划草案提交债权人会议表决之前
（2）上述期限后主张取回相关财产的，应当承担延迟行使取回权增加的相关费用</td></tr>
<tr><td>3. 前提</td><td colspan="2">权利人行使取回权应支付相关运输、保管等费用，未支付的，保管人可拒绝其取回</td></tr>
<tr><td>4. 不易保管的财产</td><td colspan="2">对债务人占有的权属不清的鲜活易腐等不易保管的财产或者不及时变价价值将严重贬损的财产，管理人及时变价并提存变价款后，有关权利人可就该变价款行使取回权</td></tr>
<tr><td rowspan="2">5. 债务人占有的他人财物被违法转让</td><td>（1）第三人善意取得，权利人无法取回的</td><td>原权利人因财产损失形成的债权：
①转让行为发生在破产申请受理前的，作为普通破产债权清偿
②转让行为发生在破产申请受理后的，作为共益债务清偿</td></tr>
<tr><td>（2）第三人支付对价，但未善意取得，原权利人取回财产的</td><td>对第三人已支付的对价
①转让行为发生在破产申请受理前的，作为普通破产债权清偿
②转让行为发生在破产申请受理后的，作为共益债务清偿</td></tr>
<tr><td rowspan="2">6. 原物毁损灭失</td><td>（1）获得的保险金、赔偿金、代偿物尚未交付给债务人，或者代偿物虽已交付给债务人但能与债务人财产予以区分的</td><td>权利人可主张取回就此获得的保险金、赔偿金、代偿物</td></tr>
<tr><td>（2）保险金、赔偿金已经交付给债务人，或者代偿物已经交付给债务人且不能与债务人财产予以区分的</td><td>权利人因财产损失形成的债权
①财产毁损、灭失发生在破产申请受理前的，作为普通破产债权清偿
②财产毁损、灭失发生在破产申请受理后的，作为共益债务清偿</td></tr>
</table>

续表

7. 出卖人的取回权	(1) 定义 人民法院受理破产申请时，①出卖人已将买卖标的物向作为买受人的债务人发运，债务人尚未收到，②未付清全部价款的，出卖人可以取回在运途中的标的物。但是，管理人可以支付全部价款，请求出卖人交付标的物
	(2) 出卖人通过通知承运人或者实际占有人中止运输、返还货物、变更到达地，或者将货物交给其他收货人等方式，对在运途中标的物主张了取回权但未能实现，或者在货物未到达管理人前已向管理人主张取回在运途中标的物，在买卖标的物到达管理人后，出卖人向管理人主张取回的，管理人应予准许

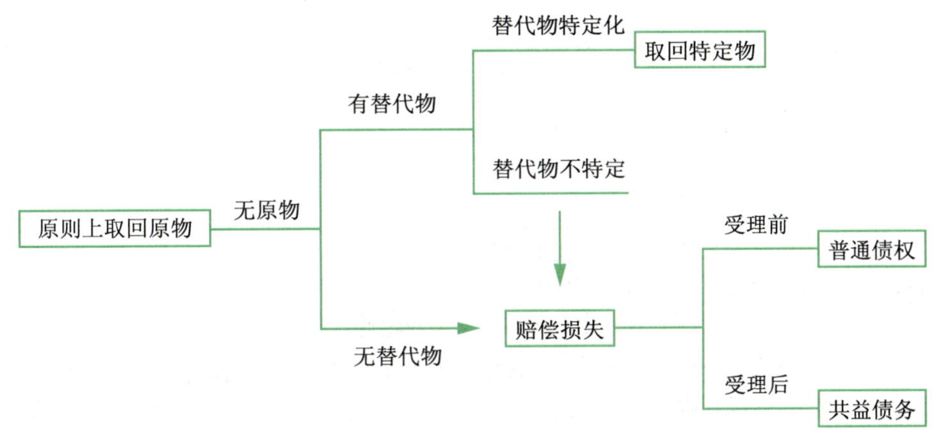

（二）破产法中所有权保留买卖与取回权

原则	破产方管理人有权决定继续履行或解除合同				
处理方式	破产方	继续履行		解除合同	
		原则	例外	原则	例外
	卖方破产	买方应当按约付款	1. 买方违约或非法处分标的物的，卖方管理人可主张取回 2. 但买方已付款75%或第三人善意取得的，无法取回 3. 卖方管理人可主张买方付款，要求赔偿	1. 卖方取回原物 2. 买方以已履行相关义务或已不当处分标的物抗辩的，抗辩无效 3. 买方已支付的价款列为共益债务	买方违约的，已支付的价款列为普通破产债权

续表

处理方式	买方破产	要求卖方交付标的物，买方及时支付对价（支付义务在破产申请受理时到期）	1. 买方未履约或不当处分标的物的，卖方可主张取回 2. 买方付款达75%的，或第三方善意取得的除外；卖方可要求买方继续履行或赔偿，列为共益债务	卖方主张取回标的物，买方要求返还价款	1. 卖方取回的标的物价值减损的，卖方可扣减价款后向买方返还 2. 买方支付价款不足以弥补卖方损失的，卖方相应债权列为共益债务

十四、民法中的抵销与破产法中债权人的抵销权

（一）民法中的抵销

1. 法定抵销

（1）概念	当事人互负债务，该债务的标的物种类、品质相同的，任何一方可以将自己的债务与对方的到期债务抵销 但是，根据债务性质、按照当事人约定或者依照法律规定不得抵销的除外
（2）通知	当事人主张抵销的，应当通知对方。通知自到达对方时生效
（3）禁止	抵销不得附条件或者附期限

2. 意定抵销

当事人互负债务，标的物种类、品质不相同的，经协商一致，也可以抵销。

（二）破产法中债权人的抵销权

1. 概念

破产抵销权，是指破产债权人在破产受理前对债务人负有债务的，可以向破产管理人主张用该债权抵销其对债务人所负的债务。

2. 行使规则

（1）破产抵销权不受债权债务种类、期限的限制。

（2）破产抵销权只能由债权人提出。

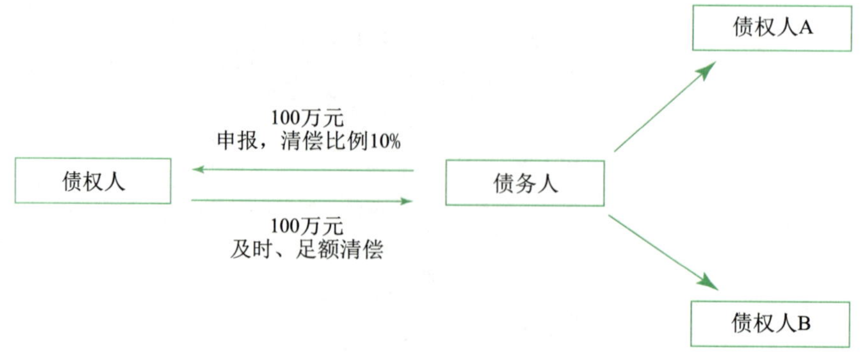

3. 禁止恶意抵销

（1）债务人的债务人在破产申请受理后取得他人对债务人的债权的，不得抵销。

原理分析：

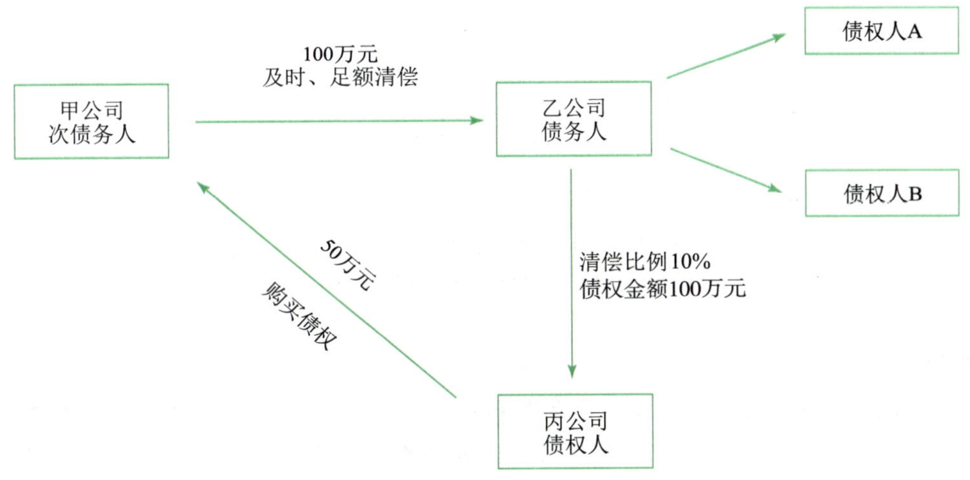

①背景

A. 乙公司是债务人企业，其破产清偿率是10%；

B. 甲公司欠乙公司100万元，则甲是“债务人乙公司的债务人”，即次债务人；

C. 乙公司欠丙公司100万元，则丙是“债务人乙公司的债权人”；

D. 当乙公司进入破产程序后，符合法律的清偿规则应为：丙公司申报债权，获偿10万元；甲公司向乙公司偿还100万元。在这两个关系中，债务人财产增加90万元，对债权人A、B有利。

②债务人的债务人破产申请受理后取得他人债权

乙公司的破产申请受理后，甲公司以50万元的价格购买了“丙公司对乙公司的100万元债权”，则甲公司有双重身份：甲公司是乙公司的债务人；同时甲公司又成为乙公司的债权人。二者形成互负债权债务关系。

③禁止抵销：如果允许“甲公司和乙公司”互负的债权债务抵销，则甲公司无须向乙公司偿还100万元，导致债务人财产损失90万元，进而有损其他债权人如A和B的利益。

（2）债权人突击负债的，禁止抵销。

债权人已知债务人有不能清偿到期债务或者破产申请的事实，对债务人负担债务的，禁止抵销。

原理分析：

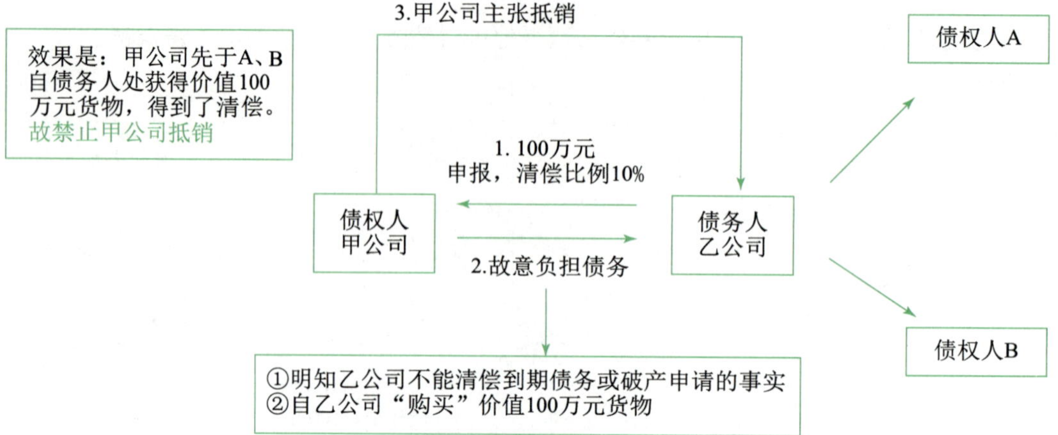

①背景

A. 甲公司、A、B为债权人，乙公司为债务人。甲公司对乙公司享有100万元的债权。

B. 若乙公司的破产申请被法院受理，则甲公司应当申报债权，假设清偿比例为10%，则甲公司能够获偿10万元。甲公司、A、B的清偿比例相同。

②债权人突击负债

在破产申请受理前，甲公司已经得知乙公司不能清偿到期债务，或已申请破产（但尚未受理），为了避免在破产程序中仅能获得10万元清偿的后果，甲公司自乙公司处“购买”一批货物，合同金额100万元，但未向乙公司支付货款。于是，甲公司对乙公司负担债务100万元。出现了双方互负债权债务的效果。

③禁止抵销

破产申请受理后，甲公司向管理人主张抵销。若允许甲公司行使抵销权，则甲公司虽然未得到货币清偿，但得到价值100万元的货物。若没有甲公司突击负债并主张抵销权的过程，该批货物变现后，本应当在乙公司所有债权人（包括A、B在内）之间进行等比例清偿。故甲公司突击负债且行使抵销权，使得甲公司获得优于其他债权人A、B的清偿比例，应当禁止甲公司抵销。

4. 次债务人突击取得债权的，禁止抵销

债务人的债务人（即次债务人）已知债务人有不能清偿到期债务或者破产申请的事实，对债务人取得债权的，禁止抵销。

原理分析：

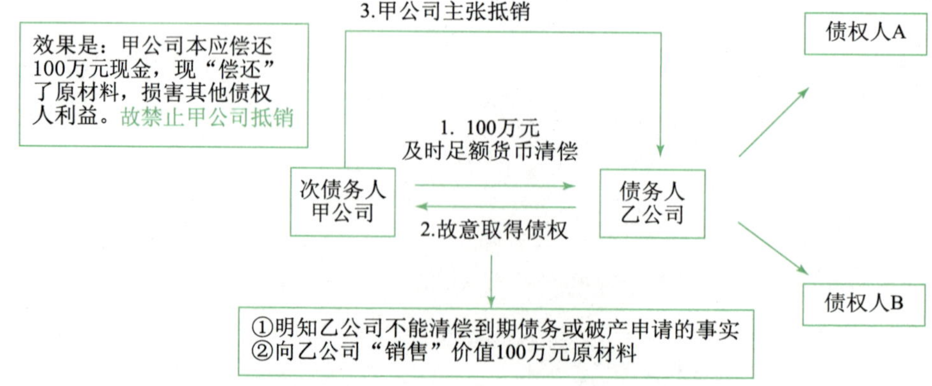

①背景

A. 乙公司为债务人，甲公司对乙公司负有100万元债务，是债务人的债务人，即次债务人。

B. 若乙公司进入破产程序，则甲公司应当向乙公司足额偿还100万元，该100万元作为债务人财产，将向包括A、B在内的债权人进行清偿。

②次债务人突击取得债权

在乙公司的破产申请受理前，甲公司明知乙公司不能清偿到期债务或已经申请破产，向乙公司“销售”一批原材料，合同金额100万元。因乙公司已经出现经营困难，甲公司当然无法收到货款，于是次债务人甲公司获得对乙公司的100万元债权。导致双方互负债权债务。

③禁止抵销

乙公司破产申请被法院受理后，甲公司向管理人主张抵销。若允许甲公司抵销，实质上是允许甲公司以价值100万元的原材料抵偿了其100万元的货币之债。而对于A、B两债权人而言，显然希望乙公司获得货币清偿，而非实物清偿，因为实物在破产变现时，往往出现折价，导致其清偿比例降低。故禁止甲公司抵销。

5. 禁止恶意抵销的例外

（1）具有上述不得抵销情形的债权人，主张以其对债务人特定财产享有优先受偿权的债权，与债务人对其不享有优先受偿权的债权抵销，允许抵销。

（2）但是用以抵销的债权大于债权人享有优先受偿权财产价值的除外。

十五、民事诉讼法与破产法的结合

（一）原则

破产申请受理时，有关债务人的民事诉讼或仲裁，应当中止审理，管理人接管债务人财产和诉讼事务后继续进行。

（二）受理后债权人就债务人财产提起的诉讼

1. 中止审理

债权人就债务人财产提起下列诉讼，破产申请受理时案件尚未审结的，人民法院应当中止审理：

（1）主张次债务人代替债务人直接向其偿还债务的；

（2）主张债务人的出资人、发起人和负有监督股东履行出资义务的董事、高级管理人员，或者协助抽逃出资的其他股东、董事、高级管理人员、实际控制人等直接向其承担出资不实或者抽逃出资责任的；

（3）以债务人的股东与债务人法人人格严重混同为由，主张债务人的股东直接向其偿还债务人对其所负债务的；

（4）其他就债务人财产提起的个别清偿诉讼。

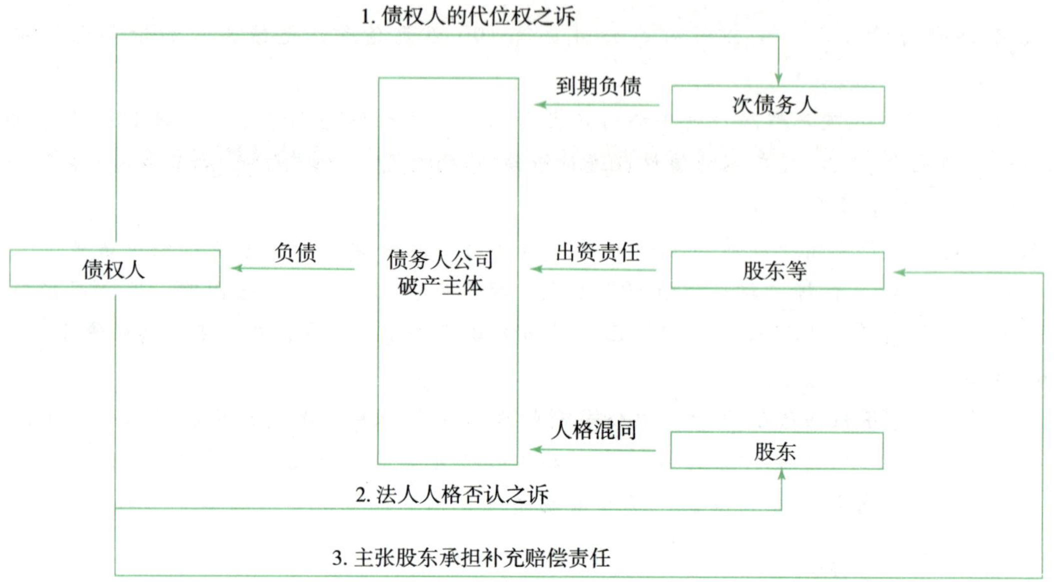

2. 后续处理

（1）债务人破产宣告后，判决驳回债权人的诉讼请求。但是，债权人一审中变更其诉讼请求为追收的相关财产归入债务人财产的除外；

（2）债务人破产宣告前，人民法院裁定驳回破产申请或者终结破产程序的，上述中止审理的案件应当依法恢复审理。

（三）破产申请受理后，对债务人提起的诉讼

1. 债权人要求债务人清偿的民事诉讼，不予受理，同时告知债权人应当向管理人申报债权。

2. 债权确认之诉：应当受理

债务人、债权人对债权表记载的债权有异议的，可以向受理破产申请的人民法院提起诉讼。

异议主体	异议对象	被告
债务人	债权表记载的债权	被异议债权人
债权人	债权表记载的他人债权	被异议债权人
债权人	债权表记载的本人债权	债务人

3. 由受理破产申请的法院集中管辖，但双方有仲裁协议或仲裁条款的除外。

（四）保全解除

破产申请受理后，已经采取的保全措施应当解除。

（五）执行中止

破产申请受理后，已经开始的执行程序应当中止。

十六、合并破产

合并破产分为实质合并破产和形式合并破产。

（一）实质合并破产

1. 前提

当关联企业成员之间存在法人人格高度混同、区分各关联企业成员财产的成本过高、严重损害债权人公平清偿利益时，可例外适用关联企业实质合并破产方式进行审理。

2. 操作方式

（1）各关联企业成员之间的债权债务归于消灭，各成员的财产作为合并后统一的破产财产，由各成员的债权人在同一程序中按照法定顺序公平受偿。

（2）实质合并破产重整

重整计划草案中应当制定统一的债权分类、债权调整和债权受偿方案。

（3）实质合并破产清算

破产程序终结后各关联企业成员均应予以注销。

（4）适用实质合并规则进行和解或重整的，各关联企业原则上应当合并为一个企业。

（二）程序合并破产

1. 前提

多个关联企业成员均存在破产原因但不符合实质合并条件的，人民法院可根据相关主体的申请对多个破产程序进行协调审理。

2. 管辖

人民法院可根据程序协调的需要，综合考虑破产案件审理的效率、破产申请的先后顺序、成员负债规模大小、核心控制企业住所地等因素，由共同的上级法院确定一家法院集中管辖。

3. 操作方式

（1）协调审理不消灭关联企业成员之间的债权债务关系，不对关联企业成员的财产进行合并，各关联企业成员的债权人仍以该企业成员财产为限依法获得清偿。

（2）但关联企业成员之间不当利用关联关系形成的债权，应当劣后于其他普通债权顺序清偿，且该劣后债权人不得就其他关联企业成员提供的特定财产优先受偿。

【归纳总结】

破产程序的三个人口和三个出口

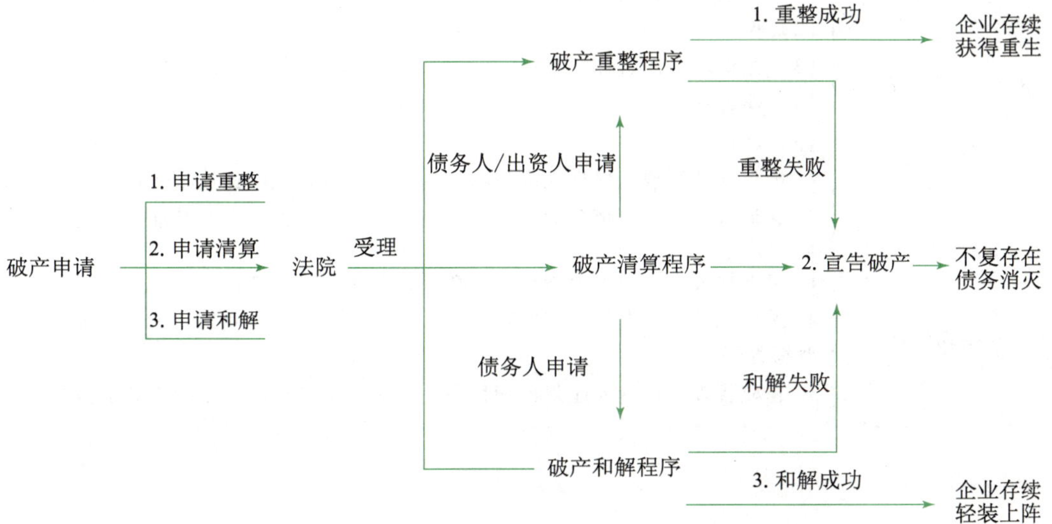

【归纳总结——破产中的时间节点】

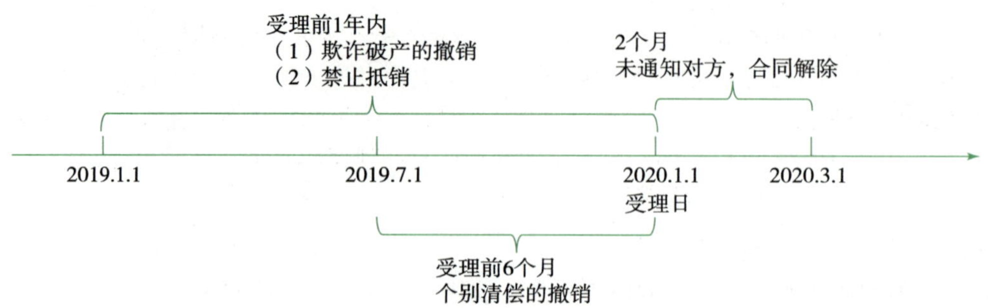

十七、票据法与民法、民事诉讼法的结合点

（一）票据的无因性	授受票据的原因关系与票据法律关系相分离，彼此不发生影响
（二）对人的抗辩	1. 对直接债权债务持票人的抗辩：票据债务人可以对不履行约定义务的与自己有直接债权债务关系的持票人，进行抗辩 2. 对“明知”持票人的抗辩：票据债务人不得以自己与出票人或者与持票人的前手之间的抗辩事由，对抗持票人。但是，持票人明知存在抗辩事由而取得票据的除外
（三）限制背书	1. 出票人记载“不得转让”的，票据不得转让，不得质押 2. 背书人记载“不得转让”的，票据可以再背书转让，但背书人仅对其直接后手承担责任
（四）票据质押	1. 汇票可以设定质押 2. 质押时应当以背书记载“质押”字样 3. 被背书人依法实现其质权时，可以行使汇票权利 4. 质权人不得再背书转让或出质票据
（五）票据保证	1. 保证人必须在汇票或者粘单上记载下列事项： （1）表明“保证”的字样 （2）保证人名称和住所 （3）被保证人的名称 （4）保证日期 （5）保证人签章 2. 被保证的汇票，保证人应当与被保证人对持票人承担连带责任 3. 保证人清偿汇票债务后，可以行使持票人对被保证人及其前手的追索权
（六）票据代理	1. 票据代理人在票据上签章，并在票据上表明其代理关系 2. 无权代理：没有代理权而以代理人名义在票据上签章的，应当由签章人承担票据责任 3. 越权代理：代理人超越代理权限的，应当就其超越权限的部分承担票据责任

续表

（七）票据丧失的救济	1. 先挂失止付 （1）票据丧失，失票人可以及时通知票据的付款人挂失止付；收到挂失止付通知的付款人，应当暂停支付 （2）失票人应当在通知挂失止付后3日内，也可以在票据丧失后，直接依法向人民法院申请公示催告，或者向人民法院提起诉讼 2. 直接向法院申请公示催告 3. 直接向法院起诉

第二编　民商法主观题方法论

民法篇

民商法主观题破题及答题技巧

一、前置条件

很多同学在准备主观题时存在着一个误区，那就是总以为主观题的问题就是如何做题，所以一上来就拼命地做题，将所有的精力全部放在了做题上。

但是，这就忽略了知识点本身的正确性，或者说结论本身的正确性。

主观题最重要的问题，从来都不在于做题，所谓的破题、解题全部要建立在知识点正确的基础之上。

在此给大家算一笔账，民商法大案例总分为54～56分，一般是10个设问，其中每个设问的结论分平均为两分。这就意味着，只要10个问题你全部都写对，就可以得20分。而这20分结论分能否得到，和你会不会破题、解题根本没有关系。和你是否会组织答案也没有关系。

例如一道题，问你是否有权请求赔偿，你回答可以，就这两个字就足以得2分，这与所谓的答案的组织没有任何关系。

而另外一个比较残忍的问题是，只要你的结论判断错误，这道题你就不会得分，即便你的依据可能是正确的。

所以，提醒各位考生千万不要认为到了主观题阶段，就不用在乎原来的知识点。如果你这样认为，一定会吃大亏。因此，主观题一切的一切全部建立在结论判断正确的基础上，如果结论判断错误，无论你写得多么规范，都等于零。而结论的判断，不是一个主观题的问题，而是客观题思路的延续。

这一点，尤其是去年主观题失利的同学绝对是很有感触的，那就是你去年没考过，真的是因为你不会写题吗？问问自己，究竟是本身这道题就不会做，还是完全清晰，就是不会写？

二、破题思路

考生在接触民法的案例分析题时，首先是被题目的篇幅吓到，7～9段的案情，加上10个设问，这一题量是其他案例分析题难以比拟的。面对如此庞大的体量，考生究竟应当如何下手呢？

笔者经过从自身解题的思路及多年的教学经验来看，将解答案例分析题的思路分为以下三步：

第一步：标注。

第二步：定位。

第三步：答题。

（一）标注

标注就是在大家拿到一个案例分析题是应该做什么？比如上来是先看设问还是先看题干？

比如是否需要一边看案情一边看设问？比如是否应该画法律关系图？

首先，在第一遍阅读题干信息时，不需要做以下几件事：

1. 不需要看设问。因为设问有10个问，你不可能记得住，所以不存在带着设问去读案情的问题，因为你记不住。

2. 不需要画法律关系图。很多考生会觉得民商法大案例的案情人物关系十分复杂，因此会对整个案情画一个法律关系图，从而将案情厘清。事实上，这是无用功，法考主观题很少考查考生对整体案情的把握，很少前后案情联系进行考查。因此，没有必要画整体的法律关系图。这么做除了让自己有些心理安慰之外，没有其他效果。

须注意，虽然整体的法律关系图不需要画，但是在有的案件信息中，某一具体的案情或者说某一具体的段落所呈现出的法律关系过于复杂的，可以针对具体的案情、具体的段落去画小的法律关系图。

那么第一遍阅读题干信息究竟需要干什么呢？

笔者的答案是，完成标注。快速阅读题干案情，将题干信息中有价值的案件进行标注。完成这一工作即可。

问题在于，题干中，哪一信息是有价值的？

经过笔者的总结，我发现，在题干信息中涉及的下列三种信息是有价值的：

1. 异常点。题干中出现的某个信息和正常的案件事实不一样，出现了异常，换言之，如果把这个信息去掉，这个题干就会变得稀松平常。

例1：丁公司认为，这种保证尚无法保障甲公司履行义务，甲公司于是又将一张以自己为收款人的汇票出质，并在票据上背书“出质”后，交付给丁公司。但出票人在该汇票上记载有“不得转让”的字样。（2019年真题回忆版）

问：因票据中做了“不得转让”的记载，甲公司对丁公司的出质是否有效？为什么？

例2：此时，丙公司已经通过程序更换了法定代表人，但尚未变更工商登记，签订合同的法定代表人崔某是新更换的法定代表人（甲、乙公司共同派律师进行查询，查明了崔某上述真实身份）。合同上仅由崔某签字，未盖丙公司公章。（2018年真题回忆版）

问：甲公司与丙公司签订的委托合同是否有效？崔某在合同上签字的行为属于什么性质的行为？为什么？

各位，你看在2019年的这一案件信息中，交代了以票据设立质押进行担保。然后出现了标蓝部分的话，各位你感觉如果没有标蓝部分忽然来一个转折，这个案件信息还有意义吗？而在2018年这一案情中，如果崔某作为法定代表人办理了工商登记，在签合同的时候也盖了公司的公章，此时该合同的效力将没有任何的争议。

这种点，我就把它称之为异常点，一般在这种异常点往往会出题。不过笔者也发现，这种点很多时候有一个鲜明的标识，那就是“但是”这种转折词，一旦考生在考场上看到了转折词，那么考点一定在但是之后。

2. 争议点。题干信息中，当事人在某个地方出现了争议的，一定要进行标注，因此在设问中，一定会通过各种方式来询问这一争议该如何进行解决。经过笔者的总结，争议点一般表现为：

（1）有请求一定有争议。

（2）有拒绝一定有争议。

（3）有损害一定有争议。

例 1：甲公司的债权人“罗马轮胎公司”认为，虽然甲公司不能偿还到期债务，但因上述与戊公司的租赁合同履行中财产没有清点清楚，造成财产混同，遂在向法院要求甲公司偿还债务的同时，主张甲公司与戊公司“人格混同”而要求戊公司承担连带清偿责任。（2019 年真题回忆版）

“罗马轮胎公司”认为甲公司与戊公司之间因租赁合同履行过程中，有财产交接不清的行为，构成“人格混同”从而承担连带责任的主张是否成立？为什么？

例 2：即使如此，甲公司筹集的资金仍然不足以支付工程进度款，乙公司遂停工表示抗辩。（2018 年真题回忆版）

甲公司是否有权解除与乙公司的建筑施工合同？为什么？

例 3：因此意外，丁与乙公司未签约造成损失 5000 万元。（2021 年真题回忆版）

乙公司就因此未能签订 5000 万元的合同所遭受的损失是否可以主张赔偿？为什么？（6 分）

其中，2019 年的案件信息为请求，2018 年的案件信息为拒绝，2021 年的案件信息为损失。

3. 关联点。题干信息与你所学习的某一知识点高度关联时，这一信息往往就会导致对该知识点的考查，此时需要进行标注。不过这一关联点的判断的难度就略高，需要考生对重要的知识点有较高的熟悉程度。

例 1：约定试租 1 年，到期如没有其他约定，续租 2 年，起租日期从 2020 年 1 月 15 日起算，如果产生纠纷由 X 市 Y 区管辖。（2019 年真题回忆版）

例 2：项目完成后，乙公司分给 A、B 各 20% 的本项目房地产，为担保该义务的履行，乙公司给 A、B 乙公司的股权各 20%，但 A 和 B 不参与乙公司的经营管理；若到期乙公司履行了交付房屋的义务，则 A、B 将股权无偿转回乙公司名下。（2020 年真题回忆版）

如果对知识点较为熟悉，上述 2019 年的信息直接关联着“协议管辖”这一考点，而 2020 年的信息则直接关联着“股权让与担保”这一考点。

需要说明的是，这一信息的寻找不一定是百分之百的对应，有的时候可能会有一些信息是题目没有考查的，而有的时候也有可能会漏掉一些信息，但基本上也是大差不差。

不过，尽管笔者交代了哪些信息是需要进行标注的，但是这一问题也多少有一些只可意会不可言传的味道，那就是很难有一个标尺去进行衡量，所以需要大家自己在题目中勤加练习，慢慢就会找到这个感觉。

（二）定位

在完成了对整体案情的标注后，基本上我们在答题时所需要用到的关键信息已经全部被找了出来。

此时再具体的详读题目的设问，根据设问所给到的提示信息，定位到该案件信息所出现的自然段。然后精读该提示信息所出现的段落或者句子。

一般而言，能够帮助我们实现定位的题干信息主要包括：

1. 当事人的姓名、名称。
2. 标的物。
3. 合同的名称。
4. 专业的法学术语。
5. 当事人实施的某些行为。

此处需要提示，一般而言，当我们定位到出现提示信息的那个段落后就可以解题，并不需要前后段落进行联系，当然仅有极个别的题目需要进行前后的联系。

而有时候，当我们定位到某个段落的时候，会发现某个段落的法律关系略微有一些复杂，此时我们可以仅仅针对这一个段落或者一个情节画法律关系图。例如下边这段案情：

为向丁公司借款2亿元，乙公司将其现有以及将有的全部动产（包括2辆铲车）为丁公司设立动产浮动抵押，办理了抵押登记。同时，为担保乙公司对丁公司的借款债务，自然人C和D对丁公司提供连带责任保证（但未约定保证方式）。（2020年真题回忆版）

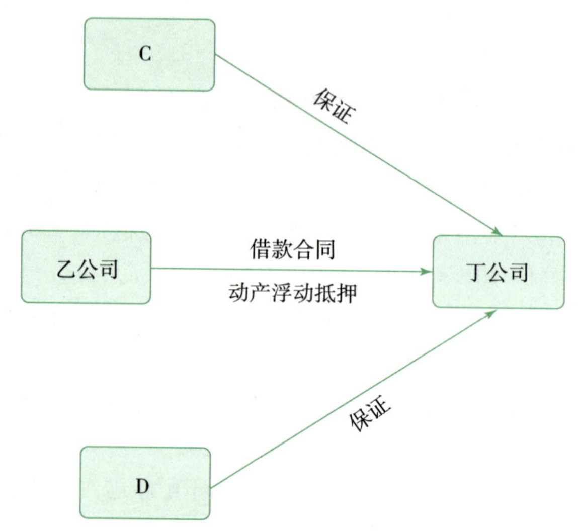

（三）答题

在定位完成后即可开始答题。

关于答题规范的问题，放在下一个问题进行讲解。

三、答题规范

（一）答题要求

几乎所有老师也好，所有经验贴也好，都在谈主观题的答案必须要“法言法语”“逻辑清晰”，展现出一个法律人应有的素养，这样的人才是我们在阅卷的时候需要选拔的人才。但是，从来没有人告诉过我们应该如何去写“法言法语”。

根据小道消息，阅卷的标准在于在尽量客观地保证大家都在统一的标尺之下进行给分。那么如何按照统一标准进行给分呢？那就是“采点给分”。由此可知阅卷者就看在考生的答案中是否出现了分解的得分点，如果出现了该得分点则给分，如果没有出现该得分点则不给分。至于，在该得分点之外，你写得对还是不对，你写得好还是不好，你写得清晰还是不清晰，阅卷者根本就不在意。例如2021年真题回忆版的这道小题：

丁就遭到的损害，可以向谁主张？为什么？（5分）

答：应由大厦管理方承担赔偿责任。（2分）公共场所的管理者没有尽到安全保障义务的，需要承担侵权责任。（3分）本案中，大厦管理方没有尽到安全保障义务，因此需要承担侵权责任。

在上述这道题目中，结论就是“大厦管理方”得2分，理由就是“没有尽到安全保障义务”得3分，至于在上述这两个得分点之外，你写的究竟如何，阅卷者并不在乎，阅卷者所要做的就是在你的答案中寻找是否存在这两个得分点。

那么根据阅卷的标准，笔者就可以对大家答案的组织提出下列这个要求：

1. 结论须正确。结论不正确一切白说。

2. 得分点法言法语。在分析与论证中，并不需要你整个分析全部都是法言法语，只需要你在得分点上法言法语即可，至于你在得分点之外分析的如何，在所不问。

（二）答题结构

案例分析题的作答方式主要包括两类，分别是三段论作答法与混合式作答法。

1. 三段论作答法

此类方法遵循演绎推理的基本模式，即大前提、小前提与结论。但是，在法考的答案中，需要对其进行略微的调整，即将结论放置在最开始。

（1）基本结构

结论：可以。

大前提：根据《民法典》及其司法解释的规定，+（依据）

小前提：本案中，+（本案的分析）

因此，（再重复一遍结论）

（2）注意事项

①最开头的结论，用最为简单的文字表达结论，不需要把题目的设问完整地进行重复，尽量在 2～3 个字符范围内。

②大前提：上述大前提关于引用法条的称谓，大家千万不要纠结这一点，因为这一点根本不是采分点，你写对了也不得分，写错了也不扣分，因此所有的题目不妨都写上“依据法律的有关规定”，又省心又方便。

③大前提：在大前提中需要将该设问所需要用的依据进行表述，此处须明白，这里的依据不需要引用法条编号，不需要引用法条的原文，甚至也不需要引用知识点的原文，只需要考生将自己记住的知识点以较为规范的书面语言表达出来即可。须注意，在表述该依据的时候，也并不需要整句话全都是所谓的法言法语，只需要将核心的法学术语写出法言法语即可。

④小前提：小前提部分须结合大前提的依据进行分析，从较高的要求上来看，小前提必须与大前提的逻辑顺序保持一致，即小前提必须严格遵循大前提的逻辑顺序进行表述，由此方可得出结论。但是，在考场上，只要你的大前提写的足够的清晰，能够包含采分点的，你的小前提就完全不重要了。

⑤最后的结论：最后再重复一遍结论保持语义上的畅通，当然，最后不重复该结论的，也不影响答题的规范度。

（3）优缺点

三段论作答法的优点很明显：

①采分点明确。需要单独写大前提，因此得分点明确，阅卷者只需要看你的大前提基本上就知道你是否包含了采分点。

②逻辑性强。答案严格遵照演绎推理的逻辑结构，因此整个答案的呈现是否具有逻辑，语义也比较通畅。

三段论作答法的缺点也很致命：

①字数较多浪费时间。小前提中会有大量语言表达是对大前提的重复，在考场上会浪费考

生的答题时间。

②单独表述大前提的要求较高。大前提要求单独表述一项法律规则，而考生的知识点记忆往往是破碎的，此时强行表述该规则，对考生而言难度较大。

2. 混合式作答法

混合式作答法是指，不单独区分大前提，而将案件事实直接结合法律规则进行表述的答题方法。

（1）基本结构

答：需要。本案中，劲松公司系一人公司，其为自己的股东李某提供担保不需要决议，该担保有效。因此，劲松公司需要承担担保责任。

在上述这一答案中，就属于混合式作答法，直接将本案中一人公司提供担保的案情融入了法律规则中。

（2）注意事项

①在答案的一开头也需要给出结论。

②有时候案件的分析不能直接得出设问的结论，为了语义表达的通畅，需要再加一句“因此”来引出设问所对应的结论。

（3）优缺点

混合式作答法的有两项优点：

①节约时间。混合式答案组织的字数较少，省掉了大前提与小前提的重复，因此可以节约一定的时间。

②掩盖瑕疵。混合式不单独写大前提，而是将小前提与大前提结合在一起写，由此可以掩盖单独写大前提的不足。

混合式作答法的有两项缺点：

①遗漏得分点。直接采用混合式作答法，很容易陷入直接把题目中的案情复述一遍然后就直接得出结论的误区，由此就会造成在答案中缺乏得分点，导致无法得到应有的分。

②缺乏逻辑。直接采用混合式作答法，尤其是在该结论的得出需要采用多个知识点时，就会导致在答案的组织上发生逻辑上的混乱。

3. 模式的选择

在三段论作答法与混合式作答法之间各有利弊，那么在考场上到底选择哪种方式更好呢？

首先，需要说明的是，两种作答法在考场上只要写得好，都是能得满分的。所以，仅从得分的角度而言，两者没有区别。

但是，在考场上，时间就是分数，所以笔者郑重地推荐在考场上适用“混合式作答法”。

有同学会问，混合式作答法不是存在着两大弊端吗？

是的，混合式作答法存在着两大弊端，但是，这两大弊端都属于直接采用混合式作答法所面临的弊端。很多考生一上来就选择混合式作答法，其选择混合式作答法的原因倒不是因为觉得混合式作答法节约时间，而是他根本写不出三段论中的大前提。如果你是因为写不出三段论中的大前提，从而采用了混合式作答法的，那么就一定会出现上述两大混合式的弊端。

因此，笔者的建议是：平时练习三段论，考场上使用混合式。

只要能把三段论写好，就一定能把混合式写好。因为，三段论是可以转化为混合式的。

答：需要。根据法律的相关规定，法人的股东滥用法人独立人格的，需要适用法人人格否认制度，滥用法人独立人格的股东需要就该笔债务承担连带责任。本题中，李某滥用了劲松公司是法人人格。因此，李某需要就该债务与劲松公司承担连带责任。

上述答案属于典型的三段论答案，那么如何将其转化为三段论呢？

转化的方法就是“将三段论的大前提中的虚词后增加本案的案情”，由此三段论就可以转化为混合式。

我们先将大前提提取出来：

法人的股东滥用法人独立人格的，需要适用法人人格否认制度，滥用法人独立人格的股东需要就该笔债务承担连带责任。

我们将虚词标出下划线：

法人的股东滥用法人独立人格的，需要适用法人人格否认制度，滥用法人独立人格的股东需要就该笔债务承担连带责任。

添加案件信息：

法人劲松公司的股东李某滥用法人独立人格的，需要适用法人人格否认制度，滥用法人独立人格的股东李某需要就该笔债务承担连带责任。

再加上结论：

答：需要。法人劲松公司的股东李某滥用法人独立人格的，需要适用法人人格否认制度，滥用法人独立人格的股东李某需要就该笔债务承担连带责任。

一个混合式作答法就诞生了。

这样写可以完全避免直接写混合式的缺陷：

1. 大前提被完整地包含在了案件信息中，不会遗漏得分点。

2. 案件信息完全遵循大前提的逻辑，不会出现逻辑混乱。

但是，有同学可能会发现这样生硬地将案件信息直接揉到大前提里边，会使得语言不优美甚至有点不通畅。但是，不要紧！！！采点给分根本不看这些，只要有了得分点，就可以得满分！！！

（三）答题技巧

在基本的作答结构之外，还有一些细节需要向各位进行交代：

1. 在答案的组织中，如果该设问对应的规则或者说依据在民法上存在专业的术语、专业的名称的，一定要将该专业的术语、名称写出来。例如：

（1）答：不能。李某通过让与汽车所有权的方式，为刘某设立担保，该行为发挥担保的效力。因此，刘某不能取得该汽车的所有权。

（2）答：不能。李某通过让与汽车所有权的方式，为刘某设立担保，属于让与担保，该行为发挥担保的效力。因此，刘某不能取得该汽车的所有权。

上述两个答案除了标蓝部分，没有任何差别。但是，第二个答案明确地指出了该制度的名称，在考场上有利于阅卷者迅速锁定你的得分点，相当于你在你的得分点上标注了红旗。

2. 有的问题属于一题带多问的，此时不要合到一起来答，一定分开成不同的小问进行作答，避免合到一起导致了阅卷者无法识别得分点。例如：

丁公司已登记的动产浮动抵押权能否对抗E？为什么？若债务履行期届满乙公司未履行债务，丁应如何行使担保权利？若丁公司起诉，以不同的人为被告起诉，法院应该如何安排当事人？（2020年真题回忆版）

答：（1）可以对抗。+理由。

（2）丁应该……+理由。

（3）法院应该……+理由。

3. 制度适用与否的作答：

（1）若经过你判断，某一项制度如善意取得无法得以适用，那么此时你的答案应该直接对不适用的那个要件进行分析，如不满足公示，而其他的要件就不需要分析了。因为，只要有1个要件不符合，一项制度就得不到适用。

（2）若经过你判断，某一项制度如表见代理可以适用，此时则需要全面地谈一谈表见代理的构成要件。因为，一项制度得以适用需要同时满足所有构成要件。但是，如果题目中在某项构成要件上进行了特别强调的，此时需要对题目的信息进行正面着重的回应，其他的要件则一笔带过。

4. 在依据的组织中，你可能学的依据是正面的，但是本题的结论是不适用该制度，因此你在作答的时候需要将正面的依据进行转化，将其转化为一个反面的依据。例如：

善意取得的要件中包括合理的价格。这是正面的依据，但是本题如果不构成善意取得，你在组织依据的时候，就要从反面出发进行组织：

未采取合理价格的不能适用善意取得。

（四）开放型设问的处理方式

1. 命题概况

自2019年开始，每年在民商法大案例中均会出现开放型设问，此类设问在2021年的考试中出现了3个，预计在2023年的考试中会继续出现。考生在复习客观题的时候，基本上在民商法领域是没有接触过此类不同观点的，在大家眼里，民商法怎么还会有不同的观点。所以，大家在主观题阶段特别头疼这种开放型设问，认为这是“送命题”。

笔者告诉你，开放型设问绝对不是“送命题”，而一定是“送分题”。

2. 应对策略

开放型设问在考场上对大家的要求有两种，一种是在不同的观点中只需要答出一种观点即可，另一种则要求将不同的观点全部答出方可得满分。这里我带着大家来算一算，你会发现这一定是送分题。

如果题目只要求在各个观点中择一作答，假设这个题5分。首先，你一定能够拿到结论分2分（因为开放型观点你的结论一定是正确的）。其次，你稍微写一点理由，只要沾边至少可以得1分。那么这道5分的题，你至少就可以得3分，这就已经及格了，这就已经不拖你的后腿了，这难道还不算送分题？

如果题目要求你必须把全部的观点一并答出才能得满分，那又如何处理呢？假设这个题6分。

首先，这种题不会有太多观点，应该就是两个，所以你正面一个观点，反面一个观点。那么两个观点的结论分2分就已经到手了。

其次，在分析理由的时候，其中一定有一个观点和你在客观题阶段学习的知识点的通说观点是一致的，此时这个观点的分你可以得到2分。另一个观点你不知道理由，不得分。

本题，合计你可以得4分，及格了，又不会拖你的后腿了。

给大家举个例子：

甲公司能否就16层行使优先购买权？如果能，为什么？如果不能，为什么？（7分）（2021年真题回忆版）

答：观点一：不能。承租人的优先购买权须在同等条件下方可主张，枫桥公司整体出售办公楼，甲公司仅购买其中一层，不属于同等条件。因此，甲公司不享有优先购买权。

观点二：可以。理由我不知道。

各位来看这个答案，在考场上，基本上所有的考生都可以答出第一个观点，所以第一个观点的 3 分是肯定可以拿到的，第二个观点你不知道理由，你从反面把观点写出来，至少可以得 1 分，合计这道题你可以得 4 分，此时也已经得到过半的分数了。

3. 考场策略

由于大部分的考生不仅不知道观点争议是什么，甚至连哪一个题目考查的是观点争议都看不出来，因此在考场上，我建议大家在做题的时候，原则上不需要考虑观点争议，直接按照你客观题阶段所学习的通说观点来作答即可。

如果你要写出不同观点的，一定要在不同观点的结尾表明你自己支持的是哪种观点，否则在考试的时候可能会判定你是在“偷奸耍滑”进而给你 0 分。

四、法条定位

（一）法条定位的意义

主观题是否需要翻阅法条呢？这一问题，目前在法考届主要存在两种观点。

观点一：主观题必须要翻阅法条，甚至为此还设立了专门的法条定位课。

观点二：主观题不能翻法条，因为如果翻法条的话考试时间根本不够用。

事实上，这两种观点均有失偏颇。首先，考场上如果每个问题都去翻法条，你的时间绝对不够用，因此指望着完全通过翻阅法条来通过主观题考试的想法，趁早打消。其次，都给了你法条了，傻瓜才不去翻阅。

考场上翻阅法条的意义：

1. 遇到不会的题目，可以通过翻阅法条解决该问题。

2. 实在不知道大前提应该如何进行表述，可以通过翻阅法条查看法条的表述。

3. 阅卷的时候有一个不成文的规则，那就是如果考生引用的法条编号是正确的，而且结论也是正确的，基本上可以直接得满分。

笔者建议在考场上，可以按如下方式使用法条：

1. 每年均会有比较偏的考点，此时可以通过查阅法条的方式帮助你获得该分数。

2. 对于依靠考生记忆的知识点就可以解决的题目，不要为了追求法条的编号，也不要为了追求表述的精准而查阅法条，因为你不知道后边是否会存在其他的题目你根本就不会做，所以一定要把时间留给那些你根本就不会做的题目，而对于你会做的题目，千万不要去查阅法条。

3. 完成全部题目后，如果仍有剩余时间，对于自己表述不到位的题目可以通过复查法条的方式完成答案，从而锦上添花。

总结一下：完成题目之前，查阅法条可以雪中送炭。完成题目之后，复查法条可以锦上添花。

（二）法条定位的方法——模块定位法

如前所述，法条可以在面对偏的知识点时，起到雪中送炭的作用，那如何来定位法条呢？

法条定位的方法有很多种，比较传统的法条定位是老师将部门法中比较重要的法条挑出来给考生进行详细的讲解，但是这种条文定位法在法条定位上的作用微乎其微。

以民法为例，要想从中找出属于民法主观题的重点法条，我想随便找出 50 个条文来应该是不成问题的，那么各位你问问自己你可能把这 50 个编号记下来吗？此外，还有另外的 6 个科目，各50个，合计300个法条的编号，我想应该是记不住的。所以，这种所谓的挑选重点法条进行定位的方法，看似华丽，实际没什么效果。

由此，笔者特意向大家推出民法的法条定位方法——模块定位法。

1. 模块定位法的思路

将民法中不同的制度分解为不同的模块，各位不需要记住这些模块当中的具体规则，但是必须记住这个模块中包含哪些制度。

在考场上，虽然你可以不知道这一制度的具体规则到底是什么，但你要知道这是什么制度，而这一制度又被划分在哪一模块之中，然后再回到该模块中寻找对应的法律条文。

此时，模块定位法并不提供具体的条文编号，而只是提供条文存在的范围，但是这一范围已经很小了，因此只需要在该范围内逐一进行检索，此时3分钟内即可迅速锁定法条。

2. 模块定位法的步骤

先法典后解释，先特殊后一般。

（1）先法典后解释

民法规范是由《民法典》及相关的司法解释所构成的，在检索法条时，优先检索民法典关于该问题的规定，如果民法典关于该问题没有规定的，则再检索相关司法解释关于该问题的规定。

例如：租赁合同既存在于《民法典》中又存在于《城镇房屋租赁合同解释》[1]中，如果现在要检索的是关于租赁合同的规定，此时应当优先检索《民法典》合同编分则第十四章关于租赁合同的规定，如果《民法典》对此没有规定的，然后再采取翻阅《城镇房屋租赁合同解释》。

（2）先特殊后一般

民法典的规范是一般规范与特殊规范组成的，在检索法条时，优先检索特别规范，特别规范对于该问题没有规定的，此时采取检索一般规范的规定。

民法中一般规范与特别规范的层次：

总则编相对于物权编、合同编、人格权编、婚姻家庭编、继承编、侵权责任编属于一般规范。

物权编通则相对于所有权、用益物权、担保物权属于一般规范。

担保物权的一般规定相对于抵押权、质权、留置权属于一般规范。

合同编通则相对于买卖合同、租赁合同等合同属于一般规范。

例如：现在要检索租赁合同的解除问题，首先应该检索合同编分则中关于租赁合同的特殊规定，在该特殊规定中没有该解除的问题时，可以回到合同编总则中去寻找关于合同解除的一般规定。

（三）法条模块梳理（4+8）

1.《民法典》的结构

第一编：总则编

第二编：物权编

第三编：合同编

第四编：人格权编

第五编：婚姻家庭编

第六编：继承编

〔1〕《最高人民法院关于审理城镇房屋租赁合同纠纷案件具体应用法律若干问题的解释》（以下简称《城镇房屋租赁合同解释》）。

第七编：侵权责任编

须注意，主观题阶段所能用到的法律制度包括总则编、物权编、合同编、侵权责任编。

2. 总则编模块

(1) 法律依据

该部分的主要法律依据由《民法典》总则编+《民法典总则编解释》[1]构成。

(2) 主要制度

《民法典》总则编	主要制度	司法解释
第一章　基本规定	无	无
第二章　自然人	1. 权利能力 2. 行为能力 3. 监护 4. 宣告失踪 5. 宣告死亡	《民法典总则编解释》
第三章　法人	1. 设立法人过程中的责任承担 2. 法定代表人的代表行为 3. 法人人格否认制度	—
第四章　非法人组织	无	无
第五章　民事权利	无	无
第六章　民事法律行为	1. 无效的法律行为 2. 可撤销的法律行为 3. 效力待定的法律行为	《民法典总则编解释》
第七章　代理	1. 复代理 2. 代理权的滥用 3. 无权代理 4. 表见代理	《民法典总则编解释》
第八章　民事责任	—	—
第九章　诉讼时效	1. 诉讼时效的起算 2. 诉讼时效的中止、中断 3. 诉讼时效经过的效力	《民法典总则编解释》 《诉讼时效规定》[2]
第十章　期间计算	—	—

3. 物权编模块

(1) 法律依据

《民法典》物权编+《民法典物权编解释》[3]+《担保制度解释》

[1]《最高人民法院关于适用〈中华人民共和国民法典〉总则编若干问题的解释》(以下简称《民法典总则编解释》)。

[2]《最高人民法院关于适用〈中华人民共和国民法总则〉诉讼时效制度若干问题的解释》(以下简称《诉讼时效规定》)。

[3]《最高人民法院关于适用〈中华人民共和国民法典〉物权编的解释(一)》(以下简称《民法典物权编解释》)。

（2）主要制度

<table>
<tr><th colspan="2">《民法典》物权编</th><th>主要制度</th><th>司法解释</th></tr>
<tr><td rowspan="3">第一分编　通则</td><td>第一章　一般规定</td><td>—</td><td>—</td></tr>
<tr><td>第二章　物权的设立、变更、转让和消灭</td><td>1. 基于法律行为的物权变动
2. 非基于法律行为的物权变动</td><td>《民法典物权编解释》</td></tr>
<tr><td>第三章　物权的保护</td><td>1. 返还原物请求权
2. 消除危险请求权</td><td>《民法典物权编解释》</td></tr>
<tr><td rowspan="6">第二分编　所有权</td><td>第四章　一般规定</td><td>—</td><td>—</td></tr>
<tr><td>第五章　国家所有权和集体所有权、私人所有权</td><td>—</td><td>—</td></tr>
<tr><td>第六章　业主的建筑物区分所有权</td><td>建筑物区分所有权的内容</td><td>《建筑物区分所有权解释》〔1〕</td></tr>
<tr><td>第七章　相邻关系</td><td>—</td><td>—</td></tr>
<tr><td>第八章　共有</td><td>1. 共有人的权利义务
2. 按份共有人的优先购买权</td><td>《民法典物权编解释》</td></tr>
<tr><td>第九章　所有权取得的特别规定</td><td>善意取得</td><td>《民法典物权编解释》</td></tr>
<tr><td rowspan="6">第三分编　用益物权</td><td>第十章　一般规定</td><td rowspan="6">—</td><td>—</td></tr>
<tr><td>第十一章　土地承包经营权</td><td>—</td></tr>
<tr><td>第十二章　建设用地使用权</td><td>—</td></tr>
<tr><td>第十三章　宅基地使用权</td><td>—</td></tr>
<tr><td>第十四章　居住权</td><td>—</td></tr>
<tr><td>第十五章　地役权</td><td>—</td></tr>
<tr><td rowspan="2">第四分编　担保物权</td><td>第十六章　一般规定</td><td>1. 担保的从属性
2. 担保的不可分性
3. 担保的物上代位性
4. 混合担保
5. 反担保</td><td rowspan="2">《担保制度解释》</td></tr>
<tr><td>第十七章　抵押权</td><td>1. 抵押权的设立
2. 动产抵押权的登记对抗规则
3. 正常经营活动买受人规则
4. 抵押物的转让
5. 价款优先权
6. 动产浮动抵押权规则
7. 最高额抵押权规则</td></tr>
</table>

〔1〕《最高人民法院关于审理建筑物区分所有权纠纷案件适用法律若干问题的解释》（以下简称《建筑物区分所有权解释》）。

续表

《民法典》物权编		主要制度	司法解释
第四分编　担保物权	第十八章　质权	1. 质权的设立规则 2. 权利质权 3. 流动质押	—
	第十九章　留置权	1. 留置权的产生 2. 留置权的权利内容 3. 留置权的消灭	
第五分编　占有	第二十章　占有	1. 善意占有与恶意占有 2. 占有返还请求权	—

4. 合同编模块

(1) 法律依据

《民法典》合同编 + 各种有名合同的司法解释。

(2) 主要制度

《民法典》合同编		主要制度	司法解释
第一分编　通则	第一章　一般规定	—	—
	第二章　合同的订立	1. 要约与承诺 2. 合同的成立时间、地点 3. 格式条款 4. 缔约过失责任	
	第三章　合同的效力	合同的特殊效力规定	
	第四章　合同的履行	1. 合同漏洞填补规则 2. 选择之债 3. 涉他合同的履行 4. 电子合同的履行 5. 双务合同的履行抗辩权 6. 情势变更规则	
	第五章　合同的保全	1. 债权人代位权 2. 债权人撤销权	
	第六章　合同的变更和转让	1. 债权转让 2. 债务承担	
	第七章　合同的权利义务终止	1. 第三人代位清偿 2. 清偿的抵充 3. 提存 4. 抵销 5. 合同的解除	
	第八章　违约责任	1. 继续履行 2. 赔偿损害 3. 违约金 4. 定金	

续表

<table>
<tr><th colspan="2">《民法典》合同编</th><th>主要制度</th><th>司法解释</th></tr>
<tr><td rowspan="10">第二分编　典型合同</td><td>第九章　买卖合同</td><td>1. 风险负担规则
2. 瑕疵检验通知义务
3. 保留所有权买卖
4. 分期付款买卖</td><td>《买卖合同解释》[1]
《商品房买卖合同解释》[2]</td></tr>
<tr><td>第十章　供用电、水、气、热力合同</td><td>—</td><td>—</td></tr>
<tr><td>第十一章　赠与合同</td><td>1. 赠与人的瑕疵担保义务
2. 赠与人的任意撤销权
3. 赠与人的法定撤销权</td><td>—</td></tr>
<tr><td>第十二章　借款合同</td><td>1. 借款合同的生效时间
2. 借款合同的效力规则
3. 借款合同的利息规则</td><td>《民间借贷规定》[3]</td></tr>
<tr><td>第十三章　保证合同</td><td>1. 保证方式
2. 保证期间
3. 保证责任</td><td>《担保制度解释》</td></tr>
<tr><td>第十四章　租赁合同</td><td>1. 出租人的权利义务
2. 转租
3. 买卖不破租赁
4. 承租人的优先购买权
5. 房屋装修装饰</td><td>《城镇房屋租赁合同解释》</td></tr>
<tr><td>第十五章　融资租赁合同</td><td>1. 出租人的免责特权
2. 融资租赁合同的风险
3. 融资租赁合同的解除
4. 租赁物的归属</td><td>《融资租赁合同解释》[4]</td></tr>
<tr><td>第十六章　保理合同</td><td>1. 保理方式
2. 虚构债权保理
3. 保理人通知规则
4. 多重保理规则</td><td>—</td></tr>
<tr><td>第十七章　承揽合同</td><td>—</td><td>—</td></tr>
<tr><td>第十八章　建设工程合同</td><td>1. 合同效力规则
2. 实际施工人的权利
3. 承包人优先受偿权</td><td>《建设工程合同解释》</td></tr>
</table>

〔1〕《最高人民法院关于审理买卖合同纠纷案件适用法律问题的解释》（以下简称《买卖合同解释》）。

〔2〕《最高人民法院关于审理商品房买卖合同纠纷案件适用法律若干问题的解释》（以下简称《商品房买卖合同解释》）。

〔3〕《最高人民法院关于审理民间借贷案件适用法律若干问题的规定》（以下简称《民间借贷规定》）。

〔4〕《最高人民法院关于审理融资租赁合同纠纷案件适用法律问题的解释》（以下简称《融资租赁合同解释》）。

续表

<table>
<tr><th colspan="2">《民法典》合同编</th><th>主要制度</th><th>司法解释</th></tr>
<tr><td rowspan="9">第二分编　典型合同</td><td>第十九章　运输合同</td><td rowspan="5" colspan="2">—</td></tr>
<tr><td>第二十章　技术合同</td></tr>
<tr><td>第二十一章　保管合同</td></tr>
<tr><td>第二十二章　仓储合同</td></tr>
<tr><td>第二十三章　委托合同</td></tr>
<tr><td>第二十四章　物业服务合同</td><td>新增合同，2021 年延考考查</td><td>《物业服务纠纷解释》[1]</td></tr>
<tr><td>第二十五章　行纪合同</td><td>—</td><td rowspan="5">—</td></tr>
<tr><td>第二十六章　中介合同</td><td>—</td></tr>
<tr><td>第二十七章　合伙合同</td><td>新增合同，尚未被考查</td></tr>
<tr><td rowspan="2">第三分编　准合同</td><td>第二十八章　无因管理</td><td>1. 构成要件
2. 法律效果</td></tr>
<tr><td>第二十九章　不当得利</td><td>1. 构成要件
2. 法律效果</td></tr>
</table>

【总结】

合同编由总则＋分则构成。

总则只有民法典的规定，没有司法解释的规定。

分则中可能考查 7＋3 合同。

7 个既有民法典又有司法解释的合同：买卖合同、借款合同、租赁合同、保证合同、融资租赁合同、建设工程合同、物业服务合同。

2 个只有民法典没有司法解释的合同：保理合同、合伙合同。

5. 侵权责任编模块

(1) 法律依据

侵权责任编由民法典＋部分小的司法解释组成。

(2) 主要制度

《民法典》侵权责任编	主要制度	司法解释
第一章　一般规定	1. 共同侵权 2. 共同危险行为 3. 教唆帮助侵权 4. 无意思联络的数人侵权	—
第二章　损害赔偿	1. 死亡赔偿金 2. 精神损害赔偿	《人身损害赔偿解释》[2]

---

〔1〕《最高人民法院关于审理物业服务纠纷案件具体应用法律若干问题的解释》（以下简称《物业服务纠纷解释》）。

〔2〕《最高人民法院关于审理人身损害赔偿案件适用法律若干问题的解释》（以下简称《人身损害赔偿解释》）。

续表

<table>
<tr><th>《民法典》侵权责任编</th><th>主要制度</th><th>司法解释</th></tr>
<tr><td>第三章　责任主体的特殊规定</td><td>1. 监护人责任
2. 用人者责任
3. 教育机构责任
4. 网络服务提供者责任
5. 安全保障义务人责任</td><td>《信息网络侵权解释》[1]</td></tr>
<tr><td>第四章　产品责任</td><td>如章节名</td><td></td></tr>
<tr><td>第五章　机动车交通事故责任</td><td>如章节名</td><td>《道路交通事故责任解释》[2]</td></tr>
<tr><td>第六章　医疗损害责任</td><td>如章节名</td><td>《医疗损害责任解释》[3]</td></tr>
<tr><td>第七章　环境污染和生态破坏责任</td><td>如章节名</td><td>《环境侵权责任解释》[4]</td></tr>
<tr><td>第八章　高度危险责任</td><td>—</td><td rowspan="3">—</td></tr>
<tr><td>第九章　饲养动物损害责任</td><td>如章节名</td></tr>
<tr><td>第十章　建筑物和物件损害责任</td><td>1. 建筑物倒塌
2. 高空抛物
3. 建筑物脱落、坠落
4. 堆放物倒塌
5. 妨碍通行的物品
6. 林木折断
7. 地面施工
8. 地下设施</td></tr>
</table>

【注】

主观题对于侵权责任的考查深度较浅，基本上使用《民法典》侵权责任编就可以作答，不需要用到司法解释的规定。

（四）汇总目录

1. 民法典

第一编　总则

第一章　基本规定

第二章　自然人

第三章　法人

第四章　非法人组织

第五章　民事权利

第六章　民事法律行为

[1]《最高人民法院关于审理利用信息网络侵害人身权益民事纠纷案件适用法律若干问题的规定》（以下简称《信息网络侵权解释》）。

[2]《机动车交通事故责任法律及司法解释》（以下简称《道路交通事故责任解释》）。

[3]《最高人民法院关于审理医疗损害责任纠纷案件适用法律若干问题的解释》（以下简称《医疗损害责任解释》）。

[4]《最高人民法院关于审理环境侵权责任纠纷案件适用法律若干问题的解释》（以下简称《环境侵权责任解释》）。

第七章　代理
第八章　民事责任
第九章　诉讼时效
第十章　期间计算

第二编　物权

第一分编　通则

第一章　一般规定
第二章　物权的设立、变更、转让和消灭
第三章　物权的保护

第二分编　所有权

第四章　一般规定
第五章　国家所有权和集体所有权、私人所有权
第六章　业主的建筑物区分所有权
第七章　相邻关系
第八章　共有
第九章　所有权取得的特别规定

第三分编　用益物权

第十章　一般规定
第十一章　土地承包经营权
第十二章　建设用地使用权
第十三章　宅基地使用权
第十四章　居住权
第十五章　地役权

第四分编　担保物权

第十六章　一般规定
第十七章　抵押权
第十八章　质权
第十九章　留置权

第五分编　占有

第二十章　占有

第三编　合同

第一分编　通则

第一章　一般规定
第二章　合同的订立
第三章　合同的效力
第四章　合同的履行
第五章　合同的保全
第六章　合同的变更和转让
第七章　合同的权利义务终止

第八章　违约责任

第二分编　典型合同

第九章　买卖合同

第十章　供用电、水、气、热力合同

第十一章　赠与合同

第十二章　借款合同

第十三章　保证合同

第十四章　租赁合同

第十五章　融资租赁合同

第十六章　保理合同

第十七章　承揽合同

第十八章　建设工程合同

第十九章　运输合同

第二十章　技术合同

第二十一章　保管合同

第二十二章　仓储合同

第二十三章　委托合同

第二十四章　物业服务合同

第二十五章　行纪合同

第二十六章　中介合同

第二十七章　合伙合同

第三分编　准合同

第二十八章　无因管理

第二十九章　不当得利

第七编　侵权责任

第一章　一般规定

第二章　损害赔偿

第三章　责任主体的特殊规定

第四章　产品责任

第五章　机动车交通事故责任

第六章　医疗损害责任

第七章　环境污染和生态破坏责任

第八章　高度危险责任

第九章　饲养动物损害责任

第十章　建筑物和物件损害责任

2. 司法解释汇总

(1)《总则编解释》

(2)《诉讼时效规定》

(3)《物权编解释》

（4）《建筑物区分所有权解释》
（5）《担保制度解释》
（6）《买卖合同解释》
（7）《商品房买卖合同解释》
（8）《民间借贷规定》
（9）《城镇房屋租赁合同解释》
（10）《融资租赁合同解释》
（11）《建设工程施工合同解释》
（12）《物业服务纠纷解释》
（13）《人身损害赔偿解释》
（14）《信息网络侵权解释》
（15）《道路交通事故责任解释》
（16）《医疗损害责任解释》
（17）《环境侵权责任解释》

民诉篇

民事诉讼法主观题的正确打开方式

一、刺破面纱：我为什么反对考场翻法条？

主观题的考场上时间非常有限，决不能挥霍。翻来翻去，时间飞逝，最终不得不使用“就地立法权”和“紧急立法权”。不少小伙伴没能在考场上完成全部题目，这在相当程度上影响通关率，所以时间管理、科学分配很重要。

其实只要能够用自己的话转述法律规范的内容，就不会影响得分。在阅卷的过程中，对“法言法语”并没有那么高的要求，不创造概念、不用错关键的专业术语，就不会失分。相反，就算能够写出具体的法条序号、抄写法条原文，也不会因此加分。

此外，纵观近年来民事诉讼法主观题的命题趋势，“开放灵活”是其显著特征之一，这使得不少题目根本找不到直接的法律规范，需要结合制度原理进行推导论证，还可能会涉及指导性案例的裁判要旨。换言之，观点选择不是关键，关键在于论证逻辑和推理依据。司考时代已经彻底过去，法考时代已经完成了命题模式的革新。以2018—2022年的主观题真题（网络回忆版）为例，有近一半的题目找不到直接的法律依据，而需要运用制度原理结合案件事实进行推导论证。在此背景下，翻法条压根没用，所以不要浪费有限的备考时间，去做一些看起来很炫的事。认真对待法条，不等于练就法条快速定位的特异功能，自主转述才是王道！

例：2018年考查了二审中能否单纯变更请求、仲裁协议的独立性、先诉本金后诉利息是否构成重复起诉；2021年全国卷考查了执行力的识别判断、反诉与抗辩的区分、证明责任的基本原理；2021年延考卷考查了民法典与民事诉讼解释的立法差异、执行和解的指导性案例、既判力、交通事故责任认定书的法律地位；2022年考查了确认之诉的起诉条件、追加变更执行异议之诉。

二、谁更重要：题海战术 VS 知识点巩固

经常有同学问：“民事诉讼法我要做多少个案例才行？”诚然，想和写之间的差距巨大，但要想写好主观题，前提条件是要夯实知识点和原理，否则就会出现无米下炊的尴尬局面。其实很多时候大家觉得写不出来，往往是因为脑子里没货而不是有货却倒不出来。

法考时代，对理解和灵活运用的能力要求很高，死记硬背没有用，口诀公式全白费。如果对知识点和原理的理解不到位、不能够举一反三，就会导致无法破题，进而出现敲不出字的窘境。因此无论是主观一战抑或二战的小伙伴，都要在理解的基础上进行记忆，实体与程序相结合、规范与原理相结合，拿出60%左右的时间用于知识点和原理的理解记忆，拿出40%左右的时间用来多写多练。

在做题的过程中，不是盲目求多，而是要练习不同的考点、不同的设问方式，熟悉尽可能

多的题型。见过“世面”之后，上了考场自然不慌，肚里有货，所向披靡！

三、谁更高效：三段论演绎 VS 大小前提结合法

三段论演绎的基本形态是，大前提法律规范一小前提本案事实一得出结论。该种方法最规范、完整、逻辑清晰，但问题是在表述过程中难以避免的存在重复，导致耗时长。而“大小前提结合法”是将大前提法律规范与小前提本案事实结合论证，进而得出结论。该种方法更加高效、简练，并且能够节约答题时间。在采点给分的阅卷模式下，我更倾向于“大小前提结合法”。

以2021年主观题考查的房屋租赁合同纠纷管辖法院为例，来看看两种答题模式的区别：

方案一（三段论演绎法）：依据《民事诉讼法》及相关司法解释的规定，房屋租赁合同纠纷应当由不动产所在地法院专属管辖。本案属于房屋租赁合同纠纷，因此应当由不动产所在地法院专属管辖，即某某法院。此外，协议管辖不能违反专属管辖的规定，本案中的协议管辖无效。

方案二（大小前提结合法）：本案属于房屋租赁合同纠纷，依据《民事诉讼法》及相关司法解释的规定，应当由不动产所在地的某某法院专属管辖。此外，本案中的协议管辖违反了专属管辖的规定，无效。

四、绝不躺平：韩小宝的一些碎碎念

学习方法固然很重要，但不要陷入方法的泥潭无法自拔。千里之行始于足下，方法再好，也必须依赖于实际行动方可检验，因此不要把时间都花在方法的选择上。其实民事诉讼法主观题的备战方法很简单——先理解，后记忆，然后自己写。对照答案和采分点，弥补知识点和原理的漏洞，之后再写再练、熟能生巧、计算时间、平均用力。此外，大家要尽可能避免偏科，各科目的答题水平齐头并进才能稳稳提高通关率。

最后，还想告诉各位写题高手：所有的安排，都是最好的安排，付出定有收获。这是我们通向最终胜利的最后一小段路，再坚持一下，必然繁花似锦。所以，让我们一起，多写多练，静待花开！

民事诉讼法律规范结构剖析

认真对待法条≠死记硬背翻法条

法律规范与制度原理相结合　是民诉必然的命题模式

【民事诉讼法相关的核心法律规范】

——《民事诉讼法》

——《民诉法解释》

——《民事诉讼证据规定》

《民事诉讼法》的结构解析

第一编　总则

第一章　任务、适用范围和基本原则（八项基本原则的条文均在该章——平等原则、同等原则和对等原则、辩论原则、处分原则、诉讼诚信原则、检察监督原则、法院调解原则、在线诉讼与线下诉讼同等效力原则）

第二章　管辖

第一节　级别管辖（中级法院管辖的三类案件）

第二节　地域管辖（一般地域管辖；特殊地域管辖－合同纠纷、侵权纠纷、公司诉讼；专属管辖）

第三节　移送管辖和指定管辖

第三章　审判组织

第四章　回避

第五章　诉讼参加人

第一节　当事人（必要共同诉讼、普通共同诉讼、代表人诉讼、有独三、无独三、公益诉讼、第三人撤销之诉的基础条文均在本节）

第二节　诉讼代理人

第六章　证据

第七章　期间、送达

第八章　调解

第九章　保全和先予执行

第十章　对妨害民事诉讼的强制措施

第十一章　诉讼费用

第二编　审判程序

第十二章　第一审普通程序

第一节　起诉和受理（起诉的积极条件和不予受理的消极情形均规定在本节）

第二节　审理前的准备

第三节　开庭审理

第四节　诉讼中止和终结

第五节　判决和裁定

第十三章　简易程序

第十四章　第二审程序（上诉的条件、二审案件的审理方式、审理范围、裁判方式的基础条文均在本章）

第十五章　特别程序

第一节　一般规定

第二节　选民资格案件

第三节　宣告失踪、宣告死亡案件

第四节　认定公民无民事行为能力、限制民事行为能力案件

第五节　认定财产无主案件

第六节　确认调解协议案件

第七节　实现担保物权案件

第十六章　审判监督程序（再审的适用对象、启动再审的三条路及其各自的法定事由、再审的审理程序和审理范围等均在本章）

第十七章　督促程序

第十八章　公示催告程序

第三编　执行程序

第十九章　一般规定（执行行为异议、执行标的异议、执行和解的基础条文都规定在本章）

第二十章　执行的申请和移送

第二十一章　执行措施

第二十二章　执行中止和终结

《民诉法解释》的结构解析

一、管辖（网购合同纠纷的地域管辖、产品质量侵权纠纷的地域管辖、农建房政专属管辖、管辖权转移的具体情形等）

二、回避

三、诉讼参加人（挂靠、职务行为、劳务关系、劳务派遣、无限人侵权、一般保证、连带保证、起诉时人数不确定的代表人诉讼等）

四、证据（谁主张谁举证、自认、免证事实、法院依职权取证的情形、当事人申请法院调取证据的情形、举证期限及逾期举证的法律后果、质证、证明标准、非法证据排除规则、补强规则、文书提出命令等）

五、期间和送达

六、调解

七、保全和先予执行

八、对妨害民事诉讼的强制措施

九、诉讼费用

十、第一审普通程序（立案登记、起诉条件的判断、反诉的条件、合并审理、庭前会议、重复起诉的构成要件等）

十一、简易程序

十二、简易程序中的小额诉讼

十三、公益诉讼

十四、第三人撤销之诉（三撤的起诉条件、管辖法院、处理方式、三撤与再审的关系、三撤与执行异议、案外人再审的关系）

十五、执行异议之诉（申请执行人执行异议之诉和案外人执行异议之诉各自的起诉条件、诉讼地位、处理方式等）

十六、第二审程序（上诉人和被上诉人的确定、二审的审理范围、可以不开庭审理的具体情形、特殊调解、二审中的撤回上诉和撤回起诉、裁判方式等）

十七、特别程序

十八、审判监督程序（当事人申请再审的情形细化、不予受理再审的情形、再审的审理范围、再审案件的裁判方式、再审中撤回起诉等）

十九、督促程序

二十、公示催告程序

二十一、执行程序（申请执行的条件、执行异议、执行和解、执行担保、追加和变更被执行人、各种执行措施、参与分配、执行转破产等）

《民事诉讼证据规定》的结构解析

一、当事人举证（免证事实、自认、当事人举证的具体要求）

二、证据的调查收集和保全（法院调查收集证据的具体规则、证据保全的相关规则、鉴定意见及相关规则、文书提出命令制度）

三、举证时限与证据交换（举证期限的具体规则和计算方式、证据交换的规则）

四、质证（质证的具体规则、证人出庭的规则、鉴定人出庭的规则）

五、证据的审核认定（证明标准、对单一证据的审核认定规则、补强规则、私文书证的真实性、电子数据的具体规则、证明力的审查判断等）

商法篇

别样的绿叶——综合大案例中商法的考查特点

在主观题卷，商法的存在方式比较奇特，在最后一题，它和行政法二选一，除此之外在综合大案例中也会设问，进行部分内容的考查。即便考生提前做好准备，坚定地选择行政法，也无法完全绕过商法。

在综合大案例中，民法、民事诉讼法是绝对的主角，商法是配角，民法、民事诉讼法是红花，商法是绿叶——设问数量最少，内容上也是被民法、民事诉讼法带出来，很少独立命题。

一、历年综合大案例中商法的考查情况

年份	问题数量	考查内容
2018 年	3	1. 破产程序开始后，有关债务人的诉讼集中管辖 2. 破产程序开始后，约定仲裁管辖的，依然通过仲裁解决纠纷，不适用集中管辖 3. 破产中出卖人的取回权
2019 年	4	1. 出票人记载“不得转让”的汇票，能否质押 2. 实质合并破产重整的启动 3. 实质合并破产重整对债权人的影响 4. 实质合并破产重整对诉讼程序的影响
2020 年	3	1. 法人人格否认 2. 破产中的取回权 3. 股权让与担保
2021 年	1	公司提供担保，无须出具决议的特殊情形
2022 年	2	1. 公司股东会会议的召开与公司担保的效力 2. 法人人格否认制度

二、民商大案例中商法的考查特点

在综合大案例中，商法的考查内容主要集中在和民法、民诉法紧密结合的部分，命题人通过公司这一民事法律关系的主体，将完整的事件铺展开来，将实体法、程序法融合为一体。

在民法的视角下，公司决议是民事法律关系的主体的意思表示；公司担保是担保制度的重要组成部分；法人人格否认制度是其法人部分的重要内容。

在民诉法的视角下，分红权之诉、知情权之诉、决议效力之诉、股东直接诉讼、代表诉讼、司法解散之诉，都可以纳入公司诉讼的范畴。破产法是一个概括统一的清偿程序，其作为特别程序对民诉法的管辖会产生一定的“扭曲立场”，既有民诉法的一般规则，也有自身特殊的

规则。

同时，商法内容也大量渗透着民法、民诉法的内容。如股权让与担保，其担保效力属于民法的内容，而其表面上却披着股权转让的外衣，还会形成名义股东的外观。法定代表人越权担保中，担保的效力是民法的内容，而相对人合理审查的范围、要点，则关系到公司法中股东会决议、董事会决议。“对赌协议”本质上是附条件的股权转让协议，但股权回购方是公司时，能否履行回购条款，涉及公司资本的充足、债权人的保护，于是有了自身特殊的规则。

公司中，所有的股东权利得以实现，都可能通过诉讼方式实现，民诉法会渗透到每一个诉讼中。民诉法中的公示催告程序，必须和票据的实体内容结合在一起；民诉法中的代表人诉讼，和证券法中众多投资者的权利结合，诞生了特殊的代表人诉讼制度。

而卷三最后商法的独立命题，往往对公司制度进行全面考查，从公司设立到公司运行，再到公司变更，以公司的解散与清算结尾。可见，在综合大案例中商法与商法独立命题的考查内容、方式大相径庭。

三、综合大案例中商法部分方法论

（一）重点关注与民法、民诉结合的部分

如《九民纪要》中关于法人人格否认制度中的细化规则；《九民纪要》中的“对赌协议”；《全国法院破产审判工作会议纪要》中关于实质合并破产的规定。这些内容与民法、民诉法的结合度很高，其在综合大案例中出现的概率要高于其在商法独立命题中出现。

（二）关注商法的特殊规则

在商事特别法中，存在一般规则之外的特殊规则，这些规则可能作为考查的要点。

如民法中债权人的撤销权：若债务人以不合理价格对其财产进行处分，只有在相对人恶意的情况下，债权人要求撤销才能够得到法院支持；而破产法中，管理人针对债务人欺诈破产行为的撤销，对于债务人在破产受理前1年内，以不合理价格进行处分的行为，并不要求相对人恶意。民法中债权人行使撤销权，以其债权金额为限，而破产法中债权人针对债务人欺诈破产的撤销，若管理人不行使的，债权人可以向法院主张撤销，且不受其债权金额的限制。

（三）大量练习，形成民法、民诉法与商法之间快速切换的能力

各种方法论要达到满意的效果，都要以大量练习为前提，否则只是空谈。考生须拿大量综合大案例进行练习，在三个学科之间进行穿梭、切换，将自己掌握的三个学科的知识点，通过题目检验、整合，最终转换为得分的能力。孤立地做民法、民诉法或商法题目，无法达到这种效果。

四、商法主观题中的法条使用

（一）法条只是参考

商法主观题的形式是简答题，不用抄法条，采点得分，要点到位，表述准确，清晰，就能得到满意的分数。

法条是辅助，是拐杖，而不是发动机。当你记忆不准确，可以用法条验证。当实在不会组织语言，可以用法条作为参考。但绝对不是每个问题都去参考法条，一字不差地抄上去。

大部分时候，公司法的问题，是靠你记住的、会用的基础知识解决、整理的。

另外，还有一部分商法题目，根本没有直接的法条依据，需要你的分析、整理、加工。

（二）公司法中的重要法条

第 1 组【法人人格否认】

《公司法》第 20 条第 3 款 +《九民纪要》对应内容

第 2 组【公司担保决策、越权担保】

《公司法》第 16 条 +《担保制度解释》对应内容

第 3 组【决议的效力】

《公司法》第 22 条 + 《公司法解释（四）》第 1 ~ 6 条

第 4 组【股权/股份回购】

《公司法》第 74 条 + 142 条

第 5 组【代表诉讼】

《公司法》第 151 条 +《公司法解释（四）》第 23 ~ 26 条 + 《九民纪要》对应部分

第 6 组【司法解散之诉】：《公司法》第 182 条 + 《公司法解释（二）》第 1 ~ 6 条

第 7 组【对赌协议】《九民纪要》中"关于'对赌协议'的效力及履行"

【公司法五个司法解释】

1.《公司法解释（一）》：忽略。

2.《公司法解释（二）》：第 1 ~ 6 条，司法解散之诉；

第 7 ~ 23 条：公司清算；

第 24 条：解散和清算的管辖。

3.《公司法解释（三）》：

第 1 ~ 5 条：发起人责任；

第 6 ~ 19 条：股东出资相关；

第 24 ~ 26 条：名义股东和实际股东。

4.《公司法解释（四）》：

第 1 ~ 6 条：决议效力；

第 7 ~ 12 条：股东的知情权；

第 13 ~ 15 条：分红权；

第 16 ~ 22 条：有限公司股权转让；

第 23 ~ 26 条：代表诉讼。

5.《公司法解释（五）》：

第 1 ~ 2 条：关联交易；

第 3 条：任意解除董事资格；

第 4 条：利润分配时间；

第 5 条：股东重大分歧案件注重调解。

（三）破产法中的重要法条

1. 破产原因：第 2 条

《破产法解释（一）》[1]：第 1 条第 2 款：以保证人有清偿能力为由异议，不成立；

《破产法解释（一）》：第 3 条：资不抵债的细化；

---

〔1〕《最高人民法院关于适用〈中华人民共和国企业破产法〉若干问题的规定（一）》［以下简称《破产法解释（一）》］。

《破产法解释（一）》：第4条：明显缺乏清偿能力的细化；

《破产法解释（一）》：第8条：破产案件诉讼费用，破产费用。债务人以申请人未预交诉讼费用为由异议的，不成立。

2. 破产管辖：第3条（债务人住所地）

《执行转破产指导意见》[1]：实行以中级人民法院管辖为原则、基层人民法院管辖为例外的管辖制度。

3. 破产申请：第7条（债权人、债务人、清算组申请条件各不相同）。

4. 受理的影响★★★：

（1）《破产法解释（二）》第16条：受理后的个别清偿无效。

（2）《破产法解释（二）》第17条：向管理人偿债债务或返还财产。

（3）《破产法解释（二）》第18条★★★：双方均未履行完毕的双务合同，继续或解除，管理人决定。

①【继续履行】属于《破产法》第69条规定的，有重大影响的财产处分行为；

《破产法》第26条：在第一次债权人会议前，管理人决定继续履行的，应当经法院许可；

《破产法解释（三）》[2]第15条：应当由管理人制定方案，提交债权人会议审议通过；执行前，提前十天报告债委会。

②若管理人决定解除，不属于“有重大影响的财产处分”；

第53条：若管理人决定解除，由此给对方造成的损失，是普通债权。

③第42条：继续履行，债务人所负担的义务列为共益债务。

（4）《破产法》第19条：受理前，已经采取的保全措施，应当解除；已经开始的执行程序，应当中止。

（5）《破产法》第20条：受理前，尚未终结的诉讼、仲裁，应当中止。

（6）《破产法》第21条：集中管辖。

《破产法解释（二）》第21条相关诉讼中止。

《九民纪要》【受理后有关债务人诉讼的处理】。

（7）《破产法解释（三）》第3条：受理后的滞纳金不予确认。

5. 管理人职责：《破产法》第25条。

注意：在第一次债权人会议前，管理人可以决定是否继续营业。

《破产法》第26条：管理人决定是否继续营业，在第一次债权人会议前，应当经法院许可。

6. 撤销权★★★

《破产法》第31条：五种针对欺诈破产的撤销；

《破产法解释（二）》[3]第12条：对于提前清偿未到期债务的，若该笔债务在受理前已经到期的，不撤销；

《破产法解释（二）》第13条：管理人未予以撤销的，债权人可依据民法“撤销权”请求

〔1〕《最高人民法院关于执行案件移送破产审查若干问题的指导意见》（以下简称《执行转破产指导意见》）。

〔2〕《最高人民法院关于适用〈中华人民共和国企业破产法〉若干问题的规定（三）》[以下简称《破产法解释（三）》]。

〔3〕《最高人民法院关于适用〈中华人民共和国企业破产法〉若干问题的规定（二）》[以下简称《破产法解释（二）》]。

法院予以撤销，且不受本身债权金额的影响。

第 32 条：个别清偿的撤销。

《破产法解释二》第 14 ~ 16 条：个别清偿撤销的例外。

7. 管理人对股东未到位出资的追回：《破产法》第 35 条。

注意，此时股东不再享有出资期限利益【与公司法股东出资的结合】。

8. 管理人对于董监高非正常收入的追回：《破产法》第 36 条。

《破产法解释（二）》第 24 条：何为非正常收入；追回后如何处理。

9. 取回权★★★：第 38 条。

《破产法解释（二）》第 26 条 ~ 32 条，第 40 条：重整中，取回权受限制，必须符合原合同约定。

10. 出卖人的取回权★★★：《破产法》第 39 条。

《破产法解释（二）》第 39 条：细化规定 ~ 出卖人只要在未到达前发出指令即可。

11. 抵销权：《破产法》第 40 条。

《破产法解释（二）》第 41 ~ 46 条。

12. 破产费用和共益债务

（1）破产费用：第 41 条。

《破产法解释（三）》第 1 条：受理前的强制清算费用。

（2）共益债务：第 42 条。

《破产法解释（三）》第 2 条：受理后为继续营业而借款。

（3）清偿顺序

13. 债权申报：《破产法》第 44 ~ 56 条。

《破产法》第 46 条：未到期的视为已到期，附利息的，停止计息；

《破产法》第 47 条：附条件、附期限、诉而未决的债权可申报；

《破产法》第 48 条：职工债权无须申报；

《破产法》第 51 条：连带债务人/保证人的债权申报；

《破产法解释（三）》第 4 条：保证人破产的；

《破产法解释（三）》第 5 条：债务人、保证人都破产的；

《破产法解释（三）》第 7 条：经生效法律文书确定的债权，管理人应当确认；

《破产法解释（三）》第 8 ~ 9 条：债权确认之诉。

14. 债权人会议

《破产法》第 61 条：债权人会议职权：选人、审议通过重大方案；

《破产法》第 64 条：债权人会议的表决规则——双 1/2；

《破产法》第 84 条：重整方案的表决规则：分组表决，1/2 + 2/3；

《破产法》第 97 条：和解协议的表决规则：1/2 + 2/3。

15. 重大影响的财产处分★★★：第 69 条。

《破产法解释（三）》第 15 条：管理人制定方案、债权人会议审议并通过方案，执行前提前十天报告债委会。

16. 重整

《破产法》第 70 条：重整的启动；

《破产法》第73条：重整中，债务人可自行管理财产；

《破产法》第75条：担保物权暂停行使。

17. 清偿顺序：《破产法》第113条。

18. 执行转破产

《执行转破产指导意见》

19. 关联企业破产

《全国法院破产审判工作会议纪要》

第二编　历年真题详解

2018 年民商法综合真题回忆版

【案情】

甲公司在H省A市获得土地使用权一宗，欲将其开发为旅游度假地产，与乙公司签订建设工程施工合同，约定如果出现纠纷协商解决，协商不成的，任何一方均可向H省B市仲裁委员会申请裁决。

由于甲公司在约定期限内未支付乙公司工程进度款8000万元，多次催促无果后，在第三人的协调下双方达成协议：协议之前的工程进度款8000万元加利息500万元算作甲公司向乙公司的借款，乙公司同意配合甲公司以正在建设的未完工程向银行抵押贷款2亿元，贷款获得后先支付乙公司8500万元欠款中的5000万元，剩余的1.5亿元贷款存入双方的共管账户。同时约定，甲公司的公章须由乙公司代管，甲公司需要公章时，须经乙公司同意。

之后，乙公司未与甲公司协商，自己草拟了一份补充协议，其中写明甲公司对乙公司的欠款总额，并将仲裁机构改为G省C市仲裁委，之后加盖了乙公司和甲公司的公章。在此后的建筑施工中，乙公司购买建筑材料时，为了充抵甲公司的借款，有时直接以甲公司的名义并加盖其公章与材料供应商签订合同。

为更有效地销售商品房，甲公司委托丙公司代为销售所建筑的房屋，乙公司同意。甲公司与丙公司签订了委托合同，加盖了甲公司的公章。此时，丙公司已经通过程序更换了法定代表人，但尚未变更工商登记，签订合同的法定代表人崔某是新更换的法定代表人（甲、乙两公司共同派律师进行查询，查明了崔某上述真实身份）。合同上仅有崔某签字，未盖丙公司公章。

签约后，崔某派人在楼盘所在地搭建了销售部，取得预售许可证后开始销售房屋。销售过程中，甲公司觉得丙公司销售不力，遂书面通知解除委托合同。丙公司不服，提起诉讼请求确认合同解除的效力。一审判决丙公司败诉，丙公司不服一审判决，提起上诉，上诉状变更了诉讼请求，请求判决合同无效，要求甲公司赔偿实际支出。

乙公司未经甲公司同意私自用其名义和公章与建筑材料供应商签订合同的问题，终被甲公司发现。甲公司遂提出进行对账，并提出应将乙公司以甲公司名义签订的合同算作甲公司对乙公司的还款，但双方因对账数额相差太大再次发生争议。于是，乙公司向G省C市仲裁委提起仲裁。甲公司提出管辖权异议，提出自己从未与乙公司签订过补充协议、变更过仲裁管辖，但承认公章是真实的。G省C市仲裁委认为协议有效，于是作出裁决，裁决甲公司尚欠乙公司500万元，双方继续履行合同。甲公司准备向法院起诉请求撤销该仲裁裁决。

继续施工中，甲公司存入共管账户的贷款很快用完，再次拖延支付乙公司工程进度款长达2个月。无奈，甲公司通过民间借贷的方式筹集资金，一方面与出借人签订借款合同，另一方面与其签订房屋买卖合同。在借贷合同中约定，如果甲公司不能按期偿还借款，就按照房屋买卖合同交付房屋。即便如此，甲公司筹集的资金仍然不足以支付工程进度款，乙公司遂停工表示抗辩。甲公司原计划迅速完工，可以快速筹集资金以支付欠款，但乙公司停工使得计划落空，于是，甲公司提出解除合同，另行与其他建筑企业签订施工合同。

以上纠纷使得甲公司资金状况出现严重危机，有的债权人要求甲公司按照合同约定偿还借款，有的提出交付房屋，有的到昌盛法院申请甲公司破产清算。昌盛法院裁定受理破产申请。丁公司是乙公司以甲公司名义签订建筑材料供应合同的供应商，本已发货，得到破产清算的消

息后，丁公司立刻让货运汽车返回；乙公司向管理人申报债权的时候，部分债权被管理人拒绝，乙公司无奈，准备先行诉请确认这些债权，但只想确认债权本金，利息另行确认。

【问题】

1. 甲公司与丙公司签订的委托合同是否有效？崔某在合同上签字的行为属于什么性质的行为？为什么？（5 分）

2. 甲公司是否有权解除与丙公司的委托合同？如果能够解除，是否有赔偿责任？赔偿范围是什么？为什么？（3 分）

3. 丙公司是否可以在上诉状中提出变更诉讼请求？为什么？（4 分）

4. 如果甲公司能够证明补充协议是乙公司私自起草并加盖公章，C 市仲裁委的仲裁效力如何？为什么？（4 分）

5. 甲公司欲申请法院撤销 C 市仲裁委的裁决，应向哪个法院提出？为什么？（2 分）

6. 在破产程序尚未开始时，若甲公司不能偿还民间借贷，出借人能否要求甲公司交付房屋？（3 分）

7. 能否将甲公司与民间借贷出借人的房屋买卖合同看成是物权担保？为什么？（4 分）

8. 甲公司是否有权解除与乙公司的建设工程施工合同？为什么？（3 分）

9. 乙公司对甲公司的工程房屋是否有优先权？为什么？优先权的范围是什么？（5 分）

10. 破产程序开始后，昌盛法院受理的与破产财产有关的案件，能否向其他法院移送管辖？为什么？（2 分）

11. 有仲裁协议的当事人一方破产时，双方有财产争议的，应由法院管辖还是仲裁机构管辖？（3 分）

12. 若乙公司将本金和利息分两次提起诉讼，是否属于重复起诉？（6 分）

13. 丁公司的做法是否有法律依据？（3 分）

【案情分析】

甲公司在H省A市获得土地使用权一宗，欲将其开发为旅游度假地产，与乙公司签订建设工程施工合同，约定如果出现纠纷协商解决，协商不成的，任何一方均可向H省B市仲裁委员会申请裁决。

甲与乙签订施工合同，约定仲裁条款

由于甲公司在约定期限内未支付乙公司工程进度款8000万元，多次催促无果后，在第三人的协调下双方达成协议：协议之前的工程进度款8000万元加利息500万元算作甲公司向乙公司的借款，乙公司同意配合甲公司以正在建设的未完工程向银行抵押贷款2亿元，贷款获得后先支付乙公司8500万元欠款中的5000万元，剩余的1.5亿元贷款存入双方的共管账户。同时约定，甲公司的公章须由乙公司代管，甲公司需要公章时，须经乙公司同意。

甲公司与乙公司约定将欠付工程款算作借款

甲公司将公章交乙公司保管

之后，乙公司未与甲公司协商，自己草拟了一份补充协议，其中写明甲公司对乙公司的欠款总额，并将仲裁机构改为G省C市仲裁委，之后加盖了乙公司和甲公司的公章。在此后的建筑施工中，乙公司购买建筑材料时，为了充抵甲公司的借款，有时直接以甲公司的名义并加盖其公章与材料供应商签订合同。

乙公司单方变更了仲裁机构

乙公司利用甲公司公章，与自己及其他供应商签订合同（无权代理）

为更有效地销售商品房，甲公司委托丙公司代为销售所建筑的房屋，乙公司同意。甲公司与丙公司签订了委托合同，加盖了甲公司的公章。此时，丙公司已经通过程序更换了法定代表人，但尚未变更工商登记，签订合同的法定代表人崔某是新更换的法定代表人（甲、乙两公司共同派律师进行查询，查明了崔某上述真实身份）。合同上仅有崔某签字，未盖丙公司公章。

崔某系丙公司法定代表人，但尚未办理工商登记

甲公司与丙公司签订委托合同，仅有丙公司法定代表人崔某签字

签约后，崔某派人在楼盘所在地搭建了销售部，取得预售许可证后开始销售房屋。销售过程中，甲公司觉得丙公司销售不力，遂书面通知解除委托合同。丙公司不服，提起诉讼请求确认合同解除的效力。一审判决丙公司败诉，丙公司不服一审判决，提起上诉，上诉状变更了诉讼请求，请求判决合同无效，要求甲公司赔偿实际支出。

甲公司单方通知丙公司解除委托合同，引发争议

丙公司欲在二审中变更诉讼请求

乙公司未经甲公司同意私自用其名义和公章与建筑材料供应商签订合同的问题，终被甲公司发现。甲公司遂提出进行对账，并提出应将乙公司以甲公司名义签订的合同算作甲公司对乙公司的还款，但双方因对账数额相差太大再次发生争议。于是，乙公司向G省C市仲裁委提起仲裁。甲公司提出管辖权异议，提出自己从未与乙公司签订过补充协议、变更过仲裁管辖，但承认公章是真实的。G省C市仲裁委认为协议有效，于是作出裁决，裁决甲公司尚欠乙公司500万元，双方继续履行合同。甲公司准备向法院起诉请求撤销该仲裁裁决。

乙公司与甲公司发生争议，乙公司向G省C市仲裁委员会申请仲裁，甲公司主张该仲裁协议无效

裁决作出后，甲公司准备请求法院撤销裁决

继续施工中，甲公司存入共管账户的贷款很快用完，再次拖延支付乙公司工程进度款长达2个月。无奈，甲公司通过民间借贷的方式筹集资金，一方面与出借人签订借款合同，另一方面与其签订房屋买卖合同。在借贷合同中约定，如果甲公司不能按期偿还借款，就按照

甲公司通过签订房屋买卖合同担保债权人的债权

房屋买卖合同交付房屋。即便如此，甲公司筹集的资金仍然不足以支付工程进度款，乙公司遂停工表示抗辩。甲公司原计划迅速完工，可以快速筹集资金以支付欠款，但乙公司停工使得计划落空，于是，甲公司提出解除合同，另行与其他建筑企业签订施工合同。

甲公司未支付到期工程款，乙公司停止施工，甲公司主张解除合同

以上纠纷使得甲公司资金状况出现严重危机，有的债权人要求甲公司按照合同约定偿还借款，有的提出交付房屋，有的到昌盛法院申请甲公司破产清算。昌盛法院裁定受理破产申请。丁公司是乙公司以甲公司名义签订建筑材料供应合同的供应商，本已发货，得到破产清算的消息后，丁公司立刻让货运汽车返回；乙公司向管理人申报债权的时候，部分债权被管理人拒绝，乙公司无奈，准备先行诉请确认这些债权，但只想确认债权本金，利息另行确认。

法院受理甲公司破产申请后，丁公司主张取回在途货物

乙公司申报债权被拒，预备将债权本金与利息分开起诉

【本案法律关系架构图】

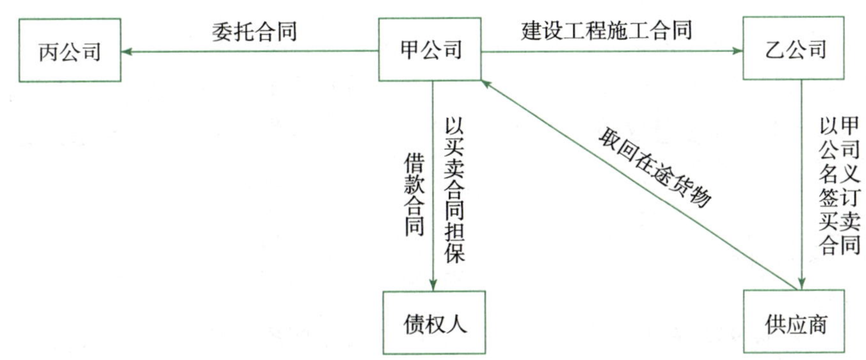

【采分点答案及题目解析】

1. 甲公司与丙公司签订的委托合同是否有效？崔某在合同上签字的行为属于什么性质的行为？为什么？(5分)

【采分点答案】

有效。(2分) 法定代表人的变更不以登记为生效要件，在董事会（股东会）决议生效时，崔某就成为了丙公司的法定代表人，其拥有代表权，崔某在合同上签字的行为属于有权代表，其行为应归属于被代表的丙公司承担。(2分) 此外，崔某未在合同上加盖公章的行为，不影响该合同的效力。(1分)

【考点】

法定代表人；代表行为

【题目解析】

(1)《民法典》第65条规定："法人的实际情况与登记的事项不一致的，不得对抗善意相对人。"据此，自丙公司选举崔某担任法定代表人的决议（股东会决议或者董事会决议）生效时，崔某取得法定代表人资格；未办理法定代表人变更登记的，不影响崔某取得丙公司法定代表人资格；未办理变更登记的，不得对抗善意相对人。因此，崔某以丙公司的名义与甲公司订立委托合同时，崔某享有代表权，属于有权代表行为。

(2)《民法典》第61条第2款规定："法定代表人以法人名义从事的民事活动，其法律后

果由法人承受。”据此，崔某作为丙公司的法定代表人，在代表权限范围内，以丙公司的名义与甲公司订立的委托合同，直接归属于丙公司承受（直接对丙公司生效）。

（3）《民法典》第490条第1款规定：“当事人采用合同书形式订立合同的，自当事人均签名、盖章或者按指印时合同成立。在签名、盖章或者按指印之前，当事人一方已经履行主要义务，对方接受时，该合同成立。”崔某与甲公司订立委托合同时，在委托合同上加盖丙公司公章只有唯一的法律意义，即表明崔某不是以个人名义而是以丙公司名义订立合同。根据题目交代，委托合同已经载明当事人为丙公司与甲公司，即使未加盖丙公司公章，也足以表明崔某系以丙公司的名义订立合同。崔某在合同书上签名的法律意义在于，表明该合同是丙公司的法定代表人实施有权代表订立的合同，其法律效果直接归属于丙公司承受。同时，根据《民法典》第490条第1款的规定，崔某在合同书上签名、按指印或者加盖私章，具有同等法律效力。

2. 甲公司是否有权解除与丙公司的委托合同？如果能够解除，是否有赔偿责任？赔偿范围是什么？为什么？（3分）

【采分点答案】

有权。（1分）甲公司与丙公司之间的合同系委托合同，委托人甲公司享有任意解除权，可以随时解除委托合同。甲公司行使任意解除权给丙公司造成损失的，应当承担损害赔偿责任。（1分）由于该委托合同系有偿合同，甲公司应赔偿丙公司因此遭受的直接损失和可以获得的利益。（1分）

【考点】

合同解除；委托合同

【题目解析】

（1）《民法典》第933条规定：“委托人或者受托人可以随时解除委托合同。因解除合同造成对方损失的，除不可归责于该当事人的事由外，无偿委托合同的解除方应当赔偿因解除时间不当造成的直接损失，有偿委托合同的解除方应当赔偿对方的直接损失和合同履行后可以获得的利益。”

（2）本题中，甲公司与丙公司之间系委托合同，委托人甲公司享有任意解除权，可以随时解除该委托合同，无须任何理由。

（3）行使任意解除权不需要理由，但是需要付出代价。本题中，甲公司行使任意解除权给丙公司造成损失的，需要承担损害赔偿责任。由于该委托合同系有偿合同，因此，甲公司需要赔偿丙公司因此遭受的直接损失以及合同履行后可以获得的利益。

3. 丙公司是否可以在上诉状中提出变更诉讼请求？为什么？（4分）

【采分点答案】

不可以，符合另诉条件的，法院应告知另行起诉。（2分）二审的审理范围不应超出一审的范围，如果允许当事人在二审中变更诉讼请求，将剥夺当事人对变更后请求的上诉权，损害当事人的审级利益。（2分）因此，法院不应允许变更。

【考点】

两审终审；变更诉讼请求

【题目解析】

本题考查变更诉讼请求的时间，既涉及相关的法律规定，又需要运用民事诉讼法的基本原理和基本理论，因此难度相对较大。考生切勿混淆以下两个概念：一是在二审中新增独立的诉讼请求；二是在二审中变更原先的诉讼请求。《民诉法解释》[1]第326条允许原审原告在二审中增加独立的诉讼请求，但并未允许在二审中变更原先的诉讼请求。依循民事诉讼的程序原理，二审的审理范围不应超出一审的范围，否则对于变更的部分，将损害当事人的上诉权和审级利益，背离二审程序的应有功能。

4. 如果甲公司能够证明补充协议是乙公司私自起草并加盖公章，C市仲裁委的仲裁效力如何？为什么？（4分）

【采分点答案】

甲公司可申请撤销该仲裁裁决。（1分）乙公司擅自使用甲公司的公章签订仲裁协议，其行为属于无权代理。且由于相对人正是乙公司自己，其不属于善意相对人，不能构成表见代理，且甲公司对该行为不予追认，因此仲裁协议无效。（2分）据此，仲裁协议无效，C市仲裁委员会无权审理该案件，甲公司可以以“没有仲裁协议”为由，申请法院撤销C市仲裁委的仲裁裁决。（1分）

【考点】

无权代理；仲裁协议；仲裁裁决的撤销

【题目解析】

（1）乙公司擅自以甲公司的名义签订补充协议，其行为系无权代理。但是，由于相对人正是乙公司自己，其并无善意与信赖利益可言，该行为无法构成表见代理。

（2）该行为属于狭义的无权代理，效力待定。由于甲公司并未追认该行为，因此该补充协议无效，其中的仲裁条款也随之无效。

（3）依据无效的仲裁条款作出的裁决，符合申请撤销仲裁裁决的法定情形。依据《仲裁法》的规定，当事人可以以没有仲裁协议为由，向法院申请撤销仲裁裁决。“没有仲裁协议”包括三种具体情形：一是当事人之间根本没有达成仲裁协议；二是仲裁协议被认定无效；三是仲裁协议被撤销。

5. 甲公司欲申请法院撤销C市仲裁委的裁决，应向哪个法院提出？为什么？（2分）

【采分点答案】

向C市中级人民法院提起。（1分）甲公司申请撤销仲裁裁决的，由仲裁委员会所在地的中级人民法院管辖，（1分）即C市仲裁委员会所在地的中级人民法院（C市中级人民法院）管辖。

【考点】

申请撤销仲裁裁决的管辖法院

【题目解析】

《仲裁法》第58条第1款规定：“当事人提出证据证明裁决有下列情形之一的，可以向仲裁委员会所在地的中级人民法院申请撤销裁决……”

---

[1] 《最高人民法院关于适用〈中华人民共和国民事诉讼法〉的解释》（以下简称《民诉法解释》）。

6. 在破产程序尚未开始时，若甲公司不能偿还民间借贷，出借人能否要求甲公司交付房屋？（3分）

【采分点答案】

不能。（1分）出借人与甲公司签订买卖合同担保借款合同的履行，其属于买卖型担保。（1分）该买卖合同发挥担保的功能而非买卖的功能，因此出借人不能要求履行买卖合同交付房屋，只能要求还本付息。（1分）

【考点】

买卖型担保

【题目解析】

（1）《民间借贷规定》第23条第1款规定："当事人以订立买卖合同作为民间借贷合同的担保，借款到期后借款人不能还款，出借人请求履行买卖合同的，人民法院应当按照民间借贷法律关系审理。当事人根据法庭审理情况变更诉讼请求的，人民法院应当准许。"

（2）本题中，出借人与甲公司在借款合同之外另行订立买卖合同，从而对借款合同进行担保，其属于买卖型担保。在买卖型担保中，买卖合同虽然有效但是并不发挥买卖的效力，而是发挥担保的效力。因此，在债务人甲公司不能履行到期债务时，出借人只能要求还本付息，而不能要求履行买卖合同。

7. 能否将甲公司与民间借贷出借人的房屋买卖合同看成是物权担保？为什么？（4分）

【采分点答案】

不能。（2分）在买卖型担保中，出借人在债务人不能还本付息时，虽然有权主张将买卖合同项下的标的物进行拍卖、变卖，但是对拍卖、变卖所得价款不享有优先受偿权。（2分）因此，不能将其视为物保。

【考点】

买卖型担保

【题目解析】

（1）所谓"物保"指的就是拥有优先受偿权的担保，所谓的"债权型担保"指的就是没有优先受偿权的担保。因此，本题实质上就是在问对于房屋，出借人是否享有优先受偿权。

（2）《民间借贷规定》第23条第2款规定："按照民间借贷法律关系审理作出的判决生效后，借款人不履行生效判决确定的金钱债务，出借人可以申请拍卖买卖合同标的物，以偿还债务。就拍卖所得的价款与应偿还借款本息之间的差额，借款人或者出借人有权主张返还或者补偿。"

（3）本题中，该买卖合同属于买卖型担保。在债务人甲公司不能还本付息时，债权人有权申请就该买卖合同项下的房屋进行拍卖、变卖，但是对价款不享有优先受偿权。因此，其无法被认定为物保，只具有债权的担保效力。

（4）题外话：本题中如果在买卖合同签订后，为出借人办理了过户登记，则该担保将被认定为让与担保。此时，就可以产生优先受偿的效力。因此，让与担保可以被认定为物保。

8. 甲公司是否有权解除与乙公司的建设工程施工合同？为什么？（3分）

【采分点答案】

无权。（1分）本题中，甲公司欠付乙公司到期工程款未付，乙公司享有同时履行抗辩权。

（1分）因此，乙公司停工的行为系行使抗辩权，其不构成违约，（1分）甲公司不得基于此主张解除合同。

【考点】

建设工程施工合同；同时履行抗辩权；法定解除权

【题目解析】

（1）《民法典》第525条规定："当事人互负债务，没有先后履行顺序的，应当同时履行。一方在对方履行之前有权拒绝其履行请求。一方在对方履行债务不符合约定时，有权拒绝其相应的履行请求。"本题中，在甲公司与乙公司的建设工程施工合同中，甲公司对乙公司支付到期工程款的义务与乙公司按照约定施工的义务属于双务合同的对待给付义务，若甲公司不对乙公司履行支付到期工程款的义务，乙公司即享有同时履行抗辩权。若乙公司基于同时履行抗辩权不履行到期的施工义务（即停工），则不属于迟延履行，不属于违约行为，此为同时履行抗辩权所具有的存在效力的一个方面。

（2）《民法典》第803条规定："发包人未按照约定的时间和要求提供原材料、设备、场地、资金、技术资料的，承包人可以顺延工程日期，并有权请求赔偿停工、窝工等损失。"《民法典》第804条规定："因发包人的原因致使工程中途停建、缓建的，发包人应当采取措施弥补或者减少损失，赔偿承包人因此造成的停工、窝工、倒运、机械设备调迁、材料和构件积压等损失和实际费用。"这两个条文，其内容也包含"发包人甲公司不支付到期工程款时，施工人乙公司享有同时履行抗辩权"的内容。据此，若甲公司不对乙公司履行支付到期工程款的义务时，乙公司有权行使同时履行抗辩权，暂停施工，并有权主张相应顺延工程日期。

（3）综上，在甲公司不对乙公司履行支付到期工程价款义务时，乙公司有权暂停履行施工的合同义务，不属于迟延履行，不构成违约，根据《民法典》第563条第1款的规定，甲公司不享有法定解除权。

9. 乙公司对甲公司的工程房屋是否有优先权？为什么？优先权的范围是什么？（5分）

【采分点答案】

享有。（1分）在建设工程施工合同中，发包人甲公司未支付到期工程款，承包人乙公司对建设工程享有优先受偿权。（1分）甲公司虽然进入破产程序，但乙公司享有的建设工程优先受偿权成为破产程序中的别除权，其依然可以主张优先受偿。（1分）乙公司有权对工程款的本金主张优先受偿，（1分）但是对因甲公司迟延履行给乙公司造成的迟延利息、违约金、损害赔偿金等不享有优先受偿权。（1分）

【考点】

承包人工程价款优先受偿权

【题目解析】

（1）《民法典》第807条规定："发包人未按照约定支付价款的，承包人可以催告发包人在合理期限内支付价款。发包人逾期不支付的，除根据建设工程的性质不宜折价、拍卖外，承包人可以与发包人协议将该工程折价，也可以请求人民法院将该工程依法拍卖。建设工程的价款就该工程折价或者拍卖的价款优先受偿。"据此，甲公司不对乙公司履行支付到期工程价款的义务，经催告后经过合理期限仍不履行，且在建工程（旅游度假地产）适宜折价、拍卖，根据《民法典》第807条的规定，乙公司对在建工程享有优先受偿权。

（2）《建设工程施工合同解释（一）》[1]第36条规定："承包人根据民法典第八百零七条规定享有的建设工程价款优先受偿权优于抵押权和其他债权。"据此，在效力上，乙公司对在建工程的优先受偿权，优先于在建工程的抵押权，虽然甲公司已经被宣告破产，但乙公司可基于优先受偿权对在建工程主张别除权，即该优先受偿权之行使不因债务人甲公司破产而受影响。

（3）《建设工程施工合同解释（一）》第40条第1款规定："承包人建设工程价款优先受偿的范围依照国务院有关行政主管部门关于建设工程价款范围的规定确定。"《建设工程施工合同解释（一）》第40条第2款规定："承包人就逾期支付建设工程价款的利息、违约金、损害赔偿金等主张优先受偿的，人民法院不予支持。"据此，乙公司行使对在建工程优先受偿权的范围限于乙公司对甲公司享有的到期工程价款请求权（换言之，是该优先受偿权担保的债权范围），不包括因甲公司逾期支付工程价款给乙公司造成的损失（迟延利息、违约金、损害赔偿金等）。

10. 破产程序开始后，昌盛法院受理的与破产财产有关的案件，能否向其他法院移送管辖？为什么？（2分）

【采分点答案】

不能。（1分）昌盛法院受理甲公司的破产案件后，有关甲公司的民事诉讼，只能向受理破产申请的昌盛法院提起。（1分）因此，昌盛法院不得移送管辖。

【考点】

破产申请；集中管辖

【题目解析】

《破产法》第21条规定："人民法院受理破产申请后，有关债务人的民事诉讼，只能向受理破产申请的人民法院提起。"

11. 有仲裁协议的当事人一方破产时，双方有财产争议的，应由法院管辖还是仲裁机构管辖？（3分）

【采分点答案】

仲裁机构管辖。（1分）当事人之间在受理破产申请前订立的仲裁协议，效力不受影响。（1分）因此，与债务人相关的民事权利义务争议，如果当事人双方就解决争议约定有明确且有效的仲裁协议，则应当按照约定通过仲裁的方式予以解决。（1分）

【考点】

破产申请；仲裁协议

【题目解析】

本题结合破产法及其司法解释，考查仲裁与诉讼的关系，需要考生结合民事诉讼与仲裁各自的程序运行原理，来进行分析讨论。本题的关键在于法院受理破产申请后，是否会对债务人原先达成的仲裁协议的效力产生影响。《破产法解释（三）》第8条规定："……当事人之间在破产申请受理前订立有仲裁条款或仲裁协议的，应当向选定的仲裁机构申请确认债权债务关系。"考生也可以运用仲裁协议独立性的原理进行解析——仲裁协议订立后，一方当事人出现破产等特殊情况，不会影响之前订立的仲裁协议的效力。

---

[1]《最高人民法院关于审理建设工程施工合同纠纷案件适用法律问题的解释（一）》[以下简称《建设工程施工合同解释（一）》]。

12. 若乙公司将本金和利息分两次提起诉讼，是否属于重复起诉？（6 分）

【采分点答案】

（1）法律规范层面的分析：本案中，前诉与后诉的当事人和诉讼标的两个要素是相同的，但前诉的诉讼请求与后诉的诉讼请求不同。（1 分）后诉的诉讼请求是否实质上否定了前诉的裁判结果，则需要分类讨论：如果法院支持了前诉关于本金的请求，则后诉关于利息的请求不构成重复起诉；但如果法院判决驳回了前诉的请求，则后诉可能构成重复起诉。（3 分）

（2）程序价值和基本原理层面的分析：从节约司法资源、依法诚信行使权利的角度来看，如果没有其他特殊原因，当事人应当将请求一次性主张，如果人为故意拆分诉讼请求，将原本可以一并主张的本金和利息拆分为两个诉讼，不仅会浪费司法资源，也是对诉讼权利的滥用。（2 分）

【题目解析】

本题考查重复起诉的判断，涉及对“一事不再理”的具体认识和分析。本题需要从法律规范和制度原理两个层面分别进行分析论证。

13. 丁公司的做法是否有法律依据？（3 分）

【采分点答案】

有依据。（1 分）本题中，丁公司将货物交由承运人运输，在货物运至买受人前，买受人破产，此时丁公司可以行使出卖人取回权，取回该批货物。（1 分）但是，管理人可以支付全部价款，请求出卖人交付标的物。（1 分）

【考点】

取回权

【题目解析】

《破产法》第 39 条规定：“人民法院受理破产申请时，出卖人已将买卖标的物向作为买受人的债务人发运，债务人尚未收到且未付清全部价款的，出卖人可以取回在运途中的标的物。但是，管理人可以支付全部价款，请求出卖人交付标的物。”

2018 年商法真题回忆版

【案情】

林强、刘珂和孙森是木道公司的股东。林强担任公司法定代表人，与刘珂是恋人关系。

2015 年 4 月 2 日，木道公司与林强、刘珂、郝宏、季翔设立遥想公司，签订了《投资人协议》，签署了《遥想公司章程》，规定遥想公司的注册资本是5000 万元。其中，木道公司认缴 2000 万元，林强认缴 1000 万元，刘珂认缴 500 万元，郝宏认缴 1000 万元，季翔认缴 500 万元。

《遥想公司章程》还规定，木道公司和郝宏的出资应在公司设立时一次性缴足，林强、刘珂、季翔认缴的出资在公司设立后 3 年内缴足。同一天，郝宏与孙森签订了《委托持股协议》，约定：郝宏在遥想公司认缴的出资由孙森实际缴纳，股权实际为孙森所有，孙森与郝宏之间系委托代持股关系。孙森与郝宏将《委托持股协议》进行了公证。

遥想公司成立并领取了企业法人营业执照，营业执照上注明：公司注册资本 5000 万元，实缴 3000 万元，认缴 2000 万元。刘珂是遥想公司的法定代表人。木道公司和孙森均按章程的规定以向公司账户汇款的方式足额缴纳了出资。汇款单用途栏内写明“认缴股权投资款”。

2016 年 12 月，林强分两次从其银行卡向刘珂银行卡分别汇款 100 万元、80 万元，到款当日，刘珂将这两笔款项均汇入遥想公司账户，汇款单的汇款用途栏内写明“投资款”。刘珂认缴的出资，尚有 320 万元未缴足。

2016 年 12 月，季翔向遥想公司账户汇款 100 万元，尚有 400 万元未实际缴足。

2017 年 1 月，季翔拟转让股权，其他股东不主张购买。季翔最终将股权转让给皓轩公司，并办理了股权变更登记。

2017 年 3 月，林强与刘珂关系破裂，在刘珂的操作下，遥想公司会计麦芜与木道公司签订了《股权转让协议》，将木道公司对遥想公司的股权转让给麦芜，该《股权转让协议》上加盖有木道公司公章，法定代表人签字一栏林强的签字则是刘珂伪造的。遥想公司持该《股权转让协议》到公司登记机关办理了股权变更登记，麦芜未实际向木道公司支付股权转让款。

2017 年 4 月，麦芜与彩虹钢铁公司签订《股权转让协议》，麦芜将其名下的遥想公司股权转让给彩虹钢铁公司，彩虹钢铁公司向麦芜支付股权转让款 3000 万元，遥想公司为彩虹钢铁公司办理了股权过户变更登记。

2017 年 8 月，郝宏因拖欠小额贷款公司借款，被法院判决应偿还借款本金 300 万元及相应的利息和罚息。小额贷款公司申请法院强制执行，法院查封了郝宏在遥想公司的股权，对此，孙森提出案外人异议。

2017 年 9 月，遥想公司因不能偿还银行到期借款 3000 万元本金及利息，被银行起诉到法院。在该案一审审理期间，银行以林强认缴的出资未足额缴纳为由，追加林强为被告，请求林强对银行债务承担连带清偿责任。

【问题】

1. 如果林强以刘珂用于出资的 180 万元是他所汇为由，主张确认刘珂名下的股权实际为林强所有，该主张是否成立？为什么？（6 分）

2. 季翔向皓轩公司转让股权时，其认缴的出资尚有400万元未缴纳，如认缴期限届满，遥想公司是否可以向皓轩公司催缴？为什么？（5分）

3. 木道公司与麦芜签订了《股权转让协议》，并将股权过户到麦芜名下，据此是否可以认定麦芜已取得遥想公司的股权？为什么？（4分）

4. 根据题中所述事实，是否可以认定彩虹钢铁公司已取得遥想公司的股权？为什么？（4分）

5. 孙淼的案外人执行异议是否成立？为什么？（5分）

6. 在银行诉遥想公司和林强的清偿贷款纠纷案件中，林强是否应当对公司债务承担连带责任？为什么？（4分）

【案情分析】

林强、刘珂和孙淼是木道公司的股东。林强担任公司法定代表人，与刘珂是恋人关系。

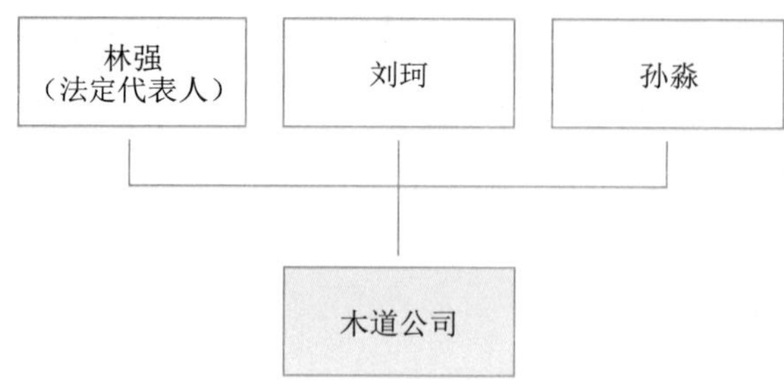

木道公司的股权结构

2015 年 4 月 2 日，木道公司与林强、刘珂、郝宏、季翔设立遥想公司，签订了《投资人协议》，签署了《遥想公司章程》，规定遥想公司的注册资本是 5000 万元。其中，木道公司认缴 2000 万元，林强认缴 1000 万元，刘珂认缴 500 万元，郝宏认缴 1000 万元，季翔认缴 500 万元。

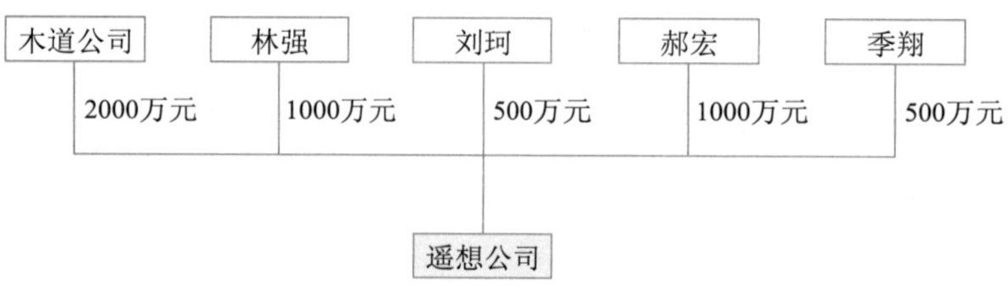

遥想公司的股权结构

《遥想公司章程》还规定，木道公司和郝宏的出资应在公司设立时一次性缴足，林强、刘珂、季翔认缴的出资在公司设立后 3 年内缴足。同一天，郝宏与孙淼签订了《委托持股协议》，约定：郝宏在遥想公司认缴的出资由孙淼实际缴纳，股权实际为孙淼所有，孙淼与郝宏之间系委托代持股关系。孙淼与郝宏将《委托持股协议》进行了公证。

各股东的出资方式：认缴 + 实缴

郝宏和孙淼之间系代持关系

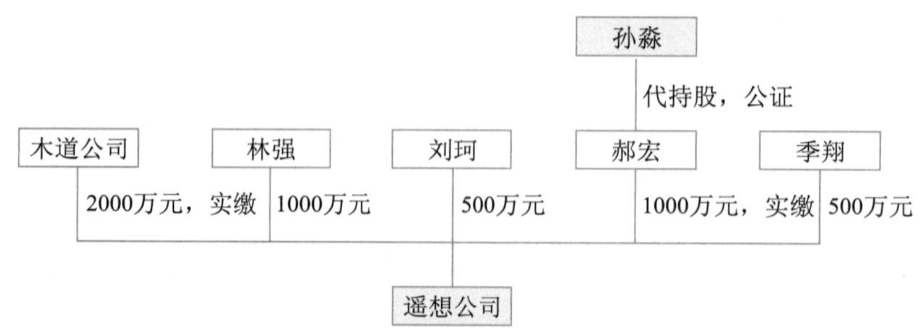

遥想公司成立并领取了企业法人营业执照，营业执照上注明：公司注册资本 5000 万元，实缴 3000 万元，认缴 2000 万元。

刘珂是遥想公司的法定代表人。木道公司和孙淼均按章程的规定以向公司账户汇款的方式足额缴纳了出资。汇款单用途栏内写明“认缴股权投资款”。

2016年12月，林强分两次从其银行卡向刘珂银行卡分别汇款100万元、80万元，到款当日，刘珂将这两笔款项均汇入遥想公司账户，汇款单的汇款用途栏内写明“投资款”。刘珂认缴的出资，尚有320万元未缴足。

刘珂的出资款中，含有自林强处借得的资金。题目没有给出更多的信息，不能证明两人之间存在代持的合意

2016年12月，季翔向遥想公司账户汇款100万元，尚有400万元未实际缴足。

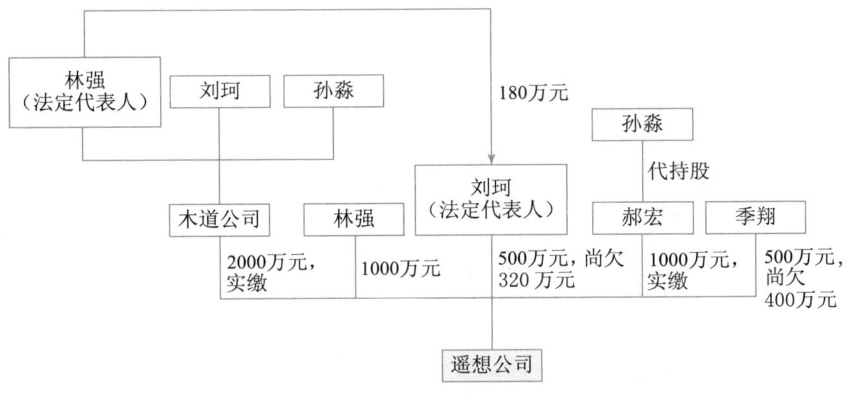

2017年1月，季翔拟转让股权，其他股东不主张购买。季翔最终将股权转让给皓轩公司，并办理了股权变更登记。

季翔“对外”转让股权，其他股东放弃优先购买权
注意股权转让的时间，在季翔认缴出资期限到来之前

2017年3月，林强与刘珂关系破裂，在刘珂的操作下，遥想公司会计麦芜与木道公司签订了《股权转让协议》，将木道公司对遥想公司的股权转让给麦芜，该《股权转让协议》上加盖有木道公司公章，法定代表人签字一栏林强的签字则是刘珂伪造的。遥想公司持该《股权转让协议》到公司登记机关办理了股权变更登记，麦芜未实际向木道公司支付股权转让款。

木道公司股权转让给麦芜，由刘珂一手操作。刘珂系冒名转让股权

2017年4月，麦芜与彩虹钢铁公司签订《股权转让协议》，麦芜将其名下的遥想公司股权转让给彩虹钢铁公司，彩虹钢铁公司向麦芜支付股权转让款3000万元，遥想公司为彩虹钢铁公司办理了股权过户变更登记。

麦芜将股权转让给彩虹钢铁公司，麦芜系无权处分

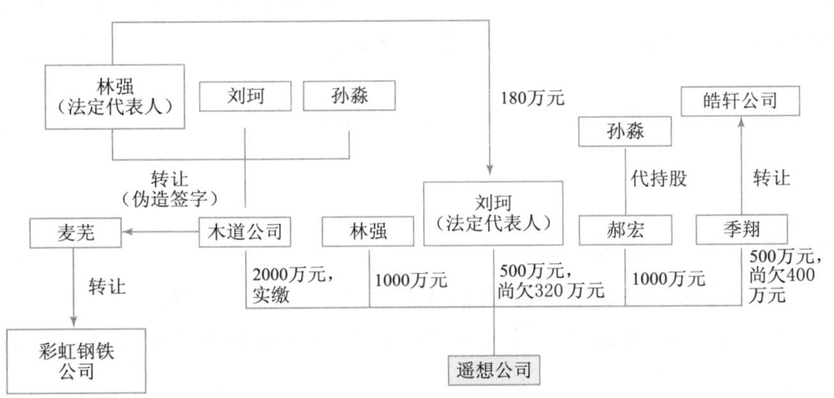

2017 年 8 月，郝宏因拖欠小额贷款公司借款，被法院判决应偿还借款本金 300 万元及相应的利息和罚息。小额贷款公司申请法院强制执行，法院查封了郝宏在遥想公司的股权，对此，孙淼提出案外人异议。

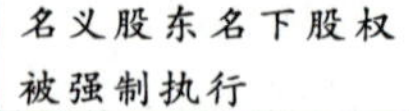

2017 年 9 月，遥想公司因不能偿还银行到期借款 3000 万元本金及利息，被银行起诉到法院。在该案一审审理期间，银行以林强认缴的出资未足额缴纳为由，追加林强为被告，请求林强对银行债务承担连带清偿责任。

遥想公司不能清偿债务，林强作为公司股东，认缴出资期限尚未届满

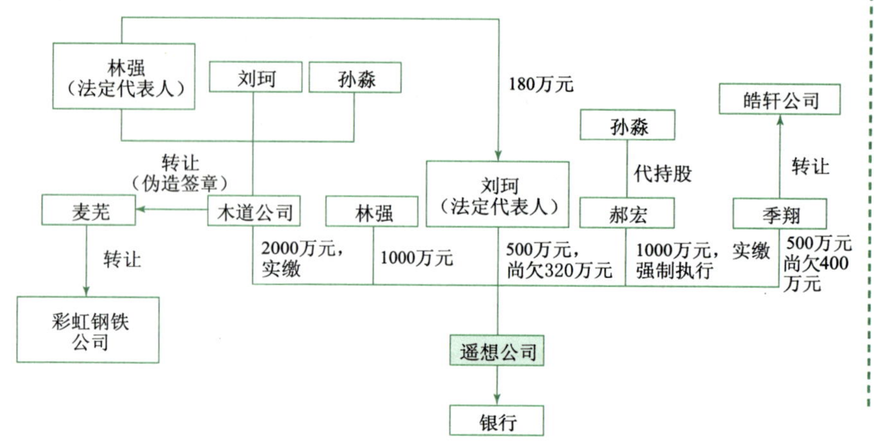

【采分点答案及题目解析】

1. 如果林强以刘珂用于出资的 180 万元是他所汇为由，主张确认刘珂名下的股权实际为林强所有，该主张是否成立？为什么？

【采分点答案】

（1）不成立。（2 分）

（2）虽然从公司出资来源上看，是林强将 180 万元转入刘珂的账户，作为刘珂向遥想公司的出资，但两者之间并未形成股权代持的合意，林强不能以此为由主张股东身份。（4 分）

【考点】

代持股

【陷阱提示】

此处考生容易误认为是“代持股关系”。本题中没有证据显示，林强和刘珂之间就代持股达成合意。不能仅因林强向刘珂转账就推定两人之间存在代持的合意。

2. 季翔向皓轩公司转让股权时，其认缴的出资尚有 400 万元未缴纳，如认缴期限届满，遥想公司是否可以向皓轩公司催缴？为什么？

【采分点答案】

（1）遥想公司可以向皓轩公司催缴。（2 分）

（2）季翔将股权转让给皓轩公司时，其出资期限尚未届满。皓轩公司受让股权后，继受了该股权对应的权利和后续出资义务。故认缴出资期限届满后，皓轩公司是遥想公司股东，遥想公司当然可以向其催缴。（3 分）

【考点】

股东出资期限利益；瑕疵股权转让

【题目解析】

（1）季翔转让股权时，其出资期限尚未届满，享有出资期限利益，并无出资义务。其转让股权，也不会导致出资义务加速到期。股权转让后，其不再负担出资义务，出资期限届满后，遥想公司也不能向其催缴。

（2）皓轩公司受让股权后，成为股东，概括的继受了股权所对应的权利和义务，其中的义务包括期限届满后的出资义务。

【陷阱提示】

本题不适用《公司法解释（三）》第18条关于“瑕疵股权转让”的规则

《公司法解释（三）》第18条规定：“有限责任公司的股东未履行或者未全面履行出资义务即转让股权，受让人对此知道或者应当知道，公司请求该股东履行出资义务、受让人对此承担连带责任的，人民法院应予支持；公司债权人依照本规定第十三条第二款向该股东提起诉讼，同时请求前述受让人对此承担连带责任的，人民法院应予支持。受让人根据前款规定承担责任后，向该未履行或者未全面履行出资义务的股东追偿的，人民法院应予支持。但是，当事人另有约定的除外。”

该法条的适用前提是出资期限届满，股东未履行或者未全面履行出资义务，此时标的股权被称为“瑕疵股权”。此时，转让方的出资责任已经产生，不能因转让而免责，故公司可以向其催缴。而受让人对此“知道或者应当知道”，则应当承担连带责任。

而本题中，季翔所转让的并非“瑕疵股权”。

3. 木道公司与麦芜签订了《股权转让协议》，并将股权过户到麦芜名下，据此是否可以认定麦芜已取得遥想公司的股权？为什么？

【采分点答案】

（1）不能认定麦芜已经取得遥想公司股权。（1分）

（2）本题中，刘珂伪造木道公司法定代表人签字，将木道公司名下股权转让给麦芜的行为，构成“冒名行为”。冒名行为，我国民法未作规定，按照通说观点，若相对人注重“被冒名者”的身份，则“类推适用无权代理规则”：（1分）

①若被冒名者追认，冒名行为在被冒名者和相对人间自始有效；

②若被冒名者拒绝追认，则冒名行为对被冒名者不发生效力。（2分）

从本题表述看，木道公司未对刘珂伪造签章转让其股权的行为予以追认，故不应发生股权转让的效力，故麦芜不能取得股权。

【陷阱提示】

（1）本题不能用“无权处分——善意取得”的思路去分析，因为构成无权处分的前提是无权处分人对标的有合法占有的外观，如共有人未经其他共有人同意，处分共有物；将借来的动产出售等。而股权需要进行登记，木道公司的股权登记在木道公司名下，未登记在刘珂名下，故不属于无权处分。

（2）本题中，刘珂的行为也不属于无权代理。代理、无权代理中均有三方结构：被代理人、代理人和相对人。而冒名行为中，只有两方结构：冒名行为人、相对人，始终没有被冒名者的参与。

4. 根据题中所述事实，是否可以认定彩虹钢铁公司已取得遥想公司股权？为什么？

【采分点答案】

（1）彩虹钢铁公司已经取得遥想公司股权。（1分）

（2）麦芜未取得木道公司所持有的遥想公司股权，其转让该部分股权的行为系无权处分。（1分）从麦芜向彩虹钢铁公司转让股权的情形来看，彩虹钢铁公司符合善意取得的条件：①彩虹钢铁公司基于公司登记信息，有理由相信麦芜有权处分该部分股权，是善意的；②对价合理；③办理了股权变更登记。（2分）

【陷阱提示】

这一问与上一问联系密切，基于上一问的结论，标的股权虽登记在麦芜名下，但其未取得标的股权。故麦芜将股权转让，系无权处分。彩虹钢铁公司能否取得股权取决于是否符合善意取得的条件。与上一问分析路径不同。

5. 孙淼的案外人执行异议是否成立？为什么？

【采分点答案】

【观点一】

孙淼的案外人执行异议不成立。（1分）

（1）孙淼与郝宏之间是代持股关系，在公司登记文件中，郝宏被登记为股东，具有公示公信效力。

小额贷款公司作为郝宏的债权人，基于对登记信息有信赖利益，故其申请对郝宏名下的股权进行强制执行应该得到支持。（2分）

（2）虽然根据孙淼与郝宏之间的《委托持股协议》孙淼享有相应的权益，但这是两人之间的内部关系，不得对抗善意的第三人。（2分）

【观点二】

孙淼的案外人执行异议成立。（1分）

孙淼与郝宏之间是代持股关系，孙淼是实际股东，郝宏是名义股东，两者之间的《委托持股协议》经过公证。（2分）

故孙淼对郝宏名下的股权具有合法权利，标的股权被强制执行时，孙淼作为真正的权利主体，提出案外人执行异议成立。（2分）

【陷阱提示】

此处不能用【适用商事外观主义】——【保护外部相对人】——【实际股东案外人异议不成立】的逻辑去分析。

《九民纪要》中提到“外观主义系民商法上的学理概括，并非现行法律规定的原则，现行法律只是规定了体现外观主义的具体规则，如原《物权法》第106条规定的善意取得，原《合同法》第49条、原《民法总则》第172条规定的表见代理，原《合同法》第50条规定的越权代表，审判实务中应当依据有关具体法律规则进行判断，类推适用亦应当以法律规则设定的情形、条件为基础。从现行法律规则看，**外观主义是为保护交易安全设置的例外规定，一般适用于因合理信赖权利外观或意思表示外观的交易行为。实际权利人与名义权利人的关系，应注重财产的实质归属，而不单纯地取决于公示外观**。总之，审判实务中要准确把握外观主义的适用边界，避免泛化和滥用”。

《公司法解释（三）》第25条虽然规定了名义股东对外转让股权参照适用善意取得制度，肯定了名义股东对善意第三人股权转让的效力。其目的在于保护善意受让人和交易安全。

但此案中小额贷款公司仅为名义股东的一般债权人，而非股权的受让方。小额贷款公司与郝宏之间系借贷关系，而非股权转让或质押关系。其与郝宏建立债权债务关系时，并非基于郝宏的股东身份，而是郝宏的个人信用。故小额贷款公司并未对郝宏是否具有股东身份这一外观产生信赖利益。

因此在其申请强制执行名义股东郝宏所代持的股权时，实际出资人孙淼可依据已经公证的代持协议，提出案外人执行异议，能够得到法院支持。

6. 在银行诉遥想公司和林强的清偿贷款纠纷案件中，林强是否应当对公司债务承担连带责任？为什么？

【采分点答案】

（1）不需要。（1分）

（2）本题中，林强的出资期限尚未届满，故无须对公司债务承担责任。（3分）

【考点】

股东的对外补充赔偿责任

【题目解析】

《公司法解释（三）》第13条第2款规定：“公司债权人请求未履行或者未全面履行出资义务的股东在未出资本息范围内对公司债务不能清偿的部分承担补充赔偿责任的，人民法院应予支持；未履行或者未全面履行出资义务的股东已经承担上述责任，其他债权人提出相同请求的，人民法院不予支持。”该条适用的前提为认缴资本制度下，公司章程规定的出资期限已届满，股东仍未出资或未完全出资。

若股东出资期限尚未届满，股东无须对外承担补充赔偿责任。

【陷阱提示】

即便林强出资期限届满，其应当承担责任，其责任形式为“补充责任”，也并非连带责任。

2019 年民商法综合真题回忆版

【案情】

甲公司向乙公司借款8000万元，借款期限未到，双方签订“以物抵债”协议，约定将甲公司的办公楼过户给乙公司，以抵偿8000万元债务，但尚未办理过户登记。甲公司的债权人丙公司认为，办公楼的市场价值为1.2亿元，该抵债价格过低，遂向法院提起诉讼，要求撤销该协议。乙公司认为，甲公司还有大量财产可以偿还丙公司债务，丙公司主张撤销的理由并不成立。

其后，甲公司又向丁公司借款，此时甲公司财产已经全部抵押或者出质。无奈，甲公司股东A在未与妻子商量的情况下，向丁公司作了保证。丁公司认为，这种保证尚无法保障甲公司履行义务，甲公司于是又将一张以自己为收款人的汇票出质，并在票据上背书“出质”后，交付给丁公司。但出票人在该汇票上记载有“不得转让”的字样。

为获得更多融资，甲公司又与戊公司签订生产车间租赁合同。在与戊公司签订租赁合同时，因某个车间尚有原材料、半成品没有清点，戊公司便使用了这些原材料和半成品。甲公司的债权人罗马轮胎公司认为，虽然甲公司不能偿还到期债务，但因上述与戊公司的租赁合同履行中财产没有清点清楚，造成财产混同，遂在向法院要求甲公司偿还债务的同时，主张甲公司与戊公司“人格混同”要求戊公司承担连带清偿责任。在案件审理过程中，法院根据罗马轮胎公司的请求对甲公司相关的财产采取了诉讼保全措施。

另外，甲公司在与己公司的一份轮胎买卖合同中，己公司已经支付货款，但甲公司一直没有交付轮胎。对此，己公司向法院起诉要求甲公司履行合同交付轮胎。胜诉判决生效后，己公司认为，甲公司交付的轮胎质量已经大不如从前，于是又向法院提出解除合同，返还货款并赔偿损失的诉讼。

此外，为了资金周转，甲公司利用其控股地位，向其全资子公司多次无偿调取资金，各个子公司之间如果资金短缺，甲公司就在所有全资子公司之间统一调度资金使用，且关联公司之间账目不清。甲公司的某全资子公司的两个债权人庚公司、辛公司，因到期债权不能获得清偿，向法院申请对甲公司及其所有全资子公司进行合并重整。

【问题】

1.“以物抵债”协议的效力如何？(7 分)

2. 在丙公司提起的撤销“以物抵债”协议的诉讼中，当事人的诉讼地位如何确定？(2 分)

3. 债务人有大量财产可以清偿债务是否构成对于撤销权行使的障碍？为什么？(5 分)

4. 甲公司股东A在未与妻子商量的情况下，负担保证债务，该债务是否属于夫妻共同债务？为什么？（5分）

5. 因票据中做了“不得转让”的记载，甲公司对丁公司的出质是否有效？为什么？（5分）

6. 罗马轮胎公司认为甲公司与戊公司之间在租赁合同履行过程中，有财产交接不清的行为，构成“人格混同”从而承担连带责任的主张是否成立？为什么？（5分）

7. 己公司在获得生效判决后，又提出解除合同、返还货款并赔偿损失的诉讼，是否构成“重复起诉”？为什么？（4分）

8. 庚公司、辛公司是否可以请求对甲公司及其所有全资子公司进行合并重整？为什么？（7分）

9. 假设甲公司及其所有全资子公司可以合并重整，则重整程序开始后，对于相关公司已经开始的民事诉讼程序有何影响？（4分）

10. 如果对甲公司及其所有全资子公司开始合并重整程序，那么，对于所有债权人的影响是什么？（5分）

【案情分析】

甲公司向乙公司借款8000万元，借款期限未到，双方签订“以物抵债”协议，约定将甲公司的办公楼过户给乙公司，以抵偿8000万元债务，但尚未办理过户登记。甲公司的债权人丙公司认为，办公楼应值1.2亿元，该抵债价格过低，遂向法院提起诉讼，要求撤销该协议。乙公司认为，甲公司还有大量财产可以偿还丙公司债务，丙公司主张撤销的理由并不成立。

甲公司与乙公司在借款期限到来前订立以“物抵债”协议

债权人丙公司欲主张债权人撤销权

其后，甲公司又向丁公司借款，此时甲公司财产已经全部抵押或者出质。无奈，甲公司股东A在未与妻子商量的情况下，向丁公司作了保证。丁公司认为，这种保证尚无法保障甲公司履行义务，甲公司于是又将一张以自己为收款人的汇票出质，并在票据上背书“出质”后，交付给丁公司。但出票人在该汇票上记载有“不得转让”的字样。

丁公司对甲公司的债权，由A提供保证担保

甲公司将“出票禁转”的票据质押给了债权人丁公司。“出票禁转”的票据，不得转让

为获得更多融资，甲公司又与戊公司签订生产车间租赁合同。在与戊公司签订租赁合同时，因某个车间尚有原材料、半成品没有清点，戊公司便使用了这些原材料和半成品。甲公司的债权人罗马轮胎公司认为，虽然甲公司不能偿还到期债务，但因上述与戊公司的租赁合同履行中财产没有清点清楚，造成财产混同，遂在向法院要求甲公司偿还债务的同时，主张甲公司与戊公司“人格混同”要求戊公司承担连带清偿责任。在案件审理过程中，法院根据罗马轮胎公司的请求对甲公司相关的财产采取了诉讼保全措施。

甲公司与戊公司之间存在租赁关系，但财产存在混同的情形，债权人罗马轮胎公司要求适用法人人格否认制度

另外，甲公司在与己公司的一份轮胎买卖合同中，己公司已经支付货款，但甲公司一直没有交付轮胎。对此，己公司向法院起诉要求甲公司履行合同交付轮胎。胜诉判决生效后，己公司认为，甲公司交付的轮胎质量已经大不如从前，于是又向法院提出解除合同，返还货款并赔偿损失的诉讼。

履行判决生效后，己公司再次起诉甲公司，主张解除合同

此外，为了资金周转，甲公司利用其控股地位，向其全资子公司多次无偿调取资金，各个子公司之间如果资金短缺，甲公司就在所有全资子公司之间统一调度资金使用，且关联公司之间账目不清。甲公司的某全资子公司的两个债权人庚公司、辛公司，因到期债权不能获得清偿，向法院申请对甲公司及其所有全资子公司进行合并重整。

甲公司及其全资子公司之间存在财产混同的现象，债权人要求全部合并重整

【本案法律关系架构图】

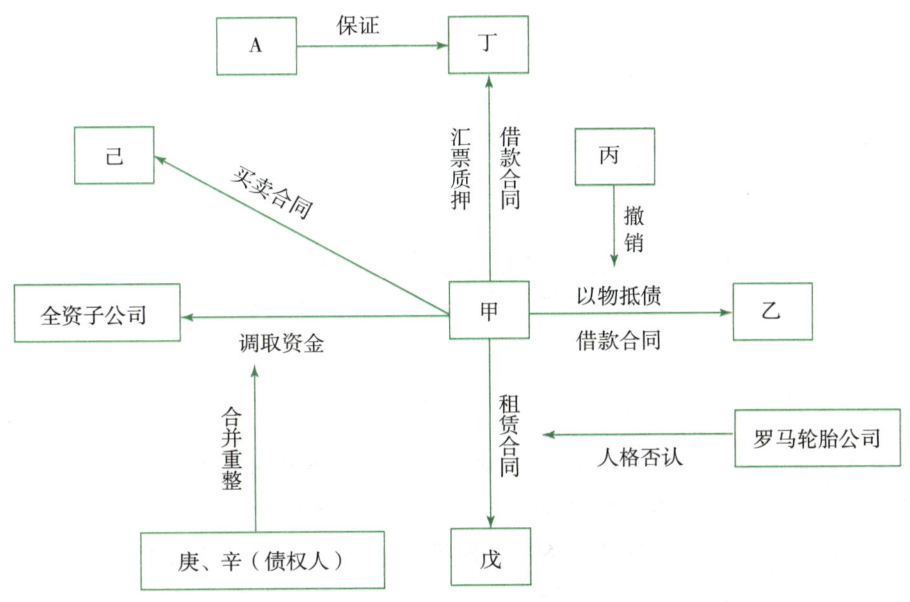

【采分点答案及题目解析】

1. "以物抵债"协议的效力如何？（7 分）

【采分点答案】

成立且生效。（2 分）当事人在债务到期前达成以物抵债协议，该协议并非为了担保债务，而是为了清偿债务，且当事人未直接约定债务在以物抵债协议生效时消灭，其属于新债清偿。（3 分）新债清偿属于诺成合同，在当事人的意思表示达成一致时发生效力。（2 分）因此，该"以物抵债"协议已经成立且生效。

【考点】

以物抵债；以物抵债协议性质的认定

【题目解析】

（1）本题当年存在两种观点，此前规范"以物抵债"的法律制度被称之为代物清偿协议。在理论上关于代物清偿协议的性质有两种观点，一种是诺成合同，一种是实践合同。如果采用诺成合同的观点，本题当事人意思表示已经达成一致，该合同已经生效。但是，如果采用实践合同的观点，本题中虽然当事人的意思表示已经达成一致，但是并未实际履行协议、办理过户登记，因此该协议不能成立或不能生效。当年出这个题目的原因是命题人的观点发生了变化，在司法部出版的客观题指导用书中长期将代物清偿协议认定为实践合同，但是在 2019 年的指导用书中修改了这一观点，将其修改为诺成合同，所以当年命题人就把这个点考了出来。

（2）目前规范"以物抵债"的路径已经发生了改变，以物抵债在民法中可以对应"让与担保""买卖型担保""新债清偿"与"债务更新"四种不同的制度。

（3）本题中，当事人达成以物抵债协议的目的不是为了担保借款债务的履行，而是借款债务已经不能履行了，所以才采用其他方式来偿还借款。所以，当事人没有担保债务的意思，有的是清偿债务的意思。因此，不能将该以物抵债协议认定为"让与担保"或"买卖型担保"。

（4）区分新债清偿与债务更新的标准在于，当事人是否明确约定新债成立时旧债即归于消灭。如果存在明确的约定，则认定为债务更新；相反，则认定为新债清偿。本题中，当事人之间不存在明确的约定，应当将之认定为新债清偿。

（5）此时，该新债清偿协议属于诺成合同，在当事人的意思表示达成一致时就成立生效。但是，需要实际履行了新债，旧债方可归于消灭。

2．在丙公司提起的撤销“以物抵债”协议的诉讼中，当事人的诉讼地位如何确定？（2分）

【采分点答案】

丙公司为原告，甲公司为被告，乙公司为共同被告。（2分）丙提起债权人撤销权诉讼，债权人丙公司为原告，债务人甲公司为被告，受让人乙公司作为共同被告。

【考点】

债权人撤销权

【题目解析】

①《民法典》第539条规定：“债务人以明显不合理的低价转让财产、以明显不合理的高价受让他人财产或者为他人的债务提供担保，影响债权人的债权实现，债务人的相对人知道或者应当知道该情形的，债权人可以请求人民法院撤销债务人的行为。”本题中，债务人甲公司以明显不合理的低价抵偿债务，其行为属于不当处分财产的行为，因此债权人丙公司享有债权人撤销权，有权撤销该以物抵债协议。

②《合同编通则解释》（征求意见稿）[1]第45条第1款规定：“债权人依据民法典第五百三十八条、第五百三十九条的规定提起撤销权诉讼的，应当以债务人和债务人的相对人为共同被告，由债务人住所地人民法院管辖。”

③据此，甲公司的债权人丙公司，以甲公司“以明显不合理的低价向乙公司转让财产损害自己的债权”为由行使债权人撤销权，诉请法院撤销甲公司的该处分行为时，债权人丙公司为原告，债务人甲公司为被告，受让人乙公司应当作为共同被告。

3．债务人有大量财产可以清偿债务是否构成对于撤销权行使的障碍？为什么？（5分）

【采分点答案】

构成。（2分）债权人撤销权的产生要件之一是债务人的财产处分行为影响债权人债权的实现（2分）本题中，债务人尚有其他财产表明债务人的处分行为并未对债权人造成损害。（1分）因此，本案乙公司的抗辩理由成立。

【考点】

债权人撤销权

【题目解析】

（1）根据《民法典》第538条和第539条的规定，债权人撤销权的产生需要满足以下四个要件：①债权人的债权合法、有效；②债务人在负担债务之后实施了不当的财产处分行为；③债务人的财产处分行为影响债权人到期债权的实现；④有偿行为中，还要求受让人具有主观恶意。

（2）本题中，债务人还有其他可供执行的财产，表明债务人甲公司的财产处分行为并未影响债权人丙公司到期债权的实现。因此，丙公司并不享有债权人撤销权，即乙公司的抗辩成立。

---

〔1〕《最高人民法院关于适用〈中华人民共和国民法典〉合同编通则部分的解释（征求意见稿）》［以下简称《合同编通则解释》（征求意见稿）］。

4. 甲公司股东A在未与妻子商量的情况下，负担保证债务，该债务是否属于夫妻共同债务？为什么？（5分）

【采分点答案】

不属于。（2分）本题中，该笔借款并非基于夫妻双方共同的意思表示，（1分）也不在日常家庭生活范围内，（1分）并且所产生的债务也未用于夫妻的共同生活、生产。（1分）因此，该笔债务不属于夫妻共同债务。

【考点】

夫妻共同债务；夫妻个人债务

【题目解析】

（1）根据《民法典》第1064条、《民法典婚姻家庭编解释（一）》[1]第33条与第34条的规定，婚姻关系存续期间，夫妻共同或者一方对外负担的下列债务，属于夫妻共同债务：①夫妻双方共同签名或者夫妻一方事后追认等共同意思表示所负的债务；②夫妻一方以个人名义为家庭日常生活需要所负的债务；③夫妻一方以个人名义超出家庭日常生活需要所负的债务，债权人能够证明该债务用于夫妻共同生活、共同生产经营或者基于夫妻双方共同意思表示的；④夫妻一方婚前负担的债务，债权人能够证明用于夫妻婚后共同生活（共同生产经营）的。

（2）A因提供保证担保对丁公司负担的保证债务，既不属于A与妻子基于共同意思表示负担的债务，A的妻子事后亦未追认，A提供保证所获得的借款也未用于A与妻子的夫妻共同生活。此外，该笔债务也不在日常家庭生活范围内。因此，应认定为A的个人债务，而不能认定为A与妻子的夫妻共同债务。

5. 因票据中做了“不得转让”的记载，甲公司对丁公司的出质是否有效？为什么？（5分）

【采分点答案】

答案一：无效。（2分）在该票据上出票人已经记载了“不得转让”，甲公司再对其进行处分的，其处分行为无效。（3分）因此，该出质的无效。

答案二：有效。（2分）虽然出票人在票据上记载了“不得转让”，但是出质行为并非转让，其不会导致票据权利的变动，不受此限制。（3分）因此，该出质行为有效。

【考点】

权利质权；禁止转让背书

【题目解析】

（1）本题存在两种观点，答出其中一种观点即可得满分。

（2）观点一：直接适用票据相关规定所得出的结论。

《票据法》第27条第2款规定：“出票人在汇票上记载‘不得转让’字样的，汇票不得转让。”意味着出票人记载了“不得转让”，该票据不能再转让，不再具有流通性，按照权利质押制度的规定，可质押的权利又必须是可转让的权利。

《最高人民法院关于审理票据纠纷案件若干问题的规定》第52条规定：“依照票据法第二十七条的规定，出票人在票据上记载‘不得转让’字样，其后手以此票据进行贴现、质押的，通

〔1〕《最高人民法院关于适用〈中华人民共和国民法典〉婚姻家庭编的解释（一）》［以下简称《民法典婚姻家庭编解释（一）》］。

过贴现、质押取得票据的持票人主张票据权利的，人民法院不予支持。”

综上，由于出票人记载了“不得转让”字样，因此甲公司获得票据后再进行出质的，质押无效。

（3）观点二是民法学界针对这一问题提出的新观点。《票据法》第27条的规定限制的是“转让”行为，所谓的转让，是指导致票据权利归属发生改变的行为。但是，出质行为并不会导致票据权利的变动，因此出质行为无法被评价为“转让”。既然不是转让，当然也就不受限制，即该出质行为有效。

6. 罗马轮胎公司认为甲公司与戊公司之间在租赁合同履行过程中，有财产交接不清的行为，构成“人格混同”从而承担连带责任的主张是否成立？为什么？（5分）

【采分点答案】

不成立。（2分）

（1）法人人格否认制度包括纵向否认和横向否认。纵向否认要求双方属于股东与公司之间的关系，因两者之间财产混同、业务混同、人员混同，适用法人人格否认制度。横向否认是指当关联企业成员之间存在法人人格高度混同、区分各关联企业成员财产的成本过高、严重损害债权人公平清偿利益时，可参照纵向法人人格否认的规定，认定关联企业成员之间人格混同。（3分）

（2）本题中，虽然看似存在财产混同，但是戊公司并非甲公司的股东，双方也并非关联企业。因此，没有适用法人人格否认制度的余地，罗马轮胎公司的主张不成立。

【考点】

法人人格否认

【题目解析】

（1）传统的纵向法人人格否认制度

根据《民法典》第83条第2款、《公司法》第20条第3款的规定，法人人格否认制度，是指法人的出资人（股东）滥用法人独立地位和出资人（股东）有限责任，以实施过度支配与控制、经营资本显著不足、造成出资人（股东）与法人人格混同等方式，致使法人的财产不足以清偿该法人对债权人的债务，严重损害债权人利益，债权人有权诉请法院在个案中否认该法人的独立责任和否认实施滥用行为的出资人（股东）的有限责任，责令实施滥用行为的出资人（股东）对法人债务承担连带责任。

（2）横向法人人格否认制度

①《全国法院破产审判工作会议纪要》32. 关联企业实质合并破产的审慎适用。人民法院在审理企业破产案件时，应当尊重企业法人人格的独立性，以对关联企业成员的破产原因进行单独判断并适用单个破产程序为基本原则。当关联企业成员之间存在法人人格高度混同、区分各关联企业成员财产的成本过高、严重损害债权人公平清偿利益时，可例外适用关联企业实质合并破产方式进行审理。

②最高法指导案例第15号：徐工集团工程机械股份有限公司诉成都川交工贸有限责任公司等买卖合同纠纷案

裁判要旨：关联公司的人员、业务、财务等方面交叉或混同，导致各自财产无法区分，丧失独立人格的，构成人格混同。关联公司人格混同，严重损害债权人利益的，关联公司相互之间对外部债务承担连带责任。

③《公司法》(修订草案)(二次审议稿)也对横向法人人格否认制度有明确规定。

(3)本题中，戊公司并非甲公司的出资人、股东，戊公司和甲公司并非关联公司，因此没有适用法人人格否认制度的余地和基础。故不产生连带责任。

7. 己公司在获得生效判决后，又提出解除合同、返还货款并赔偿损失的诉讼，是否构成“重复起诉”？为什么？(4分)

【采分点答案】

不构成。(2分)本题中，在前案判决作出后，又发生了新的事实，即甲公司交付的轮胎质量不合格。己公司基于新的事实提起诉讼，不属于重复起诉，法院应当受理。(2分)

【考点】

重复起诉的识别

【题目解析】

本题考查重复起诉的识别，重复起诉是主观题领域极为重要的考点，在2018年和2019年均予以重点考查，考生务必深入掌握。考生在解析该题时，需要考虑以下因素：

(1)本案争议事实发生在判决生效之前还是判决生效之后；

(2)前诉与后诉的诉讼标的是否相同；

(3)前诉与后诉的诉讼请求是否相同，以及后诉的诉讼请求是否否定前诉的裁判结果。

8. 庚公司、辛公司是否可以请求对甲公司及其所有全资子公司进行合并重整？为什么？(7分)

【采分点答案】

可以。(2分)甲公司就在所有全资子公司之间统一调度资金使用，且关联公司之间账目不清，全资子公司之间出现了“财产混同”，可以适用“横向否认制度”。(4分)此时，在破产程序中，可以申请对甲公司及其所有全资子公司进行合并重整。(1分)

【题目解析】

根据《全国法院破产审判工作会议纪要》的规定，实质合并破产的前提：当关联企业成员之间存在法人人格高度混同、区分各关联企业成员财产的成本过高、严重损害债权人公平清偿利益时，可例外适用关联企业实质合并破产方式进行审理。

9. 假设甲公司及其所有全资子公司可以合并重整，则重整程序开始后，对于相关公司已经开始的民事诉讼程序有何影响？(4分)

【采分点答案】

重整程序开始后：正在进行中的民事诉讼中止(1分)；待管理人接管后再行恢复诉讼(1分)；执行程序中止(1分)；所涉及的诉讼保全措施解除(1分)。

【题目解析】

本题考查重整程序与民事诉讼程序及执行程序之间的关系，属于实体法与程序法相结合的题目。母公司与子公司合并重整过程中，母公司涉诉的诉讼程序应当裁定诉讼中止，待合并完成之后，由合并后的新公司作为新的当事人进行诉讼。《破产法》第19条规定：“人民法院受理破产申请后，有关债务人财产的保全措施应当解除，执行程序应当中止。”《破产法》第20

条规定："人民法院受理破产申请后，已经开始而尚未终结的有关债务人的民事诉讼或者仲裁应当中止；在管理人接管债务人的财产后，该诉讼或者仲裁继续进行。"

10. 如果对甲公司及其所有全资子公司开始合并重整程序，那么，对于所有债权人的影响是什么？（5分）

【采分点答案】

重整程序开始后，甲公司及其控制的各全资子公司彼此之间的债权债务归于消灭；（1分）债权人应当向受理破产案件的人民法院申报债权，（1分）不得单独请求或接受甲公司及其子公司的清偿，（1分）应在统一程序中按照法定程序公平受偿；（1分）若对债权有争议，可请求确认债权。（1分）

【题目解析】

《全国法院破产审判工作会议纪要》中对于"关联企业破产"进行了较为详细的规定：

（1）审慎适用	①审理企业破产案件时，应当尊重企业法人人格的独立性，以对关联企业成员的破产原因进行单独判断并适用单个破产程序为基本原则 ②当关联企业成员之间存在法人人格高度混同、区分各关联企业成员财产的成本过高、严重损害债权人公平清偿利益时，可例外适用关联企业实质合并破产方式进行审理
（2）实质合并破产	①法院裁定采用实质合并方式审理破产案件的，各关联企业成员之间的债权债务归于消灭，各成员的财产作为合并后统一的破产财产，由各成员的债权人在同一程序中按照法定顺序公平受偿 ②采用实质合并方式进行重整的，重整计划草案中应当制定统一的债权分类、债权调整和债权受偿方案 ③适用实质合并规则进行破产清算的，破产程序终结后各关联企业成员均应予以注销。适用实质合并规则进行和解或重整的，各关联企业原则上应当合并为一个企业
（3）程序合并破产（关联企业破产案件的协调审理）	①多个关联企业成员均存在破产原因但不符合实质合并条件的，人民法院可根据相关主体的申请对多个破产程序进行协调审理，并可根据程序协调的需要，综合考虑破产案件审理的效率、破产申请的先后顺序、成员负债规模大小、核心控制企业住所地等因素，由共同的上级法院确定一家法院集中管辖 ②协调审理不消灭关联企业成员之间的债权债务关系，不对关联企业成员的财产进行合并，各关联企业成员的债权人仍以该企业成员财产为限依法获得清偿 ③但关联企业成员之间不当利用关联关系形成的债权，应当劣后于其他普通债权顺序清偿，且该劣后债权人不得就其他关联企业成员提供的特定财产优先受偿

2019 年商法真题回忆版

【案情】

甲有限责任公司成立于 2016 年 3 月，股东 A、B、C、D 公司分别持股 51%、37%、8%、4%，注册资本 8000 万元，各股东均已实缴。公司董事会有 5 名成员，分别由 A、B、C 公司派人担任，董事席位比例 2∶2∶1，董事长由 A 公司派张鸣担任，总经理由 B 公司派汤勇担任，其中 B 公司名下 37% 的股权中有 17% 实际归 E 公司所有，且 B 公司在甲公司董事会中的另一席位也是 E 公司派出的李星担任。在甲公司成立后召开的历次股东会上，E 公司除了李星还派了其他人参加，甲公司其他股东均知晓且未表示反对。

2018 年 6 月，甲公司计划增资 2000 万元，全部由投资者乙公司认购。在股东会上，C 公司虽表示同意增资，但主张按照自己实缴出资比例行使优先认购权，并主张对其他股东认缴的部分也行使优先认购权。C 公司的主张遭到反对，增资计划搁浅。

2018 年 10 月，在 E 公司不知情的情况下，B 公司将自己名下的 20% 的股权质押给了 D 公司，随后将 10% 的股权质押给丙公司，均办理了质押登记。其中丙公司对 B 公司代持 E 公司股权不知情。2019 年 1 月因 B 公司拒不偿还对丙公司的借款，丙公司向法院申请实现担保物权。

2019 年 3 月，法院判 E 公司偿还对丁公司的债务，丁公司向法院申请强制执行。法院调查得知 E 公司对甲公司的实际出资，法院遂对 B 公司代持的实际为 E 公司享有的股权采取拍卖的强制措施。

【问题】

1. C 公司的第一项优先认购权的主张有无理由？（3 分）

2. C 公司的第二项优先认购权的主张有无理由？（3 分）

3. D 公司能否取得质权？（4 分）

4. 丙公司能否取得质权？（4 分）

5. 在法院审理丙公司申请准予拍卖B公司质押的股权以实现担保物权的过程中，E公司得知此事，为保护本公司利益，应如何救济？（6分）

6. 对法院因丁公司申请执行而对B公司代持的E公司的股权强制执行，B、D、E公司和丙公司是否均有权提出执行异议？（8分）

【案情分析】

甲有限责任公司成立于2016年3月，股东A、B、C、D公司分别持股51%、37%、8%、4%，注册资本8000万元，各股东均已实缴。公司董事会有5名成员，分别由A、B、C公司派人担任，董事席位比例2∶2∶1，董事长由A公司派张鸣担任，总经理由B公司派汤勇担任，其中B公司名下37%的股权中有17%实际归E公司所有，且B公司在甲公司董事会中的另一席位也是E公司派出的李星担任。在甲公司成立后召开的历次股东会上，E公司除了李星还派了其他人参加，甲公司其他股东均知晓且未表示反对。

各股东出资情况

甲公司经营管理层情况

B公司与E公司之间系代持股关系

2018年6月，甲公司计划增资2000万元，全部由投资者乙公司认购。在股东会上，C公司虽表示同意增资，但主张按照自己实缴出资比例行使优先认购权，并主张对其他股东认缴的部分也行使优先认购权。C公司的主张遭到反对，增资计划搁浅。

甲公司增加注册资本

C公司在实缴比例之外，主张优先认购权

2018年10月，在E公司不知情的情况下，B公司将自己名下的20%的股权质押给了D公司，随后将10%的股权质押给丙公司，均办理了质押登记。其中丙公司对B公司代持E公司股权不知情。2019年1月因B公司拒不偿还对丙公司的借款，丙公司向法院申请实现担保物权。

名义股东未经实际股东同意，出质股权

丙公司接受质押，系"善意"的

2019年3月，法院判E公司偿还对丁公司的债务，丁公司向法院申请强制执行。法院调查得知E公司对甲公司的实际出资，法院遂对B公司代持的实际为E公司享有的股权采取拍卖的强制措施。

实际股东负债，法院执行名义股东所代持的股权

【本案法律关系架构图】

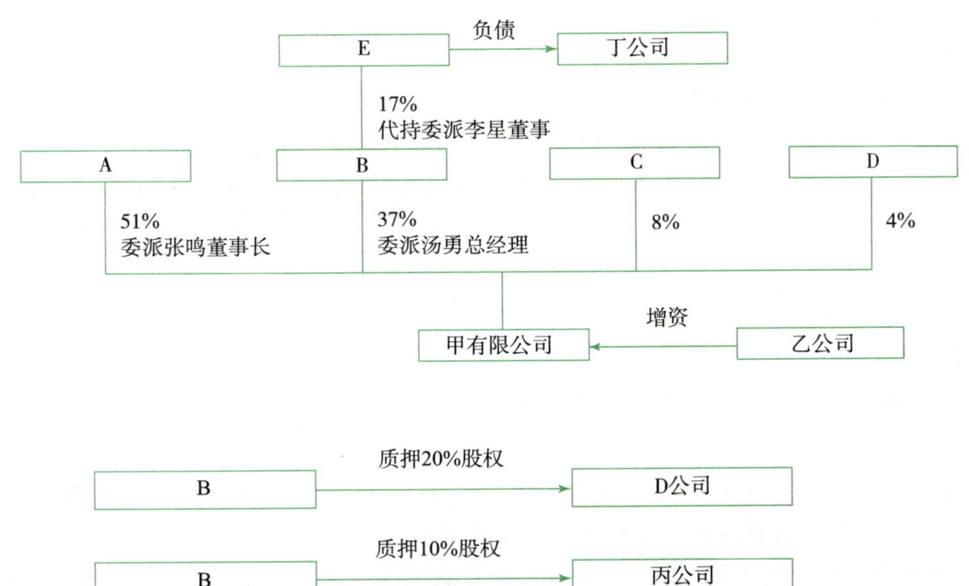

【采分点答案及题目解析】

1. C公司的第一项优先认购权的主张有无理由?

【采分点答案】

有理由。(1分)

有限公司新增资本时，股东有权优先按照实缴的出资比例认缴出资。(2分)

【考点】

有限公司股东的优先认购权

2. C公司的第二项优先认购权的主张有无理由?

【采分点答案】

无理由。(1分)

有限公司增资时，股东仅有权在其实缴出资比例范围内享有优先认购权。C公司的第二项优先认购权的主张是针对“其他股东认缴的部分”，超出了其实缴的出资比例，并无优先认购权。(2分)

【考点】

有限公司股东的优先认购权

【题目解析】

《公司法》第34条规定:“股东按照实缴的出资比例分取红利；公司新增资本时，股东有权优先按照实缴的出资比例认缴出资。但是，全体股东约定不按照出资比例分取红利或者不按照出资比例优先认缴出资的除外。”

(1)有限公司增加注册资本时，股东在实缴出资比例范围内优先认缴。

(2)但对于超出其实缴出资比例的部分，不享有优先认缴权。

(3)若要打破各股东按照实缴出资的比例认缴出资，须全体股东一致同意。

3. D公司能否取得质权?

【采分点答案】

D公司能取得质权。(1分)

(1)B公司名下股权分为两部分:20%自有，17%为代E公司持有。(1分)

(2)B公司有权将其自有的20%股权出质，且已经办理质押登记。故D公司能取得质权。(2分)

【考点】

有限公司股权质押

【题目解析】

此处有同学顾虑:本题中B公司所质押的20%股权是否能够特定化为B公司自有的部分，而非帮E公司代持部分。

(1)B公司处分20%的股权后，对于E公司的利益无影响。此时，仍有17%的股权没有被处分。E公司仍然可以依据代持协议向B公司主张利益。

(2)如果B公司以代持部分股权被质押为由否认E公司的利益，在诉讼中，举证责任分配为:由E公司证明代持关系，B公司举证已经将属于E公司的股权设定了质权。因股权具有同质性，B公司无法证明其所质押的是归属于E公司的部分。

综上，本题中，直接认定B公司将20%股权设定质押，所处分的就是其自有部分即可。

有观点认为B公司名下股权包括自有部分和帮E公司代持部分，在分割前认定系B、E两公司共有，这种观点是完全错误的，为避免各位同学被误导，特在此进行说明：

（1）股权能否被共有，在理论上目前尚且存在较大争议。在我国公司法中并未规定股权可以共有，因此出现在题目中进行考查的概率不大。

（2）共有是指一个物权，由多人分享。这里，股权可分，完全可以认为是两部分股权，有两个股权；而非一个股权，两人分享。

（3）共有包括共同共有和按份共有。B、E两公司是何种共有呢？B、E两公司没有共同关系，也没有共有的合意。

（4）如果因代持关系中，名义股东自己也有股权，就认定共有关系，无论是名义股东还是实际股东，估计都不能答应。无论从法律基础还是实践中的利益平衡角度，都不应认定是共有关系。

（5）此外，在代持股协议中，名义股东就是真正的股东，因此实际出资人根本就不享有股权，更别提共有了。

据考生回忆，当年真题中并无B公司将“自己名下”的20%的股权质押给了D公司，这样的表述。为了避免考生陷入20%股权归属的无意义内耗，我就对这道题加以改造，增加了“自己名下”的表述。

4. 丙公司能否取得质权？

【采分点答案】

丙公司能取得质权。(1分)

（1）本题中，E公司为实际出资人，B公司为名义股东。名义股东未经实际出资人同意，将其名下股权出质的，参照适用善意取得制度。(2分)

（2）B公司将其帮E公司代持的10%股权出质给丙公司，丙公司对于B、E两公司之间的代持关系并不知情，且已经办理了质押登记。(1分)

故丙公司取得质权。

【考点】

代持协议中名义股东擅自处分所代持股权

【题目解析】

《公司法解释（三）》第25条规定：“名义股东将登记于其名下的股权转让、质押或者以其他方式处分，实际出资人以其对于股权享有实际权利为由，请求认定处分股权行为无效的，人民法院可以参照民法典第三百一十一条的规定处理。名义股东处分股权造成实际出资人损失，实际出资人请求名义股东承担赔偿责任的，人民法院应予支持。”

（1）名义股东对代持股权的处分方式包括转让、质押等。

（2）股权归属：参照适用善意取得制度。

（3）实际股东的救济方式：请求名义股东赔偿损失。

【陷阱提示】

有限公司股东出质股权，无须征得其他股东过半数同意。

（1）对于有限公司股权出质，公司法没有明确规定，若公司章程也没有规定特殊的规则，应认定股东出质其所持有的股权自有。

（2）出质不同于股权转让，不会破坏有限公司的人合性。质权人实现质权时，应结合质权实现的方式，保护公司的人合性：

①若对质押的股权强制执行，法院强制执行时，应当通知公司及全体股东，股东在接到法院通知之日起20日内享有优先购买权。

②若出质人与债权人/质权人协商将标的股权折价抵偿给债权人，则适用股权对外转让的规则：征得其他股东过半数同意，其他股东在同等条件下享有优先购买权。

5. 在法院审理丙公司申请准予拍卖B公司质押的股权以实现担保物权的过程中，E公司得知此事，为保护本公司利益，应如何救济？

【采分点答案】

（1）审理程序中的救济机制

依据《民诉法解释》第369条的规定，法院审理实现担保物权的特别程序案件，应当就主合同的效力、期限、履行情况，担保物权是否有效设立、担保财产的范围、被担保的债权范围、被担保的债权是否已届清偿期等担保物权实现的条件，以及是否损害他人合法权益等内容进行审查。被申请人或者利害关系人提出异议的，法院应当一并审查。依此，本案中E公司可以在审理程序中提出异议，法院应当一并审查。（2分）

（2）裁定作出后的救济机制

依据《民诉法解释》第372条第2款的规定，对法院作出的确认调解协议、准许实现担保物权的裁定，当事人有异议的，应当自收到裁定之日起15日内提出；利害关系人有异议的，自知道或者应当知道其民事权益受到侵害之日起6个月内提出。E公司作为利害关系人，可以自知道或应当知道民事权益受到侵害之日起6个月内向法院针对实现担保物权之裁定提出异议。（2分）

（3）执行程序中的救济机制

如果已经进入到执行程序，E公司可以依据《民事诉讼法》第234条的规定，向执行法院提出执行标的异议，主张被执行的股权为自己所有。（2分）

6. 对法院因丁公司申请执行而对B公司代持的E公司的股权强制执行，B、D、E公司和丙公司是否均有权提出执行异议？

【采分点答案】

依据《民事诉讼法》第234条的规定，执行过程中，案外人对执行标的提出书面异议的，法院应当自收到书面异议之日起15日内审查，理由成立的，裁定中止对该标的的执行；理由不成立的，裁定驳回。案外人、当事人对裁定不服，认为原判决、裁定错误的，依照审判监督程序办理；与原判决、裁定无关的，可以自裁定送达之日起15日内向法院提起诉讼。

具体到本案：

（1）E公司是被执行人，而不是案外人，因此E公司无权提出执行异议。（2分）

（2）B公司是名义股东，E公司是实际出资人，依据公示公信的理念，法院不得仅凭B公

司与E公司之间的内部代持协议就直接对B公司进行强制执行，因此B公司有权提出案外人执行异议。（2分）

（3）D公司作为B公司的债权人，其质押权的行使对象是B公司自己名下的股权，而并不涉及B公司代持的股权，因此法院对B公司代持的股权进行强制执行，不影响D公司的权益，D公司无权提出执行异议。（2分）

（4）丙公司作为B公司的债权人，对B公司代持E公司的股份并不知情，法院对B公司代持的股权进行强制执行，可能影响丙公司的权益，因此丙公司可以提出执行异议。（2分）

综上，B公司和丙公司有权提出执行异议，E公司和D公司无权提出执行异议。

2020年民商法综合真题回忆版

【案情】

位于西上市东河区的甲公司有2名自然人股东A和B，各自拥有公司50%的股份，甲公司名下在南前市北山区有一宗地块的土地使用权，但涉及拆迁问题。乙公司位于东下市西河区，是一家专门从事房地产开发的有限责任公司，实力在该区很强。

A、B找到乙公司，A、B以个人名义，以甲公司该地块的土地使用权作为出资，与乙公司合作开发房地产项目，并签订协议，主要内容如下："①以乙公司为项目运营的商事载体。②项目完成后，乙公司分给A、B各20%的本项目房地产，为担保该义务的履行，乙公司给A、B各20%的股权，但A和B不参与乙公司的经营管理；若到期乙公司履行了交付房屋的义务，则A、B将股权无偿转回乙公司名下。③若因履行协议发生争议，由被告住所地人民法院管辖。"协议签订后，对乙公司的股权进行了变更，并根据股权的调整进行了工商变更登记。

乙公司作为项目公司，为基建需要进行了以下融资行为：①乙公司为融资，与丙公司签订融资租赁合同（标的额2000万元），标的物为2辆铲车（约定融资租赁期间铲车归丙公司所有，但未办理登记）。②为向丁公司借款2亿元，乙公司将其现有以及将有的全部动产（包括2辆铲车）为丁公司设立动产浮动抵押，办理了抵押登记。同时，为担保乙公司对丁公司的借款债务，自然人C和D对丁公司提供连带共同保证（但未约定保证方式）。③为获取更多融资款，乙公司又与戊信托商签订融资协议。为担保乙公司对戊信托商的债务，自然人子提供保证担保，自然人丑以其价值1500万元的房屋提供抵押担保（办理了房屋抵押登记），但子、丑彼此不知情。④之后，在经营过程中，乙公司将丙公司所有的2辆铲车出卖给自然人E，获得1950万元。E在使用过程中发现铲车存在质量问题和设计缺陷，E一直与乙公司交涉未果。

另外，乙公司为履行《民法典》规定的营利法人的社会责任，扩大其在本地的影响力，承诺每年向"青少年成长基金会"捐款1000万元，并在媒体上宣传。

楼盘建成后，乙公司陆续对外销售已建成的房屋，销售比例达15%。自然人F购买房屋后发现所购房屋实际面积、房型设计、容积率、配套设施等与广告宣传有很大差距，F与乙公司多次沟通无果，准备诉讼维权。

乙公司对外销售房屋的行为引起A、B的警惕，A、B向人民法院起诉乙公司违约，并诉请法院撤销乙公司与购房人之间的房屋买卖合同。诉讼过程中，A、B撤回起诉，法院准许。后乙公司经营不佳、无力偿债，A、B申请将乙公司进行重整，并以其系乙公司的股东和债权人、项目共有人为由，要求40%的房产取回权。

【问题】

1. 在该案情况下，甲公司的债权人是否有权请求A、B对甲公司的债务承担连带责任？为什么？（3分）

2．A、B 诉请乙公司按约交付 40% 的房产，哪一（哪些）法院享有管辖权？为什么？若乙公司重整，A、B 是否享有 40% 的房产取回权？为什么？（5 分）

3．乙公司按照协议办理完股权的工商变更登记后，A、B 是否各自取得乙公司 20% 的股权？为什么？（2 分）

4．丁公司已登记的动产浮动抵押权能否对抗 E？为什么？若债务履行期届满乙公司未履行债务，丁公司应如何行使担保权利？若丁公司起诉，以不同的人为被告起诉，法院应该如何安排当事人？（8 分）

5．乙公司将丙公司所有的 2 辆铲车出卖给 E 后，E 在使用过程中发现铲车存在质量问题和设计缺陷，应当向谁主张权利？为什么？（2 分）

6．乙公司出卖房屋的行为是否对 A、B 构成违约？为什么？A、B 是否有权诉请撤销乙公司与自然人 F 之间的房屋买卖合同？为什么？（4 分）

7．自然人 F 所购房屋的实际面积、房型设计、容积率、配套设施等与广告宣传有很大差距，对此，F 是否有权依据消费者权益保护法对乙公司主张标的额三倍的惩罚性赔偿金？（3 分）

8．若 F 起诉乙公司后申请鉴定，乙公司对鉴定结论提出异议申请重新鉴定，法院应如何处理？为什么？（3 分）

9. 乙公司自己是否有权撤销对“青少年成长基金会”的捐赠？为什么？若乙公司丧失债务偿还能力，乙公司的债权人是否有权诉请撤销乙公司对“青少年成长基金会”的捐赠？为什么？（5分）

10. 若乙公司未对戊信托商偿还到期债务，丑为了自己的房屋不被执行，替乙公司偿还了1500万元的债务，丑能否向子主张权利？为什么？（3分）

【案情分析】

位于西上市东河区的甲公司有2名自然人股东A和B，各自拥有公司50%的股份，甲公司名下在南前市北山区有一宗地块的土地使用权，但涉及拆迁问题。乙公司位于东下市西河区，是一家专门从事房地产开发的有限责任公司，实力在该区很强。

交代甲公司与乙公司的基本信息（所在地及股东）

A、B找到乙公司，A、B以个人名义，以甲公司该地块的土地使用权作为出资，与乙公司合作开发房地产项目，并签订协议，主要内容如下："①以乙公司为项目运营的商事载体。②项目完成后，乙公司分给A、B各20%的本项目房地产，为担保该义务的履行，乙公司给A、B各20%的股权，但A和B不参与乙公司的经营管理；若到期乙公司履行了交付房屋的义务，则A、B将股权无偿转回乙公司名下。③若因履行协议发生争议，由被告住所地人民法院管辖。"协议签订后，对乙公司的股权进行了变更，并根据股权的调整进行了工商变更登记。

股东A、B以个人名义处分甲公司财产

乙公司以让与股权的方式担保A、B的债权

乙公司作为项目公司，为基建需要进行了以下融资行为：①乙公司为融资，与丙公司签订融资租赁合同（标的额2000万元），标的物为2辆铲车（约定融资租赁期间铲车归丙公司所有，但未办理登记）。②为向丁公司借款2亿元，乙公司将其现有以及将有的全部动产（包括2辆铲车）为丁公司设立动产浮动抵押，办理了抵押登记。同时，为担保乙公司对丁公司的借款债务，自然人C和D对丁公司提供连带共同保证（但未约定保证方式）。③为获取更多融资款，乙公司又与戊信托商签订融资协议。为担保乙公司对戊信托商的债务，自然人子提供保证担保，自然人丑以其价值1500万元的房屋提供抵押担保（办理了房屋抵押登记），但子、丑彼此不知情。④之后，在经营过程中，乙公司将丙公司所有的2辆铲车出卖给自然人E，获得1950万元。E在使用过程中发现铲车存在质量问题和设计缺陷，E一直与乙公司交涉未果。

乙公司与丙公司签订融资租赁合同

乙公司与丁公司签订借款合同，乙公司为其设立动产浮动抵押权，C、D提供保证担保

乙公司与戊信托商签订融资协议，子提供保证担保，丑提供不动产抵押

乙公司将融资租赁的铲车转让给E，铲车存在缺陷

另外，乙公司为履行《民法典》规定的营利法人的社会责任，扩大其在本地的影响力，承诺每年向"青少年成长基金会"捐款1000万元，并在媒体上宣传。

乙公司进行公益捐赠

楼盘建成后，乙公司陆续对外销售已建成的房屋，销售比例达15%。自然人F购买房屋后发现所购房屋实际面积、房型设计、容积率、配套设施等与广告宣传有很大差距，F与乙公司多次沟通无果，准备诉讼维权。

乙公司销售房屋时存在欺诈

乙公司对外销售房屋的行为引起A、B的警惕，A、B向人民法院起诉乙公司违约，并诉请法院撤销乙公司与购房人之间的房屋买卖合同。诉讼过程中，A、B撤回起诉，法院准许。后乙公司经营不佳、无力偿债，A、B申请将乙公司进行重整，并以其系乙公司的股东和债权人、项目共有人为由，要求40%的房产取回权。

A、B申请对乙公司进行重整，并主张取回权

【本案法律关系架构图】

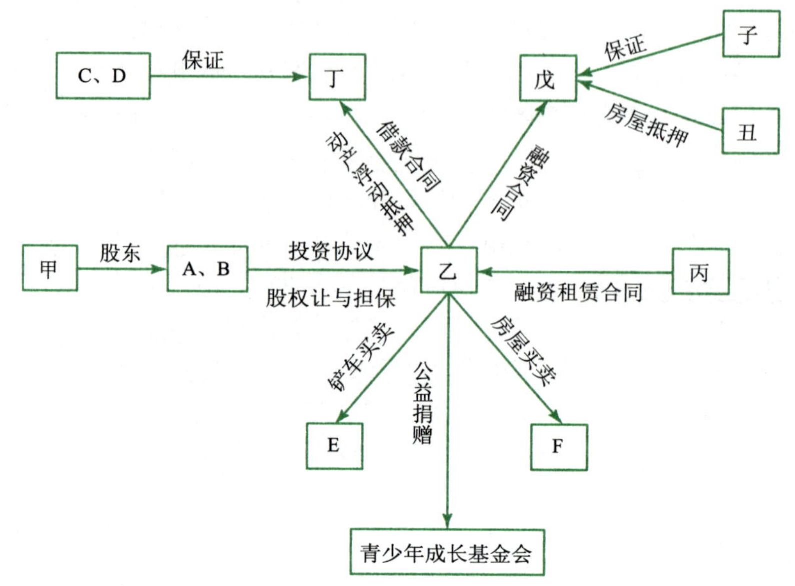

【采分点答案及题目解析】

1. 在该案情况下，甲公司的债权人是否有权请求 A、B 对甲公司的债务承担连带责任？为什么？(3 分)

【采分点答案】

答案一：不能。(1 分) A、B 擅自将甲公司享有的土地使用权作为自己的出资与乙公司合作开发房地产，虽然导致 A、B 与甲公司出现财产混同，(1 分) 但是并未严重损害债权人的利益，不能适用法人人格否认制度 (1 分)。因此，甲公司的债权人无权要求 A、B 承担连带责任。

答案二：不能。(1 分) 甲公司的债权人和甲公司之间的债权并未确定，如果债权人直接起诉 A、B，法院应当要求追加甲公司为共同被告，否则法院应当驳回起诉。(2 分) 因此，债权人不能直接要求 A、B 承担连带责任。

【考点】

法人人格否认

【题目解析】

(1) 本题有两种解题思路，可以从实体法与程序法两个角度进行作答。

(2) 从实体法角度来看，根据《民法典》第 83 条第 2 款和《公司法》第 20 条第 3 款的规定，适用法人人格否认制度要件有三：①营利法人的出资人滥用了法人人格；②滥用法人人格逃避债务；③严重损害法人债权人的利益。本题中，A、B 擅自转移甲公司的财产，确实存在人格混同的现象。但是，题目中并未交代由此造成甲公司无力偿还债务，因此并未对债权人的利益造成损害，不适用法人人格否认制度。

(3) 从程序法角度来看，债权人主张适用法人人格否认制度，其起诉方案有以下两种：①债权人与公司的债权已确定的，债权人仅起诉股东。股东为被告，公司为第三人。②债权人与公司债权未确定的，一并起诉股东和公司：共同被告。但是，如果债权人与公司债权未确定，仅起诉股东的，法院应当向债权人释明，要求其追加债务人作为共同被告，债权人拒绝追加的，法院应该裁定驳回起诉。本题中，债权人与甲公司的债权未确定，其不能单独起诉A、B要求承担连带责任，法院应该裁定驳回起诉。

2. A、B诉请乙公司按约交付40%的房产，哪一（哪些）法院享有管辖权？为什么？若乙公司重整，A、B是否享有40%的房产取回权？为什么？（5分）

【采分点答案】

（1）应当由被告住所地法院管辖，即东下市西河区法院管辖。（1分）本案中，A、B与乙公司约定了管辖法院，且该约定不违反级别管辖和专属管辖的规定，成立了有效的协议管辖。（1分）因此本案应当依照协议管辖中的约定，由被告住所地的东下市西河区法院管辖。

（2）不能。（1分）A、B与乙公司签订协议后，A、B对乙公司只享有请求交付房产的债权，其并未取得房产的所有权，该房产仍属于债务人乙公司的财产。（2分）因此，A、B不享有取回权。

【考点】

协议管辖；取回权

【题目解析】

（1）《民事诉讼法》第35条规定："合同或者其他财产权益纠纷的当事人可以书面协议选择被告住所地、合同履行地、合同签订地、原告住所地、标的物所在地等与争议有实际联系的地点的人民法院管辖，但不得违反本法对级别管辖和专属管辖的规定。"

（2）《破产法》第38条规定："人民法院受理破产申请后，债务人占有的不属于债务人的财产，该财产的权利人可以通过管理人取回。但是，本法另有规定的除外。"

3. 乙公司按照协议办理完股权的工商变更登记后，A、B是否各自取得乙公司20%的股权？为什么？（2分）

【采分点答案】

未取得。（1分）乙公司通过让与股权进行担保的，构成股权让与担保，即便股权登记到A、B名下，其也不能取得股权。（1分）

【考点】

让与担保

【题目解析】

（1）《担保制度解释》第69条规定："股东以将其股权转移至债权人名下的方式为债务履行提供担保，公司或者公司的债权人以股东未履行或者未全面履行出资义务、抽逃出资等为由，请求作为名义股东的债权人与股东承担连带责任的，人民法院不予支持。"

（2）乙公司将股权登记到A、B名下用以担保债务的履行，构成股权让与担保。在股权让与担保中，其发生担保的效力而非让与的效力，因此即便股权已经登记到A、B名下，其也不能取得该股权。

4. 丁公司已登记的动产浮动抵押权能否对抗E？为什么？若债务履行期届满乙公司未履行债务，丁公司应如何行使担保权利？若丁公司起诉，以不同的人为被告起诉，法院应该如何安排当事人？（8分）

【采分点答案】

（1）可以对抗。（1分）丁的动产浮动抵押权已经登记，（1分）并且抵押人乙公司出售铲车属于出售生产设备，不能被认定为正常经营活动。（1分）因此，丁公司的抵押权可以对抗买受人E。

（2）丁公司应当先实现乙公司提供的动产浮动抵押，而后方可要求C、D承担保证责任。（1分）乙公司以其动产为丁公司设立动产浮动抵押，并且自然人C和D对丁公司提供连带共同保证，属于混合担保。（1分）当事人没有约定债权人主张权利的顺序，且债务人乙公司以自己的物提供了物保。（1分）因此，债权人丁公司应当先就债务人乙公司提供的物保实现权利，而后方可要求其他担保人C、D承担担保责任。

（3）保证人C、D未约定保证方式，其保证方式应认定为一般保证。（1分）若丁公司仅以乙公司为被告起诉，法院可以只列乙公司为被告；若丁公司仅以C或（和）D为被告起诉，法院应当驳回起诉；若丁公司以乙公司与C或（和）D为被告起诉，法院应当列乙公司与C或（和）D为被告。（1分）

【考点】

动产抵押权的效力；混合担保；一般保证人的诉讼地位

【题目解析】

（1）关于第一小问，分析思路如下：

①《民法典》第403条规定："以动产抵押的，抵押权自抵押合同生效时设立；未经登记，不得对抗善意第三人。"本题中，丁公司享有的动产浮动抵押权已经办理抵押登记，其可以对抗第三人。

②《民法典》第404条规定："以动产抵押的，不得对抗正常经营活动中已经支付合理价款并取得抵押财产的买受人。"《担保制度解释》第56条第1款规定："买受人在出卖人正常经营活动中通过支付合理对价取得已被设立担保物权的动产，担保物权人请求就该动产优先受偿的，人民法院不予支持，但是有下列情形之一的除外：（一）购买商品的数量明显超过一般买受人；（二）购买出卖人的生产设备；（三）订立买卖合同的目的在于担保出卖人或者第三人履行债务；（四）买受人与出卖人存在直接或者间接的控制关系；（五）买受人应当查询抵押登记而未查询的其他情形。"本题中，乙公司转让铲车，属于转让生产设备，其不能被认定为正常经营活动。因此，不能适用正常经营活动买受人规则。

③《民法典》第406条第1款规定："抵押期间，抵押人可以转让抵押财产。当事人另有约定的，按照其约定。抵押财产转让的，抵押权不受影响。"据此，动产浮动抵押期间，乙公司将抵押财产（2辆铲车）转让给E，E自受让交付时取得所有权，但基于抵押权的追及效力，丁公司对2辆铲车享有的已经登记的动产浮动抵押权"不受影响"，对E取得所有权的2辆铲车，丁公司继续享有动产浮动抵押权。

（2）关于第二小问，分析思路如下：

①乙公司对丁公司的借款债务提供物保，以其动产为丁公司设立动产浮动抵押；自然人C和D提供人保，对丁公司提供连带共同保证，成立《民法典》第392条规定的混合担保。②同时，由于未约定乙公司不履行还款义务时，丁公司行使担保权利的顺序，因此，丁公司行使担保权利有顺序上的限制。丁公司应当先对乙公司的动产行使动产浮动抵押权；对乙公司动产行使动产浮动抵押权仍不能清偿的部分，丁公司才能请求C和D承担连带共同保证责任。③由于

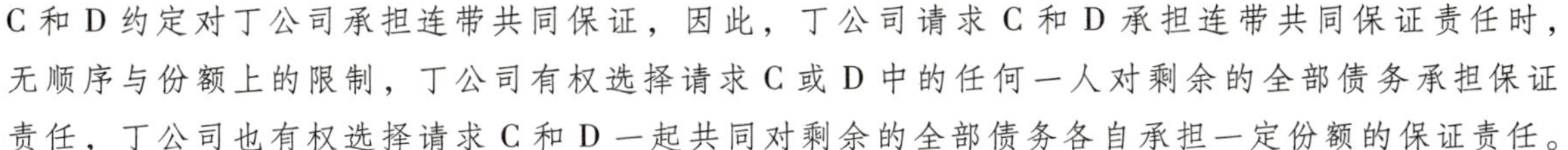

C和D约定对丁公司承担连带共同保证，因此，丁公司请求C和D承担连带共同保证责任时，无顺序与份额上的限制，丁公司有权选择请求C或D中的任何一人对剩余的全部债务承担保证责任，丁公司也有权选择请求C和D一起共同对剩余的全部债务各自承担一定份额的保证责任。

（3）关于第三小问，分析思路如下：

①《民法典》第686条第2款规定："当事人在保证合同中对保证方式没有约定或者约定不明确的，按照一般保证承担保证责任。"据此，因未约定保证方式，C和D的保证方式均为一般保证，均享有先诉抗辩权。②《担保制度解释》第26条第1款规定："一般保证中，债权人以债务人为被告提起诉讼的，人民法院应予受理。债权人未就主合同纠纷提起诉讼或者申请仲裁，仅起诉一般保证人的，人民法院应当驳回起诉。"《担保制度解释》第26条第2款规定："一般保证中，债权人一并起诉债务人和保证人的，人民法院可以受理，但是在作出判决时，除有民法典第六百八十七条第二款但书规定的情形外，应当在判决书主文中明确，保证人仅对债务人财产依法强制执行后仍不能履行的部分承担保证责任。"因此：第一，若丁公司仅以债务人乙公司为被告起诉，法院可以只列乙公司为被告；第二，若丁公司仅以C或（和）D为被告起诉，经释明后丁公司未变更诉讼请求或者法院未依职权追加的，法院应当驳回起诉；第三，若丁公司以乙公司与C或（和）D为被告起诉，法院应当列乙公司与C或（和）D为被告。

5. 乙公司将丙公司所有的2辆铲车出卖给E后，E在使用过程中发现铲车存在质量问题和设计缺陷，应当向谁主张权利？为什么？（2分）

【采分点答案】

（1）对铲车存在的质量问题和设计缺陷，若E欲主张违约责任，基于合同的相对性，E只能请求出卖人乙公司承担违约责任。（1分）

（2）若E因铲车设计缺陷遭受人身损害或者缺陷产品以外的其他财产损害，则成立产品侵权，E有权要求缺陷产品（铲车）的生产者与销售者承担无过错侵权责任、不真正连带责任。（1分）

【考点】

合同的相对性；产品责任

【题目解析】

（1）《民法典》第465条第2款规定："依法成立的合同，仅对当事人具有法律约束力，但是法律另有规定的除外。"若乙公司出卖给E的2辆铲车存在质量问题，属于瑕疵履行（不完全给付），根据《民法典》第577条的规定，E有权请求乙公司承担违约责任。同时，根据合同的相对性规则，E只能请求合同债务人（出卖人乙公司）承担违约责任。

（2）《民法典》第1203条第1款规定："因产品存在缺陷造成他人损害的，被侵权人可以向产品的生产者请求赔偿，也可以向产品的销售者请求赔偿。"《民法典》第1203条第2款规定："产品缺陷由生产者造成的，销售者赔偿后，有权向生产者追偿。因销售者的过错使产品存在缺陷的，生产者赔偿后，有权向销售者追偿。"据此，若因铲车缺陷给E造成人身损害或者缺陷产品（铲车）之外的其他财产损害，成立产品侵权，E有权请求铲车的生产者、销售者（包括融资租赁合同的出租人丙公司以及买卖合同的出卖人乙公司）承担无过错责任、不真正连带责任。

6. 乙公司出卖房屋的行为是否对A、B构成违约？为什么？A、B是否有权诉请撤销乙公司与自然人F之间的房屋买卖合同？为什么？（4分）

【采分点答案】

（1）不构成违约。（1分）一方面，乙公司与A、B的协议并未约定乙公司负有不得向他人出售房屋的合同义务；另一方面，乙公司向他人出售的房屋，销售比例仅占15%，该销售行为不影响乙公司依照协议向A、B转让40%房产合同义务的履行。（1分）

（2）无权。（1分）乙公司虽然实施了财产处分行为，但是该处分行为系以合理的价格出售，未导致乙公司责任财产减少，不会因此影响A、B对乙公司债权的实现，（1分）A、B不享有债权人撤销权，无权诉请法院撤销乙公司与自然人F之间的房屋买卖合同。

【考点】

违约形态；债权人撤销权

【题目解析】

（1）《民法典》第577条规定："当事人一方不履行合同义务或者履行合同义务不符合约定的，应当承担继续履行、采取补救措施或者赔偿损失等违约责任。"一方面，乙公司与A、B的协议并未约定"乙公司不得向第三人出售项目房产"，因此，楼盘建成后，乙公司对外销售已建成的房屋的行为，不构成对乙公司与A、B的协议违反。另一方面，乙公司已经销售的房屋仅占已建成的房屋的15%，不会导致乙公司不能履行向A、B交付40%房屋并移转所有权的合同义务。因此，乙公司出卖房屋的行为并不对A、B构成违约。

（2）①《民法典》第539条规定："债务人以明显不合理的低价转让财产、以明显不合理的高价受让他人财产或者为他人的债务提供担保，影响债权人的债权实现，债务人的相对人知道或者应当知道该情形的，债权人可以请求人民法院撤销债务人的行为。"

②根据《民法典》第539条的规定，债务人有偿处分其财产的，债权人享有债权人撤销权，要件有三：第一，债权人对债务人的债权合法、有效；第二，债务人对债权人负担债务之后，实施了导致其责任财产减少的财产性处分行为，并因此影响债权人债权的实现；第三，债务人与受让人（受益人）具有损害债权人债权的观念主义的恶意。

③根据题干交代的信息，乙公司对A、B负担交付房屋并移转所有权的合同义务后，乙公司向F出售房屋的行为未导致乙公司责任财产减少（以合理的价格出售），不会因此影响A、B对乙公司债权的实现，根据《民法典》第539条的规定，A、B不享有债权人撤销权，无权诉请法院撤销乙公司与自然人F之间的房屋买卖合同。

7. 自然人F所购房屋的实际面积、房型设计、容积率、配套设施等与广告宣传有很大差距，对此，F是否有权依据消费者权益保护法对乙公司主张标的额三倍的惩罚性赔偿金？（3分）

【采分点答案】

答案一：有权。（1分）经营者乙公司向F出售房屋时故意就房屋的实际面积、房型设计、容积率、配套设施等作虚假陈述，成立欺诈，（1分）消费者F以生活消费为目的购买商品房，（1分）F有权请求乙公司承担标的额三倍的惩罚性赔偿。

答案二：无权。（1分）虽然经营者乙公司向F出售房屋时故意就房屋的实际面积、房型设计、容积率、配套设施等作虚假陈述，成立欺诈，但根据消费者权益保护法的立法意旨，房屋买受人F不能被认定为消费者权益保护法上的"消费者"。（1分）同时，由于房屋价值巨大，房屋价值三倍的惩罚性赔偿责任与经营者乙公司实施的一般欺诈行为之间严重不相称。(1分)因此，即使将房屋买受人F定性为消费者权益保护法上所谓的“消费者”，也不宜轻率支持乙公司对F承担标的额3倍的惩罚性赔偿责任。

【考点】

惩罚性赔偿责任

【题目解析】

(1)《消费者权益保护法》第55条第1款规定：“经营者提供商品或者服务有欺诈行为的，应当按照消费者的要求增加赔偿其受到的损失，增加赔偿的金额为消费者购买商品的价款或者接受服务的费用的三倍；增加赔偿的金额不足五百元的，为五百元。法律另有规定的，依照其规定。”据此，消费者有权对经营者主张标的额三倍的惩罚性赔偿，要件有三：第一，一方为经营者，一方为消费者；第二，消费者以生活消费为目的购买、使用商品或者接受服务；第三，经营者的欺骗行为成立“欺诈”。

(2)乙公司向F出售房屋时，基于欺诈的双重故意，故意告知虚假事实(房屋的实际面积、房型设计、容积率、配套设施等)，使F陷于错误认识并因此作出不真实的意思表示，乙公司的行为成立欺诈。遭受欺诈的F是否有权依照《消费者权益保护法》第55条第1款的规定对实施欺诈的乙公司主张标的额三倍的惩罚性赔偿，一直有争议，主要有两种观点。

观点一：不能(无权)。理由：第一，司法实践遵循的裁判标准一直不被承认；第二，购买商品房的自然人是否属于消费者权益保护法上的“消费者”存有疑问；第三，商品房价值较大，标的额三倍的惩罚赔偿责任过于巨大，难谓公平。

观点二：可以(有权)。理由：第一，消费者权益保护法并未明确排除购买商品房的自然人有权依据消费者权益保护法主张惩罚性赔偿责任；第二，将生活消费为目的购买房屋的自然人定性为《消费者权益保护法》第2条规定的“消费者”，不存在理论上的障碍；第三，符合消费者权益保护法规定的惩罚性赔偿责任的立法目的，且有利于阻吓司空见惯的房地产开发企业欺诈。

(3)须注意：①商品房买卖合同解释于2020年12月23日被修改前，具有原《商品房买卖合同解释》第8条、第9条和第14条规定的“七种情形”之一的，买受人有权主张“不超过已付房款”的惩罚性赔偿责任。②商品房买卖合同解释于2020年12月23日被修改后，《商品房买卖合同解释》第8条、第9条和第14条的规定均被“删除”。因此，商品房买受人可否主张惩罚性赔偿，不能再从商品房买卖合同解释中寻找依据。

8. 若F起诉乙公司后申请鉴定，乙公司对鉴定结论提出异议申请重新鉴定，法院应如何处理？为什么？(3分)

【采分点答案】

应当在法院指定的期间内以书面形式提出。(1分)对于当事人的异议，法院应当要求鉴定人作出解释、说明或者补充。人民法院认为有必要的，可以要求鉴定人对当事人未提出异议的内容进行解释、说明或者补充。(1分)当事人在收到鉴定人的书面答复后仍有异议的，法院应当通知有异议的当事人预交鉴定人的出庭费用，并通知鉴定人出庭。有异议的当事人不预交鉴定人的出庭费用的，视为放弃异议。(1分)

9. 乙公司自己是否有权撤销对“青少年成长基金会”的捐赠？为什么？若乙公司丧失债务偿还能力，乙公司的债权人是否有权诉请撤销乙公司对“青少年成长基金会”的捐赠？为什么？（5分）

【采分点答案】

（1）无权撤销。（1分）乙公司对“青少年成长基金会”的赠与合同，属于依法不得撤销的具有救灾、扶贫、助残等公益、道德义务性质的赠与合同，赠与人乙公司不享有任意撤销权；（1分）同时，受让人“青少年成长基金会”亦未实施《民法典》第663条第1款规定的行为，赠与人乙公司不享有法定撤销权。（1分）

（2）有权撤销。（1分）乙公司对其债权人负担债务之后，无偿向“青少年成长基金会”赠与财产，该赠与行为导致乙公司的责任财产减少，造成乙公司丧失债务偿还能力，影响债权人债权的实现，（1分）根据《民法典》第538条的规定，乙公司的债权人可行使债权人撤销权，诉请法院撤销乙公司对“青少年成长基金会”的捐赠。

【考点】

赠与人的任意撤销权；债权人撤销权

【题目解析】

（1）①《民法典》第658条第1款规定：“赠与人在赠与财产的权利转移之前可以撤销赠与。”《民法典》第658条第2款规定：“经过公证的赠与合同或者依法不得撤销的具有救灾、扶贫、助残等公益、道德义务性质的赠与合同，不适用前款规定。”《慈善法》第41条第1款规定：“捐赠人应当按照捐赠协议履行捐赠义务。捐赠人违反捐赠协议逾期未交付捐赠财产，有下列情形之一的，慈善组织或者其他接受捐赠的人可以要求交付；捐赠人拒不交付的，慈善组织和其他接受捐赠的人可以依法向人民法院申请支付令或者提起诉讼：（一）捐赠人通过广播、电视、报刊、互联网等媒体公开承诺捐赠的；（二）捐赠财产用于本法第三条第一项至第三项规定的慈善活动，并签订书面捐赠协议的。”据此，乙公司与“青少年成长基金会”之间的赠与合同，属于“依法不得撤销”的赠与合同，赠与人乙公司不享有赠与人“任意撤销权”。

②《民法典》第663条第1款规定：“受赠人有下列情形之一的，赠与人可以撤销赠与：（一）严重侵害赠与人或者赠与人近亲属的合法权益；（二）对赠与人有扶养义务而不履行；（三）不履行赠与合同约定的义务。”据此，赠与人乙公司亦不享有赠与人的“法定撤销权”。

（2）《民法典》第538条规定：“债务人以放弃其债权、放弃债权担保、无偿转让财产等方式无偿处分财产权益，或者恶意延长其到期债权的履行期限，影响债权人的债权实现的，债权人可以请求人民法院撤销债务人的行为。”据此，债务人无偿处分其财产的，债权人享有债权人撤销权，要件有二：第一，债权人对债务人的债权合法、有效；第二，债务人对债权人负担债务之后，实施了导致其责任财产减少或无偿处分财产的行为，并因此影响债权人债权的实现。乙公司负担债务之后，对“青少年成长基金会”无偿赠与，导致乙公司的责任财产减少，并因此无力清偿对外负担的债务，乙公司的债权人享有债权人撤销权，有权诉请法院撤销乙公司与“青少年成长基金会”的赠与合同。

10. 若乙公司未对戊信托商偿还到期债务，丑为了自己的房屋不被执行，替乙公司偿还了1500万元的债务，丑能否向子主张权利？为什么？（3分）

【采分点答案】

不能。（1分）乙公司对戊负担的债务，子提供保证担保，丑提供抵押担保，成立共同担

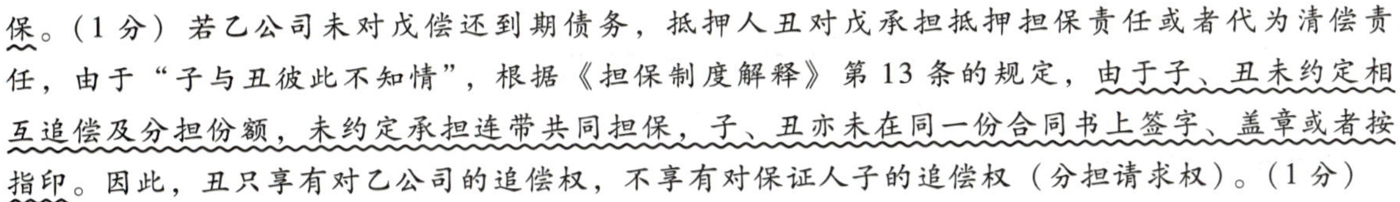

保。(1分)若乙公司未对戊偿还到期债务，抵押人丑对戊承担抵押担保责任或者代为清偿责任，由于“子与丑彼此不知情”，根据《担保制度解释》第13条的规定，由于子、丑未约定相互追偿及分担份额，未约定承担连带共同担保，子、丑亦未在同一份合同书上签字、盖章或者按指印。因此，丑只享有对乙公司的追偿权，不享有对保证人子的追偿权(分担请求权)。(1分)

【考点】

混合担保

【题目解析】

(1)乙公司对戊负担的债务，子提供人保，对戊承担保证责任；丑提供物保，以其房屋为戊设立抵押权，根据《民法典》第392条的规定，成立混合担保。

(2)《担保制度解释》第13条第1款规定：“同一债务有两个以上第三人提供担保，担保人之间约定相互追偿及分担份额，承担了担保责任的担保人请求其他担保人按照约定分担份额的，人民法院应予支持；担保人之间约定承担连带共同担保，或者约定相互追偿但是未约定分担份额的，各担保人按照比例分担向债务人不能追偿的部分。”《担保制度解释》第13条第2款规定：“同一债务有两个以上第三人提供担保，担保人之间未对相互追偿作出约定且未约定承担连带共同担保，但是各担保人在同一份合同书上签字、盖章或者按指印，承担了担保责任的担保人请求其他担保人按照比例分担向债务人不能追偿部分的，人民法院应予支持。”《担保制度解释》第13条第3款规定：“除前两款规定的情形外，承担了担保责任的担保人请求其他担保人分担向债务人不能追偿部分的，人民法院不予支持。”

(3)虽然子、丑对戊成立共同担保，但根据题干交代的信息，“子与丑彼此不知情”，因此，双方既未约定相互追偿及分担份额，亦未约定承担连带共同保证，又未在同一份合同书上签字、盖章或者按指印，因此，丑对戊承担责任后，丑只能向债务人乙公司全额追偿，无权向提供担保的第三人子追偿，无权请求子分担。

2020 年商法真题回忆版

【案情】

甲公司系有限责任公司，由原集体所有制企业改制而来，注册资本为2000万元，已全部实缴。甲公司股东为：张某，持股25%，并担任董事长兼法定代表人；王某，持股15%；李某，持股5%；代表原集体企业全体职工持股的工会（已注册为法人）持股55%。董事会成员为张某、王某、李某以及由职工代表大会推荐的周某和吴某。监事为职工代表石某。

2017年5月，周某利用其董事身份擅自将工会所持股权转让给了公司以外的赵某，赵某查阅公司登记材料后，仍向周某支付了股权转让价款。工会一个月后得知此事，召开全体职工大会，决议开除周某，解除周某董事资格，并委派吴某将决议递交给甲公司。甲公司收到后，因忙于增资事项，并未处理撤销周某的董事事宜。

甲公司拟与同行业的乙公司合作，2017年8月底，双方达成增资协议，内容如下：

1. 甲公司增加注册资本3000万元，并全部由乙公司认购。

2. 乙公司分三期实缴：协议签订15日内实缴500万元，第二期在甲公司完成变更登记后的半年内缴纳1000万元，剩余部分在甲公司启动上市改制时全部缴清。

3. 甲公司股东变更为乙公司、张某、王某、李某、工会，其中乙公司为持股超过50%以上的大股东。

4. 董事会变更为：张某、吴某、由乙公司指派的该公司董事长兼法定代表人潘某等，监事不变。

随后，甲公司召开股东会，对增资扩股事项进行决议。其中王某和李某不同意甲公司的定向增资方案，李某要求优先认购500万元的股权。原集体企业参加改制的职工刘某主张按自己的持股比例优先认购。其他股东均同意增资协议。后甲公司通过了增资的决议。

甲公司随后于2017年年底前完成变更登记。乙公司成为甲公司股东后，委派潘某为甲公司董事长兼法定代表人。后乙公司指使潘某以甲公司名义给乙公司的全资子公司丙公司发放了700万元无息借款，借款期限为8年。

乙公司入股后一年，甲公司经营管理不善，乙公司与工会产生分歧，导致甲公司不满。甲公司原股东在没有通知乙公司的情况下，召开股东会，决议将乙公司解除股东资格。

【问题】

1. 周某将工会所持有股权转让给赵某，赵某能否取得该部分股权？（4分）

2. 职工大会解除周某的董事资格的决议，能否导致其董事资格的丧失？为什么？（4分）

3．甲公司就增资扩股事项的股东会决议效力如何？为什么？（4 分）

4．李某和刘某的请求是否成立？为什么？（4 分）

5．潘某以甲公司名义与丙公司签订的借款合同是否有效？为什么？（6 分）

6．甲公司原股东在没有通知乙公司的情况下召开股东会解除乙公司股东资格的决议是否有效？为什么？（6 分）

【案情分析】

甲公司系有限责任公司，由原集体所有制企业改制而来，注册资本为2000万元，已全部实缴。甲公司股东为：张某，持股25%，并担任董事长兼法定代表人；王某，持股15%；李某，持股5%；代表原集体企业全体职工持股的工会（已注册为法人）持股55%。董事会成员为张某、王某、李某以及由职工代表大会推荐的周某和吴某。监事为职工代表石某。

公司股权结构

公司董事会结构

2017年5月，周某利用其董事身份擅自将工会所持股权转让给了公司以外的赵某，赵某查阅公司登记材料后，仍向周某支付了股权转让价款。工会一个月后得知此事，召开全体职工大会，决议开除周某，解除周某董事资格，并委派吴某将决议递交给甲公司。甲公司收到后，因忙于增资事项，并未处理撤销周某的董事事宜。

周某冒名将工会所持股权转让给赵某

职工大会解除周某的职工董事职务

甲公司拟与同行业的乙公司合作，2017年8月底，双方达成增资协议，内容如下：

1. 甲公司增加注册资本3000万元，并全部由乙公司认购。

由乙公司定向增资

2. 乙公司分三期实缴：协议签订15日内实缴500万元，第二期在甲公司完成变更登记后的半年内缴纳1000万元，剩余部分在甲公司启动上市改制时全部缴清。

3. 甲公司股东变更为乙公司、张某、王某、李某、工会，其中乙公司为持股超过50%以上的大股东。

4. 董事会变更为：张某、吴某、由乙公司指派的该公司董事长兼法定代表人潘某等，监事不变。

随后，甲公司召开股东会，对增资扩股事项进行决议。其中王某和李某不同意甲公司的定向增资方案，李某要求优先认购500万元的股权。原集体企业参加改制的职工刘某主张按自己的持股比例优先认购。其他股东均同意增资协议。后甲公司通过了增资的决议。

李某主张超出其实缴出资比例的优先认购份额

甲公司随后于2017年年底前完成变更登记。乙公司成为甲公司股东后，委派潘某为甲公司董事长兼法定代表人。后乙公司指使潘某以甲公司名义给乙公司的全资子公司丙公司发放了700万元无息借款，借款期限为8年。

甲公司更换董事长及法定代表人为潘某

甲公司与丙公司之间为关联关系，该笔借款为不公允的关联交易，损害了甲公司利益

乙公司入股后一年，甲公司经营管理不善，乙公司与工会产生分歧，导致甲公司不满。甲公司原股东在没有通知乙公司的情况下，召开股东会，决议将乙公司解除股东资格。

违法解除股东资格

【本案法律关系架构图】

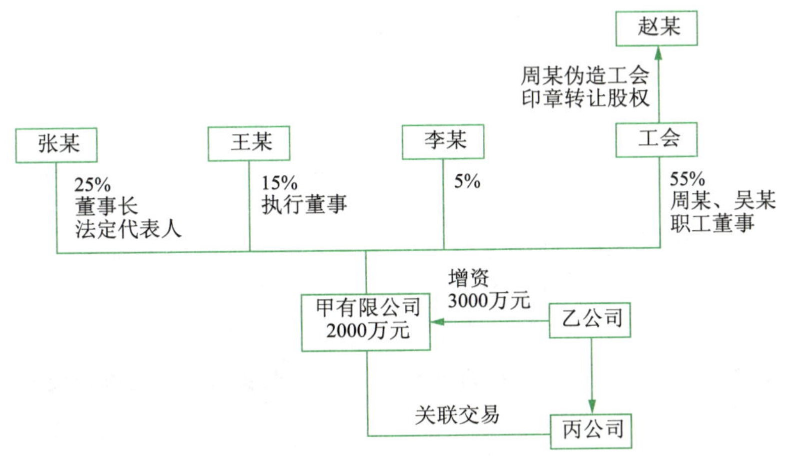

【采分点答案及题目解析】

1. 周某将工会所持有股权转让给赵某，赵某能否取得该部分股权？

【采分点答案】

赵某不能取得该部分股权。(1分)

根据题意工会持有甲公司55%的股权，工会作为公司股东，其名称记载于股东名册和公司登记文件。周某作为甲公司董事，并不享有上述股权，周某将工会名下股权转让给赵某的行为系“冒名行为”，类推适用无权代理，（1分）即未经“被代理人”追认，不发生法律效力。

本题中，周某将工会名下股权转让，未经工会追认，对工会不发生效力。(2分)

2. 职工大会解除周某的董事资格的决议，能否导致其董事资格的丧失？为什么？

【采分点答案】

可以导致周某董事资格的丧失。(1分)

根据《公司法》第44条第2款的规定，两个以上的国有企业或者两个以上的其他国有投资主体投资设立的有限责任公司，其董事会成员中应当有公司职工代表；其他有限责任公司董事会成员中可以有公司职工代表。董事会中的职工代表由公司职工通过职工代表大会、职工大会或者其他形式民主选举产生。本案中，周某是职工大会选举的董事。(1分)因此，职工大会选举的董事应由职工代表大会罢免。所以职工大会解除周某董事资格的决议，会导致其董事资格的丧失。(2分)

【陷阱提示】

董事来源包括：股东代表和职工代表。股东代表由股东（大）会选举产生。职工代表由职工代表大会、职工大会或其他形式民主选举产生。(1分)

(1) 并非所有的公司都需要设立职工董事，只有“两个以上的国有企业或者两个以上的其他国有投资主体投资设立的有限责任公司”才应当设立职工董事。(2分)

(2) 其他有限公司中，是否设立职工董事，自由决定。

3. 甲公司就增资扩股事项的股东会决议效力如何？为什么？

【采分点答案】

股东会决议部分有效，部分无效（在损害王某和李某实缴出资比例优先认缴权的范围内无效）。（1分）

（1）甲公司就增资事宜召开了股东会会议，经80%表决比例通过了增资决议，故该决议成立；内容方面：甲公司增资，全部由乙公司认购并不违法，故该决议内容在增资方面并非无效。（2分）

（2）在公司增资的股东会上，不同意增资方案的王某和李某享有按实缴出资比例行使优先认缴权，在公司剥夺王某和李某优先认缴权的情况下，作出的全部增资由非股东乙公司认缴的决定，属于股东会决议内容违反公司法的规定。（1分）

故股东会决议在损害王某和李某实缴出资比例优先认缴权的范围内部分无效。

4. 李某和刘某的请求是否成立？为什么？

【采分点答案】

（1）李某的请求不成立。根据《公司法》第34条的规定，公司新增资本时，股东有权优先按照实缴的出资比例认缴出资。但是，全体股东约定不按照出资比例分取红利或者不按照出资比例优先认缴出资的除外。

本案中李某的实缴出资比例为5%，因此，针对公司新增资本3000万元，李某只能在5%的部分内行使优先认缴权，即对150万元的新增资本，李某要求优先认购500万元，已经超出了其优先认缴权的数额范围，对于超出部分的请求不能成立。（2分）

（2）刘某的请求不成立。本案中刘某是原集体企业职工，其股权由工会代持。名义股东不能直接向公司主张权利，只能通过名义股东间接行使权利。因此，职工刘某无法在公司增资时，直接向公司主张优先认缴权。（2分）

5. 潘某以甲公司名义与丙公司签订的借款合同是否有效？为什么？

【采分点答案】

有效。

（1）本题中，乙公司是甲公司的大股东，丙公司系乙公司的全资子公司，故甲公司与丙公司签订借款合同，向丙公司提供借款，属于关联交易。（2分）

（2）《公司法》第21条规定："公司的控股股东、实际控制人、董事、监事、高级管理人员不得利用其关联关系损害公司利益。违反前款规定，给公司造成损失的，应当承担赔偿责任。"

可见，公司法并不禁止关联交易。一方面，若公司控股股东、实际控制人、董事、监事、高管利用关联交易损害公司利益，并不因此而导致相关合同无效，只是应当承担赔偿责任。另一方面，《公司法》第21条"不得利用关联交易损害公司利益"的规定属于"管理性强制性规范"，而非"效力性强制性规范"。（2分）

（3）甲公司与丙公司之间借款金额较大、无息、期限较长，甲公司利益受损，应当认定乙公司作为甲公司的控股股东通过关联交易损害了甲公司利益。

甲公司可以要求乙公司承担赔偿责任，但并不导致借款合同无效。（2分）

【陷阱提示】本题不能从“恶意串通，损害他人利益”的路径分析，从而得出借款合同无效的结论。

借款合同的双方是甲公司和丙公司，潘某作为甲公司法定代表人有权代表甲公司与丙公司订立合同。该合同损害的是合同一方——甲公司的利益，并非甲公司和丙公司恶意串通，损害第三方利益，不能认定借款合同无效。

6. 甲公司原股东在没有通知乙公司的情况下召开股东会解除乙公司股东资格的决议是否有效？为什么？

【采分点答案】

（1）无效。（1分）

（2）根据《公司法解释（三）》第17条第1款的规定：“有限责任公司的股东未履行出资义务或者抽逃全部出资，经公司催告缴纳或者返还，其在合理期间内仍未缴纳或者返还出资，公司以股东会决议解除该股东的股东资格，该股东请求确认该解除行为无效的，人民法院不予支持。”有限公司的股东资格具有人合和资合双重属性，只能依据未出资或抽回全部出资才能解除股东资格。（2分）本案中，仅仅因为乙公司和工会产生分歧，股东会无权解除乙公司股东资格，该决议侵害了乙公司的合法权益，因此，股东会决议内容因违反法律的规定无效。（3分）

【题目解析】

判决公司股东会决议效力分三步：

（1）决议是否成立；

（2）若决议并非不成立，再判断是否有效；

（3）若决议并非无效，再判断是否可撤销。

本题中，“没有通知乙公司”属于会议召集程序违反法律，在决议内容并不违法的情况下，会导致决议“可撤销”。该决议因内容违法而无效，则不必再分析其是否属于可撤销的决议。

2021年民商法综合真题回忆版（全国卷）

【案情】

枫桥公司位于X市Y区，通过抵顶债务收回一栋20层的“枫叶”写字楼（价值10亿元），位于S市A区，枫桥公司准备将19层和20层自用，其余楼层对外租赁，每层1000平方米，租金为300元/平方米。

恒通公司是一家有多个金融牌照的集团公司，位于W市C区。恒通公司为了拓展业务，设立了三家子公司。甲公司（全资子公司）、乙公司（控股子公司）、丙公司（参股子公司）。

甲、乙、丙三家子公司与枫桥公司约定：分别承租“枫叶”写字楼的16、17、18层作为办公室，租金为每月30万元，按季支付租金。约定试租1年，到期如没有其他约定，续租2年，起租日期从2020年1月15日起算，如果产生纠纷由X市Y区法院管辖。恒通公司为三家子公司支付租金提供连带责任保证，并出具了《独立担保函》（恒通公司未经股东会或董事会决议）。

甲公司承租的16层，设施设备损坏，多次联系枫桥公司处理，枫桥公司未处理，甲公司只好垫资自己维修，花费60万元，并明确表示会从下一季度的租金中扣除，枫桥公司表示拒绝。2020年3月，甲公司向枫桥公司支付了30万元。枫桥公司诉至法院，要求甲公司支付第二季度租金90万元，恒通公司承担连带保证责任。

甲公司向法院主张以垫付的维修款60万元抵销租金，枫桥公司不认可，并且主张2020年3月甲公司打给自己的30万元是清偿另一项债务。法院判决甲公司向枫桥公司支付租金90万元及利息，恒通公司承担连带清偿责任；如恒通公司清偿债务，可以向甲公司追偿。

丁代表公司去跟乙公司签订《保理合同》，将车停放在“枫叶”写字楼的停车场车位上，停车场的一棵大树被大风刮倒，砸在了丁的车上造成损失300万元。事后查明，前几日已经有多名人员向大厦的管理方表明有树即将折断，由于工作人员未登记，交接班的时候彻底忘记此事。因此意外，丁与乙公司未签约造成损失5000万元。

丙公司觉得大厦内部的风格与自己的经营理念不符，与枫桥公司协商，想要重新装修，遭到拒绝。心灰意冷的丙公司把18层转租给了另外一个公司，并决定试租的1年到期后不再续租。

“枫叶”写字楼经营失败，多次遭到投诉，纠纷越来越多，枫桥公司于2021年1月2日将“枫叶”写字楼整体转让给峰塔公司。甲公司要求就16层享有优先购买权，在此之前，枫桥公司已经将甲公司、丙公司诉至法院。

【问题】

1. 枫桥公司起诉甲公司和恒通公司要求支付租金应当由哪个法院管辖？为什么？（5分）

2. 恒通公司如果承担了保证责任，能不能依据判决书申请执行？为什么？（4分）

3. 甲公司提出以60万元的维修费抵销租金的主张，法院应当按抗辩还是反诉处理？为什么？（6分）

4. 关于甲公司主张2020年3月转账的30万元是支付的租金，举证责任由何人承担？如果法官最终未能形成心证，法院应当如何处理？（6分）

5. 丁就遭到的损害，可以向谁主张？为什么？（5分）

6. 乙公司就因意外未能签订5000万元的合同所遭受的损失是否可以主张赔偿？为什么？（6分）

7. 丙公司是否可以把18层转租给另一个公司？为什么？（6分）

8. 枫桥公司把“枫叶”写字楼整体转让给峰塔公司时，甲公司等的租赁合同是否当然解除？为什么？（4分）

9. 甲公司能否就16层行使优先购买权？如果能，为什么？如果不能，为什么？（7分）

10. 恒通公司是否应该为甲公司和丙公司承担连带保证责任？为什么？（6分）

【案情分析】

枫桥公司位于X市Y区，通过抵顶债务收回一栋20层的“枫叶”写字楼（价值10亿元），位于S市A区，枫桥公司准备将19层和20层自用，其余楼层对外租赁，每层1000平方米，租金为300元/平方米。

恒通公司是一家有多个金融牌照的集团公司，位于W市C区。恒通公司为了拓展业务，设立了三家子公司。甲公司（全资子公司）、乙公司（控股子公司）、丙公司（参股子公司）。 三家公司的关系

甲、乙、丙三家子公司与枫桥公司约定：分别承租“枫叶”写字楼的16、17、18层作为办公室，租金为每月30万元，按季支付租金。约定试租1年，到期如没有其他约定，续租2年，起租日期从2020年1月15日起算，如果产生纠纷由X市Y区法院管辖。恒通公司为三家子公司支付租金提供连带责任保证，并出具了《独立担保函》（恒通公司未经股东会或董事会决议）。 管辖协议 公司担保

甲公司承租的16层，设施设备损坏，多次联系枫桥公司处理，枫桥公司未处理，甲公司只好垫资自己维修，花费60万元，并明确表示会从下一季度的租金中扣除，枫桥公司表示拒绝。2020年3月，甲公司向枫桥公司支付了30万元。枫桥公司诉至法院，要求甲公司支付第二季度租金90万元，恒通公司承担连带保证责任。 房屋租赁合同纠纷

甲公司向法院主张以垫付的维修款60万元抵销租金，枫桥公司不认可，并且主张2020年3月甲公司打给自己的30万元是清偿另一项债务。法院判决甲公司向枫桥公司支付租金90万元及利息，恒通公司承担连带清偿责任；如恒通公司清偿债务，可以向甲公司追偿。 清偿的抵充 判决可以追偿

丁代表公司去跟乙公司签订《保理合同》，将车停放在“枫叶”写字楼的停车场车位上，停车场的一棵大树被大风刮倒，砸在了丁的车上造成损失300万元。事后查明，前几日已经有多名人员向大厦的管理方表明有树即将折断，由于工作人员未登记，交接班的时候彻底忘记此事。因此意外，丁与乙公司未签约造成损失5000万元。 林木折断致人损害

丙公司觉得大厦内部的风格与自己的经营理念不符，与枫桥公司协商，想要重新装修，遭到拒绝。心灰意冷的丙公司把18层转租给了另外一个公司，并决定试租的1年到期后不再续租。“枫叶”写字楼经营失败，多次遭到投诉，纠纷越来越多，枫桥公司于2021年1月2日将“枫叶”写字楼整体转让给峰塔公司。甲公司要求就16层享有优先购买权，在此之前，枫桥公司已经将甲公司、丙公司诉至法院。 非法转租 租赁期间，转让房屋

【本案法律关系架构图】

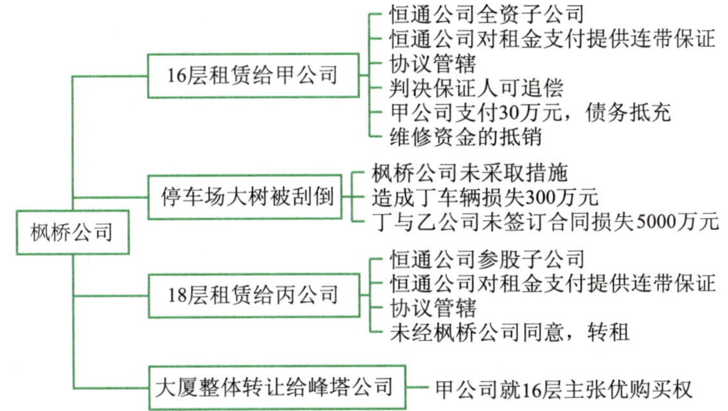

【采分点答案及题目解析】

1. 枫桥公司起诉甲公司和恒通公司要求支付租金应当由哪个法院管辖？为什么？（5分）

【采分点答案】

应由S市A区法院管辖。（2分）本案属于房屋租赁合同纠纷，依据民事诉讼法及相关司法解释的规定，应当由不动产所在地法院专属管辖，（1分）协议管辖不得违反专属管辖的规定，双方在合同中约定的协议管辖无效，（2分）因此应当由S市A区法院专属管辖。

【题目解析】

（1）本题考查专属管辖及协议管辖的效力，属于典型的送分题。按照“先定性、找规范、得答案”的破题套路，能够立马想到“农建房政”四种特殊的合同由不动产所在地法院专属管辖，因此本案应当由不动产所在地即S市A区法院专属管辖。

（2）尽管本案中，当事人之间存在协议管辖，但是协议管辖不得违反级别管辖和专属管辖的规定，因此本案中的协议管辖无效，不能按照该协议管辖来确定管辖法院。

2. 恒通公司如果承担了保证责任，能不能依据判决书申请执行？为什么？（4分）

【采分点答案】

答案一：恒通公司可以依据判决书申请执行。（2分）法院在判决书主文中已经明确载明“如恒通公司清偿债务，可以向甲公司追偿”，因此恒通公司作为保证人，其追偿权已经被生效裁判所确认，（2分）具备执行力。

答案二：恒通公司不能依据判决书申请执行，应当另行提起追偿之诉，获得胜诉裁判后再申请执行。（2分）当事人申请法院执行的生效法律文书应当明确给付内容，（2分）否则无法成为被执行的内容。本案中法院在判决书主文中虽然认可了恒通公司的追偿权，但是该判项中并没有具体的给付内容，且属于附条件的判决，因此不具备执行力。

【题目解析】

本题考查保证人追偿权的执行力，属于实体法与程序法相结合的考点。本题的结论是开放的，当论证思路和依据不同时，可能形成两种不同的观点。在民法典颁行之前，原《担保法解释》（已失效）第42条第1款曾规定：“人民法院判决保证人承担保证责任或者赔偿责任的，应当在判决书主文中明确保证人享有担保法第三十一条规定的权利。判决书中未予明确追偿权的，保证人只能按照承担责任的事实，另行提起诉讼。”在民法典施行之后，民法典及配套司法解释均未纳入该内容，但最高人民法院在相关释义类图书中认为该解释第42条第1款的内容符合民法典精神和民事诉讼法原理。但从制度原理的角度出发，关于追偿权的判项并无具体给付内容，在性质上更接近于对追偿权的期待权的确认判决，属于附条件的判决，原则上不具有执行力，保证人应当另行提起追偿之诉。上述两种观点，如果论据与结论相匹配，均可得分，二者择其一即可。

3. 甲公司提出以60万元的维修费抵销租金的主张，法院应当按抗辩还是反诉处理？为什么？（6分）

【采分点答案】

答案一：甲公司向法院主张以垫付的60万元维修款抵销租金，应当认定为反诉。（2分）本案中，枫桥公司的诉讼请求是要求甲公司支付维修款，而甲公司主张抵销，其实质上是在要求枫桥公司就房屋的维修费用承担责任。因此，甲公司的主张已经跳出认定租金的法律关系和主要事实，属于一个独立的请求，且主体同一、具备牵连关系，（4分）构成反诉。

答案二：甲公司向法院主张以垫付的60万元维修款抵销租金，应当认定为抗辩。（2分）甲公司主张抵销的目的在于拒绝支付租金，其实质的法律效果是对抗枫桥公司的诉讼请求，（2分）甲公司并未就此单独提起诉讼，（2分）因此只能被认定为抗辩。

【题目解析】

（1）本题考查反诉与抗辩的区分。抗辩是被告的一种防御方式，通过提出虽然与原告陈述的请求原因事实一致的请求原因事实，但却能妨碍或消灭原告所主张权利的实体法规范的新事实，从而排斥原告的诉讼请求。由此可见，抗辩是一种特殊的辩论形态，其并非直接否认原告的事实主张，而是在承认原告陈述的前提下，引入新的事实，以达到对抗原告的目的。反诉与抗辩之间的核心区别在于请求是否具有独立性，按照识别反诉的从易到难“三步法”，分别检查：主体是否同一、请求是否独立、是否具备牵连关系，即可得出正确结论。

（2）本案中可以将抵销租金债权作为反诉，与本诉合并审理，从而提高诉讼效率。以抵销权作为反诉的诉讼标的，意味着本诉主债权必须成立，否则抵销无须审理。因此这一反诉并不是简单的诉的合并，而是以原告本诉胜诉为前提的预备合并。此外，如果不符合牵连关系的现有规定或者不符合管辖同一性的要求，也无法成立反诉。因此，本案中的抵销主张具有独立性，应当被认定为反诉。此为第一种观点。

（3）本案中甲公司主张抵销的目的在于拒绝支付租金，其核心目的在于对抗枫桥公司的诉讼请求，甲公司并未对此单独提起诉讼，因此只能将之认定为抗辩，否则违反“不告不理”和处分原则的要求。此乃第二种观点。

4. 关于甲公司主张2020年3月转账的30万元是支付的租金，举证责任由何人承担？如果法官最终未能形成心证，法院应当如何处理？（6分）

【采分点答案】

由甲公司承担。（2分）对于债务人是否履行债务的事实，应由债务人甲公司承担举证责任。（2分）甲公司欠付枫桥公司多笔债务，甲公司主张适用指定抵充，其需要承担举证责任，若甲公司举证不能，即法官无法形成心证，此时无法适用约定抵充和指定抵充，只能适用法定

抵充的规则进行认定。(2分)

【题目解析】

(1)本题考查证明责任的具体分配以及待证事实真伪不明时的处理方式。本案适用证明责任分配的一般原则,即“谁主张,谁举证”,谁主张积极事实,谁就对相关事实承担证明责任,谁负有履行义务,谁就对是否履行承担证明责任。如果当事人无法提供证据或提供的证据不充分,导致法官无法形成心证(即待证事实真伪不明),且法律上没有拟制、抵充、推定等特殊规定,那么作为穷尽一切手段之后的最后途径,法官可以用结果意义上的证明责任判案,即谁对该真伪不明的要件事实承担证明责任,谁就要承担不利的后果(败诉的风险)。因此本题的后半问是披着民诉法外衣的民法问题,考查的是民法典有关抵充的规定。

(2)《民法典》第560条第1款规定:“债务人对同一债权人负担的数项债务种类相同,债务人的给付不足以清偿全部债务的,除当事人另有约定外,由债务人在清偿时指定其履行的债务。”此为清偿的抵充规则。本题中,甲公司对枫桥公司欠付多笔债务包括租金债务及其他债务,此时甲公司的给付不足以清偿全部债务,因此需要适用清偿的抵充规则。清偿的抵充分为三个顺序:约定抵充、指定抵充与法定抵充。

(3)本题中,不存在约定抵充,而甲公司主张自己清偿的是租金债务,债务人的主张属于指定抵充。债务人是否履行债务,由债务人承担举证责任。因此,甲公司主张其通过指定抵充履行了债务,其就需要对其存在指定的事实进行举证。若甲公司不能通过举证使得法官形成心证,则甲公司的主张将无法得到支持,即法院将认定不存在指定抵充。

(4)当法院认定不存在指定抵充时,法院就只能按照下一个层次的抵充规则,那就是法定抵充的规则来处理了。只不过,在本题中因案情的限制,我们无法判断最终被抵充的究竟是哪笔债务。

5. 丁就遭到的损害,可以向谁主张?为什么?(5分)

【采分点答案】

答案一:应由大厦管理方承担赔偿责任。(2分)因林木折断、倾倒或者果实坠落等造成他人损害,由管理者承担过错推定责任,(3分)本案中大厦管理方存在过错,需承担赔偿责任。

答案二:应由大厦管理方承担赔偿责任。(2分)公共场所的管理者没有尽到安全保障义务的,需要承担侵权责任。(3分)本案中大厦管理者没有尽到安全保障义务,因此需要承担侵权责任。

【题目解析】

(1)本题考查了民法典侵权责任编中违反安保义务的责任承担与物件致人损害。因此,本题能够用到的请求权基础有两个,在作答时,考生任意答出一个请求权基础即可得满分。

(2)本题的第一个请求权基础是违反安保义务致人损害的责任承担。大厦的管理方作为公共场所的管理者,其负有保护该场所安全的安全保障义务。现大厦的管理方没有尽到安全保障义务,未能及时清理即将倾倒的大树导致丁遭受损害的,大厦管理方须就此承担责任。

(3)本题的第二个请求权基础是物件致人损害。本题属于林木折断致人损害,根据民法典的规定由林木的管理方承担过错推定责任。本题中,林木的管理人就是大厦的管理方,而大厦的管理方经过提醒依旧没有及时清理该大树,其具有过错。因此,针对丁的损害,大厦的管理方需要承担侵权责任。

6. 乙公司就因意外未能签订5000万元的合同所遭受的损失是否可以主张赔偿？为什么？（6分）

【采分点答案】

不能。（2分）本题中，大厦管理方未尽到管理职责的行为与乙公司没有签订合同的损失之间不存在因果关系，因此大厦的管理方不需要对此承担侵权责任。（2分）其次，大厦的管理方并不存在恶意缔约的行为，也不需要对此承担缔约过失责任。（2分）

【题目解析】

（1）本题主要考查民事责任的成立要件。在法考中，一方对另一方承担民事赔偿责任，无非基于三种责任基础：侵权责任、违约责任与缔约过失责任。此处，逐一进行分析。

（2）首先来看侵权责任，侵权责任的构成要件有四：加害行为；损害结果；因果关系；主观过错。本题中，大厦管理方没有尽到管理职责而实施了加害行为，乙公司遭受了未能缔约的损失，但是二者之间不存在因果关系。原因在于，民法上的因果关系系相当因果关系理论，大厦没有尽到管理职责的行为在社会观念中并不会通常造成未能缔约的损害结果。因此，大厦的行为不构成侵权，不需要承担侵权责任。

（3）其次来看违约责任，违约责任成立的前提是存在有效的合同关系。本题中，没有提及大厦管理方与乙公司之间存在某种合同关系，因此没有产生违约责任的空间。

（4）最后来看缔约过失责任，缔约过失责任的成立需要满足四个要件：缔约过程中；一方违反了基于诚实信用原则产生的先合同义务；造成另一方的信赖利益损失；存在因果关系。本题中，管理方与乙公司并未进入缔约阶段，所以不存在缔约过失责任。

（5）由此可见，乙公司没有任何责任基础请求管理方就其缔约损失承担责任。

7. 丙公司是否可以把18层转租给另一个公司？为什么？（6分）

【采分点答案】

不能。（2分）承租人未经出租人同意不得擅自转租，否则构成非法转租，（2分）但当事人事先另有约定的除外。（2分）本题中，当事人之间事先没有约定，因此丙公司不得擅自转租。

【题目解析】

（1）本题考查承租人转租的问题。《民法典》第716条规定：“承租人经出租人同意，可以将租赁物转租给第三人。承租人转租的，承租人与出租人之间的租赁合同继续有效；第三人造成租赁物损失的，承租人应当赔偿损失。承租人未经出租人同意转租的，出租人可以解除合同。”从法条的文义来看，承租人经过同意可以转租，那反对解释就是，承租人未经同意不得转租。本题中，承租人丙公司没有经过枫桥公司的同意不得转租。

（2）许多考生疑惑的是，承租人没有经过出租人的同意转租的，可以构成非法转租，非法转租不也是转租吗？各位要注意，此处问是否“可以”其实是在问在法律上是否允许，在法律上是否合法，而不是事实上可不可以。因此，此处考生需要回答的是“什么情况下承租人可以合法地进行转租”。

8. 枫桥公司把“枫叶”写字楼整体转让给峰塔公司时，甲公司等的租赁合同是否当然解除？为什么？（4分）

【采分点答案】

不是。（2分）本案中，租赁关系存续期间，出租人枫桥公司将租赁物转让给峰塔公司，新的所有权人峰塔公司应当法定承受原租赁合同，应当继续履行原租赁合同。（2分）因此，甲公司等的租赁合同不是当然解除。

【题目解析】

（1）本题的考点非常简单，其考查了买卖不破租赁规则。《民法典》第725条规定："租赁物在承租人按照租赁合同占有期限内发生所有权变动的，不影响租赁合同的效力。"

（2）本题中，在甲公司等与枫桥公司的租赁期间，写字楼发生所有权变动，甲公司等的租赁关系并不受到影响，也就不会被解除。

9. 甲公司能否就16层行使优先购买权？如果能，为什么？如果不能，为什么？（7分）

【采分点答案】

答案一：不能。（2分）本案中，出租人枫桥公司转让整栋大楼，作为承租人的甲公司仅主张购买第16层，其所提出的并不属于同等条件。（5分）因此，甲公司不享有优先购买权。

答案二：可以。（2分）出租人枫桥公司转让整栋大楼，作为承租人的甲公司以同等条件主张购买第16层。且该案件不存在不享有优先购买权的除外情形。（5分）因此，甲公司可以主张优先购买权。

【题目解析】

（1）本题考查的是房屋承租人的优先购买权，其属于开放性答案，考生只需要答出一种观点即可得满分。根据《民法典》第726条的规定，房屋租赁合同存续期间，出租人转让房屋的，承租人在同等条件下享有优先购买权。

（2）本题的一种观点认为，枫桥公司转让的是整栋大楼，而甲公司仅主张购买第16层，因此甲公司提出的条件并非同等条件，故其不享有优先购买权。

（3）本题的另一种观点认为，枫桥公司转让的整栋大楼并非不能分割，因此甲公司提出仅购买一层，并不属于非同等条件，且甲公司已经满足了优先购买权的其他要件，因此应当认定甲公司享有优先购买权。

10. 恒通公司是否应该为甲公司和丙公司承担连带保证责任？为什么？（6分）

【采分点答案】

恒通公司需要对甲公司承担连带保证责任，但不需要为丙公司承担连带保证责任。（2分）恒通公司单独出具担保函，债权人枫桥公司接受且没有提出异议，因此可以成立保证。（2分）恒通公司虽未经决议即为甲公司提供担保，但是甲公司系恒通公司的全资子公司，因此该担保有效，恒通公司须就此承担保证责任。（1分）恒通公司未经决议即为丙公司提供担保，且债权人枫桥公司并未就此进行审查，可见相对人枫桥公司为恶意。（1分）因此，该担保合同不能约束恒通公司，恒通公司不承担保证责任。

【题目解析】

（1）本题考查了公司担保的效力规则。根据公司法及担保制度解释的规定，公司对外提供担保原则上须经过决议，公司的法定代表人未经决议即擅自提供担保的，公司是否承担担保责任，取决于相对人是善意还是恶意。

（2）本题中，恒通公司为丙公司提供担保，没有作出决议，且相对人枫桥公司亦未审查决议，因此枫桥公司属于恶意，恒通公司无须对此承担担保责任。

（3）公司在下列三种情况下可以不需要决议提供担保：金融机构开立保函或者担保公司提供担保；公司为其全资子公司开展经营活动提供担保；担保合同系由单独或者共同持有公司2/3以上对担保事项有表决权的股东签字同意。本题中，虽然恒通公司为甲公司提供担保亦未决议，但是甲公司是恒通公司的全资子公司，即便没有决议，该担保仍然有效。因此，恒通公司须就此承担担保责任。

（4）这道题很多考生的疑惑点在于，恒通公司拥有“金融牌照”，其是否可以被认定为金融机构，如果其被认定为金融机构，则其为丙公司担保也不需要决议。金融机构，是指国务院金融管理部门监督管理的从事金融业务的机构。所以，并不是拥有金融牌照就等于金融机构。此外，担保函不等于保函。关于不需要决议的三个例外，第一个开立保函的金融机构，这一项，在《担保制度解释》中，给出的原因在于“银行/非银行金融机构的保函业务”不受《公司法》第16条的约束，有自身特有的规则。故，如果银行开立保函应按照申请人申请、向银行缴纳保证金、银行开立保函等程序开展。开立保函受国务院银行业监督管理机构的业务监管。若银行只是作为民法中的保证人，签订保证合同或出具担保函，则适用《公司法》第16条的规定。因此，此处不能适用金融机构开具保函的规定。

2021年民商法综合真题回忆版（延期卷）

【案情】

张大明与前妻李小丽育有一子张晓晓（2021年1月满8周岁），张晓晓跟随张大明居住在张大明于2016年购买的蓝丽小区A102栋5楼的一套房屋内。蓝丽小区的物业服务合同于2021年5月到期后，业主既未另聘，亦未续聘，但原物业服务公司仍继续提供物业服务。张大明的妹妹张水悦与丈夫王旭龙育有一子王小淘，王小淘与张晓晓同年，但晚一周出生。

2021年6月6日早上8点，张水悦一家三口来到张大明家做客，物业服务公司的保安照例打电话给张大明核实来访客人身份并在登记后允许张水悦一家三口进入蓝丽小区。刚过9点，张晓晓与王小淘经大人同意后出门去玩，出门前，王旭龙叮嘱两个孩子说："只能下楼玩，不能上楼玩，更不能从楼上往下扔东西，那是犯罪。"进入电梯后，张晓晓欲按1楼，但王小淘已经按了20楼，说想到楼顶去看看。二人来到20楼后发现去不了楼顶天台，有两个灭火器放在地上，没有放入消防箱。二人于是尝试着将灭火器放入消防箱，但尝试了几次都没够着。二人转念想到："我们把灭火器从窗户扔到楼下，物业发现后，就会放到该放的位置。"二人于是合力推开20楼的窗户后，一人扔了一个，为了防止砸到人，二人还特意沿着窗户边缘扔下去。

郝源与甲公司约定于2021年6月6日上午10点于蓝丽小区A102栋一楼街面的茶餐厅6号包间签订合同。郝源9点就到了，坐了一会儿，感到无聊，郝源决定先出门去逛逛。出门时，见无人在旁，郝源将6号包间的收款二维码换成自己的收款二维码。出门后，郝源见蓝丽小区的风景不错，决定进去逛逛。郝源于是谎称自己是业主忘带门禁卡，要保安开门让自己进入。蓝丽小区管理严格，原物业服务合同约定，外来人员须通过业主核实身份并登记后才允许进入，因保安正忙于打电话，遂未加核实便给郝源开门。

郝源进入蓝丽小区行走一段路程后，因有人占用道路晾晒陈皮，遂绕道至A105栋楼下的道路上行走，又因A105栋楼上有空调漏水，遂再次绕道至A102栋楼下道路上靠墙一边行走。此时，一个从天而降的灭火器坠落在郝源身旁，郝源因此受惊跌倒受伤，造成胫骨骨折。甲公司的签约代表到达6号包间等候多时，不见郝源出现，愤怒离去，决定不再与郝源签订合同，郝源因此遭受损失约100万元。

张大明带着张晓晓探视住院治疗的郝源期间，医生见张晓晓气色不好，建议顺便检查一下。检查后，见抽血化验结果显示张晓晓为A型血，而张大明与李小丽均为O型血，张大明便怀疑张晓晓不是自己亲生。张大明立即找李小丽质问，发现李小丽因贩毒而被收监羁押，但李小丽拒不说出张晓晓的生父，张大明又去找李小丽的父母，发现李小丽的父母无经济来源，不具有抚养张晓晓的能力。在住院的一个月中，郝源通过更换的茶餐厅6号包间二维码共收到客人支付的餐费2万元，茶餐厅月底感觉金额不对后才发现原因，准备起诉追究郝源的民事责任。

因通过调取小区监控录像等措施仍不能确定坠落在郝源身旁的那个灭火器是张晓晓扔下的还是王小淘扔下的，同时，也不能确定在道路上晾晒陈皮的人，又不能确定当时导致郝源绕道的漏水空调是谁家的，在评估了相关人员的赔偿能力后，郝源以张晓晓及其监护人、王小淘及其监护人为共同被告起诉，请求被告共同承担侵权责任。诉讼中，张大明主张张晓晓非自己亲生，自己不是张晓晓的监护人，无须承担责任。王旭龙主张由于不能证明致郝源受伤的那个灭火器是王小淘所扔，且自己当时尽到了教育等监护责任，因此，王小淘及其监护人无须承担责任。

因张晓晓、王小淘个人无财产，一审法院判决张晓晓的监护人张大明与王小淘的监护人张水悦、王旭龙对郝源承担10万元的连带侵权损害赔偿责任，并向郝源赔礼道歉。

一审判决书送达时，因王旭龙不在家，张水悦一人签收了判决书，由于夫妻双方多次因为此案争吵关系不睦，所以，直到上诉期间届满后，张水悦才将一审判决书已经送达的事实告诉王旭龙，王旭龙知情后立即提起上诉。

一审上诉期限届满后，郝源申请强制执行。执行阶段，张水悦与郝源达成执行和解协议约定："协议订立后的一个月内，张水悦向郝源的账户打入10万元；不再对郝源赔礼道歉。"后因资金紧张，张水悦未按协议约定在一个月内给郝源的账户打入10万元。郝源于是申请法院恢复对原判决的执行，法院裁定同意。一周后，法院执行前，张水悦向郝源的账户打入10万元。郝源在知悉赔偿款已经支付后，仍请求法院依照原判决对赔礼道歉的责任强制执行。

【问题】

1. 张晓晓的监护人应如何确定？（8分）

2. 请结合《民法典》第1188条和《民诉法解释》第67条的规定，分析张晓晓和王小淘是不是本案的适格被告？（6分）

3. 蓝丽小区的物业公司未经业主核实来客身份即允许郝源进入小区，是否属于违约行为，应承担何种责任？（5分）

4. 就抛掷灭火器给郝源造成的人身损害，除张晓晓、王小淘及二人的监护人外，还有哪些民事主体有可能承担侵权损害赔偿责任？为什么？占用小区道路晾晒陈皮的业主、A105栋楼上空调漏水的业主，是否应当承担损害赔偿责任？为什么？（7分）

5. 在诉讼中，就导致郝源人身损害的灭火器系张晓晓所扔还是王小淘所扔，应当由谁承担证明责任？（6分）

6. 对因郝源更换6号包间的收款二维码致使客人支付给郝源的2万元。茶餐厅对郝源享有哪些请求权？（6分）

7. 就因抛掷灭火器受伤未能与甲公司签订合同所遭受的100万元损失，郝源是否有权主张损害赔偿？为什么？（4分）

8. 王旭龙以一审判决书由张水悦代收以及自己在上诉期间届满后才得知一审判决送达的事实为由提起上诉，能否得到法院的支持？（6分）

9. 在张水悦向郝源的账户打入10万元的赔款后，郝源申请法院依照原判对赔礼道歉的责任强制执行，这一申请能否得到法院的支持？为什么？（6分）

【案情分析】

张大明与前妻李小丽育有一子张晓晓（2021 年 1 月满 8 周岁），张晓晓跟随张大明居住在张大明于 2016 年购买的蓝丽小区 A102 栋 5 楼的一套房屋内。蓝丽小区的物业服务合同于 2021 年 5 月到期后，业主既未另聘，亦未续聘，但原物业服务公司仍继续提供物业服务。

不定期物业服务合同

张大明的妹妹张水悦与丈夫王旭龙育有一子王小淘，王小淘与张晓晓同年，但晚一周出生。

2021 年 6 月 6 日早上 8 点，张水悦一家三口来到张大明家做客，物业服务公司的保安照例打电话给张大明核实来访客人身份并在登记后允许张水悦一家三口进入蓝丽小区。刚过 9 点，张晓晓与王小淘经大人同意后出门去玩，出门前，王旭龙叮嘱两个孩子说："只能下楼玩，不能上楼玩，更不能从楼上往下扔东西，那是犯罪。"进入电梯后，张晓晓欲按 1 楼，但王小淘已经按了 20 楼，说想到楼顶去看看。二人来到 20 楼后发现去不了楼顶天台，有两个灭火器放在地上，没有放入消防箱。二人于是尝试着将灭火器放入消防箱，但尝试了几次都没够着。二人转念想到："我们把灭火器从窗户扔到楼下，物业发现后，就会放到该放的位置。"二人于是合力推开 20 楼的窗户后，一人扔了一个，为了防止砸到人，二人还特意沿着窗户边缘扔下去。

共同危险行为

郝源与甲公司约定于 2021 年 6 月 6 日上午 10 点于蓝丽小区 A102 栋一楼街面的茶餐厅 6 号包间签订合同。郝源 9 点就到了，坐了一会儿，感到无聊，郝源决定先出门去逛逛。出门时，见无人在旁，郝源将 6 号包间的收款二维码换成自己的收款二维码。出门后，郝源见蓝丽小区的风景不错，决定进去逛逛。郝源于是谎称自己是业主忘带门禁卡，要保安开门让自己进入。蓝丽小区管理严格，原物业服务合同约定，外来人员须通过业主核实身份并登记后才允许进入，因保安正忙于打电话，遂未加核实便给郝源开门。

更换二维码

未经核实

郝源进入蓝丽小区行走一段路程后，因有人占用道路晾晒陈皮，遂绕道至 A105 栋楼下的道路上行走，又因 A105 栋楼上有空调漏水，遂再次绕道至 A102 栋楼下道路上靠墙一边行走。此时，一个从天而降的灭火器坠落在郝源身旁，郝源因此受惊跌倒受伤，造成胫骨骨折。

人身损害

甲公司的签约代表到达 6 号包间等候多时，不见郝源出现，愤怒离去，决定不再与郝源签订合同，郝源因此遭受损失约 100 万元。

纯粹经济损失

张大明带着张晓晓探视住院治疗的郝源期间，医生见张晓晓气色不好，建议顺便检查一下。检查后，见抽血化验结果显示张晓晓为 A 型血，而张大明与李小丽均为 O 型血，张大明便怀疑张晓晓不是自己亲生。张大明立即找李小丽质问，发现李小丽因贩毒而被收监羁押，但李小丽拒不说出张晓晓的生父，张大明又去找李小丽的父母，发现李小丽的父母无经济来源，不具有抚养张晓晓的能力。在住院的一个

非亲生子女

李小丽不具备监护能力

月中，郝源通过更换的茶餐厅6号包间二维码共收到客人支付的餐费2万元，茶餐厅月底感觉金额不对后才发现原因，准备起诉追究郝源的民事责任。

因通过调取小区监控录像等措施仍不能确定坠落在郝源身旁的那个灭火器是张晓晓扔下还是王小淘扔下的，同时，也不能确定在道路上晾晒陈皮的人，又不能确定当时导致郝源绕道的漏水空调是谁家的，在评估了相关人员的赔偿能力后，郝源以张晓晓及其监护人、王小淘及其监护人为共同被告起诉，请求被告共同承担侵权责任。诉讼中，张大明主张张晓晓非自己亲生，自己不是张晓晓的监护人，无须承担责任。王旭龙主张由于不能证明致郝源受伤的那个灭火器是王小淘所扔，且自己当时尽到了教育等监护责任，因此，王小淘及其监护人无须承担责任。因张晓晓、王小淘个人无财产，一审法院判决张晓晓的监护人张大明与王小淘的监护人张水悦、王旭龙对郝源承担10万元的连带侵权损害赔偿责任，并向郝源赔礼道歉。

一审判决书送达时，因王旭龙不在家，张水悦一人签收了判决书，由于夫妻双方多次因为此案争吵关系不睦，所以，直到上诉期间届满后，张水悦才将一审判决书已经送达的事实告诉王旭龙，王旭龙知情后立即提起上诉。

直接送达

一审上诉期限届满后，郝源申请强制执行。执行阶段，张水悦与郝源达成执行和解协议约定："协议订立后的一个月内，张水悦向郝源的账户打入10万元；不再对郝源赔礼道歉。"后因资金紧张，张水悦未按协议约定在一个月内给郝源的账户打入10万元。郝源于是申请法院恢复对原判决的执行，法院裁定同意。一周后，法院执行前，张水悦向郝源的账户打入10万元。郝源在知悉赔偿款已经支付后，仍请求法院依照原判决对赔礼道歉的责任强制执行。

执行和解

【本案法律关系架构图】

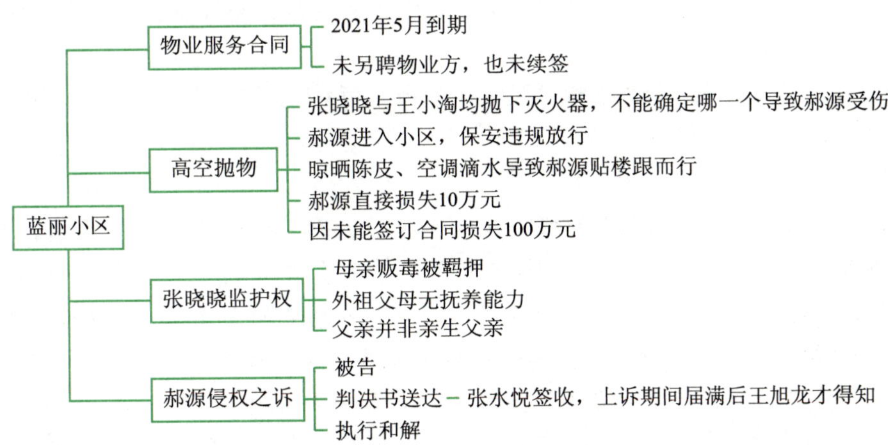

【采分点答案及题目解析】

1. 张晓晓的监护人应如何确定？（8分）

【采分点答案】

张晓晓的监护人为张大明。（2分）张晓晓出生于张大明与李小丽的婚姻关系存续期间，推定其为张大明的婚生子女。（2分）张大明与李小丽均为张晓晓的法定监护人，二人离婚的，不改变监护人的身份。但是，李小丽被收押无监护能力，其丧失监护资格。（2分）因此，张大明单独作为张晓晓的监护人。若张大明提起否认亲子关系之诉，张大明不是张晓晓的父亲，其不再担任监护人。（2分）

【题目解析】

（1）《民法典》第27条第1款规定："父母是未成年子女的监护人。"《民法典》第27条第2款规定："未成年人的父母已经死亡或者没有监护能力的，由下列有监护能力的人按顺序担任监护人：（一）祖父母、外祖父母；（二）兄、姐；（三）其他愿意担任监护人的个人或者组织，但是须经未成年人住所地的居民委员会、村民委员会或者民政部门同意。"《民法典》第32条规定："没有依法具有监护资格的人的，监护人由民政部门担任，也可以由具备履行监护职责条件的被监护人住所地的居民委员会、村民委员会担任。"

（2）不能忽略"婚生子女推定制度"。我国现行法虽未作规定，但司法实务中事实上依照该制度处理相关问题。根据该制度，在张大明与李小丽婚姻关系存续期间，张晓晓"受胎"或者"出生"的，推定张晓晓为张大明的婚生子女。同时，张晓晓系未成年人，母亲李小丽因贩毒被收监羁押无监护能力，根据《民法典》第27条的规定，张大明为张晓晓的法定监护人。

（3）也不能忽略"婚生子女否认制度"。我国现行法虽未作规定，但司法实务中事实上依照该制度处理相关问题。根据该制度，若张大明能够提供证据推翻张晓晓系张大明婚生子女的推定，如提供证据证明张晓晓受胎期间没有与李小丽同居的事实，或者提供证据证明时间不能、空间不能、生理不能、肤色不能、基因不能等等，张大明可向法院提起否认张晓晓系婚生子女的诉讼，张大明胜诉的判决生效时，张大明与张晓晓自始无亲生父母子女关系。本题中，张大明能够提供证据证明自己与李小丽不可能生出A型血的张晓晓，张大明可向法院提起婚生子女否认之诉，张大明胜诉的判决生效时，张大明与张晓晓自始无亲生父母子女关系。同时，由于张晓晓的母亲、外祖父母均无监护能力，生父暂时不能确定，又没有其他依法具有监护资格的监护人，根据《民法典》第27条与《民法典》第32条的规定，张晓晓的监护人应当由民政部门担任，也可以由具备履行监护职责条件的被监护人住所地的居民委员会、村民委员会担任。

2. 请结合《民法典》第1188条和《民诉法解释》第67条的规定，分析张晓晓和王小淘是不是本案的适格被告？（6分）

【采分点答案】

答案一：张晓晓和王小淘是本案的适格被告。（2分）张晓晓与王小淘属于无、限制行为能力人，其致人损害的应先以其个人财产承担责任，然后才由监护人承担无过错的替代责任。（2分）但只有将无、限人本人作为共同被告进行诉讼，才能够知道行为人本人究竟有没有财产。（1分）此外，行为人本人最了解案件发生时的基本情况，因此将无、限人作为共同被告，有利于辅助法院查清案件事实，也有利于执行的一次性实现。（1分）

答案二：张晓晓和王小淘不是本案的适格被告。（2分）从民事实体法的角度来看，实施加害行为的无、限人并不是真正的侵权赔偿义务主体，因此不属于适格被告。（2分）应当将无、限人的监护人作为适格被告，可以允许无、限人作为证人参与诉讼，从而有助于法院查清案件事实。（2分）

【题目解析】

本题考查无、限人致害案件中适格被告的确定，属于开放性和灵活性均很强的题目。本题的题眼在于民法典和民事诉讼法中对该问题的规定有所不同（法条冲突问题），需要考生从实体法和程序法的层面对不同规定的成因进行分析，进而形成并论证自己的结论。本题属于开放性的题目，死记硬背或抄写法条都毫无用处，需要大家采用实体法与程序法相结合的视角进行分析论证。

3. 蓝丽小区的物业公司未经业主核实来客身份即允许郝源进入小区，是否属于违约行为，应承担何种责任？（5分）

【采分点答案】

应承担违约责任。（2分）本题中，物业服务合同到期后，业主既未另聘，亦未续聘，原物业服务公司仍继续提供物业服务，原物业服务合同自动续期，物业公司应继续依约提供物业服务。（1分）物业公司未经业主核实来客身份即允许进入小区，未尽到管理业主共有部分，维护小区基本秩序，保护业主人身、财产安全等物业服务合同义务。（2分）因此，物业公司须承担违约责任。

【题目解析】

（1）《民法典》第948条第1款规定："物业服务期限届满后，业主没有依法作出续聘或者另聘物业服务人的决定，物业服务人继续提供物业服务的，原物业服务合同继续有效，但是服务期限为不定期。"据此，蓝丽小区的物业服务合同于2021年5月到期后，业主既未另聘，亦未续聘，原物业服务公司仍继续提供物业服务，原物业服务合同自动续期，但属于不定期物业服务合同。因此，2021年6月6日，业主与物业服务公司之间存在有效的物业服务合同。

（2）《民法典》第942条第1款规定："物业服务人应当按照约定和物业的使用性质，妥善维修、养护、清洁、绿化和经营管理物业服务域内的业主共有部分，维护物业服务区域内的基本秩序，采取合理措施保护业主的人身、财产安全。"《民法典》第942条第2款规定："对物业服务区域内违反有关治安、环保、消防等法律法规的行为，物业服务人应当及时采取合理措施制止、向有关行政主管部门报告并协助处理。"据此，蓝丽小区的物业公司未经业主核实来客身份即允许郝源进入小区，这一行为，属于不履行管理业主共有部分，维护小区基本秩序，保护业主人身、财产安全等物业服务合同义务，成立违约，应当对业主承担违约责任。根据《民法典》第577条的规定，业主有权请求物业服务公司承担实际履行、采取补救措施等违约责任。

4. 就抛掷灭火器给郝源造成的人身损害，除张晓晓、王小淘及二人的监护人外，还有哪些民事主体有可能承担侵权损害赔偿责任？为什么？占用小区道路晾晒陈皮的业主、A105栋楼上空调漏水的业主，是否应当承担损害赔偿责任？为什么？（7分）

【采分点答案】

（1）蓝丽小区的物业公司。（2分）物业公司负有防范高空抛物致人损害的安全保障义务，若其违反安全保障义务，须就此承担补充责任。（2分）

（2）不承担。（1分）空调漏水、晒陈皮的行为与郝源遭受高空抛物的损害间不存在相当因果关系，其不构成侵权。（2分）

【题目解析】

（1）《民法典》第1254条第2款规定："物业服务企业等建筑物管理人应当采取必要的安

全保障措施防止前款规定情形的发生；未采取必要的安全保障措施的，应当依法承担未履行安全保障义务的侵权责任。”《民法典》第1198条第2款规定：“因第三人的行为造成他人损害的，由第三人承担侵权责任；经营者、管理者或者组织者未尽到安全保障义务的，承担相应的补充责任。经营者、管理者或者组织者承担补充责任后，可以向第三人追偿。”据此，若能够证明蓝丽小区的物业服务人未采取必要的安全保障措施防止高空抛物，如从未进行相应的宣传、未安装摄像头、未安装必要的防护网等，对郝源遭受的人身损害，对外，物业服务人应当承担与其过错相应的补充责任；对内，物业服务人承担补充责任后，有权向具体侵权人（张晓晓、王小淘及其监护人）追偿。

（2）假设没有业主占用道路晾晒陈皮，也不存在A105栋楼上某业主的空调漏水，郝源就不会绕道至A102栋楼下，郝源就不会遭受人身损害。因此，业主占用道路晾晒陈皮的行为以及A105栋楼业主空调漏水的行为，均为郝源遭受人身损害的必要条件。但是，通常情况下，有这两类行为，不会产生郝源因高空抛物遭受人身损害的损害后果，缺乏相当性，彼此无因果关系。因此，对郝源遭受的人身损害，占用小区道路晾晒陈皮的业主、A105栋楼上空调漏水的业主均不承担侵权损害赔偿责任。

5. 在诉讼中，就导致郝源人身损害的灭火器系张晓晓所扔还是王小淘所扔，应当由谁承担证明责任？（6分）

【采分点答案】

由被告承担证明责任。（2分）王小淘与张晓晓分别扔灭火器的行为构成共同危险行为，推定两人的行为与郝源的损害之间都具有因果关系。（2分）因此，应当由被告证明自己的行为没有造成损害，从而进行免责。（2分）

【题目解析】

本题考查民事案件中证明责任的具体分配，按照“先定性、找规范、得答案”的解题路径，即可得到正确答案。本案的定性属于共同危险行为，因此应当由被告证明自己不是侵权行为人。

6. 对因郝源更换6号包间的收款二维码致使客人支付给郝源的2万元。茶餐厅对郝源享有哪些请求权？（6分）

【采分点答案】

侵权损害赔偿或者不当得利返还。（2分）一方面，郝源故意实施加害行为给茶餐厅造成2万元的纯粹经济损失，根据通说，成立过错侵权。（2分）另一方面，郝源无法律上原因获得2万元财产利益，并因此给茶餐厅造成损失，成立侵害权益型不当得利。（2分）综上，茶餐厅有权对郝源择一主张侵权损害赔偿或者不当得利返还。

【题目解析】

（1）《民法典》第1165条第1款规定：“行为人因过错侵害他人民事权益造成损害的，应当承担侵权责任。”因郝源更换6号包间的收款二维码致使顾客支付给郝源2万元，属于郝源实施加害行为给茶餐厅造成的纯粹经济损失，郝源系故意实施该加害行为，根据通说观点，成立过错侵权，茶餐厅有权请求郝源承担侵权损害赔偿责任。

（2）因郝源更换6号包间的收款二维码致使顾客支付给郝源2万元，这一事件具有四个特

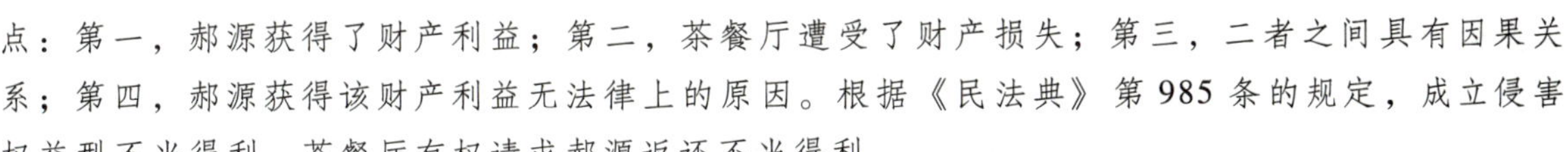

点：第一，郝源获得了财产利益；第二，茶餐厅遭受了财产损失；第三，二者之间具有因果关系；第四，郝源获得该财产利益无法律上的原因。根据《民法典》第985条的规定，成立侵害权益型不当得利，茶餐厅有权请求郝源返还不当得利。

（3）同一内容的给付，既成立侵权，又成立不当得利，属于请求权竞合，茶餐厅有权对郝源择一主张侵权损害赔偿或者不当得利返还。

7. 就因抛掷灭火器受伤未能与甲公司签订合同所遭受的100万元损失，郝源是否有权主张损害赔偿？为什么？（4分）

【采分点答案】

无权。（2分）虽然抛掷灭火器受伤导致了未能签订合同的损失100万元，但是二者之间缺乏社会观念上的相当性，即高空抛物的行为与损害结果之间不具有因果关系。（2分）因此，郝源无权主张赔偿。

【题目解析】

（1）王小淘、张晓晓高空抛物的行为客观上造成了郝源的身体损害，进而导致郝源无法签订合同，遭受财产损失100万元。侵权行为与该结果之间具有事实上的因果关系。

（2）但是，造成他人身体损害按照社会观念往往并不会导致他人无法签订合同，进而遭受财产损失，即二者欠缺相当性。因此，侵权行为与100万元的损害结果之间不具有因果关系，郝源无权主张损害赔偿。

8. 王旭龙以一审判决书由张水悦代收以及自己在上诉期间届满后才得知一审判决送达的事实为由提起上诉，能否得到法院的支持？（6分）

【采分点答案】

不能。（2分）虽然判决书未能送达王旭龙本人，但是已经送达给其同住成年家属妻子张水悦，因此可以认定为完成了直接送达。（2分）此时，无须考虑张水悦是否实际上将签收文书告知并交给王旭龙。（2分）因此，上诉期限届满后，王旭龙不得上诉。

【题目解析】

本题考查送达及上诉条件的判断。将文书送给与当事人同住的成年家属，视为完成直接送达，因此王小淘的父亲在上诉期限届满后就丧失了上诉权。

9. 在张水悦向郝源的账户打入10万元的赔款后，郝源申请法院依照原判对赔礼道歉的责任强制执行，这一申请能否得到法院的支持？为什么？（6分）

【采分点答案】

不能得到支持。（2分）在本案中，郝源由于被执行人迟延履行而申请恢复执行，但是同时接受了被执行人的继续履行，即接受被执行人赔偿的10万元。此时执行和解协议已经全部履行完毕，法院不得再执行原判决中的赔礼道歉。（2分）如果因为被执行人迟延履行而导致损失，可以另诉主张赔偿。（2分）

【题目解析】

（1）本题考查执行和解的相关规定，与之前反复讲过的最高法指导案例第126号基本一致。考生需要在理解执行和解协议及执行和解制度之本质属性的基础上，分析和判断执行和解协议与原执行根据之间的关系。

（2）在履行执行和解协议的过程中，申请执行人因被执行人迟延履行申请恢复执行的同时，又继续接受并积极配合被执行人的后续履行，直至和解协议全部履行完毕的，属于民事诉讼法及司法解释规定的和解协议已经履行完毕不再恢复执行原生效法律文书的情形。

2021 年商法真题回忆版

【案情】

甲公司有 A、B、C、D、E 五名股东，其中 E 为法人股东，其董事长为张三。甲公司注册资本为 1000 万元。A 在公司设立时一次性履行完毕出资义务，B、C、D 设立时出资 50%，剩余 50% 在 5 年内缴纳完毕，E 公司以一栋价值 300 万元的厂房进行出资，E 公司剩余部分在第 8 年缴清。

公司董事会由 C、D 和 E 公司指派的人员组成，董事长由 E 公司指派的张三担任，章程规定：董事长为公司法定代表人。

B 股东向第三人赵六借款，为了担保 B 股东按期还款，B 将其持有的甲公司股权转移至赵六名下，双方同时约定若债权到期无法进行清偿的，该股权归债权人赵六所有。对此，股东名册、工商登记进行了变更。

甲公司召开股东会对公司利润进行分配，股东之间对应按照认缴出资比例进行表决，还是按照实缴出资比例进行表决产生分歧，无法达成一致意见。该事项遂被搁置。

2021 年 7 月，因公司内部治理问题，甲公司经营陷入困境，甲公司遂召开股东会：由张三提名，股东会全体股东表决权过半数通过，聘巫旺为总经理，同时担任法定代表人。

巫旺接任公司后进行管理，公司经营状况有所好转。后因股东之间的矛盾，甲公司通过董事会，在合同到期之前，将巫旺予以解聘。

后经查证，E 公司用于出资的厂房实为李四所有，但是因为登记错误，登记在了 E 公司名下，E 公司法定代表人对此知情。

【问题】

1. 甲公司能否善意取得厂房？（5 分）

2. 股东 B 与赵六的约定是否有效？（4 分）

3. 股东 B 向赵六转让股权时，其他股东是否可以主张优先购买权？（4 分）

4. 2021 年 7 月以后，甲公司法定代表人是否有效变更为巫旺？（5 分）

5．甲公司股东会利润分配决议时，股东应当如何表决？（4 分）

6．董事会解聘巫旺总经理的决议是否有效？（6 分）

【案情分析】

甲公司有A、B、C、D、E五名股东，其中E为法人股东，其董事长为张三。甲公司注册资本为1000万元。A在公司设立时一次性履行完毕出资义务，B、C、D设立时出资50%，剩余50%在5年内缴纳完毕，E公司以一栋价值300万元的厂房进行出资，E公司剩余部分在第8年缴清。

公司股权结构
各股东的出资情况

公司董事会由C、D和E公司指派的人员组成，董事长由E公司指派的张三担任，章程规定：董事长为公司法定代表人。

董事会构成

B股东向第三人赵六借款，为了担保B股东按期还款，B将其持有的甲公司股权转移至赵六名下，双方同时约定若债权到期无法进行清偿的，该股权归债权人赵六所有。对此，股东名册、工商登记进行了变更。

股权让与担保

甲公司召开股东会对公司利润进行分配，股东之间对应按照认缴出资比例进行表决，还是按照实缴出资比例进行表决产生分歧，无法达成一致意见。该事项遂被搁置。

股东的表决权

2021年7月，因公司内部治理问题，甲公司经营陷入困境，甲公司遂召开股东会：由张三提名，股东会全体股东表决权过半数通过，聘巫旺为总经理，同时担任法定代表人。

股东会决议聘任总经理、法定代表人

巫旺接任公司后进行管理，公司经营状况有所好转。后因股东之间的矛盾，甲公司通过董事会，在合同到期之前，将巫旺予以解聘。

董事会解聘经理

后经查证，E公司用于出资的厂房实为李四所有，但是因为登记错误，登记在了E公司名下，E公司法定代表人对此知情。

E公司以厂房出资，系无权处分

【本案法律关系架构图】

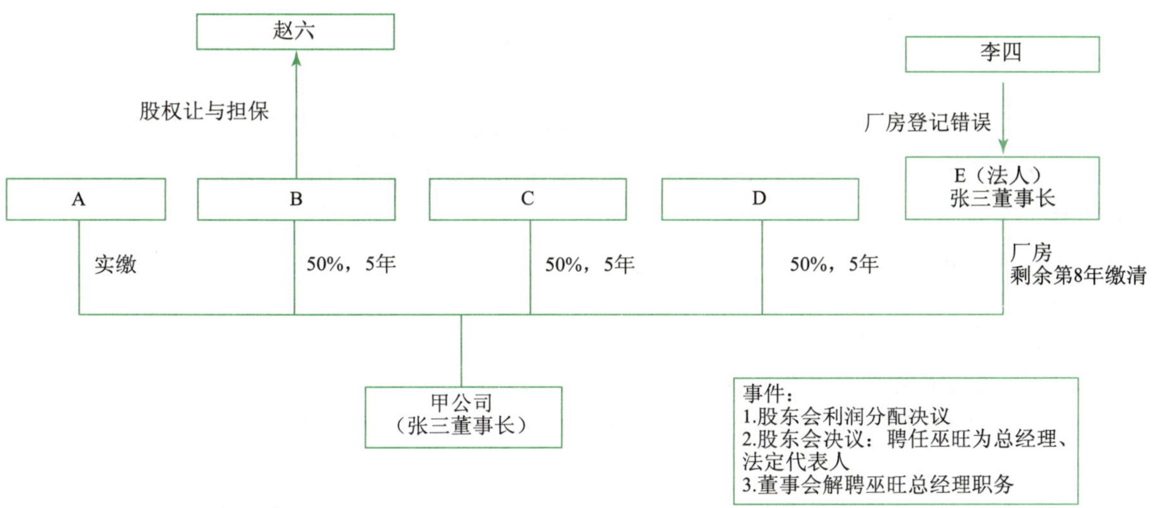

【采分点答案及题目解析】

1. 甲公司能否善意取得厂房？

【采分点答案】

甲公司不能善意取得该厂房。（1分）

（1）厂房属于李四所有，错误登记在E公司名下，E公司用于出资属于无权处分。（2分）

（2）张三系E公司董事长，且在甲公司担任董事长、法定代表人，故可以推定甲公司对于E的无权处分是知情的。（2分）

故甲公司不符合善意取得条件。

2. 股东B与赵六的约定是否有效？

【采分点答案】

（1）股东B与赵六之间的约定属于股权让与担保，（1分）若赵六的债权无法实现，其有权就标的股权的变现价值获得优先受偿。（1分）

（2）两者之间关于“双方同时约定若债权到期无法进行清偿的，该股权归债权人赵六所有”的约定属于“流质条款”无效。（2分）但不影响股权让与担保约定的效力。

3. 股东B向赵六转让股权时，其他股东是否可以主张优先购买权？

【采分点答案】

其他股东并无优先购买权。（1分）

本题中股东B与赵六之间是“股权让与担保”关系，而非股权转让关系。（1分）

表面看，股东B将股权“转让”给赵六，但双方真实意思为担保赵六债权的实现，而非将股东权利、义务转让给赵六。

故设定股权让与担保，不应适用有限公司股权转让规则。（1分）

其他股东此时，不享有优先购买权。

4. 2021年7月以后，甲公司法定代表人是否有效变更为巫旺？

【采分点答案】

甲公司法定代表人是否有效变更为巫旺取决于决定由巫旺担任法定代表人的股东会决议的效力。（1分）

甲公司决定由巫旺担任法定代表人的股东会决议可撤销。（2分）

（1）若股东未在规定期限内提起诉讼，主张撤销决议，则股东会决议以及相应的变更登记合法有效。巫旺成为甲公司法定代表人。（1分）

（2）若股东在决议作出之日起60日内，请求法院撤销股东会决议且得到了法院的支持，甲公司应当向登记机关申请撤销变更登记。则巫旺不能合法成为甲公司的法定代表人。（1分）

（3）决议效力分析

①甲公司章程规定：董事长为公司法定代表人。

②2021年7月，甲公司股东会决议由巫旺担任法定代表人，此时巫旺为公司总经理，而非董事长。

③故该决议内容违反公司章程规定，股东可以自决议作出之日起60日内请求法院撤销。

【陷阱提示】

本题问的是：让巫旺担任法定代表人，决议效力如何？而非巫旺担任总经理的效力。但两个问题之间具有很强的关联性。

1. 巫旺担任总经理——决议无效。

经理由董事会聘任，而非股东会。股东会聘任总经理，超出其职权，该决议内容具有违法性，决议无效。

2. 巫旺担任法定代表人，决议效力如何？此时有两个分析路径，结论大相径庭。

第一个路径：

因为巫旺担任总经理是无效的，所以他不是总经理（题目也未交代其担任董事长、执行董事），所以，他不具有担任法定代表人的资格——股东会决议巫旺担任法定代表人，因内容违法而无效。

第二个路径：

把巫旺担任总经理作为一个既成事实接受，只分析总经理担任法定代表人的决议效力。

因该公司章程规定，本公司法定代表人由董事长担任。该决议内容是：总经理担任法定代表人——内容违反章程，该决议可撤销。

【结论】

第二个路径更合适。

（1）从答题技巧来说：题目只问巫旺担任法定代表人的效力，没问聘任总经理的效力。

（2）承认股东会聘任总经理无效，若已经将巫旺登记为总经理，该决议被法院判决无效后，公司应当申请撤销变更登记。

意味着，决议效力有问题，仍然存在变更登记的可能性，只是决议效力被否决后，应当撤销变更登记。

5. 甲公司股东会利润分配决议时，股东应当如何表决？

【采分点答案】

股东按照认缴比例进行表决。（4分）

【陷阱提示】

此处问题是：股东会会议上，对利润分配方案股东应如何进行表决，而非有限公司应当如何进行利润分配。

【参考法条】

《公司法》第42条规定，股东会会议由股东按照出资比例行使表决权；但是，公司章程另有规定的除外。

《九民纪要》规定：

7.【表决权能否受限】股东认缴的出资未届履行期限，对未缴纳部分的出资是否享有以及如何行使表决权等问题，应当根据公司章程来确定。公司章程没有规定的，应当按照认缴出资的比例确定。如果股东（大）会作出不按认缴出资比例而按实际出资比例或者其他标准确定表决权的决议，股东请求确认决议无效的，人民法院应当审查该决议是否符合修改公司章程所要求的表决程序，即必须经代表三分之二以上表决权的股东通过。符合的，人民法院不予支持；反之，则依法予以支持。

6. 董事会解聘巫旺总经理的决议是否有效？

【采分点答案】

董事会决议合法有效。(1 分)

(1) 甲公司召开了董事会会议，进行了表决，故该决议成立。(1 分)

(2) 该决议内容为解聘总经理。根据公司法规定，董事会有权聘任/解聘经理。董事会解聘经理并不受其任期限制。故该决议并非无效。(2 分)

(3) 此次董事会会议的召集、表决方式符合法律、行政法规、章程。(2 分)

综上，该决议合法有效。

2021年黑龙江延考民商法综合真题回忆版

【案情】

楚风与他人共同设立了风驰公司（提供专车客运服务），其中，楚风占股70%并担任公司的法定代表人。风驰公司成立后，向德盛公司购买了10辆轿车。双方约定：“价款总计100万元，风驰公司分10个月支付完毕，每月支付10万元，全部价款支付完毕前德盛公司保留轿车的所有权。”合同签订后，德盛公司办理了保留所有权登记。

为提升服务档次，风驰公司决定购买一辆价值200万元左右的豪车。为筹措购车款，楚风向同学韩江借款100万元用于购车。韩江表示信不过公司，楚风遂以自己的名义向韩江借款100万元，韩江按照约定将100万元借款打入风驰公司的账户中。风驰公司利用该借款向德盛公司购买了一辆宾利轿车，风驰公司一次性支付完毕全部价款后，德盛公司交付了轿车并办理完毕过户登记。

购买宾利轿车的11日后，为了进一步扩大经营规模，风驰公司与韩江签订《最高额抵押借款协议》，约定：“在2021年度，风驰公司可根据业务需要向韩江借款，风驰公司以宾利轿车为韩江设立最高额抵押权用以担保，担保的最高债权额为200万元。”《最高额抵押借款协议》中未作其他约定。合同签订后，风驰公司依约为韩江办理了抵押登记。

风驰公司雇佣熊云担任宾利轿车的司机。某日，熊云在提供专车服务过程中与乘客魏水发生口角并互殴。在殴打过程中，车辆失控撞上护栏。由此，宾利轿车发生毁损，魏水也因此遭受伤害。

熊云将宾利轿车送至泉诚修配厂修理。维修完成后，泉诚修配厂计算的维修费用为90万元。熊云将此事告知楚风，楚风则表示风驰公司暂时无力支付维修费。据此，泉诚修配厂将宾利轿车予以扣留，拒绝向风驰公司交付。一周后，风驰公司与泉诚修配厂订立《以物抵债协议》约定：“宾利轿车作价140万元归泉诚修配厂所有，在抵偿完欠付的90万元修理费后，泉诚修配厂须支付风驰公司50万元的差价。”协议签订后，风驰公司一直未给泉诚修配厂办理宾利轿车的过户登记。

泉诚修配厂按约向风驰公司支付了50万元，风驰公司用其中的10万元向德盛公司支付了购买10辆轿车的第8个月的价款，剩余的40万元则用于支付风驰公司员工的工资。风驰公司在向德盛公司支付了8个月的价款后，剩余2期价款到期后一直未支付，经德盛公司多次催要仍未支付。德盛公司遂通过法院行使取回权，申请法院强制取回出售给风驰公司的轿车，法院于2021年9月1日驳回了德盛公司的申请。德盛公司于2021年9月10日以风驰公司违约为由诉至法院，提出了两项诉讼请求。诉讼请求（1）：诉请判决解除与风驰公司的轿车买卖合同，并判令风驰公司返还10辆轿车。诉讼请求（2）：诉请判令风驰公司承担违约损害赔偿责任。德盛公司提起诉讼后，见泉诚修配厂占有的宾利轿车所有权仍登记在风驰公司名下，于是向法院申请财产保全，法院于2021年10月10日采取保全措施，扣押了泉诚修配厂占有的宾利轿车。

韩江于2021年10月15日得知法院扣押宾利轿车后，经过进一步了解后得知风驰公司资金严重不足，遂于2021年10月20日向法院提出申请，主张对宾利轿车行使最高额抵押权。此时，风驰公司基于《最高额抵押借款协议》对韩江负担的借款债务为100万元，均已到期但未获清偿；同时，楚风以个人名义向韩江所借100万元到期亦未偿还。

魏水出院后向法院起诉，请求风驰公司赔偿医疗费10万元，法院判决支持了魏水的全部诉讼请求。判决生效后，魏水申请强制执行，执行法院发现风驰公司无力支付，但司机熊云家产颇丰。

【问题】

1. 泉诚修配厂扣留宾利轿车，拒绝交付给风驰公司的行为是否合法？为什么？（5分）

2. 风驰公司与泉诚修配厂订立《以物抵债协议》后，宾利轿车的所有权归谁享有？为什么？（5分）

3. 楚风以其个人的名义向韩江所借的100万元，韩江是否有权请求风驰公司偿还？为什么？（4分）

4. 法院于2021年9月1日驳回德盛公司强制取回出售给风驰公司轿车的申请，是否符合法律的规定？为什么？（4分）

5. 德盛公司于2021年9月10日向法院提出的诉讼请求（1）：诉请判决解除与风驰公司的轿车买卖合同，并判令风驰公司返还10辆轿车。法院应否判决支持？为什么？（5分）

6. 德盛公司于2021年9月10日向法院提出的诉讼请求（2）：诉请判决风驰公司承担违约损害赔偿责任。法院应否判决支持？为什么？（4分）

7. 德盛公司申请财产保全，法院于2021年10月10日采取保全措施扣押了泉诚修配厂占有的宾利轿车后，若泉诚修配厂提出执行异议，请求法院解除对宾利轿车的保全措施，依照现行法的规定，该执行异议是否成立？为什么？（5分）

8. 2021 年 10 月 20 日，韩江是否有权对宾利轿车行使最高额抵押权？为什么？（6 分）

9. 假设韩江有权对宾利轿车行使最高额抵押权，韩江有权对宾利轿车优先受偿的数额为 100 万元还是 200 万元，为什么？（4 分）

10. 在魏水起诉风驰公司一案中，熊云是否属于当事人？如果属于当事人，属于何种当事人？理由为何？（6 分）

11. 在魏水对风驰公司的执行程序中，在发现风驰公司无力支付后，若魏水申请法院追加熊云为被执行人，法院可否支持？为什么？（6 分）

【案情分析】

楚风与他人共同设立了风驰公司（提供专车客运服务），其中，楚风占股70%并担任公司的法定代表人。风驰公司成立后，向德盛公司购买了10辆轿车。双方约定："价款总计100万元，风驰公司分10个月支付完毕，每月支付10万元，全部价款支付完毕前德盛公司保留轿车的所有权。"合同签订后，德盛公司办理了保留所有权登记。

分期付款保留所有权

保留所有权登记

为提升服务档次，风驰公司决定购买一辆价值200万元左右的豪车。为筹措购车款，楚风向同学韩江借款100万元用于购车。韩江表示信不过公司，楚风遂以自己的名义向韩江借款100万元，韩江按照约定将100万元借款打入风驰公司的账户中。风驰公司利用该借款向德盛公司购买了一辆宾利轿车，风驰公司一次性支付完毕全部价款后，德盛公司交付了轿车并办理完毕过户登记。

法定代表人个人名义借款

购买宾利轿车的11日后，为了进一步扩大经营规模，风驰公司与韩江签订《最高额抵押借款协议》，约定："在2021年度，风驰公司可根据业务需要向韩江借款，风驰公司以宾利轿车为韩江设立最高额抵押权用以担保，担保的最高债权额为200万元。"《最高额抵押借款协议》中未作其他约定。合同签订后，风驰公司依约为韩江办理了抵押登记。

确定债权结算期

最高额抵押权

风驰公司雇佣熊云担任宾利轿车的司机。某日，熊云在提供专车服务过程中与乘客魏水发生口角并互殴。在殴打过程中，车辆失控撞上护栏。由此，宾利轿车发生毁损，魏水也因此遭受伤害。

工作人员执行职务致害

熊云将宾利轿车送至泉诚修配厂修理。维修完成后，泉诚修配厂计算的维修费用为90万元。熊云将此事告知楚风，楚风则表示风驰公司暂时无力支付维修费。据此，泉诚修配厂将宾利轿车予以扣留，拒绝向风驰公司交付。一周后，风驰公司与泉诚修配厂订立《以物抵债协议》约定："宾利轿车作价140万元归泉诚修配厂所有，在抵偿完欠付的90万元修理费后，泉诚修配厂须支付风驰公司50万元的差价。"协议签订后，风驰公司一直未给泉诚修配厂办理宾利轿车的过户登记。

留置轿车

以物抵债

特殊动产未办理登记

泉诚修配厂按约向风驰公司支付了50万元，风驰公司用其中的10万元向德盛公司支付了购买10辆轿车的第8个月的价款，剩余的40万元则用于支付风驰公司员工的工资。风驰公司在向德盛公司支付了8个月的价款后，剩余2期价款到期后一直未支付，经德盛公司多次催要仍未支付。德盛公司遂通过法院行使取回权，申请法院强制取回出售给风驰公司的轿车，法院于2021年9月1日驳回了德盛公司的申请。德盛公司于2021年9月10日以风驰公司违约为由诉至法院，提出了两项诉讼请求。诉讼请求（1）：诉请判决解除与风驰公司的轿车买卖合同，并判令风驰公司返还10辆轿车。诉讼请求（2）：诉请判令风驰公司承担违约损害赔偿责任。德盛公司提起诉讼后，见泉诚

欠付价款经催告仍不支付

行使取回权

行使解除权

修配厂占有的宾利轿车所有权仍登记在风驰公司名下，于是向法院申请财产保全，法院于 2021 年 10 月 10 日采取保全措施，扣押了泉诚修配厂占有的宾利轿车。

抵押财产被保全

韩江于 2021 年 10 月 15 日得知法院扣押宾利轿车后，经过进一步了解后得知风驰公司资金严重不足，遂于 2021 年 10 月 20 日向法院提出申请，主张对宾利轿车行使最高额抵押权。此时，风驰公司基于《最高额抵押借款协议》对韩江负担的借款债务为 100 万元，均已到期但未获清偿；同时，楚风以个人名义向韩江所借 100 万元到期亦未偿还。

实现最高额抵押权

魏水出院后向法院起诉，请求风驰公司赔偿医疗费 10 万元，法院判决支持了魏水的全部诉讼请求。判决生效后，魏水申请强制执行，执行法院发现风驰公司无力支付，但司机熊云家产颇丰。

执行到期债权

【本案法律关系架构图】

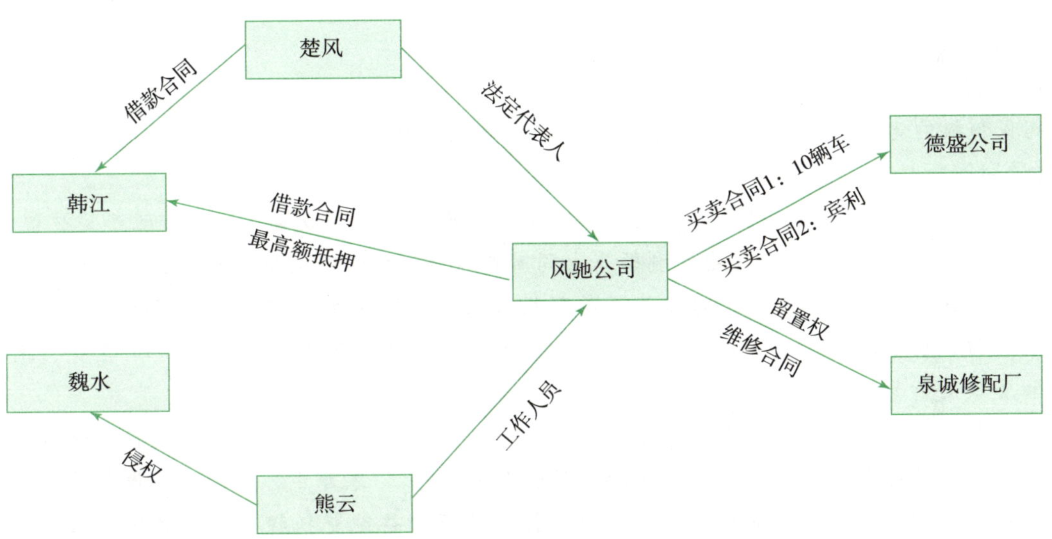

【采分点答案及题目解析】

1. 泉诚修配厂扣留宾利轿车，拒绝交付给风驰公司的行为是否合法？为什么？（5 分）

【采分点答案】

合法。（2 分）泉诚修配厂对风驰公司享有到期债权，其合法占有了风驰公司的轿车，且占有轿车与债权之间系基于同一合同关系。（2 分）此外，不存在成立留置权的消极事由。（1 分）因此，泉诚修配厂对该轿车享有留置权，有权拒绝返还轿车。

【考点】

留置权

【题目解析】

（1）《民法典》第 447 条第 1 款规定："债务人不履行到期债务，债权人可以留置已经合法占有的债务人的动产，并有权就该动产优先受偿。"

（2）本题中，泉诚修配厂对占有的动产宾利轿车，符合以下四个条件：①泉诚修配厂享有的维修费债权已到期。②泉诚修配厂合法占有了债务人风驰公司的动产宾利轿车。③泉诚修配厂的债权与占有均基于汽车维修合同而产生，即基于同一法律关系。④不存在不得留置的法定、约定事由。因此，泉诚修配厂对宾利轿车享有留置权。

（3）泉诚修配厂基于留置权而占有轿车属于有权占有，自然无须返还轿车。

2. 风驰公司与泉诚修配厂订立《以物抵债协议》后，宾利轿车的所有权归谁享有？为什么？（5分）

【采分点答案】

归泉诚修配厂所有。（2分）一方面，泉诚修配厂对宾利轿车享有留置权，通过约定使得泉诚修配厂取得汽车所有权的行为属于以协议折价方式实现留置权。（1分）另一方面，韩江对该轿车享有抵押权，约定轿车归属于泉诚修配厂也属于转让抵押物，但是抵押人转让抵押物并不需要取得抵押权人韩江的同意。（1分）最后，虽然风驰公司没有为泉诚修配厂办理过户登记，但是轿车作为特殊动产其物权变动不以登记为生效要件，未登记不影响泉诚修配厂取得所有权。（1分）据此，《以物抵债协议》订立后，发生基于法律行为的物权变动，泉诚修配厂通过《以物抵债协议》取得宾利轿车的所有权。

【考点】

担保物权的竞合；抵押物的转让；特殊动产的物权变动

【题目解析】

（1）《民法典》第456条规定："同一动产上已经设立抵押权或者质权，该动产又被留置的，留置权人优先受偿。"本题中，在宾利轿车上同时存在韩江的最高额抵押权与泉诚修配厂的留置权，泉诚修配厂的留置权优先于韩江的最高额抵押权。泉诚修配厂与风驰公司协议以宾利轿车抵债的行为，属于以折价的方式实现留置权的情形。因泉诚修配厂的留置权顺位在先，因此该实现留置权的行为合法。

（2）《民法典》第406条第1款规定："抵押期间，抵押人可以转让抵押财产。当事人另有约定的，按照其约定。抵押财产转让的，抵押权不受影响。"本题中，宾利轿车属于韩江最高额抵押权的抵押物，风驰公司与泉诚修配厂协议抵债的行为将改变抵押物宾利轿车的归属，其属于变相转让抵押财产的行为。但是，风驰公司转让抵押物并不需要取得抵押权人韩江的同意。因此，这一因素不影响宾利汽车所有权的变更。

（3）风驰公司与泉诚修配厂通过《以物抵债协议》变动宾利轿车的所有权属于基于法律行为的物权变动，须满足三个要件：①以物抵债协议有效；②风驰公司具有处分权；③完成交付。须注意，汽车作为特殊动产，其物权变动不以登记为生效要件。因此，本案中风驰公司没有为泉诚修配厂办理过户登记不影响汽车所有权的变动。

（4）本题还有一个小小的难点在于，本题完成了汽车的交付了吗？答案是完成了。本题中，在签订《以物抵债协议》之前，泉诚修配厂就已经基于在先事实占有了宾利轿车，因此在物权变动的合意《以物抵债协议》生效时就已经以简易交付的方式完成了汽车的交付。因此，在《以物抵债协议》生效时泉诚修配厂就取得了轿车的所有权。

3. 楚风以其个人的名义向韩江所借的100万元，韩江是否有权请求风驰公司偿还？为什么？（4分）

【采分点答案】

有权。（2分）楚风系风驰公司的法定代表人，其以个人名义向韩江借款且将所得价款用于法人风驰公司的生产经营。（2分）因此，出借人韩江有权请求风驰公司与楚风共同承担返还责任。

【考点】

民间借贷

【题目解析】

①《民间借贷规定》第22条第2款规定："法人的法定代表人或者非法人组织的负责人以个人名义与出借人订立民间借贷合同，所借款项用于单位生产经营，出借人请求单位与个人共同承担责任的，人民法院应予支持。"本题中，楚风以个人名义签订借款合同，但是所得款项用于单位的生产经营。因此，楚风与风驰公司须对此共同承担责任，此所谓"私债公用"。

②须注意，除"私债公用"外，还有"公债私用"。《民间借贷规定》第22条第1款规定："法人的法定代表人或者非法人组织的负责人以单位名义与出借人签订民间借贷合同，有证据证明所借款项系法定代表人或者负责人个人使用，出借人请求将法定代表人或者负责人列为共同被告或者第三人的，人民法院应予准许。"

4. 法院于2021年9月1日驳回德盛公司强制取回出售给风驰公司轿车的申请，是否符合法律的规定？为什么？（4分）

【采分点答案】

符合法律规定。（2分）风驰公司与德盛公司签订保留所有权买卖合同，虽然风驰公司经催告仍未支付到期价款，（1分）德盛公司享有取回权。但是，风驰公司已经支付8期价款，其支付的价款达到总价款的75%以上，（1分）因此德盛公司享有的取回权被阻却，其不得主张取回。

【考点】

保留所有权买卖

【题目解析】

（1）《民法典》第642条第1款规定："当事人约定出卖人保留合同标的物的所有权，在标的物所有权转移前，买受人有下列情形之一，造成出卖人损害的，除当事人另有约定外，出卖人有权取回标的物：（一）未按照约定支付价款，经催告后在合理期限内仍未支付；（二）未按照约定完成特定条件；（三）将标的物出卖、出质或者作出其他不当处分。"本题中，德盛公司与风驰公司签订了保留所有权的买卖合同。风驰公司欠付第9、10期的价款未付，且经催告仍未支付。据此，出卖人德盛公司享有取回权。

（2）《买卖合同解释》第26条第1款规定："买受人已经支付标的物总价款的百分之七十五以上，出卖人主张取回标的物的，人民法院不予支持。"本题中，风驰公司已经支付了前8期的价款，其已支付的价款超过了总价款的75%。因此，德盛公司享有的取回权被阻却，其不得再行使取回权。

5. 德盛公司于2021年9月10日向法院提出的诉讼请求（1）：诉请判决解除与风驰公司的轿车买卖合同，并判令风驰公司返还10辆轿车。法院应否判决支持？为什么？（5分）

【采分点答案】

应当支持。（2 分）德盛公司与风驰公司约定分 10 期支付价款，该买卖合同属于分期付款买卖。（1 分）买受人风驰公司欠付第 9、10 期价款达到总价款的 1/5，经催告仍不支付，出卖人德盛公司享有法定解除权，有权要求解除买卖合同并返还轿车。（2 分）

【考点】

分期付款买卖

【题目解析】

（1）《民法典》第 634 条第 1 款规定："分期付款的买受人未支付到期价款的数额达到全部价款的五分之一，经催告后在合理期限内仍未支付到期价款的，出卖人可以请求买受人支付全部价款或者解除合同。"

（2）本题中，德盛公司与风驰公司的 10 辆轿车买卖合同分 3 期以上支付价款，其属于分期付款买卖合同。买受人风驰公司未支付的到期价款的数额达到全部价款的 1/5，并且经催告后在合理期限内仍未支付到期价款，根据《民法典》第 634 条第 1 款的规定，出卖人德盛公司享有法定解除权。

6. 德盛公司于 2021 年 9 月 10 日向法院提出的诉讼请求（2）：诉请判决风驰公司承担违约损害赔偿责任。法院应否判决支持？为什么？（4 分）

【采分点答案】

应该支持。（2 分）本题中，风驰公司到期未依约支付价款，其行为属于迟延履行，构成违约，须对相对方德盛公司承担违约损害赔偿责任。（1 分）并且，德盛公司主张解除合同，不影响违约方风驰公司违约责任的承担。（1 分）

【考点】

违约责任；合同解除的效力

【题目解析】

（1）《民法典》第 577 条规定："当事人一方不履行合同义务或者履行合同义务不符合约定的，应当承担继续履行、采取补救措施或者赔偿损失等违约责任。"本题中，风驰公司未依约支付到期价款，其行为构成违约，须承担违约损害赔偿责任。

（2）《民法典》第 566 条第 2 款规定："合同因违约解除的，解除权人可以请求违约方承担违约责任，但是当事人另有约定的除外。"本题中，德盛公司虽然主张解除合同，但并不影响违约方风驰公司所应承担的违约责任。

7. 德盛公司申请财产保全，法院于 2021 年 10 月 10 日采取保全措施扣押了泉诚修配厂占有的宾利轿车后，若泉诚修配厂提出执行异议，请求法院解除对宾利轿车的保全措施，依照现行法的规定，该执行异议是否成立？为什么？（5 分）

【采分点答案】

成立。（2 分）本题中，泉诚修配厂在支付合理价款完成交付后取得了对宾利轿车的所有权，其虽然未经登记不得对抗善意第三人。（2 分）但是，转让方风驰公司的债权人德盛公司并不属于善意第三人的范畴，其可以被对抗。（1 分）因此，宾利轿车属于泉诚修配厂的财产而不属于债务人风驰公司的财产，泉诚修配厂的执行异议成立，法院应当解除对宾利轿车的保全措施。

【考点】

特殊动产物权变动的规则；执行异议

【题目解析】

（1）《民法典》第225条规定："船舶、航空器和机动车等的物权的设立、变更、转让和消灭，未经登记，不得对抗善意第三人。"本题中，泉诚修配厂虽然取得宾利轿车的所有权，但其未办理过户登记。因此，泉诚修配厂的所有权不得对抗善意第三人。

（2）《物权编解释（一）》第6条规定："转让人转让船舶、航空器和机动车等所有权，受让人已经支付合理价款并取得占有，虽未经登记，但转让人的债权人主张其为民法典第二百二十五条所称的'善意第三人'的，不予支持，法律另有规定的除外。"本题中，一方面泉诚修配厂支付了合理价款且取得了对宾利轿车的占有；另一方面，德盛公司仅仅只是转让方风驰公司的债权人。因此，德盛公司不属于不得对抗的善意第三人，即泉诚修配厂取得的所有权可以对抗德盛公司。

（3）相对于德盛公司而言，汽车所有权归属于泉诚修配厂，其不属于债务人风驰公司的财产。因此，法院不应对该财产进行执行。故泉诚修配厂的执行异议成立，法院应当解除对宾利轿车的保全措施。

8. 2021年10月20日，韩江是否有权对宾利轿车行使最高额抵押权？为什么？（6分）

【采分点答案】

有权。（2分）抵押期间，风驰公司将抵押物转让给泉诚修配厂，韩江享有的抵押权具有追及力，其依然可以对汽车行使抵押权。（2分）此外，虽然在2021年10月20日约定的债权确定期间尚未届至，但是抵押权人韩江知道最高额抵押的财产被扣押，（1分）韩江在最高额抵押权中的债权于2021年10月15日确定。且由于该借款合同中的债权均已到期，（1分）因此韩江可以行使最高额抵押权。

【考点】

抵押物的转让；最高额抵押权

【题目解析】

（1）《民法典》第406条第1款规定："抵押期间，抵押人可以转让抵押财产。当事人另有约定的，按照其约定。抵押财产转让的，抵押权不受影响。"本题中，在抵押期间，风驰公司将抵押物转让给泉诚修配厂，不影响韩江所享有的抵押权。因此，韩江依然对宾利轿车享有抵押权。

（2）《民法典》第423条规定："有下列情形之一的，抵押权人的债权确定：（一）约定的债权确定期间届满；（二）没有约定债权确定期间或者约定不明确，抵押权人或者抵押人自最高额抵押权设立之日起满二年后请求确定债权；（三）新的债权不可能发生；（四）抵押权人知道或者应当知道抵押财产被查封、扣押；（五）债务人、抵押人被宣告破产或者解散；（六）法律规定债权确定的其他情形。"本题中，风驰公司与韩江约定了债权的确定期间，"2021年度"表明要到2021年结束方才确定债权。但是，由于宾利轿车已经被法院采取保全措施，且抵押权人韩江对此知情。因此，韩江可以要求提前确定最高额抵押权所担保的债权。

（3）债权经确定后，由于各笔债权又均已到期。因此，根据《民法典》第410条的规定，韩江可以于2021年10月20日对宾利轿车行使最高额抵押权。

9. 假设韩江有权对宾利轿车行使最高额抵押权，韩江有权对宾利轿车优先受偿的数额为100万元还是200万元，为什么？(4分)

【采分点答案】

100万元。(2分) 虽然楚风以个人名义自韩江处的借款100万元须由风驰公司共同承担责任，但是，该笔借款发生在最高额抵押权设定之前。对于最高额抵押权设定之前的债权只有经过当事人的约定，方可纳入最高额抵押权担保的范围。(2分) 本题中，当事人并无约定，因此该100万元不能纳入最高额抵押权。

【考点】

最高额抵押权

【题目解析】

(1) 如前所述，楚风作为风驰公司的法定代表人，楚风以其个人名义向韩江所借100万元，用于风驰公司的生产经营，根据《民间借贷规定》第22条第2款的规定，出借人韩江有权请求风驰公司与楚风共同承担返还责任。

(2) 但是，《民法典》第420条第2款规定："最高额抵押权设立前已经存在的债权，经当事人同意，可以转入最高额抵押担保的债权范围。"本题中，上述的100万元发生在最高额抵押权设定之前，且不存在当事人的约定，因此无法被纳入最高额抵押权担保的范围内。

10. 在魏水起诉风驰公司一案中，熊云是否属于当事人？如果属于当事人，属于何种当事人？理由为何？(6分)

【采分点答案】

属于当事人，(1分) 属于无独立请求权的第三人。(1分) 熊云作为风驰公司的工作人员，其执行职务造成魏水损害，应由风驰公司对外承担责任，熊云并非对外承担责任的主体，因此熊云不能作为本案中的共同被告。(2分) 但是，风驰公司在对外承担责任后可以向有重大过失的熊云进行追偿，因此熊云与案件的审理结果具有利害关系，其可以成为无独三。(2分)

【考点】

用人者责任；诉讼当事人

【题目解析】

(1)《民法典》第1191条第1款规定："用人单位的工作人员因执行工作任务造成他人损害的，由用人单位承担侵权责任。用人单位承担侵权责任后，可以向有故意或者重大过失的工作人员追偿。"

(2) 本题中，熊云在驾驶过程中与乘客魏水打斗导致魏水损害，此属于执行职务致人损害应由用人单位风驰公司对外承担责任，熊云不是对外承担责任的主体。因此，魏水应当以风驰公司为被告提起诉讼，熊云不能成为共同被告。

(3) 但是，由于熊云至少存在重大过失，风驰公司在对外承担责任后有权对熊云进行追偿。因此，熊云对该案件的审理结果具有利害关系，其可以作为无独立请求权的第三人加入诉讼中。

11. 在魏水对风驰公司的执行程序中，在发现风驰公司无力支付后，若魏水申请法院追加熊云为被执行人，法院可否支持？为什么？(6分)

【采分点答案】

应当支持。(2分)由于熊云存在重大过失，风驰公司对熊云拥有追偿权，该追偿权属于债权，系被执行人风驰公司的责任财产，因此可以执行该债权。(2分)因此，法院可以依魏水的申请追加熊云为被执行人，对熊云送达查封令，(1分)禁止其在查封额度内对风驰公司清偿，同时人民法院可以对熊云作出履行令，(1分)责令熊云直接或者通过人民法院向魏水履行。

【考点】

用人单位责任；代位执行

【题目解析】

(1)根据《民法典》第1191条第1款的规定，对外承担赔偿责任的风驰公司对熊云享有追偿权，即熊云系风驰公司的债务人。

(2)《民诉法解释》第499条规定："人民法院执行被执行人对他人的到期债权，可以作出冻结债权的裁定，并通知该他人向申请执行人履行。

该他人对到期债权有异议，申请执行人请求对异议部分强制执行的，人民法院不予支持。利害关系人对到期债权有异议的，人民法院应当按照民事诉讼法第二百三十四条规定处理。

对生效法律文书确定的到期债权，该他人予以否认的，人民法院不予支持。"

(3)据此，在执行过程，法院可以根据执行申请人魏水的申请，针对风驰公司对熊云享有的债权进行执行。

2022 年民商法综合真题回忆版

【案情】

2021 年 1 月，南峰市鹿台区的甲公司因扩大经营需要，拟发行公司债券融资。平远市凤凰区乙公司的大股东兼法定代表人李某也是甲公司股东。为帮助甲公司销售债券，李某找到平远市金龙区丙公司的总经理吴某，要求丙公司帮忙购买甲公司债券。

2021 年 4 月，甲公司的债券（三年期，年利率 8%）正式发行。4 月 5 日，甲公司与丙公司在南峰市鹿台区签订《债券认购及回购协议》，约定："丙公司认购甲公司 5000 万元债券；甲公司允诺 1 年后以 5500 万元进行回购，如逾期未回购，甲公司向丙公司支付 1000 万元的违约金。"此外，合同还载明，因本合同产生的一切纠纷，均应提交甲公司所在地的南峰市鹿台区法院解决。

2021 年 4 月 8 日，李某代表乙公司与丙公司在平远市金龙区签订《担保合同》，约定乙公司为甲公司的回购义务及违约金责任等提供"充分且完全的担保"。该担保合同载明"因本合同发生的纠纷双方应友好协商，协商无法解决的，应提交平远仲裁委员会解决。"在签约前，丙公司询问李某是否获得了股东会的同意，李某向丙公司提供了一份微信群聊天记录，显示李某曾就担保一事征求乙公司其他两位股东张某、孙某的意见，二人均微信回复"无异议"。

同日，李某个人应丙公司请求就甲公司回购义务向丙公司提供担保，并明确约定担保方式为：丙公司曾向李某个人借款 3000 万元，将于 2021 年 7 月 31 日到期；到期后，丙公司可以暂不返还该借款，以此作为李某为甲公司回购义务提供的担保。2021 年 7 月 31 日，丙公司未向李某偿付该笔借款。

2022 年 4 月，回购日期届至，甲公司未履行回购义务。

丙公司经沟通无果，向鹿台区法院起诉甲公司、乙公司，提出诉讼请求一：甲公司履行回购义务并支付违约金 1000 万元；诉讼请求二：乙公司对甲公司上述义务承担连带责任。甲公司在答辩期间提交答辩状，认为违约金过高，请求法院予以减少。乙公司在答辩期间也提交了答辩状，未提出管辖权异议，但在开庭中提出，担保合同中存在仲裁协议，鹿台区法院对案件无管辖权。乙公司其他两位股东张某、孙某知悉该诉讼的消息后，向法院表示，依照公司章程，公司对外担保应经过股东会决议，乙公司为甲公司提供的保证，仅为李某个人的意思，未经公司股东会决议，应为无效。李某则表示，虽没有召开股东会，但李某通过微信群聊天征求过张某和孙某的意见，他们均未表示反对，并提供了一份三人微信群聊天记录截图的纸质打印件，并表示因为手机更换，只能提供当时聊天记录截图的纸质打印版。

丙公司另行向平远市金龙区法院起诉李某，请求确认李某对其的 3000 万元债权已因承担担保责任而消灭。

后丙公司发现，乙公司本身已无有价值的财产，但其全资控股了主营建筑业务的丁公司。丙公司认为，丁公司长期与乙公司混用财务人员、其他工作人员和工作场所，账目不清，其财产无法与乙公司财产相区分，应与乙公司承担连带责任。丁公司承揽的戊公司的建设工程已竣工验收，但戊公司尚未依照合同约定的时间支付价款 1000 万元，因此丙公司希望丁、戊两公司一并承担责任。

【问题】

1. 根据丙公司的诉讼请求一，甲公司是否应当履行回购义务？请说明理由。如甲公司主张

该回购安排违反了债权人平等受偿的原则，应为无效，甲公司的主张是否合理？请说明理由。（4分）

2. 根据丙公司的诉讼请求一，甲公司是否应当支付违约金？请说明理由。关于甲公司请求法院予以减少违约金的主张，能否得到法院支持？请说明理由。（4分）

3. 张某和孙某提出乙公司担保合同无效的主张是否成立？说明理由。（8分）

4. 根据丙公司的诉讼请求二，乙公司应当承担何种担保责任？说明理由。（4分）

5. 请具体分析李某向丙公司提供的担保的性质。（6分）

6. 关于乙公司在开庭过程中提出的管辖权异议，法院应当如何处理？（5分）

7. 在丙公司提起的诉讼中，张某和孙某是否有权提出乙公司保证合同无效的主张和证据？请说明理由。（5分）

8. 请分析打印的微信聊天记录截图的证据能力和证明力，并说明理由。（5分）

9. 关于丙公司对李某提出的诉讼，请结合受理条件，法院应当如何处理？（3分）

10. 丙公司是否有权要求丁公司承担连带责任？请说明理由。(4分)

11. 如法院判决支持了丙公司对乙公司的诉讼请求。丙公司在执行过程中，申请法院追加丁、戊两公司作为被执行人，法院应当如何处理？如法院裁定追加，丁、戊两公司不同意追加，有何救济措施？(8分)

【案情分析】

2021 年 1 月，南峰市鹿台区的甲公司因扩大经营需要，拟发行公司债券融资。平远市凤凰区乙公司的大股东兼法定代表人李某也是甲公司股东。为帮助甲公司销售债券，李某找到平远市金龙区丙公司的总经理吴某，要求丙公司帮忙购买甲公司债券。

2021 年 4 月，甲公司的债券（三年期，年利率 8%）正式发行。4 月 5 日，甲公司与丙公司在南峰市鹿台区签订《债券认购及回购协议》，约定："丙公司认购甲公司 5000 万元债券；甲公司允诺 1 年后以 5500 万元进行回购，如逾期未回购，甲公司向丙公司支付 1000 万元的违约金。"此外，合同还载明，因本合同产生的一切纠纷，均应提交甲公司所在地的南峰市鹿台区法院解决。

通过回购担保债务的履行

约定违约金

管辖协议

公司担保

2021 年 4 月 8 日，李某代表乙公司与丙公司在平远市金龙区签订担保合同，约定乙公司为甲公司的回购义务及违约金责任等提供"充分且完全的担保"。该担保合同载明"因本合同发生的纠纷双方应友好协商，协商无法解决的，应提交平远仲裁委员会解决。"在签约前，丙公司询问李某是否获得了股东会的同意，李某向丙公司提供了一份微信群聊天记录，显示李某曾就担保一事征求乙公司其他两位股东张某、孙某的意见，二人均微信回复"无异议"。

仲裁条款

股东一致同意

同日，李某个人应丙公司请求就甲公司回购义务向丙公司提供担保，并明确约定担保方式为：丙公司曾向李某个人借款 3000 万元，将于 2021 年 7 月 31 日到期；到期后，丙公司可以暂不返还该借款，以此作为李某为甲公司回购义务提供的担保。2021 年 7 月 31 日，丙公司未向李某偿付该笔借款。

以债权做担保

2022 年 4 月，回购日期届至，甲公司未履行回购义务。

丙公司经沟通无果，向鹿台区法院起诉甲公司、乙公司，提出诉讼请求一：甲公司履行回购义务并支付违约金 1000 万元。诉讼请求二：乙公司对甲公司上述义务承担连带责任。甲公司在答辩期间提交答辩状，认为违约金过高，请求法院予以减少。乙公司在答辩期间也提交了答辩状，未提出管辖权异议，但在开庭中提出，担保合同中存在仲裁协议，鹿台区法院对案件无管辖权。乙公司其他两位股东张某、孙某知悉该诉讼的消息后，向法院表示，依照公司章程，公司对外担保应经过股东会决议，乙公司为甲公司提供的保证，仅为李某个人的意思，未经公司股东会决议，应为无效。李某则表示，虽没有召开股东会，但李某通过微信群聊天征求过张某和孙某的意见，他们均未表示反对，并提供了一份三人微信群聊天记录截图的纸质打印件，并表示因为手机更换，只能提供当时聊天记录截图的纸质打印版。

丙公司另行向平远市金龙区法院起诉李某，请求确认李某对其的 3000 万元债权已因承担担保责任而消灭。

后丙公司发现，乙公司本身已无有价值的财产，但其全资控股了主营建筑业务的丁公司。丙公司认为，丁公司长期与乙公司混用财务人员、其他工作人员和工作场所，账目不清，其财产无法与乙公司财产相区分，应与乙公司承担连带责任。丁公司承揽的戊公司的建设工程已竣工验收，但戊公司尚未依照合同约定的时间支付价款 1000 万元，因此丙公司希望丁、戊两公司一并承担责任。

财产混同、人格混同

【采分点答案及题目解析】

1. 根据丙公司的诉讼请求一，甲公司是否应当履行回购义务？请说明理由。如甲公司主张该回购安排违反了债权人平等原则，应为无效，甲公司的主张是否合理？请说明理由。（4 分）

【采分点答案】

（1）应当履行。（1 分）该合同系双方当事人的真实意思表示，不存在无效事由，属于有效的约定。（1 分）因此，甲公司应当依约履行回购义务。

（2）不合理。（1 分）本题中，甲公司并未进入破产程序，不存在偏颇清偿的问题。（1 分）因此，回购不违反债权人平等原则。

【考点】

合同的效力；债权的清偿

【题目解析】

（1）关于第一小问：①甲公司是否应该履行回购义务，取决于回购的约定效力如何。如回购的约定有效，则甲公司当然应当履行回购义务。②《民法典》第 143 条规定："具备下列条件的民事法律行为有效：（一）行为人具有相应的民事行为能力；（二）意思表示真实；（三）不违反法律、行政法规的强制性规定，不违背公序良俗。"本题中，关于回购的约定符合上述条件，不存在任何的无效事由，因此该约定有效，甲公司应当履行回购义务。

（2）关于第二小问：所谓债权人平等原则，指的是当存在多个债权人，而债务人的财产无法清偿全部债权时，债权人之间按比例平等受偿。本题中，并未提到甲公司已经陷入破产程序或者还存在其他债权人，因此甲公司回购债券本身也是对丙公司偿还债务的行为，并不违反债权人平等原则。

【陷阱提示】

许多同学误将此处请求甲公司履行回购义务理解为"对赌协议"。此处约定的债券回购和股权回购，差异很大：

（1）投资方与目标公司约定，在特定的情形下由目标公司进行股权回购，又称为估值调整机制，其目的在于消除股权投资中的信息不对称和代理成本过高问题。而认购公司债券则不存在债券持有人对董监高的监督和代理成本问题。

（2）目标公司回购股权涉及公司资本的改变、减资、债权人保护等诸多问题，故需要股东会特别决议程序审议通过，保护债权人利益。而债券回购并不涉及上述问题。

故此处按"对赌协议"作答，是错误的。

2. 根据丙公司的诉讼请求一，甲公司是否应当支付违约金？请说明理由。关于甲公司请求法院予以减少违约金的主张，能否得到法院支持？请说明理由。（4 分）

【采分点答案】

（1）应当支持。（1 分）甲公司违反了约定的回购义务，且不存在免责事由，其构成违约，

需要依约支付违约金。（1分）

（2）可以得到支持。（1分）约定的违约金为1000万元明显高于实际损失，因此甲公司请求调低违约金的，法院应当支持。（1分）

【考点】

违约金

【题目解析】

（1）《民法典》第585条第1款规定："当事人可以约定一方违约时应当根据违约情况向对方支付一定数额的违约金，也可以约定因违约产生的损失赔偿额的计算方法。"本题中，当事人在合同中约定了1000万元的违约金。甲公司拒绝履行回购义务，其行为构成违约，且不存在违约责任的免责事由。因此，甲公司需要依照违约金的约定支付违约金。

（2）《民法典》第585条第2款规定："约定的违约金低于造成的损失的，人民法院或者仲裁机构可以根据当事人的请求予以增加；约定的违约金过分高于造成的损失的，人民法院或者仲裁机构可以根据当事人的请求予以适当减少。"本题中，当事人约定的违约金数额为1000万元，虽然没有交代甲公司的违约行为给丙公司造成的实际损失，但是总价款才5000万元，造成的损失也不会超出1000万元。因此，约定的违约金过高，法院应当根据甲公司的请求对违约金进行调整。

3. 张某和孙某提出乙公司担保合同无效的主张是否成立？说明理由。（8分）

【采分点答案】

不成立。（2分）乙公司章程规定对外提供担保需要股东会决议，有限公司的股东全体在书面文件上签字的，可以不召开股东会而直接作出决议。（3分）本题中，微信聊天记录可以作为全体股东在书面文件上签字的形式，因此存在股东会决议，该担保有效。（3分）

【考点】

公司担保；股东会决议

【题目解析】

（1）《公司法》第37条第2款规定："对前款所列事项股东以书面形式一致表示同意的，可以不召开股东会会议，直接作出决定，并由全体股东在决定文件上签名、盖章。"据此，对于有限公司，可以以全体股东签字的方式直接作出决议。

（2）《民法典》第469条第3款规定："以电子数据交换、电子邮件等方式能够有形地表现所载内容，并可以随时调取查用的数据电文，视为书面形式。"据此，微信聊天记录作为数据电文可以被认定为书面形式。

（3）本题中，乙公司的全体股东在微信聊天记录中均同意对外担保之事，据此可以认定乙公司已经做出了股东会决议。既然存在股东会决议，该担保就应该被认定为有效。

4. 根据丙公司的诉讼请求二，乙公司应当承担何种担保责任？说明理由。（4分）

【采分点答案】

答案一：一般保证（2分）当事人约定"充分且完全"的担保属于约定不明，因此推定保证方式一般保证。（2分）

答案二：连带责任保证。（2分）"充分且完全"的担保表明保证人承担保证责任没有顺序

限制，因此应认定为连带责任保证。（2分）

【考点】

保证方式

【题目解析】

（1）本题属于开放型观点，两种观点答出其一即可得分。

（2）《民法典》第686条第2款规定："当事人在保证合同中对保证方式没有约定或者约定不明确的，按照一般保证承担保证责任。"

（3）《担保制度解释》第25条规定："当事人在保证合同中约定了保证人在债务人不能履行债务或者无力偿还债务时才承担保证责任等类似内容，具有债务人应当先承担责任的意思表示的，人民法院应当将其认定为一般保证。

当事人在保证合同中约定了保证人在债务人不履行债务或者未偿还债务时即承担保证责任、无条件承担保证责任等类似内容，不具有债务人应当先承担责任的意思表示的，人民法院应当将其认定为连带责任保证。"

（4）本题中，如认定"充分且完全的担保"中不具有债务人应当先承担责任的意思的，则应当将其解释为连带责任保证。相反，如认定"充分且完全的担保"中无法得出是否要求债务人先承担责任的，应当将其认定为"约定不明"进而推定保证方式为一般保证。

5. 请具体分析李某向丙公司提供的担保的性质。（6分）

【采分点答案】

答案一：非典型担保。（3分）李某提供担保的方式既非物保，也非人保，不属于法律规定的担保方式，但其能够发挥担保的功能，因此其属于非典型担保。（3分）

答案二：保证。（2分）李某提供的担保表明其愿意在3000万元范围内承担担保责任，而这一担保并不具有优先受偿效力，可以认定为保证。（2分）

【考点】

非典型担保

【题目解析】

（1）本题属于开放型观点，答出一种观点即可。

（2）《担保制度解释》第63条规定："债权人与担保人订立担保合同，约定以法律、行政法规尚未规定可以担保的财产权利设立担保，当事人主张合同无效的，人民法院不予支持。当事人未在法定的登记机构依法进行登记，主张该担保具有物权效力的，人民法院不予支持。"

（3）所谓的非典型担保，是指法律没有明确规定的担保方式。本题中，李某以自己的债权作为担保，却并未办理出质登记，其并非采用了法律规定的权利质押的方式。因此，李某采用的担保方式是法律没有加以规定的，其属于非典型担保。

（4）但是也有观点认为，李某以3000万元的债权提供担保，表明李某只愿意在3000万元范围内提供担保，且债权人对李某的任何一项财产均不享有优先受偿权，所以应该认定为保证。

6. 关于乙公司在开庭过程中提出的管辖权异议，法院应当如何处理？（5分）

【采分点答案】

法院应当驳回异议，对案件继续审理。（2分）依据《仲裁法》第26条的规定，在首次开庭前未对人民法院受理该案提出异议的，视为放弃仲裁协议，（1分）人民法院应当继续审理。本案中，保证人在庭审中才以存在仲裁协议为由提出异议，此时法院已经获得了“应诉主管”，视为放弃了仲裁协议，应当根据主合同中的管辖协议确定管辖法院。（2分）

7. 在丙公司提起的诉讼中，张某和孙某是否有权提出乙公司保证合同无效的主张和证据？请说明理由。（5分）

【采分点答案】

本题存在观点争议，可选择其一进行作答。

观点一：有权提出，（2分）张某和孙某作为公司股东，与本案的处理结果有法律上的利害关系，可以作为无独立请求权的第三人申请参加诉讼。一旦获得了第三人的诉讼地位即获得了当事人的诉讼权利，因此有权提出保证合同无效的主张和证据。（3分）（此观点可得满分）

观点二：无权提出，（1分）在丙公司提起的诉讼中，甲公司和乙公司是被告，而张某和孙某作为乙公司的股东，与案件没有利害关系，不能作为无独立请求权的第三人，因此不具备当事人的诉讼地位，就无权在诉讼中提出合同无效的主张和证据，只能通过乙公司进行相关行为。（2分）（此观点最多可得3分）

8. 请分析打印的微信聊天记录截图的证据能力和证明力，并说明理由。（5分）

【采分点答案】

微信聊天记录属于电子数据，（1分）依据《民事诉讼证据规定》[1]第15条第2款的规定，当事人以电子数据作为证据的，应当提供原件。电子数据的制作者制作的与原件一致的副本，或者直接来源于电子数据的打印件或其他可以显示、识别的输出介质，视为电子数据的原件。因此本案中李某提供的聊天记录截图的打印件属于电子数据，符合客观性、合法性和关联性的要求，因此具备证据能力。（2分）在证明力方面，如果该打印件直接来源于电子数据，则视为原件，证明力不受影响。如果无法与原件核对，则证明力较低，需要补强，即不能单独作为定案依据。（2分）

9. 关于丙公司对李某提出的诉讼，请结合受理条件，法院应当如何处理？（3分）

【采分点答案】

本题存在观点争议，选择其一作答即可。

观点一：应当受理。（1分）按照起诉条件的要求，须同时满足以下条件：原告与案件有直接利害关系；有明确的被告；有具体的诉讼请求和事实理由；属于法院主管和管辖的范围。本案中，丙公司的起诉满足法院受理的其他条件，且丙公司是适格原告。（2分）

观点二：不应当受理。（1分）丙公司对李某提出的是消极确认之诉，只有当丙公司在起诉时证明李某已经发出了索债要求，但没有在合理期限内放弃索债主张或提起诉讼后，才可能提起确认债务消灭之诉。而本案中并不存在上述情况，因此没有诉的利益，丙可以并且已经通过自行方式行使抵销权。（1分）

---

〔1〕《最高人民法院关于民事诉讼证据的若干规定》。

10. 丙公司是否有权要求丁公司承担连带责任？请说明理由。（4 分）

【采分点答案】

有权。（2 分）丁公司与乙公司出现财产混同、人格混同的现象，可以适用法人人格的反向否认制度，要求丁公司对其股东乙公司的债务承担连带责任。（2 分）

【题目解析】

在股东的财产与法人的财产出现混同时，反向否认法人的独立人格，要求法人对股东的债务承担连带责任。

11. 如法院判决支持了丙公司对乙公司的诉讼请求。丙公司在执行过程中，申请法院追加丁、戊两公司作为被执行人，法院应当如何处理？如法院裁定追加，丁、戊两公司不同意追加，有何救济措施？（8 分）

【采分点答案】

不能追加丁公司，（2 分）在执行程序中不宜以人格混同为由直接追加被执行人，导致执行力的过分扩张，追加丁公司需要“刺破公司法人面纱”，应当通过诉讼的方式解决。（2 分）

不能追加戊公司，（1 分）戊公司是丁公司的债务人，乙公司对戊公司没有直接法律关系，（1 分）对丁公司也没有直接权利。

丁公司和戊公司不同意追加的，可以提出执行异议。（1 分）执行异议被裁定驳回的，可以提起执行异议之诉（1 分）（追加变更异议之诉）。

2022年商法真题回忆版

【案情】

甲有限责任公司成立于2015年6月，主要从事软件开发，股东分别为A、B、C、D、E，各股东的持股比例依次为55%、26%、11%、5%、3%，公司董事长兼法定代表人为A。公司运行良好，产品开发也很成功。公司成立后一直未对股东分红。对此，E一直很有意见，遂打算将其股权转让给经营相同业务的乙公司，并与乙公司进行了初步洽谈。为便于其股权估价，2019年5月，E向A提出查账要求，要求查阅甲公司成立后所有的会计账簿。A得知E转让股权意图后，认为E的目的不正当，拒绝其查阅要求。

2019年12月，A为担保其对丙公司所负2年期借款债务的履行，将其所持甲公司27%的股权，转让给丙公司，并约定在A到期不偿还借款本息时，丙公司有权以该股权优先受偿。但在双方达成约定后，A并未为丙公司在甲公司登记中办理相应的股东登记。

2020年3月，A在甲公司股东会上提议：第一，A、B、C、D、E五人在甲公司之外，再行设立“丁合伙企业（有限合伙）”，A为普通合伙人，其余均为有限合伙人；第二，A对丁合伙企业的出资，为其所持甲公司54%的股权；其余各合伙人的出资，为各自所持甲公司的全部股权。就该项提议除E表示强烈反对外，其余股东均表示赞同，遂形成相应的股东会决议。

2020年5月，丁合伙企业成立，合伙人分别为A、B、C、D，甲公司股东相应变更为A、E与丁合伙企业，持股比例分别为1%、3%与96%，公司法定代表人仍为A。

2022年初，A无法清偿对丙公司的本息债务，丙公司遂就丁合伙企业所持甲公司27%的股权，主张优先受偿。

【问题】

1. A拒绝E的查阅请求是否合法？请说明理由。（4分）

2. A与丙公司之间达成的约定是否有效？请说明理由。（4分）

3. 甲公司2020年3月形成的设立丁合伙企业的股东会决议，是否有效？请说明理由。（5分）

4. 甲公司2020年3月形成的将其股东股权转入丁合伙企业的股东会决议，是否有效？请说明理由。（5分）

5. 对甲公司股东会决议持反对意见的 E，能否向甲公司主张股权回购请求权？请说明理由。（4 分）

6. 丙公司的优先受偿请求是否合理？请说明理由。（4 分）

【案情分析】

甲有限责任公司成立于2015年6月，主要从事软件开发，股东分别为A、B、C、D、E，各股东的持股比例依次为55%、26%、11%、5%、3%，公司董事长兼法定代表人为A。公司运行良好，产品开发也很成功。公司成立后一直未对股东分红。对此，E一直很有意见，遂打算将其股权转让给经营相同业务的乙公司，并与乙公司进行了初步洽谈。为便于其股权估价，2019年5月，E向A提出查账要求，要求查阅甲公司成立后所有的会计账簿。A得知E转让股权意图后，认为E的目的不正当，拒绝其查阅要求。

> 公司股权结构

> E为转让股权，要求行使查账权

> 不正当目的的判断

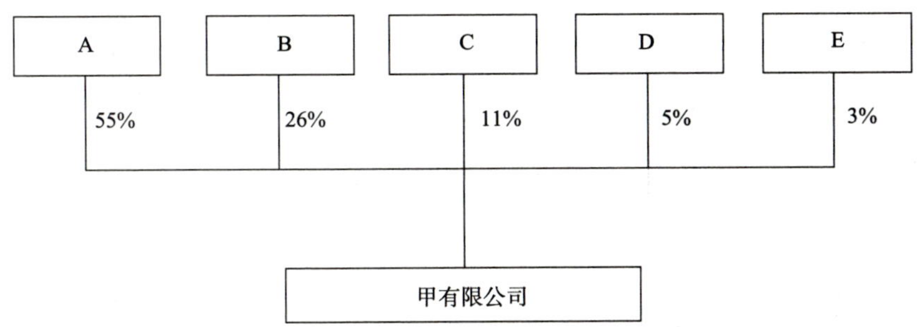

2019年12月，A为担保其对丙公司所负2年期借款债务的履行，将其所持甲公司27%的股权，转让给丙公司，并约定在A到期不偿还借款本息时，丙公司有权以该股权优先受偿。但在双方达成约定后，A并未为丙公司在甲公司登记中办理相应的股东登记。

> 股权让与担保，但未变更登记

2020年3月，A在甲公司股东会上提议：第一，A、B、C、D、E五人在甲公司之外，再行设立"丁合伙企业（有限合伙）"，A为普通合伙人，其余均为有限合伙人；第二，A对丁合伙企业的出资，为其所持甲公司54%的股权；其余各合伙人的出资，为各自所持甲公司的全部股权。就该项提议除E表示强烈反对外，其余股东均表示赞同，遂形成相应的股东会决议。

> 各股东以股权出资，设立丁有限合伙企业，E反对

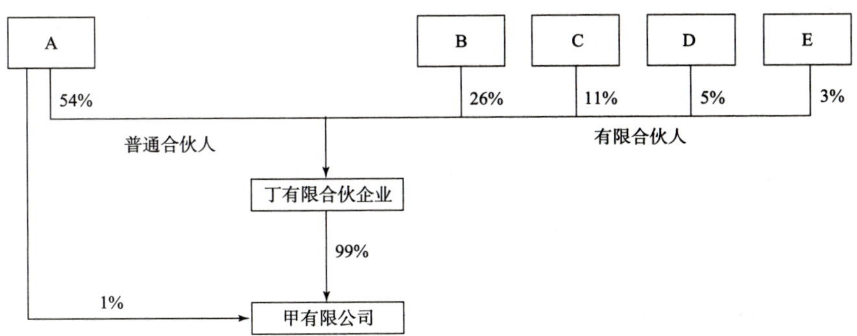

2020年5月，丁合伙企业成立，合伙人分别为A、B、C、D，甲公司股东相应变更为A、E与丁合伙企业，持股比例分别为1%、3%与96%，公司法定代表人仍为A。

> 丁有限合伙企业的结构

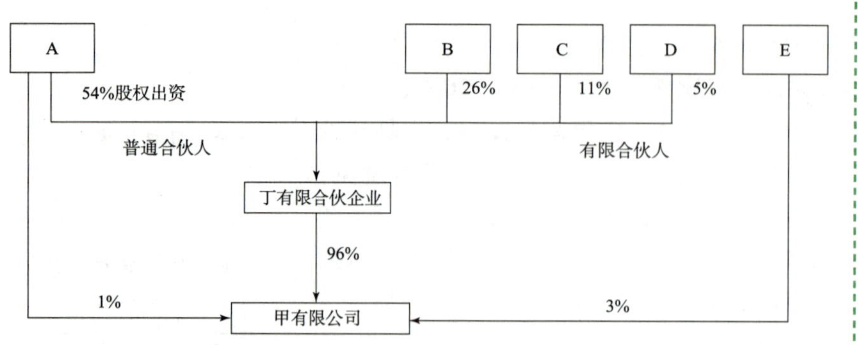

2022年初，A无法清偿对丙公司的本息债务，丙公司遂就丁合伙企业所持甲公司27%的股权，主张优先受偿。

丙公司就股权让与担保的标的股权主张优先受偿

【采分点答案及题目解析】

【采分点答案】

1. A拒绝E的查阅请求是否合法？请说明理由。

不合法。（1分）

本题中，E拟将其持有的股权转让，为评估股权价值要求查阅公司会计账簿，不存在“不正当目的”，（2分）A作为甲公司法定代表人，（1分）拒绝E的查账请求不合法。

【题目解析】

本题有两个陷阱：

（1）乙公司作为受让方，与甲公司经营相同业务，存在竞争关系。但它不是甲公司股东，只有股东与本公司存在实质竞争关系，才是认定“不正当目的”的要件。

（2）《公司法解释（四）》第8条规定，“股东为了向他人通报有关信息查阅公司会计账簿，可能损害公司合法利益的。”认定为不正当目的。

本题中，确实存在E查阅公司账簿后，将有关信息通报给具有竞争关系的乙公司的可能性，但因乙公司是股权的受让方，只有对股权价值进行合理评估，才有可能作出受让股权的决定，故E查阅账簿，并告知乙公司，具有必要性。另一方面，即便E将相关信息通报给乙公司，也只有在损害甲公司合法利益的情况下，才能认定E有不正当目的。而本题未交代该信息。

2. A与丙公司之间达成的约定是否有效？请说明理由。

【采分点答案】

（1）A与丙公司之间的约定属于“股权让与担保”。（2分）

（2）“若A不能履行到期债务，丙公司有权就股权优先受偿”该约定有效。（2分）

【相关法条】

《担保制度解释》第68条第1款规定：

债务人或者第三人与债权人约定将财产形式上转移至债权人名下，债务人不履行到期债务，债权人有权对财产折价或者以拍卖、变卖该财产所得价款偿还债务的，人民法院应当认定该约定有效。当事人已经完成财产权利变动的公示，债务人不履行到期债务，债权人请求参照民法典关于担保物权的有关规定就该财产优先受偿的，人民法院应予支持。

3. 甲公司2020年3月形成的设立丁合伙企业的股东会决议，是否有效？请说明理由。

【采分点答案】

决议无效。

(1) 甲公司召开了股东会，全体股东均出席，由持有公司97%表决权的股东审议通过，该决议成立。(1分)

(2) 该股东会决议内容为：A、B、C、D、E在甲公司之外投资成立丁有限合伙企业。(2分)

首先，该决议内容所涉及的是甲公司五位股东的个人行为，而非公司行为。该事项不属于股东会职权范围，故该决议无效。(2分)

其次，该决议要实现的目的是设立丁有限合伙企业，需要A、B、C、D、E全体合伙人签字同意，合伙协议才能生效。而E表示反对，即A、B、C、D、E五人并未一致同意，故以A、B、C、D、E五人为合伙人的合伙协议不生效。

4. 甲公司2020年3月形成的将其股东股权转入丁合伙企业的股东会决议，是否有效？请说明理由。

【采分点答案】

该股东会决议部分有效，部分无效。(1分)

(1) A、B、C、D以股权向丁有限合伙企业出资部分合法有效。

A、B、C、D将所持有的甲有限公司股权向丁有限合伙企业出资，本质是将股权对外转让给该有限合伙企业，在甲公司内部应当征得其他股东过半数同意，且其他股东放弃优先购买权。

本题中，在甲公司的股东会上，对于股权出资，A、B、C、D同意，E反对，且未主张优先购买权，故A、B、C、D的股权出资合法有效。(2分)

(2) E以股权向丁有限合伙企业出资部分无效。

因E反对，E未以股权向丁有限合伙企业出资。(2分)

【题目解析】

本题中，本质上是甲公司股东以其持有的甲公司股权出资设立丁有限合伙企业，虽然穿了一层股东会会议的外衣，但不能掩盖股东个人处分其股权的实质。

股东会会议超出其职权范围处置股东所持有的财产或是不顾股东的反对代为处置股东所持有的股权，均应认定为决议内容违法，决议无效。

5. 对甲公司股东会决议持反对意见的E，能否向甲公司主张股权回购请求权？请说明理由。

【采分点答案】

E不能要求甲公司回购其股权。(1分)

(1) 本题中，甲公司自成立至2019年5月一直未分红，但此时未分红的期间不到5年，且题目未提及E对甲公司不分红的股东会决议投了反对票。(2分)

(2) 本题中，股东会会议内容并非甲公司转让主要财产，而是甲公司股东处分各自的股权。(1分)

综上，本题中不存在《公司法》第74条规定的有限公司异议股东回购之情形。

【题目解析】

公司回购将导致公司资本金不足，同时涉及债权人保护问题，故公司原则上不能回购其股权，除非有法律明确规定。

《公司法》第74条规定了有限公司股东对三项股东会议投反对票的，有权要求公司以合理价格回购其权：

（1）公司连续五年盈利，均符合分红条件，但连续五年不分红；

（2）公司合并、分立、转让主要财产的；

（3）章程规定的营业期限届满，或出现解散事由，通过修改章程使公司继续存续的。

若无以上三种情形，则股东要求公司回购其股权的，法院不予支持。

6. 丙公司的优先受偿请求是否合理？请说明理由。

【采分点答案】

丙公司不能行使优先受偿权。(1分)

（1）因股权让与担保，股权未办理登记，不发生物权效力。(2分)

（2）甲所持有的标的股权已经向丁有限合伙企业出资。

综上，丙公司不能向丁有限合伙企业主张就标的股权优先受偿。(1分)

【题目解析】

股权让与担保中只有完成了公示，即股权变更登记债权人才能主张针对标的股权优先受偿。

第四编　综合案例实训

案例一　沧浪公司设立及法定代表人越权代表买卖合同纠纷案

【案情】

2019年5月1日，甲、乙、丙三人决定共同设立沧浪有限公司（以下简称沧浪公司）。在设立沧浪公司期间，2019年5月10日，甲为沧浪公司提前寻找办公场所时，以个人名义与丁（住所地在H市F区）签订了《房屋租赁合同》，约定租用丁位于H市A区的房屋一套，租期为10年，年租金5万元，如果因为该合同的履行发生争议，均提交北京仲裁委员会处理。沧浪公司（住所地为H市A区）设立成功后，进入该房屋开始办公，但未按期支付租金。甲担任董事长，乙担任总经理，公司章程规定：法定代表人由董事长担任。

2019年12月1日经股东会决议，沧浪公司任命乙作为公司法定代表人，并办理了登记。为规避风险，股东会决议乙对外签订合同的标的额不得超过200万元，超过该金额的合同须报请董事会批准。对此，甲、乙、丙三人均签字同意。

因乙不慎将公司公章遗失，为确保次日顺利签订合同，乙遂伪造沧浪公司公章一枚于2020年10月2日与大地公司签订《电脑买卖合同》，约定沧浪公司自大地公司处购买电脑一批，价款为300万元，于2021年10月前支付。乙在合同上加盖伪造的印章，大地公司对沧浪公司的股东会决议内容并不知情，但其知晓公章系伪造。2020年10月15日，甲认为乙不应当担任法定代表人，经过诉讼法院判决撤销由乙担任法定代表人的股东会决议。2020年11月20日，经沧浪公司申请，市场监管部门撤销了关于法定代表人的变更登记，甲重新成为法定代表人。2020年11月30日，甲主张沧浪公司与大地公司之间的《电脑买卖合同》无效。

2020年10月21日，为担保沧浪公司依约向大地公司支付价款，丙以其价值500万元的房屋提供抵押担保，约定若沧浪公司不能按期支付价款，丙承担全部责任且额外支付违约金50万元。双方于同日办理了抵押登记。2021年4月3日，大地公司将其债权转让给远景公司，但未办理抵押权变更登记，亦未通知丙。直至2021年5月15日，大地公司方通知丙。

2021年6月15日，丙将抵押房屋出租给不知情的戊，约定租期为10年。因沧浪公司长期未支付价款，法院拍卖抵押房屋，戊以550万元拍得该房屋。

【问题】

1. 甲与丁在《房屋租赁合同》中约定的仲裁条款效力如何？该仲裁协议对设立成功后的沧浪公司是否有拘束力？请说明理由。

2. 丁要求甲支付租金，能否得到法院支持？为什么？若沧浪公司设立失败，丁的租金应如何处理？

3. 沧浪公司关于限制法定代表人权限的股东会决议的效力如何？

4.《电脑买卖合同》的效力如何？为什么？

5. 2021 年 4 月 3 日，远景公司是否享有抵押权？若其主张抵押权，能否得到法院支持？为什么？

6. 2021 年 6 月 15 日，远景公司主张就房屋价款优先受偿 350 万元，能否得到法院支持？为什么？

7. 如果戊对法院拍卖抵押房屋的行为不满，其可以尝试通过何种途径来主张权利？请说明理由。

8. 戍要求戊返还房屋，能否得到法院支持？为什么？

【案情分析】

2019年5月1日，甲、乙、丙三人决定共同设立沧浪有限公司（以下简称沧浪公司）。在设立沧浪公司期间，2019年5月10日，甲为沧浪公司提前寻找办公场所时，以个人名义与丁（住所地在H市F区）签订了《房屋租赁合同》，约定租用丁位于H市A区的房屋一套，租期为10年，年租金5万元，如果因为该合同的履行发生争议，均提交北京仲裁委员会处理。沧浪公司（住所地为H市A区）设立成功后，进入该房屋开始办公，但未按期支付租金。甲担任董事长，乙担任总经理，公司章程规定：法定代表人由董事长担任。

> 发起人为履行设立职责，以自己名义签订合同

> 争议解决，约定了仲裁条款

2019年12月1日经股东会决议，沧浪公司任命乙作为公司法定代表人，并办理了登记。但由于公司刚刚起步，为规避风险，股东会决议乙对外签订合同的标的额不得超过200万元，超过该金额的合同须报请董事会批准。对此，甲、乙、丙三人均签字同意。因乙不慎将公司公章遗失，为确保次日顺利签订合同，乙遂伪造沧浪公司公章一枚于2020年10月2日与大地公司签订《电脑买卖合同》，约定沧浪公司自大地公司处购买电脑一批，价款为300万元，于2021年10月前支付。乙在合同上加盖伪造的印章，大地公司对沧浪公司的股东会决议内容并不知情，但其知晓公章系伪造。2020年10月15日，甲认为乙不应当担任法定代表人，经过诉讼法院判决撤销由乙担任法定代表人的股东会决议。2020年11月20日，经沧浪公司申请，市场监管部门撤销了关于法定代表人的变更登记，甲重新成为法定代表人。2020年11月30日，甲主张沧浪公司与大地公司之间的《电脑买卖合同》无效。

> 股东会决议：限制法定代表人的签约权限

> 法定代表人超越权限订立合同，“真人假章”，第三人善意

2020年10月21日，为担保沧浪公司依约向大地公司支付价款，丙以其价值500万元的房屋提供抵押担保，约定若沧浪公司不能按期支付价款，丙承担全部责任且额外支付违约金50万元。双方于同日办理了抵押登记。2021年4月3日，大地公司将其债权转让给远景公司，但未办理抵押权变更登记，亦未通知丙。直至2021年5月15日，大地公司方通知丙。

> 丙提供抵押担保，担保范围超出主债权范围

> 大地公司债权转让

2021年6月15日，丙将抵押房屋出租给不知情的戊，约定租期为10年。因沧浪公司长期未支付价款，法院拍卖抵押房屋，戊以550万元拍得该房屋。

> 抵押房屋出租

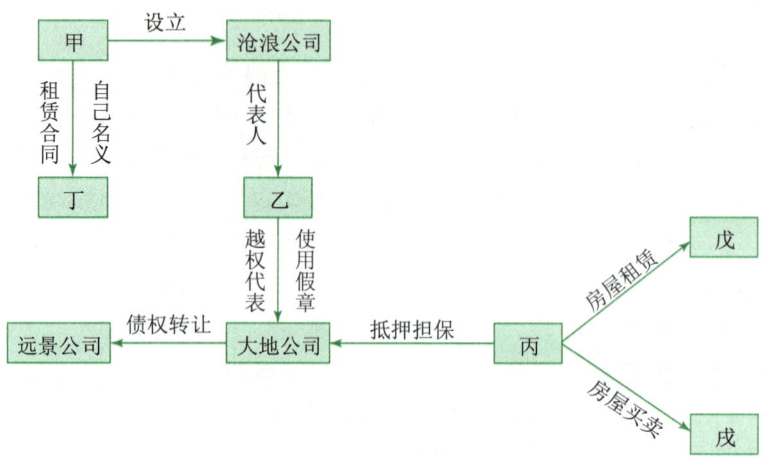

【采分点答案及题目解析】

1. 甲与丁在《房屋租赁合同》中约定的仲裁条款效力如何？该仲裁协议对设立成功后的沧浪公司是否有拘束力？请说明理由。

【采分点答案】

（1）仲裁协议有效。《房屋租赁合同》系财产权益争议，属于民商事仲裁的适用范围，具有可仲裁性；且双方当事人自愿选定了唯一且明确的仲裁机构即北京仲裁委员会，符合仲裁协议的有效条件。

（2）仲裁协议对设立成功后的沧浪公司有拘束力。依据《公司法解释（三）》的相关规定，发起人为设立公司以自己名义对外签订合同，公司成立后合同相对人请求公司承担合同责任的，法院应予支持。仲裁条款作为合同中的纠纷解决条款，对成立后的公司当然具有拘束力。

【题目解析】

本题考查仲裁协议的效力及拘束力，需要结合仲裁协议效力的基本原理以及《公司法》司法解释的相关内容进行解答。

《仲裁法》第 2 条规定："平等主体的公民、法人和其他组织之间发生的合同纠纷和其他财产权益纠纷，可以仲裁。"《仲裁法》第 16 条规定："仲裁协议包括合同中订立的仲裁条款和以其他书面方式在纠纷发生前或者纠纷发生后达成的请求仲裁的协议。仲裁协议应当具有下列内容：（一）请求仲裁的意思表示；（二）仲裁事项；（三）选定的仲裁委员会。"本案中，甲与丁针对租赁合同法律关系签订仲裁条款，该事项具有可仲裁性，且双方有自愿仲裁的意思表示，选定了明确的仲裁机构，完全符合仲裁协议的有效条件。

《公司法解释（三）》第 2 条规定，发起人为设立公司以自己名义对外签订合同，公司成立后合同相对人请求公司承担合同责任的，人民法院应予支持。本案中，甲为设立中的沧浪公司以自己名义签订了租赁合同，在公司成立后，甲签订的该合同对沧浪公司具有拘束力，如果因为租赁合同的履行发生争议，丁可以沧浪公司作为被申请人进行仲裁。

【易错点提示】

在民事诉讼领域，房屋租赁合同纠纷只能由不动产所在地法院专属管辖，但这只是排除了其他法院的管辖权，而并不排除仲裁的适用。换言之，《民事诉讼法》中专属管辖的合同纠纷，只是在诉讼领域排斥其他法院的管辖，而并不能排除民商事仲裁的适用，此乃"一码归一码""各占各的地盘"。

2. 丁要求甲支付租金，能否得到法院支持？为什么？若沧浪公司设立失败，丁的租金应如何处理？

【采分点答案】

（1）能够得到支持。发起人甲在公司设立过程中，以自己的名义实施的法律行为，在公司设立成功之后，相对人丁可以选择公司或发起人承担责任。因此，丁可以选择由甲承担责任、支付租金。

（2）若沧浪公司设立失败，由甲、乙、丙三人承担连带责任。承担责任之后，甲、乙、丙三人之间按照约定进行内部追偿；若无约定，则按照出资比例追偿；若出资比例不能确定，则三人之间按照均等的份额承担责任。

【题目解析】

本题考查的是公司设立过程中发起人责任的承担。

（1）《公司法解释（三）》第2条规定："发起人为设立公司以自己名义对外签订合同，合同相对人请求该发起人承担合同责任的，人民法院应予支持；公司成立后合同相对人请求公司承担合同责任的，人民法院应予支持。"

（2）本案中，发起人甲以自己的名义与丁签订合同，因此丁享有选择权，可选择由法人沧浪公司或者发起人甲承担责任。

（3）《公司法解释（三）》第4条第1、2款规定："公司因故未成立，债权人请求全体或者部分发起人对设立公司行为所产生的费用和债务承担连带清偿责任的，人民法院应予支持。

部分发起人依照前款规定承担责任后，请求其他发起人分担的，人民法院应当判令其他发起人按照约定的责任承担比例分担责任；没有约定责任承担比例的，按照约定的出资比例分担责任；没有约定出资比例的，按照均等份额分担责任。"

【易错点提示】

究竟由公司还是发起人承担责任的关键在于两点：第一，公司是否设立成功；第二，发起人以何者的名义实施法律行为。

3. 沧浪公司关于限制法定代表人权限的股东会决议的效力如何？

【采分点答案】

该股东会决议合法有效。

（1）沧浪公司召开了股东会会议，由全体股东出席，并签字同意。故该决议已成立；

（2）该决议内容为限制法定代表人的签约权限，并不违反法律法规，属于公司自治的范畴，故该决议并非无效的；

（3）本题中并未提及公司章程存在不得约束法定代表人权限的内容，故该决议内容并不违反公司章程；

（4）本题中，并未提起此次股东会会议的召集程序、表决方式存在违反法律法规及章程的情况。故该决议不属于可撤销的决议。

综上，该决议合法有效。

【题目解析】

相关法条如下：

（1）决议不成立

《公司法解释（四）》第5条规定：“股东会或者股东大会、董事会决议存在下列情形之一，当事人主张决议不成立的，人民法院应当予以支持：

（一）公司未召开会议的，但依据公司法第三十七条第二款或者公司章程规定可以不召开股东会或者股东大会而直接作出决定，并由全体股东在决定文件上签名、盖章的除外；

（二）会议未对决议事项进行表决的；

（三）出席会议的人数或者股东所持表决权不符合公司法或者公司章程规定的；

（四）会议的表决结果未达到公司法或者公司章程规定的通过比例的；

（五）导致决议不成立的其他情形。”

（2）决议无效

《公司法》第22条第1款规定：“公司股东会或者股东大会、董事会的决议内容违反法律、行政法规的无效。”

（3）决议可撤销

《公司法》第22条第2款规定：“股东会或者股东大会、董事会的会议召集程序、表决方式违反法律、行政法规或者公司章程，或者决议内容违反公司章程的，股东可以自决议作出之日起六十日内，请求人民法院撤销。”

【正确作答结构】

涉及公司股东会/董事会决议效力的判断

第一步：判断决议是否成立；

第二步：如果会议制度无根本缺陷，决议成立，再判断决议是否有效；

第三步：如果决议内容不存在违反法律法规之处，再判断是否属于可撤销的决议。

第四步：若决议效力被否定，再讨论对变更登记、与外部主体之间法律关系的影响。

4.《电脑买卖合同》的效力如何？为什么？

【采分点答案】

有效。

（1）由乙担任法定代表人变更登记被撤销不影响乙作为法定代表人与大地公司签订的《电脑买卖合同》的效力

沧浪公司章程规定：法定代表人由董事长担任。乙的身份是总经理，股东会决议中规定由乙担任法定代表人，该决议的内容违反章程规定。股东可以在决议作出之日起60日内，请求法院撤销该决议。本题中，法院因此撤销了股东会决议的该项内容。

股东会决议被撤销后，公司依据该决议与善意相对人形成的民事法律关系不受影响。大地公司与沧浪公司签订合同时，依据登记信息其有理由信任乙具有法定代表人身份，为善意的相对人。故乙担任法定代表人的决议被撤销，不影响《电脑买卖合同》的效力。

（2）虽然乙在订立合同时使用的公章与备案登记的公章不一致，但乙是沧浪公司的法定代表人，其享有代表权，故其实施的法律行为不因公章而受到影响。

（3）虽然沧浪公司对乙的代表权限进行了限定，但大地公司对此并不知情，因此该限制不得对抗善意相对人大地公司。

（4）《电脑买卖合同》不存在其他效力瑕疵。

因此，《电脑买卖合同》有效。

【题目解析】

本题考查公司决议效力被否定后与相对人之间民事法律行为的效力，“真人假章”以及法定代表人超越代表权限的行为效力。

（1）《公司法》规定：有限公司的法定代表人根据章程规定，由董事长、执行董事或经理担任。沧浪公司章程规定，法定代表人由董事长担任，而乙的身份是总经理，故股东会决议中规定由乙担任法定代表人，不具有违法性，但违反了公司章程。故该决议可撤销。

该项股东会决议被撤销后，影响包括两个方面：①依据该决议办理变更登记的，公司应当申请撤销变更登记；②公司与善意相对人的法律关系不受影响。

故虽然决定乙担任法定代表人的股东会决议以及与之对应的变更登记被撤销，大地公司作为善意相对人，其与沧浪公司签订的合同效力并不因此受到影响。

（2）《九民纪要》第41条规定，法定代表人或者其授权之人在合同上加盖法人公章的行为，表明其是以法人名义签订合同，除《公司法》第16条等法律对其职权有特别规定的情形外，应当由法人承担相应的法律后果。法人以法定代表人事后已无代表权、加盖的是假章、所盖之章与备案公章不一致等为由否定合同效力的，人民法院不予支持。

（3）《民法典》第504条规定：“法人的法定代表人或者非法人组织的负责人超越权限订立的合同，除相对人知道或者应当知道其超越权限外，该代表行为有效，订立的合同对法人或者非法人组织发生效力。”

（4）本案中，一方面，虽然乙使用的公章为假章，但乙确为沧浪公司的法定代表人，其使用假章不影响合同的效力。换而言之，“真人假章”不影响合同的效力。另一方面，沧浪公司对乙的代表权限进行了限制，其签订《电脑买卖合同》的标的额超过200万元，故该行为构成越权代表。但此种限制不得对抗善意相对人。由于大地公司对该限制并不知情，故这一越权代表行为构成表见代表，沧浪公司应当对此负责。故该买卖合同有效。

【易错点提示】

1. 股东会决议内容违反法律法规或章程，其效力类型不同：

（1）违反法律、行政法规，该决议无效；

（2）若股东会决议内容违反公司章程，该决议可撤销。

2. 股东会决议、董事会决议被否定后，其影响内外有别：

（1）依据该决议办理变更登记的，公司应当申请撤销变更登记；

（2）公司与善意相对人的法律关系不受影响。

3. 法定代表人超越权限限制实施的行为是否构成表见代表，首先须界定该权限限制属于意定限制，抑或法定限制。如为意定限制，则只须考察相对人的主观状态是否为善意；如为法定限制，则须考虑相对人是否尽到合理审查义务。

【正确作答结构】

第一步：结论——有效。

第二步：理由——决议被撤销，公司与善意相对人之间的民事法律关系不受影响。

第三步：理由——“真人假章”不影响合同效力。

第四步：理由——约定限制不得对抗善意相对人。

5. 2021年4月3日，远景公司是否享有抵押权？若其主张抵押权，能否得到法院支持？为什么？

【采分点答案】

远景公司享有抵押权，但无法行使抵押权。

大地公司将债权转让给远景公司，抵押权作为从权利随之转让，且不因未办理登记而受影响，故当债权转让协议达成时，远景公司取得抵押权。

但债权转让在4月3日尚未通知抵押人丙，故暂时对丙不发生效力，远景公司主张行使抵押权，不能得到法院支持。

【题目解析】

本题考查担保物权在移转上的从属性。

（1）《民法典》第547条规定："债权人转让债权的，受让人取得与债权有关的从权利，但是该从权利专属于债权人自身的除外。受让人取得从权利不因该从权利未办理转移登记手续或者未转移占有而受到影响。"

（2）《民法典》第696条第1款规定："债权人转让全部或者部分债权，未通知保证人的，该转让对保证人不发生效力。"（这一规定亦可适用于物保人）

（3）本案中，债权人大地公司转让其债权的，与该债权有关的从权利随同转让，抵押权属于从权利，且不因未办理登记而受影响。但由于该债权转让未通知抵押人丙，故该债权转让对抵押人丙不发生效力，受让人远景公司暂时不得主张该抵押权。

【易错点提示】

债权转让导致的担保物权变动属于非基于法律行为的物权变动，故不以公示为其生效要件。

【正确作答结构】

第一步：结论——享有。

第二步：理由——债权转让，抵押权随同转让。

第三步：结论——不可以主张。

第四步：理由——未通知担保人，对担保人不发生效力。

6. 2021年6月15日，远景公司主张就房屋价款优先受偿350万元，能否得到法院支持？为什么？

【采分点答案】

不能得到法院支持。

担保具有范围上的从属性，丙和大地公司就担保合同专门约定了违约责任，但该约定违反了担保在范围上的从属性，担保人丙有权主张仅在主债权300万元范围内承担责任。

【题目解析】

（1）《担保制度解释》第3条第1款规定："当事人对担保责任的承担约定专门的违约责任，或者约定的担保责任范围超出债务人应当承担的责任范围，担保人主张仅在债务人应当承担的责任范围内承担责任的，人民法院应予支持。"

（2）本案中，主债权为300万元，担保人丙与债权人大地公司额外约定违约金50万元，超出了主债权的范围，违反了担保在范围上的从属性。因此，担保人丙有权主张仅在主债权300万元范围内承担责任。

【易错点提示】

当事人的约定违反担保范围从属性的，该约定无效，即便担保人自愿承担超出主债务范围的责任，该部分对债权人而言亦属于不当得利，应当予以返还。

【正确作答结构】

第一步：结论——不可以。

第二步：理由——违反担保范围上的从属性。

7. 如果戊对法院拍卖抵押房屋的行为不满，其可以尝试通过何种途径来主张权利？请说明理由。

【采分点答案】

戊可以书面的方式向负责拍卖的法院提出执行行为异议，法院审查后认为异议成立的，应当裁定撤销或改正相关行为；如果认为异议不成立的，裁定驳回。戊对驳回异议的裁定不服的，可以向上一级法院申请复议。

【题目解析】

本题考查执行行为异议的适用条件。《民事诉讼法》第232条规定："当事人、利害关系人认为执行行为违反法律规定的，可以向负责执行的人民法院提出书面异议。当事人、利害关系人提出书面异议的，人民法院应当自收到书面异议之日起十五日内审查，理由成立的，裁定撤销或者改正；理由不成立的，裁定驳回。当事人、利害关系人对裁定不服的，可以自裁定送达之日起十日内向上一级人民法院申请复议。"本案中，戊作为房屋的承租方，属于利害关系人，如果认为法院的拍卖行为违法，可以向负责执行的法院提出执行行为异议。

8. 戌要求戊返还房屋，能否得到法院支持？为什么？

【采分点答案】

能够得到法院支持。

本案涉及的房屋，先为债权人设立抵押权，而后出租给戊，因此在实现抵押权时不适用"买卖不破租赁"。新的所有权人戌无须承受该租赁合同，故戌有权要求戊返还房屋。

【题目解析】

本题考查抵押权的实现与"买卖不破租赁"。

（1）《城镇房屋租赁合同解释》第14条规定，租赁房屋在承租人按照租赁合同占有期限内发生所有权变动，承租人请求房屋受让人继续履行原租赁合同的，人民法院应予支持。但租赁房屋具有下列情形或者当事人另有约定的除外：

①房屋在出租前已设立抵押权，因抵押权人实现抵押权发生所有权变动的；

②房屋在出租前已被人民法院依法查封的。

（2）本案中，先办理房屋抵押登记，后进行出租，因此实现抵押权导致房屋所有权变动的，新的所有权人无须承受该租赁合同（即不适用"买卖不破租赁"）。承租人戊相对于新的所有权人戌而言属于无权占有人，故戌有权要求戊返还房屋。

【易错点提示】

不动产先抵后租的，无须考虑承租人的主观状态，一律不适用“买卖不破租赁”。

【正确作答结构】

第一步：结论——可以。

第二步：理由——房屋先抵后租，不适用“买卖不破租赁”。

案例二　麻小公司及股东钟某民间借贷纠纷案

【案情】

麻小有限公司（以下简称麻小公司，住所地为甲市A区）成立于2020年1月，从事小龙虾养殖、加工、销售等业务。麻小公司由钟某及其配偶王某在婚后共同设立，各持股50%（二人住所地均为甲市B区）。2021年1月22日，为筹集资金扩大养殖规模，麻小公司向东湖公司（住所地为乙市M区）借款200万元，约定于1年后归还，利率为24%/年。麻小公司以现有及将有的原材料、成品、半成品等为东湖公司设立抵押权，并于当日办理完毕抵押登记。

2021年2月15日，麻小公司自南坪公司（住所地为丙市F区）的销售员徐某处购买拖拉机一台。此前，南坪公司已授权徐某对外销售拖拉机，但徐某最多只能给予3%以内的折扣。由于当月徐某业绩不好，徐某擅自给予5%的折扣，并与麻小公司签订了买卖合同。经查证，南坪公司不能提出证据证明麻小公司知情，麻小公司也无法提供证据证明自身不知情。

2021年4月1日，钟某出现资金短缺，遂向刘某（住所地为甲市S区）借款50万元，约定于2021年10月1日前归还。为担保刘某的债权，钟某直接以麻小公司的名义将上述拖拉机抵押给刘某，并于当日办理抵押登记。签订合同时，钟某并未出示麻小公司的股东会决议。与此同时，韩某（住所地为甲市Z区）与刘某签订房屋买卖合同，约定若钟某按期偿还债务，则该买卖合同不再履行；若钟某未按期偿还债务，则刘某有权要求韩某移转A房屋的所有权。

次日，刘某通过转账向钟某支付借款45万元，并备注称预先扣除利息5万元，钟某表示同意。该借款于4月3日到达钟某的账户。

2021年9月2日，西湖公司（住所地为甲市A区）向河道排放污水。不久，麻小公司养殖的小龙虾出现大量死亡的现象，麻小公司遂向西湖公司主张损害赔偿。西湖公司与麻小公司商谈赔偿事宜过程中，东湖公司要求西湖公司将赔偿金交给自己，西湖公司未予理会，而是将赔偿款20万元直接支付给麻小公司。此外，西湖公司的污水还给甲市的主干河流澎湾河造成了污染，澎湾河两岸的众多居民深受其害。

2021年10月1日，因钟某未偿还刘某的借款，刘某主张实现其对拖拉机享有的抵押权。

2021年末，由于受疫情影响，麻小公司业务全面停滞，陷入债务危机，无法清偿永驻物业公司租金200万元。经法院判决，麻小公司应当清偿租金及违约金合计220万元，但经强制执行麻小公司仍无法清偿。

【问题】

1. 若借款期限届满，麻小公司未向东湖公司偿还借款本息，东湖公司诉至法院，要求麻小公司按照约定偿还本息，对该案哪个（些）法院有管辖权？东湖公司的主张能否得到法院支持？为什么？

2. 钟某与徐某签订的拖拉机买卖合同对南坪公司是否有拘束力？为什么？

3. 钟某与刘某的借款合同何时生效？如何认定该借款合同的本金？为什么？

4. 西湖公司向麻小公司支付赔偿款后，东湖公司还要求西湖公司支付赔偿款20万元，能否得到法院支持？为什么？

5. 东湖公司对拖拉机是否享有抵押权？其抵押权与刘某的抵押权顺序如何？为什么？

6. 刘某要求韩某履行买卖合同移转A房屋所有权，法院应如何处理？诉讼结束后，刘某再次起诉要求韩某承担担保责任的，法院应如何处理？

7. 刘某主张就麻小公司的拖拉机实现抵押权，麻小公司称：公司同意为钟某担保的决议系由钟某个人作出，不符合公司法规定，故其不应当承担担保责任，该说法是否成立？为什么？

8. 永驻物业公司拟通过法人人格否认之诉实现权利救济，但公司法务称，其无法就麻小公司的内部治理情况进行举证，因此难以获得胜诉裁判。法务的该种说法是否正确？为什么？

9. 若永驻物业公司拟通过法人人格否认之诉，要求钟某承担责任，应当如何确定诉讼主体？

10. 若西湖公司与麻小公司就损害的原因及数额发生争议，在诉讼中，应如何分配举证责任？为什么？

11. 针对西湖公司排污行为给澎湾河及其两岸居民所造成的侵害，检察机关能否提起民事公益诉讼？为什么？

麻小有限公司（以下简称麻小公司，住所地为甲市A区）成立于2020年1月，从事小龙虾养殖、加工、销售等业务。麻小公司由钟某及其配偶王某在婚后共同设立，各持股50%（二人住所地均为甲市B区）。2021年1月22日，为筹集资金扩大养殖规模，麻小公司向东湖公司（住所地为乙市M区）借款200万元，约定于1年后归还，利率为24%/年。麻小公司以现有及将有的原材料、成品、半成品等为东湖公司设立抵押权，并于当日办理完毕抵押登记。

> 麻小公司的股东是夫妻
>
> 年化利率超出法律保护的范围
>
> 动产浮动抵押

2021年2月15日，麻小公司自南坪公司（住所地为丙市F区）的销售员徐某处购买拖拉机一台。此前，南坪公司已授权徐某对外销售拖拉机，但徐某最多只能给予3%以内的折扣。由于当月徐某业绩不好，徐某擅自给予5%的折扣，并与麻小公司签订了买卖合同。经查证，南坪公司不能提出证据证明麻小公司知情，麻小公司也无法提供证据证明自身不知情。

> 徐某超出了权限，麻小公司是善意相对人

2021年4月1日，钟某出现资金短缺，遂向刘某（住所地为甲市S区）借款50万元，约定于2021年10月1日前归还。为担保刘某的债权，钟某直接以麻小公司的名义将上述拖拉机抵押给刘某，并于当日办理抵押登记。签订合同时，钟某并未出示麻小公司的股东会决议。与此同时，韩某（住所地为甲市Z区）与刘某签订房屋买卖合同，约定若钟某按期偿还债务，则该买卖合同不再履行；若钟某未按期偿还债务，则刘某有权要求韩某移转A房屋的所有权。

> 麻小公司为其股东提供抵押担保
>
> 买卖型担保

次日，刘某通过转账向钟某支付借款45万元，并备注称预先扣除利息5万元，钟某表示同意。该借款于4月3日到达钟某的账户。

> 债权人收取5万元"砍头息"

2021年9月2日，西湖公司（住所地为甲市A区）向河道排放污水。不久，麻小公司养殖的小龙虾出现大量死亡的现象，麻小公司遂向西湖公司主张损害赔偿。西湖公司与麻小公司商谈赔偿事宜过程中，东湖公司要求西湖公司将赔偿金交给自己，西湖公司未予理会，而是将赔偿款20万元直接支付给麻小公司。此外，西湖公司的污水还给甲市的主干河流澎湾河造成了污染，澎湾河两岸的众多居民深受其害。

> 环境侵权
>
> 担保物毁损灭失，发生物上代位性

2021年10月1日，因钟某未偿还刘某的借款，刘某主张实现其对拖拉机享有的抵押权。

2021年末，由于受疫情影响，麻小公司业务全面停滞，陷入债务危机，无法清偿永驻物业公司租金200万元。经法院判决，麻小公司应当清偿租金及违约金合计220万元，但经强制执行麻小公司仍无法清偿。

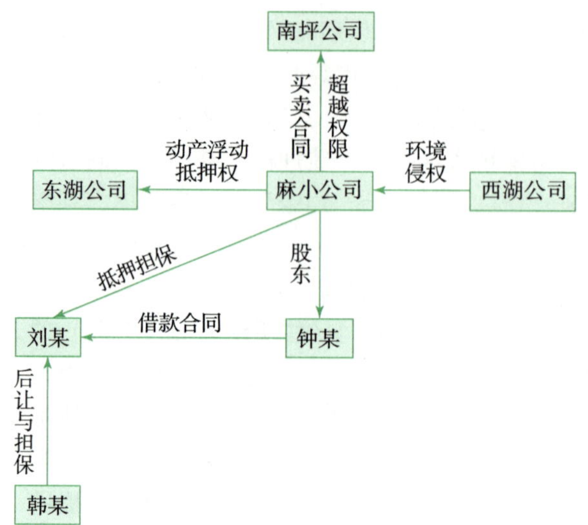

【采分点答案及题目解析】

1. 若借款期限届满，麻小公司未向东湖公司偿还借款本息，东湖公司诉至法院，要求麻小公司按照约定偿还本息，对该案哪个（些）法院有管辖权？东湖公司的主张能否得到法院支持？为什么？

【采分点答案】

（1）本案属于借款合同纠纷，应当由合同履行地或被告住所地法院管辖。依据《民诉法解释》第18条第2款的规定，合同对履行地点没有约定或者约定不明确，争议标的为给付货币的，接收货币一方所在地为合同履行地。本案中债权人东湖公司起诉债务人麻小公司偿还借款，因此出借人东湖公司所在地为接受货币一方即合同履行地。综上，本案的管辖法院是合同履行地乙市M区法院和被告住所地甲市A区法院。

（2）不能得到支持。《民间借贷规定》第25条规定："出借人请求借款人按照合同约定利率支付利息的，人民法院应予支持，但是双方约定的利率超过合同成立时一年期贷款市场报价利率四倍的除外。

前款所称"一年期贷款市场报价利率"，是指中国人民银行授权全国银行间同业拆借中心自2019年8月20日起每月发布的一年期贷款市场报价利率。"

2021年1月20日，一年期贷款市场报价利率为3.85%，其四倍为15.4%。麻小公司与东湖公司约定利率为24%，超出了保护范围。

【易错点提示】

（1）在确定案件的管辖法院时，固定的答题套路是"先定性——找规范——得答案"，即先确定案件的性质，再寻找相应的法律规范，最后结合案情写出相关法院的具体名称。

（2）《民间借贷规定》已于2020年8月18日修正，过去24%、36%"两线三区"的规定已经废除，目前"高利贷"的标准为一年期贷款市场报价利率的四倍。

2. 钟某与徐某签订的拖拉机买卖合同对南坪公司是否有拘束力？为什么？

【采分点答案】

具有拘束力。

徐某作为南坪公司的销售员，基于职务其享有代理南坪公司签订合同的权限。尽管南坪公司对徐某的代理权限进行了限制，约定其折扣范围为3%，但此种内部限制不得对抗善意第三人。

本题中，无法证明麻小公司对于职权限制是否知情的，应当推定其不知情。因此，尽管徐某为麻小公司打折5%，超出其权限，但由于麻小公司属于善意相对人，该合同应直接约束南坪公司。

【题目解析】

本题考查超越职务代理的权限范围实施的法律行为的效力。

（1）《民法典》170条规定："执行法人或者非法人组织工作任务的人员，就其职权范围内的事项，以法人或者非法人组织的名义实施的民事法律行为，对法人或者非法人组织发生效力。

法人或者非法人组织对执行其工作任务的人员职权范围的限制，不得对抗善意相对人。"

（2）徐某作为销售员在其职务范围内享有代理权。南坪公司对其代理权予以了限定，限定其折扣范围为3%。现徐某擅自打折5%，超出权限限制。但由于麻小公司对此权限限制不知情，故南坪公司对徐某的权限限制不得对抗善意第三人麻小公司。故徐某的行为应属于有权代理，该买卖合同直接约束被代理人南坪公司。

【易错点提示】

法人对其工作人员职务代理权的限定不得对抗善意相对人，此时无须适用表见代理制度。因为表见代理的要件还要更严格一点，不利于相对人的保护。

【正确作答结构】

第一步：结论——具有拘束力。

第二步：理由——职权限制不得对抗善意第三人。

第三步：理由——推定善意规则。

3. 钟某与刘某的借款合同何时生效？如何认定该借款合同的本金？为什么？

【采分点答案】

该借款合同于2021年4月3日生效，借款本金为45万元。

钟某与刘某间的借款合同为自然人之间的民间借贷合同，该合同属于实践合同，于刘某实际提供借款时合同成立、生效。刘某通过转账提供借款，应当认定转账到达借款人钟某账户时，即2021年4月3日合同生效。

出借人刘某预先扣除利息5万元的，应当以实际提供的借款45万元认定借款本金。

【题目解析】

本题考查民间借贷的裁判规则。

（1）《民法典》第679条规定："自然人之间的借款合同，自贷款人提供借款时成立。"

（2）《民间借贷规定》第9条规定："自然人之间的借款合同具有下列情形之一的，可以视为合同成立：（一）以现金支付的，自借款人收到借款时；（二）以银行转账、网上电子汇款等形式支付的，自资金到达借款人账户时；（三）以票据交付的，自借款人依法取得票据权利时；（四）出借人将特定资金账户支配权授权给借款人的，自借款人取得对该账户实际支配权时；（五）出借人以与借款人约定的其他方式提供借款并实际履行完成时。"

（3）《民法典》第670条规定："借款的利息不得预先在本金中扣除。利息预先在本金中扣除的，应当按照实际借款数额返还借款并计算利息。”

【易错点提示】

通过转账给付借款的，实际提供借款的时间为转账到达之时，而非转出之时。

【正确作答结构】

第一步：结论——2021 年 4 月 3 日。

第二步：理由——实践合同，转账到达之时。

第三步：结论——45 万元。

第四步：理由——利息不得预先扣除。

4. 西湖公司向麻小公司支付赔偿款后，东湖公司还要求西湖公司支付赔偿款 20 万元，能否得到法院支持？为什么？

【采分点答案】

能够得到法院支持。

本题中，麻小公司为东湖公司设定了动产浮动抵押。担保期间，担保物小龙虾毁损灭失的，东湖公司的抵押权代位及于小龙虾的赔偿金。本案中，由于抵押权人东湖公司已经向赔偿义务人西湖公司进行通知，因此西湖公司须将赔偿金支付给东湖公司，其支付给麻小公司的，不产生效力。

【题目解析】

本题考查担保物权的物上代位性。

（1）《民法典》第 390 条规定：“担保期间，担保财产毁损、灭失或者被征收等，担保物权人可以就获得的保险金、赔偿金或者补偿金等优先受偿。被担保债权的履行期限未届满的，也可以提存该保险金、赔偿金或者补偿金等。”

（2）《担保制度解释》第 42 条第 2 款规定：“给付义务人已经向抵押人给付了保险金、赔偿金或者补偿金，抵押权人请求给付义务人向其给付保险金、赔偿金或者补偿金的，人民法院不予支持，但是给付义务人接到抵押权人要求向其给付的通知后仍然向抵押人给付的除外。”

（3）本案中，养殖的小龙虾属于东湖公司动产浮动抵押权的抵押物，在抵押期间，小龙虾因西湖公司的侵权行为而毁损灭失，西湖公司须支付赔偿金，此时，东湖公司的抵押权代位及于该赔偿金，此属于担保物权物上代位性的体现。由于赔偿义务人西湖公司已经接到抵押权人东湖公司的通知仍向抵押人麻小公司给付赔偿金，该给付不产生效力。因此，东湖公司仍有权要求西湖公司给付赔偿金。

【易错点提示】

一般情况下，物的消灭也伴随着物权的消灭，但担保物权属于特殊情况，其代位及于保险金、补偿金与赔偿金。至于给付义务人究竟向谁支付，取决于担保物权人是否通知给付义务人。

【正确作答结构】

第一步：结论——可以。

第二步：理由——抵押权具有物上代位性。

第三步：理由——抵押权人已通知赔偿义务人。

5. 东湖公司对拖拉机是否享有抵押权？其抵押权与刘某的抵押权顺序如何？为什么？

【采分点答案】

东湖公司对拖拉机享有抵押权，其抵押权优先于刘某的抵押权。

东湖公司对钟某的养殖场财产享有动产浮动抵押权，当钟某购入拖拉机时，该拖拉机自动成为东湖公司动产浮动抵押权的客体。

在拖拉机上同时存在东湖公司的抵押权及刘某的抵押权，因东湖公司抵押权登记在先，因此其优先于刘某的抵押权。

【题目解析】

本题考查抵押权的顺位问题。

（1）《民法典》第396条规定："企业、个体工商户、农业生产经营者可以将现有的以及将有的生产设备、原材料、半成品、产品抵押，债务人不履行到期债务或者发生当事人约定的实现抵押权的情形，债权人有权就抵押财产确定时的动产优先受偿。"

（2）《民法典》第414条第1款规定："同一财产向两个以上债权人抵押的，拍卖、变卖抵押财产所得的价款依照下列规定清偿：（一）抵押权已经登记的，按照登记的时间先后确定清偿顺序；（二）抵押权已经登记的先于未登记的受偿；（三）抵押权未登记的，按照债权比例清偿。"

（3）设立动产浮动抵押权之后，抵押人购入财产的，该财产自动成为动产浮动抵押权的客体，无须再行办理登记，因此当钟某购入拖拉机时，该拖拉机自动成为东湖公司抵押权的客体。在拖拉机上存在东湖公司与刘某的抵押权，二者均已登记，因此按照登记的先后顺序确定优先受偿的顺序，东湖公司登记在先，故东湖公司优先于刘某。

【易错点提示】

动产浮动抵押权与普通动产抵押权之间的优先顺序，也是看登记的先后顺序。

【正确作答结构】

第一步：结论——享有抵押权。

第二步：理由——抵押人买入动产，自动成为动产浮动抵押权的客体。

第三步：结论——东湖公司优先于刘某。

第四步：理由——先登记的抵押权优先于后登记的抵押权。

6. 刘某要求韩某履行买卖合同移转A房屋所有权，法院应如何处理？诉讼结束后，刘某再次起诉要求韩某承担担保责任的，法院应如何处理？

【采分点答案】

（1）法院应判决驳回刘某的诉讼请求。

本案中，刘某与韩某通过买卖合同担保民间借贷合同，该买卖合同从属于民间借贷合同，因此债权人刘某不得要求履行该买卖合同。此时，法院应要求其变更诉讼请求，如其拒不变更的，法院将判决驳回其诉讼请求。

（2）法院应当受理。

刘某再次起诉要求韩某承担担保责任的，其诉讼请求与前诉不同，不构成重复起诉。因此，法院应当依法受理。

【题目解析】

本题考查以买卖合同担保民间借贷合同（买卖型担保）的裁判规则。

（1）《民间借贷规定》第23条规定："当事人以订立买卖合同作为民间借贷合同的担保，借款到期后借款人不能还款，出借人请求履行买卖合同的，人民法院应当按照民间借贷法律关系审理。当事人根据法庭审理情况变更诉讼请求的，人民法院应当准许。

按照民间借贷法律关系审理作出的判决生效后，借款人不履行生效判决确定的金钱债务，出借人可以申请拍卖买卖合同标的物，以偿还债务。就拍卖所得的价款与应偿还借款本息之间的差额，借款人或者出借人有权主张返还或者补偿。"

（2）本案中，刘某与韩某通过买卖合同担保民间借贷合同的约定构成后让与担保，该买卖合同从属于民间借贷合同，因此债权人刘某不得要求履行买卖合同，只能依据民间借贷法律关系提出请求。对于买卖合同的标的物，债权人可以主张进行拍卖，但不享有优先受偿权。

【易错点提示】

买卖型担保区别于让与担保，其并未进行登记或交付，因此债权人不享有优先受偿权。

【正确作答结构】

第一步：结论——不得要求履行，可要求拍卖，但无优先受偿权。

第二步：理由——以买卖合同担保民间借贷合同，构成买卖型担保。

7. 刘某主张就麻小公司的拖拉机实现抵押权，麻小公司称：公司同意为钟某担保的决议系由钟某个人作出，不符合公司法规定，故其不应当承担担保责任，该说法是否成立？为什么？

【采分点答案】

答案一：正确。麻小公司为其股东钟某提供担保属于关联担保，麻小公司未作出决议，且相对人刘某明知无决议，其属于恶意。因此，该担保无效，麻小公司无须承担担保责任。

答案二：不正确。麻小公司虽然有两个股东钟某与王某，但是二人系夫妻，因此麻小公司可以视为一人公司。一人公司为自己的股东钟某提供担保的，无须决议该担保也属有效。

【题目解析】

本题属于开放型观点，涉及麻小公司性质的认定。

（1）从形式上认定，麻小公司有两名股东，钟某和王某，其不属于一人公司。钟某擅自以麻小公司的名义为自己做担保的行为属于越权代表，需要考虑相对人的主观状态。由于相对人刘某明知麻小公司未作出决议，因此其属于恶意相对人，即该担保无效，麻小公司无须承担担保责任。

（2）从实质上认定，麻小公司虽然有两名股东，但是钟某与王某系夫妻，出资也是夫妻共同财产，股权属于二人的夫妻共同财产，因此麻小公司应认定为一人公司。

《担保制度解释》第10条规定："一人有限责任公司为其股东提供担保，公司以违反公司法关于公司对外担保决议程序的规定为由主张不承担担保责任的，人民法院不予支持。公司因承担担保责任导致无法清偿其他债务，提供担保时的股东不能证明公司财产独立于自己的财产，其他债权人请求该股东承担连带责任的，人民法院应予支持。"

据此，麻小公司作为一人公司为其股东钟某提供担保的，无须决议，该担保也应认定为有效。

【易错点提示】

关于夫妻之间共同设立的公司性质的认定，在司法实务中存在两种观点。最高人民法院认为，此时可以将该类公司认定为"实质的一人公司"进而适用一人公司的相关规则。

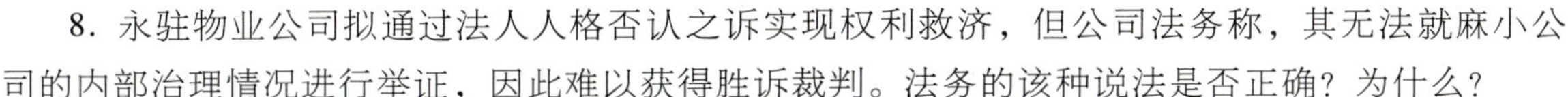

8. 永驻物业公司拟通过法人人格否认之诉实现权利救济，但公司法务称，其无法就麻小公司的内部治理情况进行举证，因此难以获得胜诉裁判。法务的该种说法是否正确？为什么？

【采分点答案】

观点一：正确。适用法人人格否认制度，应由债权人承担举证责任，因此，应由永驻物业公司承担举证责任。

观点二：不正确。麻小公司虽然有两个股东钟某与王某，但是二人系夫妻，因此麻小公司可以视为一人公司。

永驻物业公司无须对麻小公司的内部治理情况进行举证，而是应当由股东钟某来证明自己的财产没有与公司财产发生混同，否则钟某就应当对麻小公司的债务承担连带责任。

【易错点提示】

本题考查一人公司法人人格否认诉讼中证明责任的特殊分配。依据《公司法》的相关规定，在一人公司法人人格否认诉讼中，债权人不用证明股东与公司财产混同，而是由股东来证明其财产独立于公司财产。此处实行举证责任倒置的原因在于，一人公司只有一个股东，具有更强的封闭性，没有其他人对该股东行为进行监督、制约，相比于具有多个股东的公司，更容易出现财产混同、人格混同。另一方面债权人举证难度大。

9. 若永驻物业公司拟通过法人人格否认之诉，要求钟某承担责任，应当如何确定诉讼主体？

【采分点答案】

永驻物业公司若提起法人人格否认诉讼，由于本案中永驻物业公司与麻小公司的债权已经确定，因此永驻物业公司可以股东钟某（或钟某与王某）为被告，以麻小公司为第三人进而提起诉讼。

【题目解析】

《九民纪要》第13条规定："人民法院在审理公司人格否认纠纷案件时，应当根据不同情形确定当事人的诉讼地位：

（1）债权人对债务人公司享有的债权已经由生效裁判确认，其另行提起公司人格否认诉讼，请求股东对公司债务承担连带责任的，列股东为被告，公司为第三人；

（2）债权人对债务人公司享有的债权提起诉讼的同时，一并提起公司人格否认诉讼，请求股东对公司债务承担连带责任的，列公司和股东为共同被告；

（3）债权人对债务人公司享有的债权尚未经生效裁判确认，直接提起公司人格否认诉讼，请求公司股东对公司债务承担连带责任的，人民法院应当向债权人释明，告知其追加公司为共同被告。债权人拒绝追加的，人民法院应当裁定驳回起诉。"

【易错点提示】

本题考查公司法人人格否认诉讼中当事人的确定，债权人可以采用"分步走"或者"一网打尽"的模式。但是如果债权人对债务人公司享有的债权尚未经生效裁判确认，直接提起公司法人人格否认诉讼，请求公司股东对公司债务承担连带责任的，法院应当向债权人释明，告知其追加公司为共同被告。债权人拒绝追加的，法院应当裁定驳回起诉。

10. 若西湖公司与麻小公司就损害的原因及数额发生争议，在诉讼中，应如何分配举证责任？为什么？

【采分点答案】本案属于环境侵权纠纷，适用无过错归责，并且倒置因果关系要件。原告需要证明有侵权行为和损害后果，被告需要证明没有因果关系以及法定的减免责事由。因此，应当由西湖公司证明损害的原因，由麻小公司证明损害的数额。

【易错点提示】在分配证明责任时，需要“先定性”，在确定是侵权纠纷之后，需要确定归责原则。一旦遇到无过错归责的案件，立马想到“过错”不是证明对象。之后再检查有无举证责任倒置的特殊规定，以及是否存在免证事实（例如自认、预决事实等）。

11. 针对西湖公司排污行为给澎湾河及其两岸居民所造成的侵害，检察机关能否提起民事公益诉讼？为什么？

【采分点答案】

西湖公司的排污行为对甲市的主干河流造成污染并侵害了两岸居民，属于对社会公共利益的损害，因此检察机关可以西湖公司作为被告提起民事公益诉讼，但在起诉前应当履行诉前程序，先发出30日的诉前公告。如果公告期届满后没有其他适格主体起诉，检察机关则可以公益诉讼起诉人的身份对西湖公司提起民事公益诉讼。

【易错点提示】

本题考查民事公益诉讼的适用条件。检察机关是提起民事公益诉讼的“后顺位”主体，其起诉前需要履行诉前程序，即发出30日的诉前公告，只有当其他主体都不起诉或者没有其他适格主体时，检察机关才能提起民事公益诉讼。

案例三 甲公司与丙公司建设工程施工合同纠纷案

【案情】

甲公司于2017年1月由北京市海淀区市场监督管理局核准注册，公司住所地为北京市海淀区中关村。2019年11月3日，甲公司欲在北京市通州区开发商品房“盘龙小区”，由于资金短缺，甲公司遂向乙银行借款5000万元，以自己享有的A宗土地的建设用地使用权设立抵押，并办理抵押登记。贷款合同中约定，因该合同引发的纠纷一律提交北京仲裁委员会处理。

2019年12月25日，甲公司获得融资后预备修建“盘龙小区”，通过招投标程序与丙公司签订《建设工程施工合同》，由丙公司承建该小区，工程款为3000万元，并约定如果因该合同履行发生争议，均提交北京市海淀区法院解决。数日后，二者签订《补充协议》将工程款变更为3500万元。

此后，经过甲公司的同意，丙公司将该工程全部交由丁公司施工，二者签订了《建设工程分包协议》，约定工程款为2500万元。丁公司为开展建设工作，向戊公司订购产自墨翠湖的河沙2万立方，每立方河沙单价为300元。但由于当年天气炎热，墨翠湖发生五十年来从未有过的最低水位，河沙产量急剧下降，其单价亦大幅度提高，每立方河沙市价为500元。双方协商无果，戊公司无力交付河沙。

2020年5月5日，“盘龙小区”竣工验收合格。但丙公司未向丁公司支付工程款，甲公司仅向丙公司支付工程款2000万元。2020年6月1日，甲公司将“盘龙小区”中的B房屋出售给崔某，价款为100万元，崔某当日支付完毕全部价款，但未办理过户登记。经查，该房屋系崔某购买的首套房屋。

因甲公司一直未支付工程款，丁公司将甲公司诉至北京市通州区法院，法院于2020年10月23日查封了“盘龙小区”的房屋，其中包括B房屋。诉讼中，甲公司以该建设工程存在质量问题且丙公司与丁公司间的转包合同无效为由，主张自己无须支付工程款。

2020年10月31日，乙银行以甲公司无法清偿到期债务，且资不抵债为由，向北京市海淀区法院提出破产清算申请。2020年11月1日，法院裁定受理破产申请，并指定钟衡律师事务所担任管理人。

对于乙银行所申报的债权，法院仅确认了本金部分，对利息不予确认。乙银行对此提出异议。同时，乙银行认为，丙公司的债权金额水分较大，提出异议。

【问题】

1. 若甲公司未按期偿还借款，乙银行主张对盘龙小区的建设用地使用权及房屋行使优先受偿权，能否得到法院支持？为什么？

2. 如果甲公司与丙公司因为《建设工程施工合同》的履行发生争议而提起诉讼，应当由哪个（些）法院管辖？为什么？

3. 甲公司是否有权解除《建设工程施工合同》？若未解除，甲公司应支付多少工程款？为什么？

4. 对于无力交付河沙，戊公司可如何寻求救济？

5. 丁公司是否有权要求甲公司支付工程款？在该诉讼中，丙公司的地位如何？为什么？

6. 若崔某起诉要求交付B房屋并办理过户登记，能否得到法院支持？为什么？

7. 甲公司可否以建设工程存在质量问题提出反诉？为什么？

8. 针对甲公司的破产申请受理时，丁公司诉甲公司的案件尚未终结，对该诉讼应如何处理？丁公司针对甲公司银行账户采取的保全措施如何处理？

9. 乙银行对于所确认的己方债权金额有异议，应当如何救济？

10. 乙银行对于所确认的丙公司债权金额有异议，应当如何救济？

11. 在甲公司的破产清算程序中，乙银行的受偿顺序如何？

【案情分析】

甲公司于2017年1月，由北京市海淀区市场监督管理局核准注册，公司住所地为北京市海淀区中关村。2019年11月3日，甲公司欲在北京市通州区开发商品房“盘龙小区”，由于资金短缺，甲公司遂向乙银行借款5000万元，以自己享有的A宗土地的建设用地使用权设立抵押，并办理抵押登记。贷款合同中约定，因该合同引发的纠纷一律提交北京仲裁委员会处理。

> 甲公司以土地使用权设定抵押担保

> 纠纷解决方式，约定了仲裁条款

2019年12月25日，甲公司获得融资后预备修建“盘龙小区”，通过招投标程序与丙公司签订《建设工程施工合同》，由丙公司承建该小区，工程款为3000万元，并约定如果因该合同履行发生争议，均提交北京市海淀区法院解决。数日后，二者签订《补充协议》将工程款变更为3500万元。

> 甲公司与丙公司在中标合同之外另行签订其他合同

此后，经过甲公司的同意，丙公司将该工程全部交由丁公司施工，二者签订了《建设工程分包协议》，约定工程款为2500万元。丁公司为开展建设工作，向戊公司订购产自墨翠湖的河沙2万立方，每立方河沙单价为300元。但由于当年天气炎热，墨翠湖发生五十年来从未有过的最低水位，河沙产量急剧下降，其单价亦大幅度提高，每立方河沙市价为500元。双方协商无果，戊公司无力交付河沙。

> 甲公司将全部工程“转包”给丁公司

> 情势变更

2020年5月5日，“盘龙小区”竣工验收合格。但丙公司未向丁公司支付工程款，甲公司仅向丙公司支付工程款2000万元。2020年6月1日，甲公司将“盘龙小区”中的B房屋出售给崔某，价款为100万元，崔某当日支付完毕全部价款，但未办理过户登记。经查，该房屋系崔某购买的首套房屋。

> 丙公司对丁公司违约，甲公司对丙公司违约

因甲公司一直未支付工程款，丁公司将甲公司诉至北京市通州区法院，法院于2020年10月23日查封了“盘龙小区”的房屋，其中包括B房屋。诉讼中，甲公司以该建设工程存在质量问题且丙公司与丁公司间的转包合同无效为由，主张自己无须支付工程款。

> 土地使用权已经设定抵押，后修建的房屋，不属于抵押财产

> 甲公司抗辩

2020年10月31日，乙银行以甲公司无法清偿到期债务，且资不抵债为由，向北京市海淀区法院提出破产清算申请。2020年11月1日，法院裁定受理破产申请，并指定钟衡律师事务所担任管理人。

> 甲公司进入破产清算程序

对于乙银行所申报的债权，法院仅确认了本金部分，对利息不予确认。乙银行对此提出异议。同时，乙银行认为，丙公司的债权金额水分较大，提出异议。

> 乙银行对己方债权、丙公司债权均提出异议

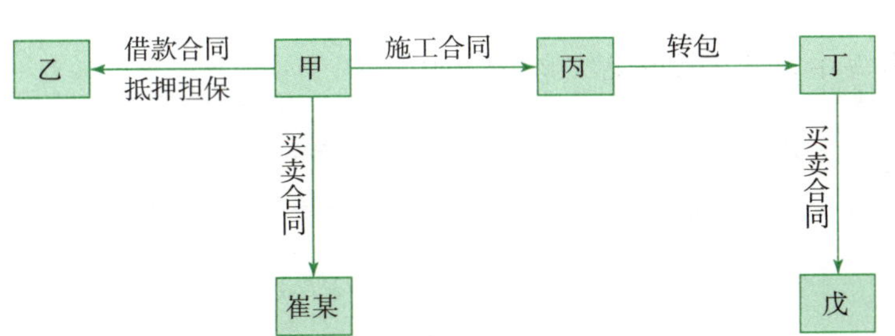

【采分点答案及题目解析】

1. 若甲公司未按期偿还借款，乙银行主张对盘龙小区的建设用地使用权及房屋行使优先受偿权，能否得到法院支持？为什么？

【采分点答案】

乙银行就盘龙小区的建设用地使用权行使优先受偿权，能够得到法院支持；但无权对房屋行使优先受偿权。

甲公司以建设用地使用权为乙银行设立抵押权，并办理了抵押登记，乙银行对该建设用地使用权享有优先受偿权。但是抵押该建设用地使用权时，土地之上尚未存在房屋，小区房屋属于抵押权设立后的新增房屋，不属于抵押财产，因此乙银行对新增房屋不享有抵押权，无权主张优先受偿。

【题目解析】

本题考查抵押中的“房地一体主义”。

（1）《民法典》第417条规定：“建设用地使用权抵押后，该土地上新增的建筑物不属于抵押财产。该建设用地使用权实现抵押权时，应当将该土地上新增的建筑物与建设用地使用权一并处分。但是，新增建筑物所得的价款，抵押权人无权优先受偿。”

（2）本案中，甲公司为乙银行设立建设用地抵押权时，该土地上尚无房屋，小区房屋属于抵押之后的新增建筑，故该房屋不属于抵押财产，乙银行对该房屋不享有抵押权，因此也无权主张优先受偿。

【易错点提示】

建设用地使用权与地上房屋的抵押权实行“房地一体主义”，抵押地的，房也一并抵押；抵押房的，地也一并抵押。但是，土地使用权抵押后的新增房屋，不属于抵押财产。

【正确作答结构】

第一步：结论——对地享有优先受偿权。

第二步：理由——建设用地使用权抵押权设立成功。

第三步：结论——对房不享有优先受偿权。

第四步：理由——新增房屋不属于抵押财产。

2. 如果甲公司与丙公司因为《建设工程施工合同》的履行发生争议而提起诉讼，应当由哪个（些）法院管辖？为什么？

【采分点答案】

应当由不动产所在地法院即北京市通州区法院管辖。建设工程施工合同纠纷属于不动产纠纷实行专属管辖，只能由不动产所在地法院专属管辖。协议管辖不得违反专属管辖的规定，因此合同中约定的协议管辖无效。

【题目解析】

本题考查特殊合同的专属管辖以及协议管辖的效力，考生须特别注意由不动产所在地法院专属管辖的四种合同纠纷，即农村土地承包经营合同纠纷、房屋租赁合同纠纷、建设工程施工合同纠纷、政策性房屋买卖合同纠纷（“农建房政”）。协议管辖不得违反级别管辖和专属管辖的规定。

3. 甲公司是否有权解除《建设工程施工合同》？若未解除，甲公司应支付多少工程款？为什么？

【采分点答案】

（1）甲公司有权解除合同，甲公司应当支付3000万元工程款。

（2）丙公司将全部工程交丁公司施工，属于转包。承包人转包的，发包人享有解除权。

（3）小区工程不属于应当招投标的工程，但其采用了招投标，故应当适用招投标的相关规定。甲公司与丙公司在中标合同之外另行订立合同的，应当按照中标合同约定的3000万元的工程款进行支付。

【题目解析】

本题考查建设工程施工合同的效力。

（1）《民法典》第806条第1款规定："承包人将建设工程转包、违法分包的，发包人可以解除合同。"

（2）《建设工程施工合同解释（一）》第23条规定："发包人将依法不属于必须招标的建设工程进行招标后，与承包人另行订立的建设工程施工合同背离中标合同的实质性内容，当事人请求以中标合同作为结算建设工程价款依据的，人民法院应予支持，但发包人与承包人因客观情况发生了在招标投标时难以预见的变化而另行订立建设工程施工合同的除外。"

（3）本案中，承包人丙公司将全部工程交由丁公司施工，其行为构成转包（虽然二者签的是分包合同，但其实质内容是转包）。承包人非法转包的，发包人甲公司享有解除权。该建设工程采用了招投标，中标合同的价款为3000万元，事后当事人另行订立价款为3500万元的合同，应当按照中标合同确定当事人的权利义务，即合同价款为3000万元。

【易错点提示】

判断合同的类型应当依据合同的内容，而非依据合同的名称。

【正确作答结构】

第一步：结论——有权解除。

第二步：理由——承包人非法转包。

第三步：结论——3000万元。

第四步：理由——依据中标合同确定权利义务。

4. 对于无力交付河沙，戊公司可如何寻求救济？

【采分点答案】

（1）戊公司可诉至法院请求变更或解除合同。

（2）丁公司与戊公司签订河沙买卖合同后，墨翠湖的水位严重下降出现最低水位导致河沙产量大幅度降低，出现了当事人订立合同时不能预见也不属于商业风险的异常情势变动，且导致当事人继续履行合同不公正，因此构成情势变更。当事人戊公司有权请求法院变更或解除合同。

【题目解析】

本题考查情势变更规则。

（1）《民法典》第533条第1款规定："合同成立后，合同的基础条件发生了当事人在订立合同时无法预见的、不属于商业风险的重大变化，继续履行合同对于当事人一方明显不公平的，受不利影响的当事人可以与对方重新协商；在合理期限内协商不成的，当事人可以请求人民法院或者仲裁机构变更或者解除合同。”

（2）本案中，丁公司与戊公司签订河沙买卖合同之后，墨翠湖水位严重下降，河沙产量迅速减少，此时发生了当事人订立合同时不可预见且不属于商业风险的情势变化。此时，继续按照原合同内容履行对当事人而言明显不公正。因此，本案构成情势变更，当事人有权请求法院解除合同。

【易错点提示】

客观事件根据对合同的影响不同，可能适用情势变更规则，亦可能适用不可抗力规则。若导致合同客观不能履行，则适用不可抗力规则。若合同仍可履行，只是履行将造成不公正的结果，则适用情势变更规则。

【正确作答结构】

第一步：结论——可以解除。

第二步：理由——情势变更。

5. 丁公司是否有权要求甲公司支付工程款？在该诉讼中，丙公司的地位如何？为什么？

【采分点答案】

丁公司有权要求甲公司在1000万元范围内支付工程款，法院应当追加丙公司作为第三人。

丁公司与丙公司之间的转包合同无效，丁公司作为实际施工人，其修建的工程竣工验收合格，因此丁公司有权要求参照无效的转包合同支付工程款。同时，由于发包人甲公司欠付工程款1000万元，因此实际施工人丁公司有权请求发包人甲公司在欠付工程款的范围内支付工程款。丁公司仅起诉发包人甲公司的，法院应当追加转包人丙公司为第三人。

【题目解析】

本题考查实际施工人的权利。

（1）《建设工程施工合同解释（一）》第43条规定：“实际施工人以转包人、违法分包人为被告起诉的，人民法院应当依法受理。实际施工人以发包人为被告主张权利的，人民法院应当追加转包人或者违法分包人为本案第三人，在查明发包人欠付转包人或者违法分包人建设工程价款的数额后，判决发包人在欠付建设工程价款范围内对实际施工人承担责任。”

（2）本案中，丁公司作为实际施工人，其修建的工程质量合格，因此其有权要求参照无效的合同支付工程款。甲公司作为发包人，其欠付工程款，因此实际施工人丁公司有权要求甲公司在其欠付的工程款范围内支付工程款。若丁公司仅以甲公司为被告起诉的，法院应当追加转包人丙公司为本案的第三人。

【易错点提示】

（1）实际施工人仅起诉发包人，应当追加转包人、违法分包人为第三人，而非可以追加。

（2）如第3问分析，工程款为3000万元，而非3500万元。甲公司已经支付2000万元，欠付的金额为1000万元。

【正确作答结构】

第一步：结论——可以，应当追加丙公司为第三人。

第二步：理由——实际施工人丁公司修建的工程质量合格，有权请求参照合同支付工程款。

第三步：理由——发包人在其欠付工程款范围内向实际施工人支付工程款。

第四步：理由——仅起诉发包人的，应当追加转包人为第三人。

6. 若崔某起诉要求交付B房屋并办理过户登记，能否得到法院支持？为什么？

【采分点答案】

可以得到支持。

崔某在法院查封房屋前签订买卖合同，以居住为目的且已经支付全部价款，其享有房屋消费者的物权期待权。崔某请求交付房屋的权利优先于建设工程优先受偿权及抵押权。

【题目解析】

本题考查房屋消费者的物权期待权。

（1）《最高人民法院关于商品房消费者权利保护问题的批复》第2条规定："商品房消费者以居住为目的购买房屋并已支付全部价款，主张其房屋交付请求权优先于建设工程价款优先受偿权、抵押权以及其他债权的，人民法院应当予以支持。

只支付了部分价款的商品房消费者，在一审法庭辩论终结前已实际支付剩余价款的，可以适用前款规定。"

（2）本案中，崔某在法院查封前与甲公司签订房屋买卖合同，崔某购买的系首套房屋，且已经支付全部购房款。因此，崔某享有房屋消费者的物权期待权，其请求交付房屋的权利优先于建设工程价款优先受偿权、抵押权以及其他债权。

【易错点提示】

承包人优先受偿权优先于普通债权、抵押权，但不能优先于房屋消费者的物权期待权。

【正确作答结构】

第一步：结论——不能。

第二步：理由——丙公司享有承包人优先受偿权。

第三步：理由——崔某的房屋消费者物权期待权优先于承包人优先受偿权。

7. 甲公司可否以建设工程存在质量问题提出反诉？为什么？

【采分点答案】

甲公司可以提出反诉。

《建设工程施工合同解释（一）》第16条规定："发包人在承包人提起的建设工程施工合同纠纷案件中，以建设工程质量不符合合同约定或者法律规定为由，就承包人支付违约金或者赔偿修理、返工、改建的合理费用等损失提出反诉的，人民法院可以合并审理。"

本案中，甲公司以工程质量为由提出反诉，符合主体同一、请求独立和牵连关系的要求，可以提出反诉。

8. 针对甲公司的破产申请受理时，丁公司诉甲公司的案件尚未终结，对该诉讼应如何处理？丁公司针对甲公司银行账户采取的保全措施如何处理？

【采分点答案】

（1）丁公司与甲公司的诉讼应当裁定中止，等待管理人接管甲公司的财产和诉讼事务后继续进行。

（2）法院受理破产申请后，针对甲公司财产的保全措施应当解除。

【题目解析】

（1）公司在正常经营的情况下，应当由法定代表人作为诉讼代表人参加诉讼。而公司进入破产程序后，管理人取代法定代表人，代表债务人参加诉讼。故破产申请受理前，尚未终结的案件，在法院受理破产申请后，应当中止审理。

（2）破产程序是概括统一的清偿程序，旨在保护债权人的公平受偿权。若在破产程序中，依然维持个别债权人针对债务人财产的保全措施，则会造成受偿的不公平。

【易错点提示】

此时丁公司与甲公司的诉讼尚未审结，丁公司仍可以向管理人申报债权。《破产法》第47条规定："附条件、附期限的债权和诉讼、仲裁未决的债权，债权人可以申报。"

《破产法》第119条规定："破产财产分配时，对于诉讼或者仲裁未决的债权，管理人应当将其分配额提存。自破产程序终结之日起满二年仍不能受领分配的，人民法院应当将提存的分配额分配给其他债权人。"

9. 乙银行对于所确认的己方债权金额有异议，应当如何救济？

【采分点答案】

乙银行对于所确认的己方债权金额有异议的，应当向北京仲裁委员会申请仲裁。

（1）乙银行与甲公司在贷款合同中约定了仲裁条款；

（2）甲公司破产申请被受理，并改变以仲裁方式解决纠纷的约定。

【题目解析】

依据《破产法司法解释（三）》第8条的规定，当事人之间在破产申请受理前订立有仲裁条款或仲裁协议的，应当向选定的仲裁机构申请确认债权债务关系。甲公司在进入破产程序前与乙银行签订的仲裁协议，此时仍然具有拘束力。

【易错点提示】

《破产法司法解释（二）》第47条第1款规定："人民法院受理破产申请后，当事人提起的有关债务人的民事诉讼案件，应当依据企业破产法第二十一条的规定，由受理破产申请的人民法院管辖。"

但此时仍然尊重当事人对于纠纷解决的意思自治。有仲裁条款或仲裁协议的，依然通过仲裁解决纠纷，而非通过诉讼，且由受理破产申请的法院集中管辖。

【正确作答结构】

第一步：结论——向北京仲裁委申请仲裁

第二步：理由

10. 乙银行对于所确认的丙公司债权金额有异议，应当如何救济？

【采分点答案】

乙银行对所确认的丙公司债权金额有异议的，可以向受理破产申请的法院即北京市海淀区法院提起诉讼，此时乙银行是原告，丙公司是被告。

【题目解析】

债务人、债权人对债权表记载的债权有异议的，可以向受理破产申请的人民法院提起诉讼。

情形	被告
（1）债务人对债权表记载的债权有异议	被异议的债权人
（2）债权人对债权表记载的他人债权有异议	被异议的债权人
（3）债权人对债权表记载的本人债权有异议	债务人

【易错点提示】

1. 破产申请受理后，债权人新提起要求债务人清偿的诉讼，法院不予受理；

2. 破产申请受理后，对债权表有异议的而提起的债权确认之诉，法院应当受理。

11. 在甲公司的破产清算程序中，乙银行的受偿顺序如何？

【采分点答案】

（1）乙银行享有别除权，有权就A宗地块建设用地使用权变现价值获得优先受偿。若A宗地块建设用地使用权变现金额超过乙银行债权金额，则超出部分按照破产财产的分配顺序进行清偿。

（2）若A宗地块建设用地使用权变现金额低于乙银行债权金额，全部金额向乙银行清偿后，未清偿部分作为普通债权。

【题目解析】

本题中，乙银行享有别除权。《破产法》第109条规定："对破产人的特定财产享有担保权的权利人，对该特定财产享有优先受偿的权利。"

《破产法》第110条规定："享有本法第一百零九条规定权利的债权人行使优先受偿权利未能完全受偿的，其未受偿的债权作为普通债权；放弃优先受偿权利的，其债权作为普通债权。"

【易错点提示】

本题中甲公司进入破产清算程序，乙银行可主张行使别除权，就担保物变现价值获得优先受偿。

若题目背景为破产重整，则乙银行别除权应暂停行使。

案例四　绿苗公司、大地公司母子公司担保纠纷案

【案情】

绿苗公司系以杂交水稻的研发与种植为经营范围的有限公司，注册地为湖南省长沙市岳麓区，在业内口碑良好。2020 年 1 月 4 日，绿苗公司向农业银行借款 1000 万元，以现有及将有的原材料等为农业银行设立抵押权，并于当日办理抵押登记。

2020 年 4 月 3 日，绿苗公司欲购入 10 辆卡车，遂向建设银行借款 800 万元。4 月 15 日，绿苗公司以上述借款购入 10 辆卡车，并于 4 月 20 日以 10 辆卡车为建设银行设立抵押权并于当日办理抵押登记。

大地公司成立于 2018 年 1 月，系绿苗公司的全资子公司，住所地为南京市玄武区。根据公司章程约定，绿苗公司应当于 2025 年出资完毕 1000 万元。为节约管理成本，大地公司未设立股东会、董事会和监事会。2020 年 6 月 23 日，大地公司向山川公司采购化肥若干，价款为 300 万元，约定于 2020 年 8 月 15 日之前支付。为担保大地公司依约支付价款，绿苗公司法定代表人王平未经公司决议，直接以上述卡车中的 A、B 两辆卡车设立抵押权并办理抵押登记。此外，王平的好友吴凌为此提供保证担保，未约定保证方式，但约定吴凌承担保证责任直至大地公司的价款还清为止。2020 年 7 月，绿苗公司向工商银行申请贷款 200 万元，由大地公司提供保证担保，对此，绿苗公司作为大地公司的股东直接作出了同意担保的股东决定，提交给工商银行。

绿苗公司未能偿还贷款，工商银行要求大地公司承担保证责任。大地公司认为其同意担保的决议程序不符合公司法规定，不应承担保证责任。

大地公司未能依约支付价款，山川公司于 2020 年 12 月 15 日就该笔价款向其所在地的成都市武侯区法院提起诉讼，要求：

（1）大地公司清偿债务；绿苗公司承担补充清偿责任。

（2）吴凌承担保证责任。

诉讼期间，吴凌多次向山川公司提供大地公司于某地享有房产一套（价值 100 万元）的信息，山川公司均未理会。法院判决支持了山川公司的主张，但在执行程序中发现大地公司并无实质财产可供执行，且大地公司 2020 年报表显示，其已资不抵债。成都市武侯区法院拟将该案件移送破产审查。

2021 年 2 月 14 日，山川公司证明大地公司已无财产清偿债务，山川公司遂要求绿苗公司、吴凌承担担保责任。

绿苗公司基于房屋租赁合同对长风公司享有 50 万元的债权，到期一直未主张，由此导致绿苗公司无力清偿对其他债权人所负债务。其他债权人遂提起代位诉讼，绿苗公司申请参加诉讼。此后，在执行过程中，法院因长风公司无可供执行的财产而终止本次执行程序。绿苗公司的债权人之一邢云遂再次向法院起诉绿苗公司，法院认为其构成重复起诉判决不予受理。

王平时任绿苗公司的法定代表人，已有 90 岁的高龄，但仍长期坚守于水稻科学研究的第一线。2021 年 3 月，王平在水稻种植基地外散步时，因路旁饭店倾倒的食用油而摔倒，遭受严重伤害。经查，当日该路段的清洁工肖军无故旷工，导致未能及时清扫路面上的食用油。2021 年 5 月 21 日，在医院治疗的王平不幸离世。“对外”杂志社编辑胡编就此撰写短文，发表于“对外”杂志社的微博账号，其中存在大量对王平进行侮辱、诽谤的言论。由于短文热度极高，微

博官方对该短文进行了广泛的推广。王平的亲属得知后，预备向法院提起诉讼，并将上述短文打印作为证据使用。

【问题】

1. 若农业银行与建设银行均就10台卡车行使抵押权，则何者的权利优先？为什么？

2. 大地公司能否不设立股东会、董事会和监事会？

3. 大地公司关于不应承担保证责任的说法是否正确？为什么？

4. 山川公司起诉时，就吴凌与大地公司的诉讼地位可能存在哪些方案？

5. 对于山川公司的诉讼请求，绿苗公司称其出资期限尚未届满，故不应承担责任。该理由是否成立？为什么？若法院已受理大地公司作为债务人的破产案件，对于绿苗公司的出资，应如何处理？

6. 成都市武侯区法院拟将执行案件移送破产审查，山川公司作为执行申请人担心破产程序周期长、损失大，表示反对，大地公司赞同。若武侯区法院仍决定移送破产审查，是否符合相关法律制度规定？

7. 若成都市武侯区法院决定将执行案件移送破产审查，应当向何地法院移送？

8. 如果相关法院不受理破产案件，成都市武侯区法院应当如何处理？

9. 山川公司要求绿苗公司承担担保责任，能否得到法院支持？为什么？

10. 2021 年 2 月 14 日，吴凌是否需要承担保证责任？其责任范围为何？为什么？

11. 若吴凌承担了保证责任，其可否向绿苗公司请求分担？为什么？

12. 绿苗公司的债权人应向哪一（些）法院提起代位诉讼？为什么？

13. 针对代位诉讼的判决，绿苗公司是否可上诉？为什么？

14. 针对邢云的起诉，法院的做法是否正确？为什么？

15. 就王平的损害，应由何人承担责任？为什么？

16. 王平死后，其继承人可否主张王平享有的精神损害赔偿请求权？为什么？

17. 王平的亲属应以何人为被告提起诉讼？为什么？

18. 打印的短文属于何种证据类型？

【案情分析】

绿苗公司系以杂交水稻的研发与种植为经营范围的有限公司，注册地为湖南省长沙市岳麓区，在业内口碑良好。2020年1月4日，绿苗公司向农业银行借款1000万元，以现有及将有的原材料等为农业银行设立抵押权，并于当日办理抵押登记。

绿苗公司为农业银行设定动产浮动抵押

2020年4月3日，绿苗公司欲购入10辆卡车，遂向建设银行借款800万元。4月15日，绿苗公司以上述借款购入10辆卡车，并于4月20日以10辆卡车为建设银行设立抵押权并于当日办理抵押登记。

绿苗公司将卡车抵押给建设银行。注意，担保的债权所获得的资金为购买卡车的价款且在交付后10日内办理抵押登记

大地公司成立于2018年1月，系绿苗公司的全资子公司，住所地为南京市玄武区。根据公司章程约定，绿苗公司应当于2025年出资完毕1000万元。为节约管理成本，大地公司未设立股东会、董事会和监事会。2020年6月23日，大地公司向山川公司采购化肥若干，价款为300万元，约定于2020年8月15日之前支付。为担保大地公司依约支付价款，绿苗公司法定代表人王平未经公司决议，直接以上述卡车中的A、B两辆卡车设立抵押权并办理抵押登记。此外，王平好友吴凌为此提供保证担保，未约定保证方式，但约定吴凌承担保证责任直至大地公司的本息还清为止。2020年7月，绿苗公司向工商银行申请贷款200万元，由大地公司提供保证担保，对此，绿苗公司作为大地公司的股东直接做出了同意担保的股东决定，提交给工商银行。

大地公司是一人有限公司

大地公司的治理结构

绿苗公司为其全资子公司大地公司提供抵押担保，未召开股东会/董事会会议

除绿苗公司提供的“物保”外，还有吴凌提供的“人保”，未约定保证方式，保证期间约定不明

绿苗公司未能偿还贷款，工商银行要求大地公司承担保证责任。大地公司认为其同意担保的决议程序不符合公司法规定，不应承担保证责任。

一人公司为其股东提供担保，由其股东作出决定，未按照《公司法》第16条的规定进行回避

大地公司未能依约支付价款，山川公司于2020年12月15日就该笔借款向其所在地的成都市武侯区法院提起诉讼，要求：

（1）大地公司清偿债务；绿苗公司承担补充清偿责任。

（2）吴凌承担保证责任。

诉讼期间，吴凌多次向山川公司提供大地公司于某地享有房产一套（价值100万元）的信息，山川公司均未理会。法院判决支持了山川公司的主张，但在执行程序中发现大地公司并无实质财产可供执行，且大地公司2020年报表显示，其已资不抵债。成都市武侯区法院拟将该案件移送破产审查。

一般保证人向债权人提供债务人可供执行财产信息

2021年2月14日，山川公司证明大地公司已无财产清偿债务，山川公司遂要求绿苗公司、吴凌承担担保责任。

绿苗公司基于房屋租赁合同对长风公司享有50万元的债权，到期一直未主张，由此导致绿苗公司无力清偿对其他债权人所负债务。其他债权人遂提起代位诉讼，绿苗公司申请参加诉讼。此后，在执行过程中，法院因长风公司无可供执行的财产而终止本次执行程序。绿苗公司的债权人之一邢云遂再次向法院起诉绿苗公司，法院认为其构成

债权人代位权诉讼

再次起诉债务人

重复起诉判决不予受理。

王平时任绿苗公司的法定代表人，已有90岁的高龄，但仍长期坚守于水稻科学研究的第一线。2021年3月，王平在水稻种植基地外散步时，因路旁饭店倾倒的食用油而摔倒，遭受严重伤害。经查，当日该路段的清洁工肖军无故旷工，导致未能及时清扫路面上的食用油。2021年5月21日，在医院治疗的王平不幸离世。“对外”杂志社编辑胡编就此撰写短文，发表于“对外”杂志社的微博账号，其中存在大量对王平进行侮辱、诽谤的言论。由于短文热度极高，微博官方对该短文进行了广泛的推广。王平的亲属得知后，预备向法院提起诉讼，并将上述短文打印作为证据使用。

遗撒妨碍通行物致害

职务行为，名誉侵权

网络服务提供者

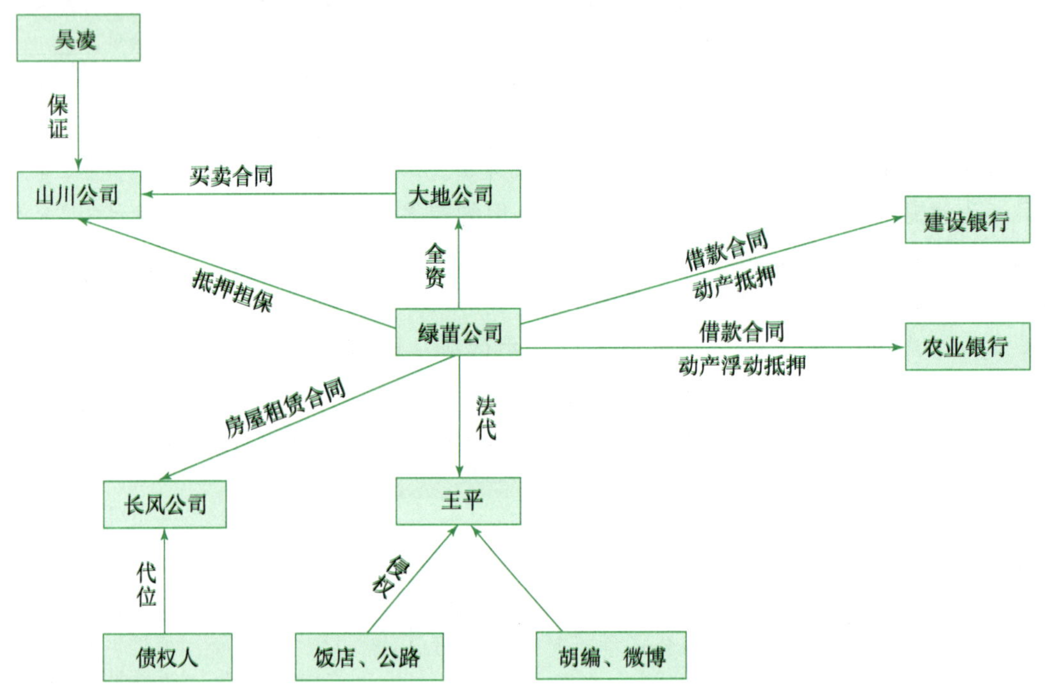

【采分点答案及题目解析】

1. 若农业银行与建设银行均就10台卡车行使抵押权，则何者的权利优先？为什么？

【采分点答案】

建设银行的抵押权优先。本案中，建设银行系为该卡车价款的支付提供借款的债权人；债务人绿苗公司于2020年4月15日受领卡车的交付，于2020年4月20日为建设银行办理抵押登记，符合在交付后的10日内办理抵押登记。因此，建设银行对该10台卡车享有价款优先权，该权利优先于买受人绿苗公司的其他抵押权人。故建设银行的抵押权优先于农业银行享有的动产浮动抵押权。

【题目解析】

本题考查价款优先权。

(1)《民法典》第416条规定：“动产抵押担保的主债权是抵押物的价款，标的物交付后十日内办理抵押登记的，该抵押权人优先于抵押物买受人的其他担保物权人受偿，但是留置权人除外。"

（2）《担保制度解释》第57条第1、2款规定："担保人在设立动产浮动抵押并办理抵押登记后又购入或者以融资租赁方式承租新的动产，下列权利人为担保价款债权或者租金的实现而订立担保合同，并在该动产交付后十日内办理登记，主张其权利优先于在先设立的浮动抵押权的，人民法院应予支持：（一）在该动产上设立抵押权或者保留所有权的出卖人；（二）为价款支付提供融资而在该动产上设立抵押权的债权人；（三）以融资租赁方式出租该动产的出租人。

买受人取得动产但未付清价款或者承租人以融资租赁方式占有租赁物但是未付清全部租金，又以标的物为他人设立担保物权，前款所列权利人为担保价款债权或者租金的实现而订立担保合同，并在该动产交付后十日内办理登记，主张其权利优先于买受人为他人设立的担保物权的，人民法院应予支持。"

（3）本案中，农业银行享有动产浮动抵押权，在绿苗公司购入10台卡车时，卡车自动成为农业银行抵押权的客体。但是，建设银行属于为卡车的价款支付提供借款的债权人，且在卡车交付后的10日内办理抵押登记，因此，建设银行享有价款优先权，其优先于买受人绿苗公司的其他抵押权人农业银行而受偿。

【易错点提示】

目前《民法典》规定的超级抵押权，已经不再局限于直接的卖方，还包括保留所有权买卖的出卖人、为价款提供融资的债权人以及融资租赁的出租人。

【正确作答结构】

第一步：结论——建设银行优先。

第二步：理由——建设银行享有价款优先权。

第三步：理由——价款优先权优先于其他抵押权。

2. 大地公司能否不设立股东会、董事会和监事会？

【采分点答案】

大地公司可以不设立股东会、董事会、监事会。

（1）大地公司为一人公司，只有绿苗公司一个股东，故不设立股东会。

（2）大地公司仅有一个股东，符合公司法规定的有限公司"股东人数较少"之情形，可以不设立董事会，仅设立一名执行董事；可以不设立监事会，仅设立1至2名监事。

【题目解析】

《公司法》第50条规定："股东人数较少或者规模较小的有限责任公司，可以设一名执行董事，不设董事会。执行董事可以兼任公司经理。执行董事的职权由公司章程规定。"

《公司法》第51条第1款规定："有限责任公司设监事会，其成员不得少于三人。股东人数较少或者规模较小的有限责任公司，可以设一至二名监事，不设监事会。"

《公司法》第61条规定："一人有限责任公司不设股东会。股东作出本法第三十七条第一款所列决定时，应当采用书面形式，并由股东签名后置备于公司。"

【易错点提示】

（1）一人公司是指只有一个自然人股东或一个法人股东的有限公司，仅代表其股权机构简单，并不意味着其一定规模较小。

（2）一人公司，可以其股东人数较少为由，不设立董事会、监事会；也可以根据自身需要

设立董事会、监事会。

(3) 一人公司因只有一个股东，故一定没有股东会。

3. 大地公司关于不应承担保证责任的说法是否正确？为什么？

【采分点答案】

(1) 大地公司的说法错误。

(2) 大地公司为一人公司，其为股东绿苗公司提供担保，可以由唯一的股东绿苗公司决定。大地公司同意为股东绿苗公司担保的决议，不存在决议程序不符合公司法之处。

【题目解析】

一般情况下，公司为其股东提供担保应当由股东会作出决议，且被担保股东应当回避，经出席会议的其他股东所持表决权过半数通过。被担保股东应当回避的原因在于：防止其干涉其他股东的表决。

一人公司不设立股东会，涉及股东会决议事项由股东书面作出决定。一人公司无其他股东，即便该股东不回避也不会影响。

【相关法条】

《担保制度解释》第10条规定："一人有限责任公司为其股东提供担保，公司以违反公司法关于公司对外担保决议程序的规定为由主张不承担担保责任的，人民法院不予支持。公司因承担担保责任导致无法清偿其他债务，提供担保时的股东不能证明公司财产独立于自己的财产，其他债权人请求该股东承担连带责任的，人民法院应予支持。"

【易错点分析】

1. 一人公司为其股东提供担保，可以由其唯一的股东决定，无须遵守《公司法》第16条对关联方提供担保中的回避规则。

2. 母公司为其设立的一人公司提供担保，即便未出具同意担保的决议，也认定担保有效。

【正确作答结构】

第一步：结论——说法错误。

第二步：理由——一人公司为其股东提供担保的特殊规则。

4. 山川公司起诉时，就吴凌与大地公司的诉讼地位可能存在哪些方案？

【采分点答案】

由于吴凌未约定保证方式，因此应当认定吴凌所提供的保证为一般保证。其主要存在两种诉讼方案：

(1) 债权人山川公司可以债务人大地公司为被告提起诉讼。

(2) 债权人山川公司可以债务人大地公司与一般保证人吴凌为共同被告提起诉讼，但应当在判决书主文中明确，保证人仅对债务人财产依法强制执行后仍不能履行的部分承担保证责任。

此外，若债权人山川公司未就主合同纠纷提起诉讼或者申请仲裁，仅起诉一般保证人吴凌的，人民法院应当驳回起诉。

【题目解析】

本题考查保证方式的认定及保证人的诉讼地位。

(1)《民法典》第686条第2款规定："当事人在保证合同中对保证方式没有约定或者约定

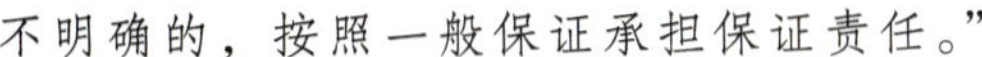

不明确的，按照一般保证承担保证责任。”

（2）《担保制度解释》第26条规定：“一般保证中，债权人以债务人为被告提起诉讼的，人民法院应予受理。债权人未就主合同纠纷提起诉讼或者申请仲裁，仅起诉一般保证人的，人民法院应当驳回起诉。一般保证中，债权人一并起诉债务人和保证人的，人民法院可以受理，但是在作出判决时，除有民法典第六百八十七条第二款但书规定的情形外，应当在判决书主文中明确，保证人仅对债务人财产依法强制执行后仍不能履行的部分承担保证责任。债权人未对债务人的财产申请保全，或者保全的债务人的财产足以清偿债务，债权人申请对一般保证人的财产进行保全的，人民法院不予准许。”

（3）本案中，吴凌未约定保证方式，因此应当认定其属于一般保证人。债权人可单独起诉债务人，也可以将债务人与一般保证人列为共同被告。但债权人不能仅起诉一般保证人，仅起诉一般保证人的，法院应当裁定驳回起诉。

【易错点提示】

未约定保证方式，应当认定为一般保证，而非连带保证。

【正确作答结构】

第一步：理由——未约定保证方式，认定为一般保证。

第二步：结论——可单独起诉债务人，也可以合并起诉债务人与一般保证人。

第三步：结论——不得单独起诉一般保证人。

5. 对于山川公司的诉讼请求，绿苗公司称其出资期限尚未届满，故不应承担责任。该理由是否成立？为什么？若法院已受理大地公司作为债务人的破产案件，对于绿苗公司的出资，应如何处理？

【采分点答案】

（1）绿苗公司的抗辩理由成立，股东对于其出资享有期限利益，即在出资期限届满前，公司债权人要求股东在未履行的出资义务范围内承担补充赔偿责任的，法院不予支持。

（2）若大地公司进入破产程序，则管理人应当追回绿苗公司认缴的出资款项，无论出资期限是否届满。

【题目解析】

（1）《九民纪要》第6条规定，在注册资本认缴制下，股东依法享有期限利益。债权人以公司不能清偿到期债务为由，请求未届出资期限的股东在未出资范围内对公司不能清偿的债务承担补充赔偿责任的，人民法院不予支持。

（2）《破产法解释（二）》第20条第1款规定：“管理人代表债务人提起诉讼，主张出资人向债务人依法缴付未履行的出资或者返还抽逃的出资本息，出资人以认缴出资尚未届至公司章程规定的缴纳期限或者违反出资义务已经超过诉讼时效为由抗辩的，人民法院不予支持。”

【易错点提示】

（1）股东对于其出资享有“期限利益”，无论是股东对公司的出资责任还是股东对公司债权人的“差额补足”责任，都是以股东出资期限届满为前提。若股东出资期限未届至，股东无须承担相关的出资责任。

（2）但是在下列四种情形下，股东出资加速到期：

①公司破产；

②公司作为被执行人，法院穷尽执行措施无财产可供执行，公司已具备破产原因，但不申请破产的；

③公司解散；

④债务产生后，股东（大）会决议或其他方式延长股东出资期限的。

6. 成都市武侯区法院拟将执行案件移送破产审查，山川公司作为执行申请人担心破产程序周期长、损失大，表示反对，大地公司赞同。若武侯区法院仍决定移送破产审查，是否符合相关法律制度规定？

【采分点答案】

武侯区法院仍决定移送破产审查的做法符合相关法律规定。被执行人大地公司已经资不抵债，经过申请执行人之一或者被执行人同意，法院即可中止执行，将案件移送破产审查。

【题目解析】

本题考查移送破产审查的条件。依据《民诉法解释》的相关规定，在执行中，作为被执行人的企业法人符合《破产法》第2条第1款规定情形的，执行法院经申请执行人之一或者被执行人同意，应当裁定中止对该被执行人的执行，将执行案件相关材料移送被执行人住所地法院。本案中，虽然申请执行人表示反对，但被执行人同意，所以仍然符合移送破产审查的条件。

7. 若成都市武侯区法院决定将执行案件移送破产审查，应当向何地法院移送？

【采分点答案】

应当向被执行人住所地中级法院，即南京市中级法院移送。

【题目解析】

（1）符合移送破产审查条件的，执行法院应当裁定中止对该被执行人的执行，将执行案件相关材料移送被执行人住所地法院，即大地公司住所地法院。

（2）《最高人民法院关于执行案件移送破产审查若干问题的指导意见》第3条规定："执行案件移送破产审查，由被执行人住所地人民法院管辖。在级别管辖上，为适应破产审判专业化建设的要求，合理分配审判任务，实行以中级人民法院管辖为原则、基层人民法院管辖为例外的管辖制度。中级人民法院经高级人民法院批准，也可以将案件交由具备审理条件的基层人民法院审理。"

8. 如果相关法院不受理破产案件，成都市武侯区法院应当如何处理？

【采分点答案】

如果相关法院不受理破产案件，则武侯区法院应当恢复执行。就执行变价所得财产，在扣除执行费用及清偿优先受偿的债权后，对于普通债权，按照财产保全和执行中查封、扣押、冻结财产的先后顺序清偿。

【题目解析】

相关法院不受理破产案件的，意味着执行未能成功转入破产程序，则此时执行法院应当恢复执行。就执行变价所得财产，在扣除执行费用及清偿优先受偿的债权后，对于普通债权，按照财产保全和执行中查封、扣押、冻结财产的先后顺序清偿。

9. 山川公司要求绿苗公司承担担保责任，能否得到法院支持？为什么？

【采分点答案】

山川公司要求绿苗公司承担担保责任，能得到法院支持。

绿苗公司法定代表人王平虽未经公司决议，即以绿苗公司名义对外提供担保，但债务人大地公司系绿苗公司的全资子公司，因此即便未经公司决议，该担保亦属有效。因此山川公司的债权既存在绿苗公司提供的抵押担保（物保），又存在吴凌提供的保证担保（人保），构成混合担保。本案中，当事人对于债权人主张权利的顺序没有约定，且债务人大地公司并未以自己的财产提供物保，因此债权人山川公司主张权利没有顺序上的限定，故其可以直接要求绿苗公司承担担保责任。

【题目解析】

本案考查公司担保及混合担保规则。

（1）《担保制度解释》第8条规定："有下列情形之一，公司以其未依照公司法关于公司对外担保的规定作出决议为由主张不承担担保责任的，人民法院不予支持：（一）金融机构开立保函或者担保公司提供担保；（二）公司为其全资子公司开展经营活动提供担保；（三）担保合同系由单独或者共同持有公司三分之二以上对担保事项有表决权的股东签字同意。上市公司对外提供担保，不适用前款第二项、第三项的规定。"

（2）《民法典》第392条规定："被担保的债权既有物的担保又有人的担保的，债务人不履行到期债务或者发生当事人约定的实现担保物权的情形，债权人应当按照约定实现债权；没有约定或者约定不明确，债务人自己提供物的担保的，债权人应当先就该物的担保实现债权；第三人提供物的担保的，债权人可以就物的担保实现债权，也可以请求保证人承担保证责任。提供担保的第三人承担担保责任后，有权向债务人追偿。"

（3）本案中，绿苗公司法定代表人王平未经公司决议直接对外提供担保，该行为构成越权担保，但由于债务人大地公司系绿苗公司的全资子公司，因此该担保有效。此时，山川公司的债权既存在人保又存在物保，属于混合担保。在该混合担保中，未约定债权人主张权利的顺序且债务人未提供物保，因此债权人主张权利没有顺序限定。

【易错点提示】

混合担保中主张权利的顺序，一看约定，二看债务人是否自己提供物保。

【正确作答结构】

第一步：结论——可以。

第二步：理由——母公司为全资子公司担保有效。

第三步：理由——混合担保，无约定且债务人未提供物保。

10. 2021年2月14日，吴凌是否需要承担保证责任？其责任范围为何？为什么？

【采分点答案】

吴凌应当承担担保责任，其责任范围为200万元。

（1）吴某未约定保证方式，因此其保证方式为一般保证。吴某约定保证期间为债务人支付完毕价款，此种约定属于约定不明，应当将保证期间认定为主债务届满后6个月。本案中，债权人山川公司于2020年12月15日提起诉讼，尚在保证期间内，且债务人无财产可供执行，故吴某不得再主张先诉抗辩权，其需要承担保证责任。

（2）但吴某提供财产线索，而债权人山川公司怠于主张权利，吴某在其提供的财产线索（100 万元）的价值范围内免责。

【题目解析】

本题考查保证方式、保证期间及一般保证人的特别免责事由。

（1）《民法典》第 692 条第 2 款规定："债权人与保证人可以约定保证期间，但是约定的保证期间早于主债务履行期限或者与主债务履行期限同时届满的，视为没有约定；没有约定或者约定不明确的，保证期间为主债务履行期限届满之日起六个月。"

（2）《担保制度解释》第 32 条规定："保证合同约定保证人承担保证责任直至主债务本息还清时为止等类似内容的，视为约定不明，保证期间为主债务履行期限届满之日起六个月。"

（3）《民法典》第 698 条规定："一般保证的保证人在主债务履行期限届满后，向债权人提供债务人可供执行财产的真实情况，债权人放弃或者怠于行使权利致使该财产不能被执行的，保证人在其提供可供执行财产的价值范围内不再承担保证责任。"

（4）本案中，吴凌未约定保证方式，故其保证方式为一般保证。其约定一直保证到债务人支付完毕价款为止，此种约定应当视为没有约定，故保证期间为债务履行期限届满之日起 6 个月，即 2020 年 8 月 16 日——2021 年 2 月 16 日。山川公司于 2020 年 12 月 15 日提起诉讼，没有超过保证期间，故吴凌仍需承担保证责任。但吴凌积极提供了财产线索，而山川公司怠于主张该财产权利，因此吴凌在其提供的财产线索的价值范围内免责。

【易错点提示】

保证合同约定保证人承担保证责任直至主债务本息还清时为止等类似内容的，视为约定不明，保证期间应当认定为 6 个月而非 2 年。

【正确作答结构】

第一步：结论——承担责任，200 万元。

第二步：理由——未超过保证期间。

第三步：理由——一般保证人提供财产线索。

11. 若吴凌承担了保证责任，其可否向绿苗公司请求分担？为什么？

【采分点答案】

不能向绿苗公司请求分担。绿苗公司与吴凌均为一笔债权提供担保，其构成共同担保。在共同担保中，只有当担保人约定了追偿权、约定连带共同担保或在同一个合同上签字、盖章时，承担责任的担保人方可向其他担保人要求分担。本案中，并不存在上述三种情形之一，因此吴凌不能向绿苗公司请求分担。

【题目解析】

本题考查共同担保。

（1）《担保制度解释》第 13 条规定："同一债务有两个以上第三人提供担保，担保人之间约定相互追偿及分担份额，承担了担保责任的担保人请求其他担保人按照约定分担份额的，人民法院应予支持；担保人之间约定承担连带共同担保，或者约定相互追偿但是未约定分担份额的，各担保人按照比例分担向债务人不能追偿的部分。同一债务有两个以上第三人提供担保，担保人之间未对相互追偿作出约定且未约定承担连带共同担保，但是各担保人在同一份合同书上签字、盖章或者按指印，承担了担保责任的担保人请求其他担保人按照比例分担向债务人不能追偿部分的，人民法院应予支持。除前两款规定的情形外，承担了担保责任的担保人请求其他担保人分担向债务人不能追偿部分的，人民法院不予支持。”

（2）绿苗公司与吴凌均为一笔债权提供担保，其构成共同担保。在共同担保中，只有当担保人约定了追偿权、约定连带共同担保或在同一个合同上签字、盖章时，承担责任的担保人方可向其他担保人要求分担。本案中，在吴凌与绿苗公司之间并不存在《担保制度解释》第13条规定的三种情形之一，因此承担了担保责任的吴凌不能向绿苗公司请求分担，其只能向债务人大地公司进行追偿。

12. 绿苗公司的债权人应向哪一（些）法院提起代位诉讼？为什么？

【采分点答案】

应向房屋所在地法院起诉。债权人提起代位权诉讼，原则上由次债务人长风公司所在地法院管辖。但是，由于债务人绿苗公司与次债务人长风公司之间的关系是房屋租赁合同，属于不动产纠纷，应由不动产所在地专属管辖，即房屋所在地法院管辖。

【题目解析】

（1）《民法典合同编通则解释》（征求意见稿）第36条第1款规定：“债权人依据民法典第五百三十五条规定对债务人的相对人提起代位权诉讼的，由被告住所地人民法院管辖，但是依法应当适用专属管辖规定的除外。”

（2）原则上，债权人提起代位权诉讼，无须适用民事诉讼法中关于管辖的一般规定，而是直接由被告次债务人所在地法院进行管辖。但是，如果涉及了专属管辖的案件的，仍应适用专属管辖。

（3）本案中，绿苗公司与长风公司之间的纠纷系房屋租赁合同纠纷，属于典型的不动产纠纷，因此应当适用专属管辖，即由不动产所在地法院专属管辖。

13. 针对代位诉讼的判决，绿苗公司是否可以上诉？为什么？

【采分点答案】

绿苗公司是否享有上诉权，取决于一审判决中是否要求其承担责任。如果一审判决要求绿苗公司承担责任，其有权上诉；如果一审判决不要求绿苗公司承担责任，其无权上诉。

【题目解析】

绿苗公司在代位权诉讼中属于无独三，其是否享有上诉权取决于一审判决是否要求其承担责任，此乃“有责就有权，无责就无权”。

14. 针对邢云的起诉，法院的做法是否正确？为什么？

【采分点答案】

不正确。首先，邢云主张代位权但其债权没有得以实现，其重新起诉债务人绿苗公司的，不构成重复起诉，法院应当受理。其次，法院即便认为不予受理也应该采用裁定的方式，而非判决的方式。

【题目解析】

（1）最高法指导案例第167号中指出，代位权诉讼执行中，因相对人无可供执行的财产而被终结本次执行程序，债权人就未实际获得清偿的债权另行向债务人主张权利的，人民法院应予支持。本题中，邢云作为绿苗公司的债权人提起了代位权诉讼，但是在执行过程中次债务人长风公司并无财产，其债权并未得以实现。此时，邢云起诉债务人绿苗公司的，不构成重复起诉，法院应当受理。

（2）对于不予受理、驳回起诉，法院所采用的文书应该是裁定，而非判决。

15. 就王平的损害，应由何人承担责任？为什么？

【采分点答案】

应由饭店与公路管理部门承担责任。饭店在道路上遗撒妨害通行物食用油，给王平造成损害，饭店需要承担赔偿责任。公路管理部门未能按时清理食用油，其存在过错，应承担相应的赔偿责任。

【题目解析】

《民法典》第1256条规定："在公共道路上堆放、倾倒、遗撒妨碍通行的物品造成他人损害的，由行为人承担侵权责任。公共道路管理人不能证明已经尽到清理、防护、警示等义务的，应当承担相应的责任。"

16. 王平死后，其继承人可否主张王平享有的精神损害赔偿请求权？为什么？

【采分点答案】

答案一：可以。饭店、公路管理部门的侵权行为侵害了王平的身体权、健康权，王平享有精神损害赔偿请求权，其属于金钱债权。王平去世后，其继承人可以继承该债权。

答案二：不可以。饭店、公路管理部门的侵权行为侵害了王平的身体权、健康权，王平享有精神损害赔偿请求权。但是，王平在生前并未起诉，侵权人也并未书面承诺给付精神损害赔偿。因此，王平的继承人无法继承该请求权。

【题目解析】

本题属于开放型观点，考生做一作答即可。

（1）原《人身损害赔偿解释》第18条第2款规定："精神损害抚慰金的请求权，不得让与或者继承。但赔偿义务人已经以书面方式承诺给予金钱赔偿，或者赔偿权利人已经向人民法院起诉的除外。"（该款已被删除）

（2）目前对于精神损害赔偿请求权能否被继承并无明确的法律规定。如果延续此前的规定，则认为精神损害赔偿请求权具有专属性，原则上无法被继承。但是，如果认为最高院删除该规定是不再采用这一做法，则可以得出精神损害赔偿请求权作为债权其不具有专属性，也就可以发生继承的结论。

17. 王平的亲属应以何人为被告提起诉讼？为什么？

【采分点答案】

应以"对外"杂志社与微博平台为被告。胡编的行为侵害了死者王平的人格利益，但其行为系执行职务的行为，应由用人单位"对外"杂志社承担责任。微博平台作为网络服务提供者，其知道或者应当知道短文侵权，其应对此承担连带责任。据此，王平的亲属应以"对外"杂志社与微博平台为被告

【题目解析】

（1）《民法典》第1191条第1款规定："用人单位的工作人员因执行工作任务造成他人损

害的，由用人单位承担侵权责任。用人单位承担侵权责任后，可以向有故意或者重大过失的工作人员追偿。”据此，胡编虽然实施了侵权行为，但该行为系执行职务的行为，应由用人单位“对外”杂志社承担责任。因此，“对外”杂志社是被告。

（2）《民法典》第 1197 条规定：“网络服务提供者知道或者应当知道网络用户利用其网络服务侵害他人民事权益，未采取必要措施的，与该网络用户承担连带责任。”据此，微博平台主动对短文进行推广，表明其至少应当知道侵权行为的存在，其需要承担连带责任。因此，微博平台也是被告。

18. 打印的短文属于何种证据类型？

【采分点答案】

打印的短文属于电子数据。

【题目解析】

该短文属于形成在微博这一电子介质上的信息，因此打印之后不会影响证据本身的定性，并且直接来源于电子数据的打印件，视为电子数据的原件。

案例五　荣耀公司与大地公司保留所有权买卖纠纷、破产案

【案情】

小东、小西、小南、小北四人设立荣耀土豆粉加工有限公司（以下简称荣耀公司）。经四人商议，小东任公司董事长、法定代表人。

因公司经营需要，2020年12月1日，小东与大河公司签订《采购协议》，自大河公司采购土豆粉碎机5台，总价款为100万元，分5期支付，每期支付20万元。合同签订日支付第一期款项，后面每期间隔5个月。

在合同缔结过程中，大河公司委托其员工杨超与小东对接，杨超谎称该公司的土豆粉碎机均为德国进口、经久耐用，实际上该土豆粉碎机均由该公司自行生产。大河公司对杨超的虚假陈述并不知情。为担保荣耀公司依约支付价款，小东与大河公司约定，在荣耀公司支付完毕价款前，大河公司保留5台土豆粉碎机的所有权，但双方未就此办理登记。

荣耀公司开始运营后，小东等人发现5台土豆粉碎机太多，遂将其中一台土豆粉碎机A以市场价格出售给张妙，并向张妙完成交付，张妙对所有权保留一事毫不知情。

荣耀公司向戴眉眉借款50万元，为担保该笔借款，荣耀公司与戴眉眉签订合同，约定荣耀公司将土豆粉碎机B交付给戴眉眉，若荣耀公司按期还本付息，则戴眉眉须返还该土豆粉碎机；若未能依约还本付息，则该土豆粉碎机直接归戴眉眉所有。合同签订后，荣耀公司依约向戴眉眉交付了土豆粉碎机。

2021年3月2日，因受疫情影响，餐饮行业颇受打击，荣耀公司向胡德发借款50万元，以土豆粉碎机C设立抵押权并办理抵押登记。2021年4月3日，荣耀公司向菊娃借款30万元，以土豆粉碎机C设立质权用以担保，于当日完成交付。菊娃保管土豆粉碎机期间，老鼠将电线咬断，菊娃送至王者修理厂维修。修理完毕后，菊娃未支付修理费，王者修理厂将该土豆粉碎机扣留。

虽然荣耀公司一直按约分期付款，但大河公司认为荣耀公司肆意处分土豆粉碎机，遂于2021年4月下旬向荣耀公司主张取回5台土豆粉碎机。

此外，张妙在使用土豆粉碎机过程中，因机器出现故障，将张妙的小手指切断。张妙欲提起诉讼要求损害赔偿。

【问题】

1. 荣耀公司主张撤销与大河公司间的买卖合同，能否得到法院支持？为什么？

2. 张妙能否取得土豆粉碎机A？为什么？

3. 荣耀公司与戴眉眉间的约定效力如何？戴眉眉对土豆粉碎机 B 享有何种权利？为什么？

4. 王者修理厂能否对土豆粉碎机 C 主张留置权？为什么？

5. 若胡德发、菊娃、王者修理厂均对土豆粉碎机 C 主张权利，三人的权利顺序为何？为什么？

6. 大河公司是否有权主张取回 5 台土豆粉碎机？为什么？

7. 若大河公司主张取回土豆粉碎机时发现，荣耀公司因不能清偿到期债务且明显缺乏清偿能力，法院于 2021 年 4 月 15 日裁定受理其破产申请，并指定北京劲松律师事务所为管理人。

（1）此时大河公司要求取回土豆粉碎机，能否得到支持？

（2）若北京劲松律师事务所决定继续履行该合同，但主张荣耀公司继续按约定分期付款，能否得到支持？

（3）若北京劲松律师事务所决定解除该合同，大河公司取回了部分土豆粉碎机，但发现土豆粉碎机存在毁损，损失金额为 30 万元，对于该部分损失应如何处理？

8. 张妙可以如何维护自身的合法权益？

9. 如果张妙想通过诉讼的方式来寻求救济，请回答以下问题：

（1）张妙应当以谁作为被告？为什么？

（2）张妙应当向哪个（些）法院起诉？为什么？

（3）在诉讼中，张妙需要对哪些事实承担举证证明责任？

【案情分析】

小东、小西、小南、小北四人设立荣耀土豆粉加工有限公司（以下简称荣耀公司）。经四人商议，小东任公司董事长、法定代表人。

荣耀公司的治理结构

因公司经营需要，2020年12月1日，小东与大河公司签订《采购协议》，自大河公司采购土豆粉碎机5台，总价款为100万元，分5期支付，每期支付20万元。合同签订日支付第一期款项，后面每期间隔5个月。

小东作为法定代表人，代表荣耀公司签订《采购协议》，约定分期付款

在合同缔结过程中，大河公司委托其员工杨超与小东对接，杨超谎称该公司的土豆粉碎机均为德国进口、经久耐用，实际上该土豆粉碎机均由该公司自行生产。大河公司对杨超的虚假陈述并不知情。为担保荣耀公司依约支付价款，小东与大河公司约定，在荣耀公司支付完毕价款前，大河公司保留5台土豆粉碎机的所有权，但双方未就此办理登记。

卖方存在欺诈行为

所有权保留买卖，未登记

荣耀公司开始运营后，小东等人发现5台土豆粉碎机太多，遂将其中一台土豆粉碎机A以市场价格出售给张妙，并向张妙完成交付，张妙对所有权保留一事毫不知情。

荣耀公司对土豆粉碎机A无权处分，张妙善意

荣耀公司向戴眉眉借款50万元，为担保该笔借款，荣耀公司与戴眉眉签订合同，约定荣耀公司将土豆粉碎机B交付给戴眉眉，若荣耀公司按期还本付息，则戴眉眉须返还该土豆粉碎机；若未能依约还本付息，则该土豆粉碎机直接归戴眉眉所有。合同签订后，荣耀公司依约向戴眉眉交付了土豆粉碎机。

让与担保，且存在流质条款

2021年3月2日，因受疫情影响，餐饮行业颇受打击，荣耀公司向胡德发借款50万元，以土豆粉碎机C设立抵押权并办理抵押登记。2021年4月3日，荣耀公司向菊娃借款30万元，以土豆粉碎机C设立质权用以担保，于当日完成交付。菊娃保管土豆粉碎机期间，老鼠将电线咬断，菊娃送至王者修理厂维修。修理完毕后，菊娃未支付修理费，王者修理厂将该土豆粉碎机扣留。

土豆粉碎机C之上抵押权、质权、留置权同时存在

虽然荣耀公司一直按约分期付款，但大河公司认为荣耀公司肆意处分土豆粉碎机，遂于2021年4月下旬向荣耀公司主张取回5台土豆粉碎机。

所有权保留买卖中，卖方主张取回权产品责任

此外，张妙在使用土豆粉碎机过程中，因机器出现故障，将张妙的小手指切断。张妙欲提起诉讼要求损害赔偿。

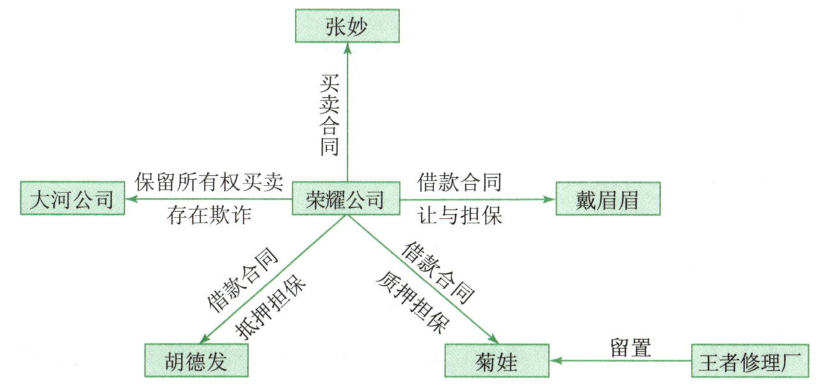

【采分点答案及题目解析】

1. 荣耀公司主张撤销与大河公司间的买卖合同，能否得到法院支持？为什么？

【采分点答案】

荣耀公司主张撤销该买卖合同，能够得到法院支持。

杨超在订立合同时故意陈述虚假事实，导致小东陷入错误认识并作出意思表示，杨超的行为构成欺诈。

且杨超属于大河公司的工作人员，该欺诈应当归属于大河公司，因此，大河公司不知情不影响欺诈的成立。故基于受欺诈，荣耀公司享有撤销权，可以通过诉讼或仲裁的方式撤销该买卖合同。

【题目解析】

本题考查基于欺诈而实施的法律行为。

（1）《民法典》第148条规定：“一方以欺诈手段，使对方在违背真实意思的情况下实施的民事法律行为，受欺诈方有权请求人民法院或者仲裁机构予以撤销。”

（2）《民法典》第149条规定：“第三人实施欺诈行为，使一方在违背真实意思的情况下实施的民事法律行为，对方知道或者应当知道该欺诈行为的，受欺诈方有权请求人民法院或者仲裁机构予以撤销。”

（3）本案中，虽然看上去是大河公司以外的第三人杨超进行欺诈，且大河公司对此不知情，但需要注意，杨超并非第三人欺诈中的第三人，杨超是大河公司的工作人员，其行为直接归属于大河公司，因此，在本案中，大河公司无论是否知情，其均构成欺诈。基于欺诈，受欺诈的荣耀公司享有合同撤销权。

【易错点提示】

第三人欺诈中的第三人是一方当事人代理人、传达人、辅助人以外的第三人；若是一方当事人的代理人、传达人、辅助人实施欺诈，则直接认定为当事人欺诈，受欺诈方的撤销权不受限制。

【正确作答结构】

第一步：结论——可以。

第二步：理由——不属于第三人欺诈。

第三步：理由——基于欺诈享有撤销权。

2. 张妙能否取得土豆粉碎机A？为什么？

【采分点答案】

张妙可以取得土豆粉碎机A的所有权。因为大河公司保留所有权，故荣耀公司未取得该土豆粉碎机的所有权，其将土豆粉碎机A出卖给张妙的行为构成无权处分。但由于大河公司保留所有权未经登记，因此不得对抗善意第三人。本案中，张妙对保留所有权并不知情，且支付合理价款，并完成了交付，因此张妙善意取得土豆粉碎机A的所有权。

【题目解析】

本题考查保留所有权买卖与善意取得。

（1）《民法典》第311条第1款规定：“无处分权人将不动产或者动产转让给受让人的，所有权人有权追回；除法律另有规定外，符合下列情形的，受让人取得该不动产或者动产的所有

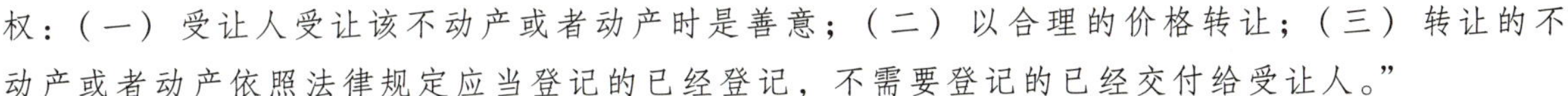

权：（一）受让人受让该不动产或者动产时是善意；（二）以合理的价格转让；（三）转让的不动产或者动产依照法律规定应当登记的已经登记，不需要登记的已经交付给受让人。”

（2）《民法典》第641条第2款规定：“出卖人对标的物保留的所有权，未经登记，不得对抗善意第三人。”

（3）本案中，大河公司对土豆粉碎机保留的所有权未经登记，不得对抗善意第三人。因此，当荣耀公司将该土豆粉碎机出售给善意第三人张妙时，张妙通过善意取得制度取得了土豆粉碎机A的所有权。

【正确作答结构】

第一步：结论——取得。

第二步：理由——保留所有权未经登记，不得对抗善意第三人。

第三步：理由——善意取得制度。

3. 荣耀公司与戴眉眉间的约定效力如何？戴眉眉对土豆粉碎机B享有何种权利？为什么？

【采分点答案】

（1）荣耀公司与戴眉眉的约定有效，但其中涉及戴眉眉取得所有权的部分内容无效。荣耀公司与戴眉眉约定通过转让所有权的方式进行担保，属于让与担保，该约定有效。但其中约定若未按期清偿即由戴眉眉取得所有权的条款，属于流担保条款，该条款无效。

（2）若荣耀公司不能按期还本付息，戴眉眉对土豆粉碎机B的变价款享有优先受偿权。荣耀公司采用让与担保的方式担保戴眉眉的债权，且已经完成交付，故戴眉眉取得让与担保这一非典型担保权。当荣耀公司不能依约还本付息时，戴眉眉有权就土豆粉碎机B进行拍卖、变卖，并就变价款主张优先受偿。

【题目解析】

本题考查让与担保的效力。

（1）《担保制度解释》第68条第2款规定：“债务人或者第三人与债权人约定将财产形式上转移至债权人名下，债务人不履行到期债务，财产归债权人所有的，人民法院应当认定该约定无效，但是不影响当事人有关提供担保的意思表示的效力。当事人已经完成财产权利变动的公示，债务人不履行到期债务，债权人请求对该财产享有所有权的，人民法院不予支持；债权人请求参照民法典关于担保物权的规定对财产折价或者以拍卖、变卖该财产所得的价款优先受偿的，人民法院应予支持；债务人履行债务后请求返还财产，或者请求对财产折价或者以拍卖、变卖所得的价款清偿债务的，人民法院应予支持。”

（2）当事人通过让与所有权进行担保，构成让与担保。自债权角度而言，让与担保合同有效，但其中涉及流担保条款的无效。因此，荣耀公司与戴眉眉的约定有效，但其中由戴眉眉取得所有权的内容构成流担保条款，该内容无效。自物权角度而言，完成公示时，债权人享有优先受偿权。本案中，已经完成公示，因此债权人戴眉眉享有优先受偿权。

【易错点提示】

让与担保中，形式上担保物的所有权已经移转给债权人，但债权人仅取得担保权，而非取得所有权。

【正确作答结构】

第一步：结论——合同部分无效。

第二步：理由——让与担保合同有效，流担保条款无效。

第三步：结论——享有优先受偿权。

第四步：理由——已经完成公示。

4. 王者修理厂能否对土豆粉碎机 C 主张留置权？为什么？

【采分点答案】

王者修理厂享有留置权。王者修理厂享有到期债权，且基于同一法律关系合法占有动产土豆粉碎机 C。虽然该土豆粉碎机 C 并非债务人菊娃所有，但依照法律规定，债权人不仅可以留置债务人的动产，还可以留置第三人的动产。因此，王者修理厂可以留置土豆粉碎机 C。

【题目解析】

本题考查留置权的成立要件。

（1）《民法典》第 447 条第 1 款规定："债务人不履行到期债务，债权人可以留置已经合法占有的债务人的动产，并有权就该动产优先受偿。"

（2）《担保制度解释》第 62 条第 1 款规定："债务人不履行到期债务，债权人因同一法律关系留置合法占有的第三人的动产，并主张就该留置财产优先受偿的，人民法院应予支持。第三人以该留置财产并非债务人的财产为由请求返还的，人民法院不予支持。"

（3）本案中，债务人菊娃到期未履行债务，因此债权人王者修理厂可以留置该土豆粉碎机。尽管该土豆粉碎机属于第三人，也不影响留置权的成立。

【易错点提示】

留置权不适用善意取得，对于第三人的财产，债权人可以直接基于同一法律关系留置，而无须符合善意取得的要件。

【正确作答结构】

第一步：结论——可以留置。

第二步：理由——符合留置权的一般要件。

第三步：理由——第三人财产也可以留置。

5. 若胡德发、菊娃、王者修理厂均对土豆粉碎机 C 主张权利，三人的权利顺序为何？为什么？

【采分点答案】

实现权利的顺序为：王者修理厂、胡德发、菊娃。本案中，已经设立抵押权、质权，又成立留置权，留置权优先于抵押权、质权，因此王者修理厂的留置权优先。抵押权与质权之间按照公示的先后顺序进行排列，胡德发享有的抵押权登记在先，因此胡德发的抵押权优先于菊娃的质权。

【题目解析】

本题考查担保物权竞合时的实现顺序。

（1）《民法典》第 456 条规定："同一动产上已经设立抵押权或者质权，该动产又被留置的，留置权人优先受偿。"

（2）《民法典》第 415 条规定："同一财产既设立抵押权又设立质权的，拍卖、变卖该财产所得的价款按照登记、交付的时间先后确定清偿顺序。"

（3）本案中，在动产之上先设立抵押权、质权，又被留置的，留置权优先。抵押权先于质权而公示，因此抵押权优先于质权。

【易错点提示】

在区分抵押权与质权的先后顺序时，只看公示，先公示的优先于后公示的，已公示的优先于未公示的，不再看当事人的主观状态。

【正确作答结构】

第一步：结论——留置权、抵押权、质权。

第二步：理由——先设立抵押权、质权，又被留置的，留置权优先。

第三步：理由——先公示的抵押权优先于后公示的质权。

6. 大河公司是否有权主张取回5台土豆粉碎机？为什么？

【采分点答案】

大河公司无权取回A、B、C三台土豆粉碎机，但可以取回剩余两台土豆粉碎机。

（1）在保留所有权买卖期间，买受人荣耀公司对买卖标的物实施了无权处分，因此出卖人大河公司享有取回权。但A、B、C三台土豆粉碎机已经为他人善意取得物权，因此，大河公司对三台机器不得再主张取回。

（2）如题所述，至2021年4月下旬，荣耀公司均按约定付款，此时已经付款1期，合计20万元，不足总价款的75%，故对于剩余2台土豆粉碎机，大河公司有权取回。

【题目解析】

本题考查保留所有权买卖中出卖人的取回权。

（1）《民法典》第642条第1款规定："当事人约定出卖人保留合同标的物的所有权，在标的物所有权转移前，买受人有下列情形之一，造成出卖人损害的，除当事人另有约定外，出卖人有权取回标的物：（一）未按照约定支付价款，经催告后在合理期限内仍未支付；（二）未按照约定完成特定条件；（三）将标的物出卖、出质或者作出其他不当处分。"

（2）《买卖合同解释》第26条第2款规定："在民法典第六百四十二条第一款第三项情形下，第三人依据民法典第三百一十一条的规定已经善意取得标的物所有权或者其他物权，出卖人主张取回标的物的，人民法院不予支持。"

（3）本案中，买受人荣耀公司实施了出卖、出质等不当处分行为，因此，出卖人大河公司享有取回权。但是A、B、C三台机器已经发生善意取得，因此，大河公司对三台机器不得再主张取回权。

【易错点提示】

保留所有权买卖中，取回权存在两大阻却事由：买受人已支付价款达到总价款的75%；买受人无权处分，第三人已经善意取得。

【正确作答结构】

第一步：结论——部分可以。

第二步：理由——买受人不当处分，出卖人享有取回权。

第三步：理由——第三人善意取得，出卖人取回权被阻却。

7. 若大河公司主张取回土豆粉碎机时发现，荣耀公司因不能清偿到期债务且明显缺乏清偿能力，法院于2021年4月15日裁定受理其破产申请，并指定北京劲松律师事务所为管理人。

（1）此时大河公司要求取回土豆粉碎机，能否得到支持?

（2）若北京劲松律师事务所决定继续履行该合同，但主张荣耀公司继续按约定分期付款，能否得到支持?

（3）若北京劲松律师事务所决定解除该合同，大河公司取回了部分土豆粉碎机，但发现土豆粉碎机存在毁损，损失金额为30万元，对于该部分损失应如何处理?

【采分点答案】

（1）大河公司能否取回土豆粉碎机，取决于破产管理人北京劲松律师事务所决定是否继续履行《采购协议》。

①若管理人决定继续履行《采购协议》，则双方应当继续履行，原则上大河公司不能行使取回权。但本题中，荣耀公司已经对A、B、C三台土豆粉碎机无权处分，且为第三人善意取得。大河公司有权对剩余的2台土豆粉碎机行使取回权。

对于大河公司不能取回的A、B、C三台土豆粉碎机的价款，大河公司有权要求管理人支付对应的价款，并列为共益债务。

②若管理人决定解除《采购协议》，则大河公司可以取回剩余两台土豆粉碎机，并应当向管理人返还已经收取的价款。

（2）分期付款的主张不能得到支持。

因荣耀公司已进入破产程序，管理人主张继续履行的，其支付义务为共益债务，应当随时清偿，且不享有原合同约定的期限利益。

（3）此时大河公司已收到款项20万元，但买方荣耀公司给其土豆粉碎机造成的损失为30万元，扣除其已经收到的价款外，仍有差额10万元。

大河公司可以主张荣耀公司赔偿其损失10万元，且列为共益债务。

【题目解析】

《破产法解释（二）》第34条规定："买卖合同双方当事人在合同中约定标的物所有权保留，在标的物所有权未依法转移给买受人前，一方当事人破产的，该买卖合同属于双方均未履行完毕的合同，管理人有权依据企业破产法第十八条的规定决定解除或者继续履行合同。"

《破产法解释（二）》第37条规定："买受人破产，其管理人决定继续履行所有权保留买卖合同的，原买卖合同中约定的买受人支付价款或者履行其他义务的期限在破产申请受理时视为到期，买受人管理人应当及时向出卖人支付价款或者履行其他义务。

买受人管理人无正当理由未及时支付价款或者履行完毕其他义务，或者将标的物出卖、出质或者作出其他不当处分，给出卖人造成损害，出卖人依据民法典第六百四十一条等规定主张取回标的物的，人民法院应予支持。但是，买受人已支付标的物总价款百分之七十五以上或者第三人善意取得标的物所有权或者其他物权的除外。

因本条第二款规定未能取回标的物，出卖人依法主张买受人继续支付价款、履行完毕其他义务，以及承担相应赔偿责任的，人民法院应予支持。对因买受人未支付价款或者未履行完毕其他义务，以及买受人管理人将标的物出卖、出质或者作出其他不当处分导致出卖人损害产生的债务，出卖人主张作为共益债务清偿的，人民法院应予支持。"

《破产法解释（二）》第38条规定："买受人破产，其管理人决定解除所有权保留买卖合同，出卖人依据企业破产法第三十八条的规定主张取回买卖标的物的，人民法院应予支持。

出卖人取回买卖标的物，买受人管理人主张出卖人返还已支付价款的，人民法院应予支持。取回的标的物价值明显减少给出卖人造成损失的，出卖人可从买受人已支付价款中优先予以抵扣后，将剩余部分返还给买受人；对买受人已支付价款不足以弥补出卖人标的物价值减损损失形成的债权，出卖人主张作为共益债务清偿的，人民法院应予支持。”

【易错点提示】

破产法结合所有权保留买卖合同，需要把握两个原则：

（1）谁破产谁说了算，即由破产一方的管理人决定合同的继续履行或者解除。

（2）继续履行，原则上的处理方式是卖方交货，买方付款；解除合同，原则上的处理方式是卖方取回标的物，买方取回价款。

8. 张妙可以如何维护自身的合法权益？

【采分点答案】

张妙可以通过和解、调解或提起民事诉讼等方式来维护自身的合法权益。

【题目解析】

本题考查多元化的民事纠纷解决机制，只要能够准确破题，就能够较为轻松地得出答案。不同于刑事案件的国家追诉主义原则，民事纠纷具有可处分性的特点，因此在发生民事纠纷后，当事人可以自主选择解决纠纷的具体方式，包括自行和解、人民调解、行业调解、民事诉讼等。

9. 如果张妙想通过诉讼的方式来寻求救济，请回答以下问题：

（1）张妙应当以谁作为被告？为什么？

（2）张妙应当向哪个（些）法院起诉？为什么？

（3）在诉讼中，张妙需要对哪些事实承担证明责任？

【采分点答案】

本案存在请求权基础的竞合，张妙可以选择提起违约之诉或侵权之诉。选择不同的请求权基础时，被告的确定、管辖法院以及证明责任的具体分配，均会有所不同：

（1）如果张妙选择提起违约之诉，依据合同相对性的原理，其应当以合同相对人荣耀公司为被告。如果张妙选择提起侵权之诉，则可以将荣耀公司和大河公司作为共同被告。

（2）如果张妙选择提起违约之诉，则应当由合同履行地或被告住所地法院管辖；如果张妙选择提起产品质量侵权之诉，应当由产品制造地、产品销售地、侵权行为地、被告住所地法院管辖。

（3）如果张妙选择提起违约之诉，则“谁主张、谁举证”，张妙作为原告需要证明买卖合同成立且生效、存在违约行为、造成损害；被告则需要证明法律关系变更解除、终止、撤销等变动事实。如果张妙选择提起产品质量侵权之诉，适用无过错归责原则，原告张妙需要证明存在侵权行为、造成损害后果、侵权行为与损害后果之间存在因果关系；被告需要证明存在法定的减免责事由。

【题目解析】

本题以请求权基础竞合为切入点，结合民事实体法的规范，集中考查当事人的确定、管辖的确定和证明责任的分配，需要注意以下几个失分点：

（1）因为忽略了请求权基础竞合的问题，导致未能进行分类讨论。

（2）依据合同相对性的原理，原告提起违约之诉时，原则上只能以合同的相对方作为被告。

（3）产品质量侵权诉讼适用无过错归责原则，没有举证责任倒置的规定，原告需要证明侵权行为、损害后果、因果关系三个要件，被告需要证明存在法定的减免责事由。

案例六 丰收谷物公司与莱德公司买卖合同、票据纠纷案

【案情】

丰收谷物有限公司（以下简称丰收谷物公司）成立于2015年1月，注册资本为1000万元，注册地为北京市海淀区。股东为钟诚（持股比例为34%），韩静（持股比例为33%，任执行董事），李松（持股比例为20%），刘安（持股比例为13%）。公司章程约定四方股东应当于公司成立之日起3个工作日内一次性缴足出资，但钟诚一直没有履行出资义务。

2016年2月10日，韩静建立名为“公司股东一家亲”的微信群，将前述股东加入该微信群。在该微信群内，韩静发送文字：“现拟设立董事会，成员3名，由韩静担任董事长；不再设立执行董事。同意请回‘1’，反对请回‘2’，于当天22时前回复。”在韩静规定的时间内，韩静、李松回复“1”，其他两位股东回复“2”。随后丰收谷物公司依据该决议办理了变更登记。

2018年8月，丰收谷物公司与莱德种业公司签订《良种采购协议》，自莱德种业公司购买一批玉米种子，价款500万元。丰收谷物公司开具了一张付款人为农业银行北京分行的银行承兑汇票，以支付价款300万元，剩余200万元的价款于2019年1月1日前支付。为担保丰收谷物公司依约支付价款，丰收谷物公司以一辆自有汽车为莱德种业公司设立抵押担保，韩静以一套自有房屋为莱德种业公司设立抵押担保，且均办理抵押登记。此外，李松为该笔债务提供保证担保。

莱德种业公司将该汇票以280万元的价格出售给郑州财源商务公司，约定郑州财源商务公司于5天内向莱德种业公司支付全部价款。一周后，莱德种业公司未收到约定款项，遂向法院提起公示催告申请。

2018年9月，丰收谷物公司与莱德种业公司约定由莱德种业公司代办托运，莱德种业公司自郑州通过铁路运输方式向丰收谷物公司发送了500吨玉米种子，且约定于收到货物的当天对货物进行检验。运输途中，因遭遇极端天气，50吨玉米种子出现不同程度的受潮、发霉，无法使用。丰收谷物公司收货后，就发霉的50吨玉米种子向莱德种业公司提出异议，将剩余的450吨玉米种子放入仓库保存。2018年10月，丰收谷物公司发现剩余的450吨玉米种子虽未霉变，但质量亦不合格。丰收谷物公司遂向农业银行北京分行发出停止付款的通知。

2019年2月，丰收谷物公司汇票保证金账户余额不足，农业银行北京分行对持票人代付票面金额300万元，后向丰收谷物公司追偿差额及利息120万元。丰收谷物公司称其经营困难，无力清偿。

2019年3月，丰收谷物公司与胜利农牧公司签订合同，将其库存粮100吨出售给胜利农牧公司，价款为50万元。胜利农牧公司对丰收谷物公司经营状况及其与农业银行北京分行之间的纠纷并不知情。同期，该批库存粮市场价为90万元。

2019年4月，丰收谷物公司负债累累，岌岌可危，但仍向希望教育基金会捐赠电脑一批。与此同时，丰收谷物公司向东大公司清偿货款300万元（根据双方协议，货款支付时间为2019年11月）。

2019年7月，农业银行北京分行向法院提起诉讼，要求撤销：

（1）丰收谷物公司将库存粮销售给胜利农牧公司的行为；

（2）丰收谷物公司对希望教育基金会的赠与行为。

【问题】

1. 若2019年10月，丰收谷物公司向法院起诉，要求钟诚履行出资义务。钟诚称诉讼时效已过，能否得到法院支持？

2. 2016年2月，丰收谷物公司股东会决议效力如何？

3. 莱德种业公司提出的公示催告申请是否合法？为什么？

4. 如果法院依据莱德种业公司的申请作出了除权判决，此时郑州财源商务公司可以如何救济自身权益？

5. 农业银行北京分行接到丰收谷物公司的通知后，是否应当停止付款？

6. 若莱德种业公司将债权转让给李松，李松可否主张汽车与房屋抵押权？为什么？

7. 若丰收谷物公司经莱德种业公司同意将债务交由股东刘安承担，丰收谷物公司、韩静、李松是否还需承担担保责任？为什么？

8. 对50吨玉米种子的损失应由何人承担？为什么？

9. 丰收谷物公司可否就450吨玉米种子的质量问题向莱德种业公司主张权利？为什么？

10. 在农业银行北京分行提起的撤销权诉讼中，如何确定当事人的诉讼地位？农业银行北京分行关于撤销权的主张能否得到法院支持？为什么？

11. 若2019年12月，丰收谷物公司进入破产程序，法院指定北京劲松律师事务所担任管理人。

（1）管理人调查债务人的相关行为及财务状况后，向法院申请撤销丰收谷物公司与胜利农牧公司之间的买卖行为，能否得到法院支持？

（2）管理人调查债务人的相关行为及财务状况后，向法院申请撤销对东大公司的清偿行为，能否得到法院支持？

【案情分析】

丰收谷物有限公司（以下简称丰收谷物公司）成立于2015年1月，注册资本为1000万元，注册地为北京市海淀区。股东为钟诚（持股比例为34%），韩静（持股比例为33%，任执行董事），李松（持股比例为20%），刘安（持股比例为13%）。公司章程约定四方股东应当于公司成立之日起3个工作日内一次性缴足出资，但钟诚一直没有履行出资义务。

股东出资结构

约定一次性缴纳出资，钟诚出资违约

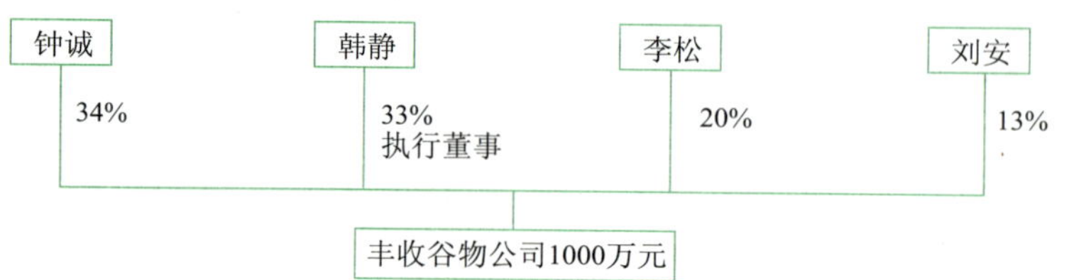

2016年2月10日，韩静建立名为“公司股东一家亲”的微信群，将前述股东加入该微信群。在该微信群内，韩静发送文字：“现拟设立董事会，成员3名，由韩静担任董事长；不再设立执行董事。同意请回‘1’，反对请回‘2’，于当天22时前回复。”在韩静规定的时间内，韩静、李松回复“1”，其他两位股东回复“2”。随后丰收谷物公司依据该决议办理了变更登记。

公司股东会以过半数的表决权通过决议：修改公司章程，由执行董事制度变为董事会制度；股东会会议通过微信召开，未提前15天通知

2018年8月，丰收谷物公司与莱德种业公司签订《良种采购协议》，自莱德种业公司购买一批玉米种子，价款500万元。丰收谷物公司开具了一张付款人为农业银行北京分行的银行承兑汇票，以支付价款300万元，剩余200万元的价款于2019年1月1日前支付。为担保丰收谷物公司依约支付价款，丰收谷物公司以一辆自有汽车为莱德种业公司设立抵押担保，韩静以一套自有房屋为莱德种业公司设立抵押担保，且均办理抵押登记。此外，李松为该笔债务提供保证担保。

丰收谷物公司作为出票人，签发银行承兑汇票

同时存在债务人提供的物保、第三人提供的物保、第三人提供的人保

莱德种业公司将该汇票以280万元的价格出售给郑州财源商务公司，约定郑州财源商务公司于5天内向莱德种业公司支付全部价款。一周后，莱德种业公司未收到约定款项，遂向法院提起公示催告申请。

莱德种业公司与郑州财源商务公司票据买卖，并“虚假”公示催告

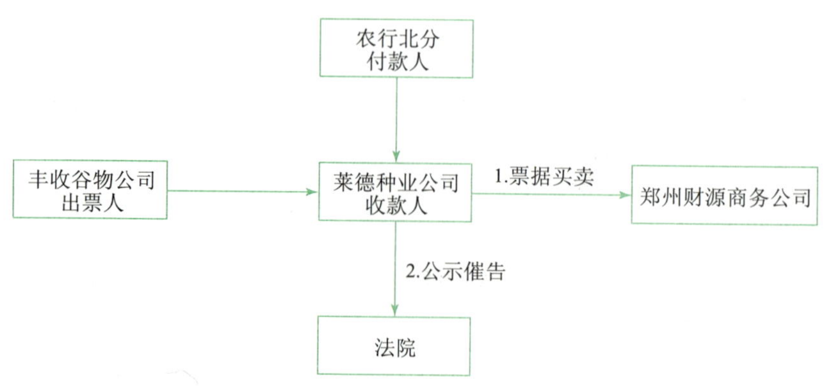

2018 年 9 月，丰收谷物公司与莱德种业公司约定由莱德种业公司代办托运，莱德种业公司自郑州通过铁路运输方式向丰收谷物公司发送了 500 吨玉米种子，且约定于收到货物的当天对货物进行检验。运输途中，因遭遇极端天气，50 吨玉米种子出现不同程度的受潮、发霉，无法使用。丰收谷物公司收货后，就发霉的 50 吨玉米种子向莱德种业公司提出异议，将剩余的 450 吨玉米种子放入仓库保存。2018 年 10 月，丰收谷物公司发现剩余的 450 吨玉米种子虽未霉变，但质量亦不合格。丰收谷物公司遂向农业银行北京分行发出停止付款的通知。

交付方式

约定了检验期，但检验期过短

运输途中，标的物出现毁损

出票人要求付款人停止付款

2019 年 2 月，丰收谷物公司汇票保证金账户余额不足，农业银行北京分行对持票人代付票面金额 300 万元，后向丰收谷物公司追偿差额及利息 120 万元。丰收谷物公司称其经营困难，无力清偿。

付款人代付

2019 年 3 月，丰收谷物公司与胜利农牧公司签订合同，将其库存粮 100 吨出售给胜利农牧公司，价款为 50 万元。胜利农牧公司对丰收谷物公司经营状况及其与农业银行北京分行之间的纠纷并不知情。同期，该批库存粮市场价为 90 万元。

2019 年 4 月，丰收谷物公司负债累累，岌岌可危，但仍向希望教育基金会捐赠电脑一批。与此同时，丰收谷物公司向东大公司清偿货款 300 万元（根据双方协议，货款支付时间为 2019 年 11 月）。

公益性捐赠

提前清偿未到期债务

2019 年 7 月，农业银行北京分行向法院提起诉讼，要求撤销：

（1）丰收谷物公司将库存粮销售给胜利农牧公司的行为；

（2）丰收谷物公司对希望教育基金会的赠与行为。

债权人的撤销权

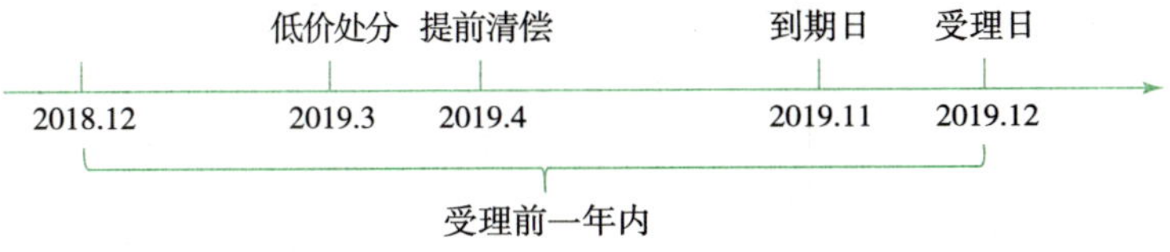

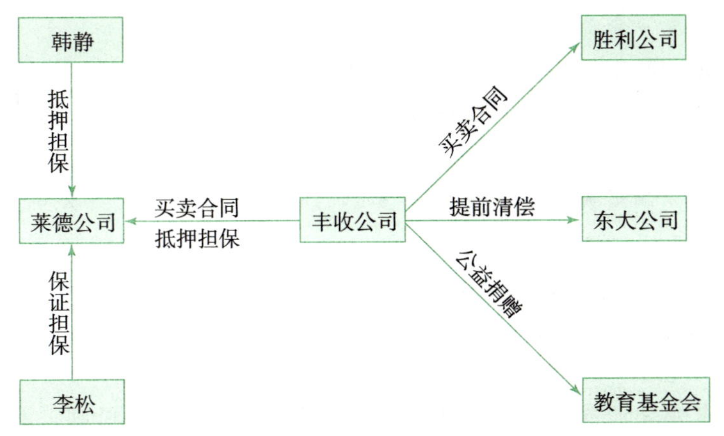

【采分点答案及题目解析】

1. 若2019年10月，丰收谷物公司向法院起诉，要求钟诚履行出资义务。钟诚称诉讼时效已过，能否得到法院支持？

【采分点答案】

不能得到法院支持。

股东出资不适用诉讼时效制度，故钟诚的抗辩理由，不能得到法院支持。

【题目解析】

《公司法解释（三）》第19条第1款规定："公司股东未履行或者未全面履行出资义务或者抽逃出资，公司或者其他股东请求其向公司全面履行出资义务或者返还出资，被告股东以诉讼时效为由进行抗辩的，人民法院不予支持。"

2. 2016年2月，丰收谷物公司股东会决议效力如何？

【采分点答案】

（1）该决议不成立。

（2）该决议内容为变执行董事制度为董事会制度，属于修改公司章程。应当经持有公司三分之二以上表决权的股东通过。韩静、李松所持有的表决权合计为53%，未达到法定的要求。故该决议不成立。

【题目解析】

判断公司决议的效力分为三个步骤：

（1）决议是否成立。

（2）若决议成立，再看决议内容是否违反法律、行政法规；若决议违反法律、行政法规，决议无效。

（3）若决议并非无效，再分析决议是否"可撤销"，即决议的内容是否违反公司章程；会议的召集程序、表决方式是否违反法律、行政法规、公司章程。

本题中，因表决比例未达到公司法规定的最低要求，可直接得出结论：该决议不成立，无须再讨论决议是否无效、可撤销。

【易错点提示】

（1）废除执行董事制度，改设董事会属于特别决议事项。

公司法中，有限公司股东会决议事项分为一般事项和特别事项。

一般事项：表决规则由公司章程规定，通常章程会约定为全体股东表决权过半数通过，在往年真题中，命题人也默认使用该规则。

特别事项：修改公司章程、增加注册资本、减少注册资本、合并、分立、变更公司形式、解散。需要全体股东表决权三分之二以上通过。

注意修改章程，并非某单一事项，凡是涉及公司基本制度、运行规则的变动均属于"修改章程"的范畴。

（2）不要受微信召开股东会的误导。

很多同学会注意到，此次股东会会议系通过微信群召开，召开形式不正规。同时，未提前15日通知。这两处问题，均属于会议的召集程序、表决方式违反公司法或公司章程。在决议成立、并非无效的前提下，会导致该决议可撤销。

但决议已经被评价为不成立，对于决议是否可撤销无须再进行评价。

【相关法条】

《公司法》第50条规定："股东人数较少或者规模较小的有限责任公司，可以设一名执行董事，不设董事会。执行董事可以兼任公司经理。执行董事的职权由公司章程规定。"

《公司法解释（四）》第5条规定："股东会或者股东大会、董事会决议存在下列情形之一，当事人主张决议不成立的，人民法院应当予以支持：（一）公司未召开会议的，但依据公司法第三十七条第二款或者公司章程规定可以不召开股东会或者股东大会而直接作出决定，并由全体股东在决定文件上签名、盖章的除外；（二）会议未对决议事项进行表决的；（三）出席会议的人数或者股东所持表决权不符合公司法或者公司章程规定的；（四）会议的表决结果未达到公司法或者公司章程规定的通过比例的；（五）导致决议不成立的其他情形。"

《公司法》第22条规定："公司股东会或者股东大会、董事会的决议内容违反法律、行政法规的无效。股东会或者股东大会、董事会的会议召集程序、表决方式违反法律、行政法规或者公司章程，或者决议内容违反公司章程的，股东可以自决议作出之日起六十日内，请求人民法院撤销。股东依照前款规定提起诉讼的，人民法院可以应公司的请求，要求股东提供相应担保。公司根据股东会或者股东大会、董事会决议已办理变更登记的，人民法院宣告该决议无效或者撤销该决议后，公司应当向公司登记机关申请撤销变更登记。"

3. 莱德种业公司提出的公示催告申请是否合法？为什么？

【采分点答案】

莱德种业公司提出的公示催告申请不合法。公示催告程序的救济对象是票据的最后合法持有人，本案中，莱德种业公司在未获得票款的情形下，通过伪报票据丧失事实申请公示催告，不符合该项制度的适用条件，属于恶意申请公示催告。

【题目解析】

公示催告程序本为对合法持票人进行失票救济所设，但实践中却沦为部分票据出卖方在未获得票款的情形下，通过伪报票据丧失事实申请公示催告、阻止合法持票人行使票据权利的工具。

4. 如果法院依据莱德种业公司的申请作出了除权判决，此时郑州财源商务公司可以如何救济自身权益？

【采分点答案】

（1）在除权判决作出后，付款人尚未付款的情况下，郑州财源商务公司可在法定期限内请求撤销除权判决，待票据恢复效力后再依法行使票据权利。

（2）除权判决作出后，付款人已经付款的，因恶意申请公示催告并持除权判决获得票款的行为损害了郑州财源商务公司的权利，所以郑州财源商务公司可以要求莱德种业公司承担侵权损害赔偿责任。

【题目解析】

本题考查恶意申请公示催告的救济机制，此时应当区别付款人是否已经付款等情形，作出不同认定：（1）在除权判决作出后，付款人尚未付款的情况下，最后合法持票人可以根据《民事诉讼法》第230条的规定，在法定期限内请求撤销除权判决，待票据恢复效力后再依法行使票据权利。最后合法持票人也可以基于基础法律关系向其直接“前手”退票并请求其直接“前手”另行给付基础法律关系项下的对价。（2）除权判决作出后，付款人已经付款的，因恶意申请公示催告并持除权判决获得票款的行为损害了最后合法持票人的权利，最后合法持票人请求申请人承担侵权损害赔偿责任的，人民法院应依法予以支持。

5. 农业银行北京分行接到丰收谷物公司的通知后，是否应当停止付款？

【采分点答案】

农业银行北京分行不应当停止付款。

（1）票据一经承兑，承兑人即为票据主债务人，在持票人提示付款时，应无条件支付。

（2）汇票的本质是出票人对付款人无条件付款的委托，故出票不得附条件，也不得撤回。丰收谷物公司因收到的货物存在质量问题，即要求付款人止付，就是将票据的付款理解为以合同完全履行为前提，是错误的。

【易错点提示】

票据的本质特点是“无因性”，即授受票据的原因关系和票据法律关系相分离，彼此不发生影响。若用民法思维对待票据问题往往会落入陷阱。根据民法的基本原则，买方发现货物有质量问题，可直接决定停止付款。但在本题中，其支付手段是票据，因此，出票人无权要求付款人停止付款。付款人承兑票据后，付款便是其票据义务，不应受到出票人的影响。

至于货物质量问题，出票人（买方）应根据民法规定，向卖方主张违约责任。

6. 若莱德种业公司将债权转让给李松，李松可否主张汽车与房屋抵押权？为什么？

【采分点答案】

李松可以主张汽车抵押权，但不能主张房屋抵押权。保证人李松受让债权，只能认定为承担担保责任。担保人承担担保责任后，李松只能代位主张债务人丰收谷物公司提供的汽车抵押，但对于其他担保人提供的担保，承担担保责任的担保人不能代位主张其他担保人提供的担保，因此，李松不能主张韩静提供的房屋抵押权。

【题目解析】

本题考查担保人受让债权规则。

（1）《担保制度解释》第14条规定：“同一债务有两个以上第三人提供担保，担保人受让债权的，人民法院应当认定该行为系承担担保责任。受让债权的担保人作为债权人请求其他担保人承担担保责任的，人民法院不予支持；该担保人请求其他担保人分担相应份额的，依照本解释第十三条的规定处理。”

（2）本案中，担保人李松受让债权，应当认定为承担担保责任，此时李松只能代位主张债务人提供的担保，而不能代位主张其他担保人提供的担保。

【易错点提示】

担保人无论是约定承受债权还是法定承受债权，都只能代位主张债务人提供的担保，而不能代位主张其他担保人提供的担保。

【正确作答结构】

第一步：结论——可以代位主张汽车抵押权，不能代位主张房屋抵押权。

第二步：理由——担保人受让债权，应当认定为承担担保责任。

第三步：理由——担保人只能代位主张债务人提供的担保，不得代位主张其他担保人提供的担保。

7. 若丰收谷物公司经莱德种业公司同意将债务交由股东刘安承担，丰收谷物公司、韩静、李松是否还需承担担保责任？为什么？

【采分点答案】

丰收谷物公司需要承担担保责任，韩静、李松无须承担担保责任。债务人丰收谷物公司经债权人同意，将债务交由第三人刘安承担，此时，未经债务人之外的担保人韩静、李松同意，因此韩静、李松不再承担担保责任，但是原债务人仍需承担担保责任。

【题目解析】

本题考查债务承担时担保人的责任。

（1）《民法典》第391条规定："第三人提供担保，未经其书面同意，债权人允许债务人转移全部或者部分债务的，担保人不再承担相应的担保责任。"

（2）本案中，债务人经过债权人同意将全部债务交由第三人承担，此时，未经韩静、李松这样的第三担保人的同意，故韩静、李松不再承担担保责任。但是，丰收谷物公司并非第三人，属于原债务人，无论是否取得其同意，其均需继续承担担保责任。

【易错点提示】

并非任何担保人都能在债务承担的时候免责，只有第三人方可免责，若是债务人自己提供的担保，是不能免责的。

【正确作答结构】

第一步：结论——丰收谷物公司不免责，韩静、李松免责。

第二步：理由——债务承担，未经第三担保人同意，担保人免责。

第三步：理由——原债务人提供的担保不免责。

8. 对50吨玉米种子的损失应由何人承担？为什么？

【采分点答案】

50吨玉米种子的损失应由丰收谷物公司承担责任。买卖合同签订后履行完毕前，标的物因不可归责于当事人的事由发生毁损、灭失，这属于买卖合同中的风险。该风险在交付前由出卖人承担，交付后由买受人承担。本案中，因未约定交付地点，且约定由出卖人代办托运，因此当莱德种业公司将玉米种子交给第一承运人铁路公司时，即完成交付，因此50吨玉米种子毁损的风险应由丰收谷物公司承担。

【题目解析】

本题考查买卖合同中的风险负担。

（1）《民法典》第603条规定："出卖人应当按照约定的地点交付标的物。

当事人没有约定交付地点或者约定不明确，依据本法第五百一十条的规定仍不能确定的，适用下列规定：

（一）标的物需要运输的，出卖人应当将标的物交付给第一承运人以运交给买受人；

（二）标的物不需要运输，出卖人和买受人订立合同时知道标的物在某一地点的，出卖人应当在该地点交付标的物；不知道标的物在某一地点的，应当在出卖人订立合同时的营业地交付标的物。”

（2）《民法典》第604条规定：“标的物毁损、灭失的风险，在标的物交付之前由出卖人承担，交付之后由买受人承担，但是法律另有规定或者当事人另有约定的除外。”

（3）本案中，发生了50吨种子毁损的风险。由于当事人没有约定交付地点，但约定由出卖人代办托运，因此当出卖人将标的物交付第一承运人时，即完成交付。因此，本案中，当莱德种业公司将种子交付铁路公司时，就已经完成交付，风险由买受人丰收谷物公司承担。

9. 丰收谷物公司可否就450吨玉米种子的质量问题向莱德种业公司主张权利？为什么？

【采分点答案】

可以。莱德种业公司与丰收谷物公司约定收到货物当天进行检验，该检验期间过短，只能视为对外观瑕疵的检验，不能视为对隐蔽瑕疵的检验。因此，丰收谷物公司在收货后1个月内对玉米种子的质量问题提出异议，仍属于在合理期限内检验通知。莱德种业公司需要对标的物的瑕疵承担责任。

【题目解析】

本题考查瑕疵检验通知期间。

（1）《民法典》第622条第1款规定：“当事人约定的检验期限过短，根据标的物的性质和交易习惯，买受人在检验期限内难以完成全面检验的，该期限仅视为买受人对标的物的外观瑕疵提出异议的期限。”

（2）本案中，约定当天检验，该检验期过短，只能视为对外观瑕疵的检验，对隐蔽瑕疵的检验仍应当适用合理期限。丰收谷物公司在收到货物后1个月内提出异议，符合合理期限的要求。

【易错点提示】

当事人可以自行约定检验期间，但不能过于短暂，否则只能视为对外观瑕疵的检验。

【正确作答结构】

第一步：结论——可以。

第二步：理由——约定期限过短，视为对外观瑕疵的检验。

第三步：理由——隐蔽瑕疵的检验适用合理期间。

10. 在农业银行北京分行提起的撤销权诉讼中，如何确定当事人的诉讼地位？农业银行北京分行关于撤销权的主张能否得到法院支持？为什么？

【采分点答案】

（1）在农业银行北京分行对库存粮销售行为的撤销权诉讼中，农业银行北京分行是原告，丰收谷物公司是被告，胜利农牧公司为共同被告；在农业银行北京分行对赠与行为的撤销权诉讼中，农业银行北京分行是原告，丰收谷物公司是被告，希望教育基金会是共同被告。

（2）农业银行北京分行不能要求撤销丰收谷物公司与胜利农牧公司的行为，但可以撤销丰收谷物公司与希望教育基金会之间的赠与。

债务人在负担债务之后实施不当的财产处分行为致使债权人的债权无法实现的，债权人可以撤销该财产处分行为。本案中，丰收谷物公司与胜利农牧公司间的交易行为价格明显不合理，

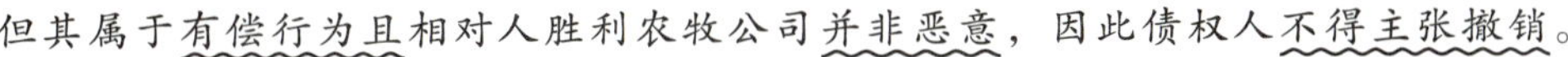

但其属于有偿行为且相对人胜利农牧公司并非恶意，因此债权人不得主张撤销。

但丰收谷物公司与希望教育基金会之间的行为属于无偿行为，无论相对人希望教育基金会是否为恶意，债权人均可主张撤销。

【题目解析】

本题考查债权人的撤销权。

（1）《民法典》第538条规定："债务人以放弃其债权、放弃债权担保、无偿转让财产等方式无偿处分财产权益，或者恶意延长其到期债权的履行期限，影响债权人的债权实现的，债权人可以请求人民法院撤销债务人的行为。"

（2）《民法典》第539条规定："债务人以明显不合理的低价转让财产、以明显不合理的高价受让他人财产或者为他人的债务提供担保，影响债权人的债权实现，债务人的相对人知道或者应当知道该情形的，债权人可以请求人民法院撤销债务人的行为。"

（3）本案中，丰收谷物公司与胜利农牧公司之间的行为系有偿行为，且胜利农牧公司并非恶意，因此债权人不得撤销。但与之相反，丰收谷物公司与希望教育基金会之间的行为系无偿行为，无须具备主观要件，债权人可以直接主张撤销。

【易错点提示】

债权人撤销无偿行为无须满足主观要件，但是债权人撤销有偿行为必须满足主观要件。

【正确作答结构】

第一步：结论——不可撤销买卖，可以撤销赠与。

第二步：理由——有偿行为的撤销需要满足主观要件。

第三步：理由——无偿行为的撤销无须满足主观要件。

11. 若2019年12月，丰收谷物公司进入破产程序，法院指定北京劲松律师事务所担任管理人。

（1）管理人调查债务人的相关行为及财务状况后，向法院申请撤销丰收谷物公司与胜利农牧公司之间的买卖行为，能否得到法院支持？

【采分点答案】

对于丰收谷物公司与胜利农牧公司之间的买卖行为，管理人要求撤销的主张能够得到法院支持。

（1）该行为发生在破产申请受理前1年内。

（2）丰收谷物公司转让库存粮的价格明显不合理，低于市场价格。

【题目解析】

《破产法》第31条规定了针对"欺诈破产"行为的撤销："人民法院受理破产申请前一年内，涉及债务人财产的下列行为，管理人有权请求人民法院予以撤销：（一）无偿转让财产的；（二）以明显不合理的价格进行交易的；（三）对没有财产担保的债务提供财产担保的；（四）对未到期的债务提前清偿的；（五）放弃债权的。"

【易错点提示】

（1）民法中，债权人撤销有偿行为必须满足主观要件。

（2）在破产制度中，针对欺诈破产的撤销与民法典中关于债权人的撤销权有所不同，对于"明显不合理的价格进行交易"，不要求相对人对此知道或者应当知道。

（2）管理人调查债务人的相关行为及财务状况后，向法院申请撤销对东大公司的清偿行为，能否得到法院支持？

【采分点答案】

管理人要求撤销丰收谷物公司对东大公司的清偿行为，不能得到法院支持。

虽然丰收谷物公司对东大公司的清偿行为属于提前清偿未到期债务，且发生在破产申请受理前1年内。但该笔债务在破产申请受理前已经到期。

【题目解析】

《破产法解释（二）》第12条规定："破产申请受理前一年内债务人提前清偿的未到期债务，在破产申请受理前已经到期，管理人请求撤销该清偿行为的，人民法院不予支持。但是，该清偿行为发生在破产申请受理前六个月内且债务人有企业破产法第二条第一款规定情形的除外。"

【易错点提示】

在破产法中，时间是非常重要的因素，如破产申请受理日，就是起到一个分水岭的作用。受理前，企业是正常的企业，受理后，企业是受约束的企业。受理前一年内，涉及欺诈破产的撤销；受理前六个月内，涉及个别清偿的撤销；受理后两个月涉及双方均未履行完毕合同的解除。

建议考生在遇到破产法问题时，画一个坐标轴，将相关时间标明，将会在很大程度上降低题目的难度。

案例七 联合公司股东代表诉讼、执行异议案

【案情】

联合汽车服务有限公司（以下简称联合公司）成立于1993年，是一家全民所有制企业，三方股东为东风贸易公司、南窗汽修厂、大河物资公司，三者持股比例分别为20%、30%和50%。其中，大河物资公司委派李明波担任联合公司的总经理兼法定代表人。

2015年，公司经营不善，其核心资产仅为公司占用的综合用地和厂房。2016年，联合公司改制，李明波未告知公司股东即与天地物流有限公司（以下简称天地物流公司）签订了《土地使用权转让协议》，以200万元（2008年评估价格）的价格将公司土地使用权和厂房出售给天地物流公司。该次出售也未按照《国务院办公厅关于加强国有企业产权交易管理的通知》和《国有资产评估管理办法》的要求进行报批和资产评估。联合公司出售土地及厂房后，以所得价款偿还银行贷款、进行职工安置，之后不再有实际经营。

2016年8月，上述地块被收储后，重新挂牌出售，天地物流公司缴纳土地出让金后，获得《土地使用权证》（土地用途为工业用地）。

东风贸易公司、南窗汽修厂认为参照公司周边土地价格，上述地块价值不低于1000万元，土地出售行为系李明波与天地物流公司恶意串通损害公司利益。经多次联系公司董事会、监事会未果，东风贸易公司和南窗汽修厂向法院提起诉讼，要求确认《土地使用权转让协议》无效，天地物流公司返还土地使用权及厂房。

2016年9月，天地物流公司与华城汽车公司签订货运合同，约定天地物流公司为华城汽车公司运输一批汽车，运费为150万元，于2016年11月1日前支付。为担保华城汽车公司依约支付运费，华城汽车公司以自有汽车3辆，为天地物流公司设立抵押权并办理抵押登记。与此同时，受华城汽车公司的委托，夏天仁与夏天礼分别与天地物流公司签订保证合同，提供保证担保，未约定夏天礼担保的方式，但约定夏天仁的保证方式为连带责任保证，且均未约定保证期间。

2017年3月，华城汽车公司将上述抵押给天地物流公司的3辆汽车中的两辆，在经营活动中出售给夏天义，夏天义支付合理价款且将汽车开走。当月，华城汽车公司将抵押汽车中的最后一辆出售给自己的关联企业华夏公司，华夏公司支付了合理价款且完成了汽车的交付。

2017年5月，华城汽车公司将一辆汽车销售给夏天智，约定于2017年10月前支付价款。夏天智一直未支付价款，华城汽车公司向夏天智主张权利时发现，夏天智除对夏天信享有20万元到期借款债权外不再存在其他财产，夏天智时常通过电话方式要求夏天信偿还借款。

因华城汽车公司一直未依约支付运费，天地物流公司于2017年2月电话通知夏天仁承担保证责任。此外，天地物流公司于2017年3月起诉华城汽车公司与夏天礼，但于2017年4月又撤回起诉。此后，天地物流公司再未以任何方式主张权利。

天地物流公司长期租用夏风（住武汉市武昌区）所有的位于武汉市洪山区的仓库存储货物，租赁期间仓库出现漏水现象，经天地物流公司多次要求，夏风均未进行修理，于是天地物流公司自己委托农民工薛琛进行维修，支付维修费3000元，在维修过程中，薛琛将该仓库房顶由夏风安装的热水器弄坏。经查，薛琛并无相关的维修资质，而天地物流公司对此知情。2017年6月，天地物流公司未经夏风许可擅自将该仓库转租给郑西坡。夏风于当月得知转租事由，但一

直未提出异议。2018年3月，因天地物流公司长期未支付租金，夏风主张解除与天地物流公司之间的租赁合同，理由为天地物流公司擅自转租且迟延支付租金。因不愿意与天地物流公司纠缠，2018年5月，夏风未通知天地物流公司即将该仓库出售给不知情的白雪。天地物流公司对此十分气愤，遂将夏风诉至武汉市武昌区法院请求其承担违约责任，夏风参加诉讼且未提出管辖异议。

此外，天地物流公司发现夏风在隔壁还存在一栋房屋，经调查得知该房屋属于危房，依照当地的政府规章，该房屋应当被拆除。经协议，天地物流公司又就该危房与夏风签订了《房屋租赁合同》，将该房屋用于经营酒店。合同签订后，经夏风同意，天地物流公司耗资30万元，对该房屋进行装修。

直至2021年5月，天地物流公司请求华城汽车公司承担责任，华城汽车公司以诉讼时效经过为由予以拒绝。华城汽车公司将拒绝的事项告知保证人夏天礼与夏天仁。天地物流公司遭拒后，要求夏天礼和夏天仁承担担保责任，夏天礼抹不开面子承担了全部担保责任。

【问题】

1. 东风贸易公司、南窗汽修厂是否具有原告资格？请说明理由。

2. 东风贸易公司、南窗汽修厂能否将联合公司、李明波和天地物流公司列为共同被告？请说明理由。

3. 原告要求确认《土地使用权转让协议》无效的诉讼请求能否得到法院支持？请说明理由。

4. 在东风贸易公司、南窗汽修厂提起的诉讼中，天地物流公司称："联合公司当初交付的土地上有未完成拆迁的住户，与合同约定不符"。天地物流依此提起反诉，要求联合公司承担违约责任，法院应否受理？请说明理由。

5. 2017年8月，法院判决天地物流公司向联合公司返还土地使用权及厂房，联合公司向天地物流公司退还价款200万元并加算同期银行存款利息。在判决书载明的履行期限内，天地物流公司未履行生效判决，东风贸易公司、南窗汽修厂遂向法院申请强制执行。对此，天地物流公司提出以下三项异议：

（1）法院判决天地物流公司应当向联合公司返还土地使用权及厂房，因此东风贸易公司和南窗汽修厂并非申请强制执行的适格主体。

（2）判决生效后，联合公司欠缺向天地物流公司返还价款及利息的能力，遂与天地物流公司签订《和解协议》，该协议中约定："天地物流公司放弃要求返还价款及利息的权利，且无须向联合公司返还土地及厂房。同时，联合公司放弃申请执行的权利。"依据该协议，天地物流公司不存在未履行判决的情形。

（3）法院判决前，原告要求返还的土地使用权已经灭失（原土地使用权证已被注销），被申请人的土地使用权系通过合法出让程序取得，其土地用途与原告要求返还的地块不同，因此客观上已经无法履行。

被申请人的上述三项异议是否成立？请分别说明理由。

6. 2017 年 3 月，天地物流公司对三辆汽车是否享有抵押权？为什么？

7. 华城汽车公司是否可以向夏天信主张债权？若华城汽车公司的主张成立，夏天信应当向何人进行清偿？为什么？

8. 假设华城汽车公司代位诉讼成功，在执行过程中，法院发现夏天信无财产可供执行，华城汽车公司就夏天智提起诉讼的，法院是否应当受理？为什么？

9. 若天地物流公司于 2017 年 6 月要求夏天仁、夏天礼承担保证责任，其主张是否应当得到支持？为什么？

10. 天地物流公司支付维修费 3000 元可否请求夏风承担？为什么？

11. 夏风欲对热水器的损害提起诉讼，应以何人为被告？

12. 夏风是否有权解除租赁合同？郑西坡有何救济途径？为什么？

13. 天地物流公司是否有权主张夏风与白雪的合同无效？天地物流公司有何救济途径？为什么？

14. 武汉市武昌区法院受理案件后应当如何处理？为什么？

15. 天地物流公司与夏风关于危房的租赁合同效力如何？为什么？

16. 天地物流公司装修的费用可否请求夏风进行补偿？为什么？

17. 2021 年 5 月，天地物流公司是否有权主张实现汽车抵押权？为什么？

18. 夏天礼承担保证责任后是否有权向华城汽车公司追偿？为什么？

【案情分析】

联合汽车服务有限公司（以下简称联合公司）成立于1993年，是一家全民所有制企业，三方股东为东风贸易公司、南窗汽修厂、大河物资公司，三者持股比例分别为20%、30%和50%。其中，大河物资公司委派李明波担任联合公司的总经理兼法定代表人。

公司股权结构和治理结构

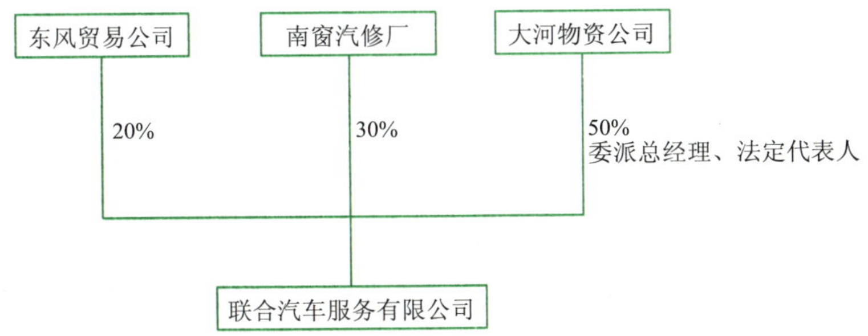

2015年，公司经营不善，其核心资产仅为公司占用的综合用地和厂房。2016年，联合公司改制，李明波未告知公司股东即与天地物流有限公司（以下简称天地物流公司）签订了《土地使用权转让协议》，以200万元（2008年评估价格）的价格将公司土地使用权和厂房出售给天地物流公司。该次出售也未按照《国务院办公厅关于加强国有企业产权交易管理的通知》和《国有资产评估管理办法》的要求进行报批和资产评估。联合公司出售土地及厂房后，以所得价款偿还银行贷款、进行职工安置，之后不再有实际经营。

法定代表人未经股东会授权出售公司核心资产
价格明显过低

资产转让未按照法定程序报批

2016年8月，上述地块被收储后，重新挂牌出售，天地物流公司缴纳土地出让金后，获得《土地使用权证》（土地用途为工业用地）。

土地使用权被收回后重新出让，土地用途改变

东风贸易公司、南窗汽修厂认为参照公司周边土地价格，上述地块价值不低于1000万元，土地出售行为系李明波与天地物流公司恶意串通损害公司利益。经多次联系公司董事会、监事会未果，东风贸易公司和南窗汽修厂向法院提起诉讼，要求确认《土地使用权转让协议》无效，天地物流公司返还土地使用权及厂房。

股东履行前置程序后，提起代表诉讼

2016年9月，天地物流公司与华城汽车公司签订货运合同，约定天地物流公司为华城汽车公司运输一批汽车，运费为150万元，于2016年11月1日前支付。为担保华城汽车公司依约支付运费，华城汽车公司以自有汽车3辆，为天地物流公司设立抵押权并办理抵押登记。与此同时，受华城汽车公司的委托，夏天仁与夏天礼分别与天地物流公司签订保证合同，提供保证担保，未约定夏天礼担保的方式，但约定夏天仁的保证方式为连带责任保证，且均未约定保证期间。

天地物流公司作为承运人与华城汽车公司签订货运合同

动产抵押，并办理登记

夏天礼为一般保证，夏天仁为连带保证

2017年3月，华城汽车公司将上述抵押给天地物流公司的3辆汽车中的两辆，在经营活动中出售给夏天义，夏天义支付合理价款且将汽车开走。当月，华城汽车公司将抵押汽车中的最后一辆出售给自己的关联企业华夏公司，华夏公司支付了合理价款且完成了汽车的

动产抵押登记情况下，正常经营活动中，抵押物出售

交付。

2017 年 5 月，华城汽车公司将一辆汽车销售给夏天智，约定于 2017 年 10 月前支付价款。夏天智一直未支付价款，华城汽车公司向夏天智主张权利时发现，夏天智除对夏天信享有 20 万元到期借款债权外不再存在其他财产，夏天智时常通过电话方式要求夏天信偿还借款。

因华城汽车公司一直未依约支付运费，天地物流公司于 2017 年 2 月电话通知夏天仁承担保证责任。此外，天地物流公司于 2017 年 3 月起诉华城汽车公司与夏天礼，但于 2017 年 4 月又撤回起诉。此后，天地物流公司再未以任何方式主张权利。

天地物流公司长期租用夏风（住武汉市武昌区）所有的位于武汉市洪山区的仓库存储货物，租赁期间仓库出现漏水现象，经天地物流公司多次要求，夏风均未进行修理，于是天地物流公司自己委托农民工薛琛进行维修，支付维修费 3000 元，在维修过程中，薛琛将该仓库房顶由夏风安装的热水器弄坏。经查，薛琛并无相关的维修资质，而天地物流公司对此知情。2017 年 6 月，天地物流公司未经夏风许可擅自将该仓库转租给郑西坡。夏风于当月得知转租事由，但一直未提出异议。2018 年 3 月，因天地物流公司长期未支付租金，夏风主张解除与天地物流公司之间的租赁合同，理由为天地物流公司擅自转租且迟延支付租金。因不愿意与天地物流公司纠缠，2018 年 5 月，夏风未通知天地物流公司即将该仓库出售给不知情的白雪。天地物流公司对此十分气愤，遂将夏风诉至武汉市武昌区法院请求其承担违约责任，夏风参加诉讼且未提出管辖异议。

此外，天地物流公司发现夏风在隔壁还存在一栋房屋，经调查得知该房屋属于危房，依照当地的政府规章，该房屋应当被拆除。经协议，天地物流公司又就该危房与夏风签订了《房屋租赁合同》，将该房屋用于经营酒店。合同签订后，经夏风同意，天地物流公司耗资 30 万元，对该房屋进行装修。

直至 2021 年 5 月，天地物流公司请求华城汽车公司承担责任，华城汽车公司以诉讼时效经过为由予以拒绝。华城汽车公司将拒绝的事项告知保证人夏天礼与夏天仁。天地物流公司遭拒后，要求夏天礼和夏天仁承担担保责任，夏天礼抹不开面子承担了全部担保责任。

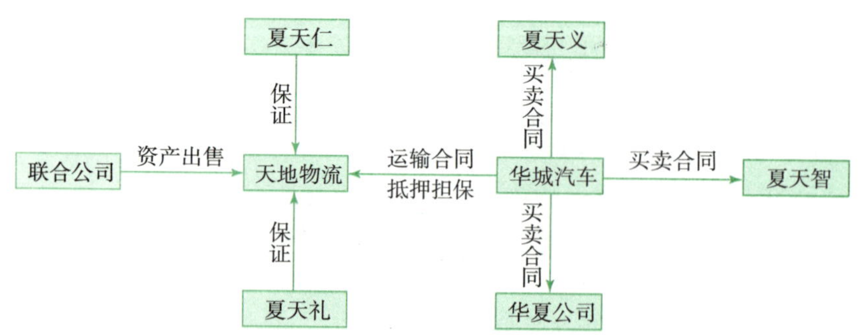

转让抵押物但并非正常经营活动

债权人的代位权

保证期间内提起诉讼又撤诉

承租人自行维修，支出维修费

承揽人执行工作致物损害

承租人未经出租人同意，转租

出租人主张解除合同，理由包括擅自转租+未按时支付租金

出租人出售租赁房屋，未通知承租人

合同内容违反行政规章

承租人经同意而进行装修

明知诉讼时效经过仍承担保证责任

【采分点答案及题目解析】

1. 东风贸易公司、南窗汽修厂是否具有原告资格？请说明理由。

【采分点答案】

东风贸易公司、南窗汽修厂具有原告资格。依据《公司法》及相关司法解释的规定，如果公司利益受损，有限责任公司的任意股东可以在书面请求公司内部相应机构无果后（寻求公司内部救济无果后），提起股东代表诉讼。

本题中，东风贸易公司、南窗汽修厂是联合公司的股东，已经请求公司监事会，但监事会未能启动诉讼追究相关主体责任，故两股东可以提起代表诉讼，维护联合公司的利益。

【题目解析】

《公司法》第151条规定："董事、高级管理人员有本法第一百四十九条规定的情形的，有限责任公司的股东、股份有限公司连续一百八十日以上单独或者合计持有公司百分之一以上股份的股东，可以书面请求监事会或者不设监事会的有限责任公司的监事向人民法院提起诉讼；监事有本法第一百四十九条规定的情形的，前述股东可以书面请求董事会或者不设董事会的有限责任公司的执行董事向人民法院提起诉讼。

监事会、不设监事会的有限责任公司的监事，或者董事会、执行董事收到前款规定的股东书面请求后拒绝提起诉讼，或者自收到请求之日起三十日内未提起诉讼，或者情况紧急、不立即提起诉讼将会使公司利益受到难以弥补的损害的，前款规定的股东有权为了公司的利益以自己的名义直接向人民法院提起诉讼。

他人侵犯公司合法权益，给公司造成损失的，本条第一款规定的股东可以依照前两款的规定向人民法院提起诉讼。"

【易错点提示】

（1）股东代表诉讼中，原告主体包括：有限公司中的任意股东；股份公司中，要求持股时间180天以上，持股比例1%以上（单独或合计）。

（2）代表诉讼的前置程序：股东应当书面"交叉请求"，董事、高管损害股东利益的，应当请求监事会；监事、他人损害公司利益的，应当请求董事会。监事会或董事会收到股东请求后，拒绝的，30天内未提起诉讼或情况紧急、不立即提起诉讼，将会给公司利益造成难以弥补损害的，股东才能向法院起诉。

2. 东风贸易公司、南窗汽修厂能否将联合公司、李明波和天地物流公司列为共同被告？请说明理由。

【采分点答案】

不能将联合公司作为被告。股东代表诉讼的起因是公司利益受损，旨在维护公司利益。在股东代表诉讼中，应当将损害公司利益的主体作为被告，公司作为第三人，因此，联合公司在诉讼中应列为第三人。

【易错点提示】

直接诉讼与代表诉讼

类别	直接诉讼	代表诉讼
（1）起因	股东利益受损	公司利益受损

续表

类别	直接诉讼	代表诉讼
（2）原告	受损股东	有限公司任意股东；股份公司180天持股时间，持股比例1%以上
（3）被告	违反法律、法规、章程损害股东利益的董事、高管	损害公司利益的董监高、他人
（4）前置程序	无	书面“交叉请求”，紧急、拒绝、30天
（5）利益归属	股东	公司

3. 原告要求确认《土地使用权转让协议》无效的诉讼请求能否得到法院支持？请说明理由。

【采分点答案】

该诉讼请求能够得到法院支持。

本案中，李明波作为公司总经理、法定代表人，违反相关法律、法规关于处置企业资产需要经评估和报批的要求，低价处置企业核心资产，受让方天地物流公司也明知联合公司的全民所有制性质，对交易标的实际价值理应知情。因此可以认定二者恶意串通，损害了联合公司的利益。依据《民法典》的相关规定，该协议无效。

【题目解析】

《民法典》第154条规定：“行为人与相对人恶意串通，损害他人合法权益的民事法律行为无效。”

4. 在东风贸易公司、南窗汽修厂提起的诉讼中，天地物流公司称：“联合公司当初交付的土地上有未完成拆迁的住户，与合同约定不符”。天地物流公司依此提起反诉，要求联合公司承担违约责任，法院应否受理？请说明理由。

【采分点答案】

法院对于被告对联合公司的反诉不予受理。反诉的被告应当是本诉的原告，在股东代表诉讼中，联合公司是第三人，而非原告，因此联合公司不能成为反诉的被告。

【题目解析】

《九民纪要》第26条规定：“股东依据《公司法》第151条第3款的规定提起股东代表诉讼后，被告以原告股东恶意起诉侵犯其合法权益为由提起反诉的，人民法院应予受理。被告以公司在案涉纠纷中应当承担侵权或者违约等责任为由对公司提出的反诉，因不符合反诉的要件，人民法院应当裁定不予受理；已经受理的，裁定驳回起诉。”

5. 2017年8月，法院判决天地物流公司向联合公司返还土地使用权及厂房，联合公司向天地物流公司退还价款200万元并加算同期银行存款利息。在判决书载明的履行期限内，天地物流公司未履行生效判决，东风贸易公司、南窗汽修厂遂向法院申请强制执行。对此，天地物流公司提出以下三项异议：

（1）法院判决天地物流公司应当向联合公司返还土地使用权及厂房，因此东风贸易公司和南窗汽修厂并非申请强制执行的适格主体。

（2）判决生效后，联合公司欠缺向天地物流公司返还价款及利息的能力，遂与天地物流公司签订《和解协议》，该协议中约定："天地物流公司放弃要求返还价款及利息的权利，且无须向联合公司返还土地及厂房。同时，联合公司放弃申请执行的权利。"依据该协议，天地物流公司不存在未履行判决的情形。

（3）法院判决前，原告要求返还的土地使用权已经灭失（原土地使用权证已被注销），被申请人的土地使用权系通过合法出让程序取得，其土地用途与原告要求返还的地块不同，因此客观上已经无法履行。

被申请人的上述三项异议是否成立？请分别说明理由。

【采分点答案】

（1）第一项异议理由不成立。依据《公司法解释（四）》第25条的规定，股东提起代表诉讼的案件，胜诉利益归属于公司，但如果公司怠于申请执行，则东风贸易公司和南窗汽修厂作为代表诉讼的原告，当然有权申请强制执行。

（2）第二项异议理由不成立。《和解协议》实质上是对联合公司实体权益的处分，在该协议中，联合公司的利益并未得到保护，致使两股东提起代表诉讼的目的没有实现。联合公司未经提起代表诉讼的两股东同意，与被告达成了损害联合公司利益的和解协议，完全背离了股东代表诉讼的制度功能，因此应当认定《和解协议》无效。

（3）第三项异议理由不成立。《最高人民法院关于人民法院办理执行异议和复议案件若干问题的规定》第7条第3款规定："除本规定第十九条规定的情形外，被执行人以执行依据生效之前的实体事由提出排除执行异议的，人民法院应当告知其依法申请再审或者通过其他程序解决。"本案中，作为争议标的的土地使用权是否灭失，是法院判决生效前的实体问题。

发生于执行根据生效之前的实体事由，涉及作为执行根据的生效判决的实体认定，不属于执行异议程序的审查范围，不能在异议程序中直接加以审查认定。故法院应当告知其依法申请再审或者通过其他程序解决。

6. 2017年3月，天地物流公司对三辆汽车是否享有抵押权？为什么？

【采分点答案】

天地物流公司对出售给夏天义的汽车不享有抵押权，但对出售给华夏公司的汽车享有抵押权。本案中，华城汽车公司为天地物流公司设立抵押权，并办理抵押权登记，在抵押期间，抵押人华城汽车公司转让抵押汽车的，天地物流公司的抵押权不受影响。但由于华城汽车公司在正常经营活动中将两辆汽车出售给第三人夏天义，夏天义支付合理价款且取得汽车，因此，天地物流公司的抵押权不得对抗买受人夏天义。而华城汽车公司将汽车出售给关联公司华夏公司不属于正常经营活动，因此天地物流公司在该汽车上的抵押权不受影响。

【题目解析】

本题考查抵押物转让与正常经营活动买受人规则。

（1）《民法典》第406条第1款规定："抵押期间，抵押人可以转让抵押财产。当事人另有约定的，按照其约定。抵押财产转让的，抵押权不受影响。"

（2）《民法典》第404条规定："以动产抵押的，不得对抗正常经营活动中已经支付合理价款并取得抵押财产的买受人。"

（3）《担保制度解释》第56条第1款规定："买受人在出卖人正常经营活动中通过支付合

理对价取得已被设立担保物权的动产，担保物权人请求就该动产优先受偿的，人民法院不予支持，但是有下列情形之一的除外：(一) 购买商品的数量明显超过一般买受人；(二) 购买出卖人的生产设备；(三) 订立买卖合同的目的在于担保出卖人或者第三人履行债务；(四) 买受人与出卖人存在直接或者间接的控制关系；(五) 买受人应当查询抵押登记而未查询的其他情形。"

(4) 本案中，华城汽车公司在抵押期间转让抵押汽车。对于转让给夏天义的汽车，由于属于华城汽车公司的正常经营活动，且夏天义已经支付合理价款且完成交付，因此适用正常经营活动买受人规则，天地物流公司的抵押权不得向买受人夏天义主张。但华城汽车公司将另一辆汽车出售给关联公司华夏公司，这不属于正常经营活动，且本案中抵押权已经办理登记，华夏公司也不属于不得对抗的善意第三人，因此天地物流公司的抵押权具有追及力，可以继续对华夏公司主张。

【易错点提示】

分析抵押物转让时抵押权是否可以继续主张，关键取决于是否适用正常经营活动买受人规则以及不得对抗善意第三人规则。

【正确作答结构】

第一步：结论——对出售给夏天义的不享有，对出售给华夏公司的享有。

第二步：理由——出售给夏天义，正常经营活动买受人规则。

第三步：理由——出售给华夏公司，不属于正常经营活动。

7. 华城汽车公司是否可以向夏天信主张债权？若华城汽车公司的主张成立，夏天信应当向何人进行清偿？为什么？

【采分点答案】

华城汽车公司可以通过诉讼直接向夏天信主张债权，夏天信应当向华城汽车公司进行清偿。本案中，华城汽车公司对夏天智享有到期债权，夏天智怠于行使其对夏天信享有的到期债权，导致华城汽车公司的债权得不到实现，华城汽车公司享有代位权。尽管夏天智时常要求夏天信偿还债务，但其没有以诉讼或仲裁的方式主张权利，依然需要认定为怠于主张权利。代位权成立的，次债务人夏天信应当直接向债权人华城汽车公司进行清偿。

【题目解析】

本题考查代位权。

(1)《民法典》第 535 条第 1 款规定："因债务人怠于行使其债权或者与该债权有关的从权利，影响债权人的到期债权实现的，债权人可以向人民法院请求以自己的名义代位行使债务人对相对人的权利，但是该权利专属于债务人自身的除外。"

(2)《民法典》第 537 条规定："人民法院认定代位权成立的，由债务人的相对人向债权人履行义务，债权人接受履行后，债权人与债务人、债务人与相对人之间相应的权利义务终止。债务人对相对人的债权或者与该债权有关的从权利被采取保全、执行措施，或者债务人破产的，依照相关法律的规定处理。"

(3) 本案中，虽然夏天智不断要求夏天信偿还债务，但其并未以诉讼或仲裁的方式行使权利，因此可以将其认定为怠于主张权利。进而符合夏天智怠于主张权利导致华城汽车公司的债权得不到实现的条件，此时，华城汽车公司享有代位权，可以通过诉讼直接向次债务人夏天信主张权利。次债务人在代位权成立时，应当直接向债权人华城汽车公司进行清偿。

【易错点提示】

只要债务人没有以诉讼或仲裁的方式向次债务人主张权利，都可以认定为怠于主张权利。

【正确作答结构】

第一步：结论——可以，直接向华城汽车公司清偿。

第二步：理由——债务人未起诉、仲裁的，视为怠于主张权利。

第三步：理由——代位权成立，次债务人直接向债权人清偿。

8. 假设华城汽车公司代位诉讼成功，在执行过程中，法院发现夏天信无财产可供执行，华城汽车公司就夏天智提起诉讼的，法院是否应当受理？为什么？

【采分点答案】

法院应当受理。债权人华城汽车公司在起诉次债务人夏天信后，其再就债务人夏天智提起诉讼的，此时诉讼的当事人不同，且诉讼请求也不抵触，因此不构成重复起诉，法院应当受理。

【题目解析】

本题考查的系最高院指导案例的观点。最高院在指导案例第167号“北京大唐燃料有限公司诉山东百富物流有限公司买卖合同纠纷案”中指出：代位权诉讼执行中，因相对人无可供执行的财产而被终结本次执行程序，债权人就未实际获得清偿的债权另行向债务人主张权利的，人民法院应予支持。

9. 若天地物流公司于2017年6月要求夏天仁、夏天礼承担保证责任，其主张是否应当得到支持？为什么？

【采分点答案】

天地物流公司可要求夏天仁承担保证责任，而不得要求夏天礼承担保证责任。一笔债权存在多个保证人的，各个保证人的保证期间分别计算。本案中，夏天仁的保证方式为连带责任保证，其没有约定保证期间的，保证期间为主债务到期之日起6个月，天地物流公司在6个月内要求夏天仁承担保证责任，因此夏天仁须承担保证责任。夏天礼没有约定保证方式及保证期间，其保证方式为一般保证，其保证期间为主债务到期之日起6个月。虽然天地物流公司在保证期间内起诉，但其又撤回起诉，因此其并未主张权利，故保证期间经过，夏天礼不再承担保证责任。

【题目解析】

本题考查保证方式、保证期间及保证责任。

（1）《民法典》第686条规定：“保证的方式包括一般保证和连带责任保证。当事人在保证合同中对保证方式没有约定或者约定不明确的，按照一般保证承担保证责任。”

（2）《民法典》第692条第2款规定：“债权人与保证人可以约定保证期间，但是约定的保证期间早于主债务履行期限或者与主债务履行期限同时届满的，视为没有约定；没有约定或者约定不明确的，保证期间为主债务履行期限届满之日起六个月。”

（3）《民法典》693条规定：“一般保证的债权人未在保证期间对债务人提起诉讼或者申请仲裁的，保证人不再承担保证责任。连带责任保证的债权人未在保证期间请求保证人承担保证责任的，保证人不再承担保证责任。”

（4）《担保制度解释》第29条第1款规定：“同一债务有两个以上保证人，债权人以其已经在保证期间内依法向部分保证人行使权利为由，主张已经在保证期间内向其他保证人行使权利的，人民法院不予支持。”

（5）《担保制度解释》第31条第1款规定：“一般保证的债权人在保证期间内对债务人提起诉讼或者申请仲裁后，又撤回起诉或者仲裁申请，债权人在保证期间届满前未再行提起诉讼或者申请仲裁，保证人主张不再承担保证责任的，人民法院应予支持。”

（6）本案中，首先分析夏天仁的保证责任。夏天仁的保证方式为连带保证，因此债权人需要在保证期间内请求夏天仁承担保证责任即可。由于没有约定保证期间，夏天仁的保证期间为主债务到期之日起6个月。因此，债权人于2017年2月请求夏天仁承担责任，尚在保证期间内，夏天仁需要承担保证责任。其次，需要分析夏天礼的保证责任。夏天礼没有约定保证方式，因此其保证方式为一般保证，债权人主张权利的方式为起诉或申请仲裁。由于没有约定保证期间，夏天礼的保证期间为主债务到期之日起6个月。虽然债权人在6个月内提起了诉讼，但是由于其后又撤回了起诉，因此在整个保证期间内债权人并未起诉主张权利，故保证期间经过，夏天礼的保证责任消灭。此外，还需要注意，多个保证人的保证期间分别计算，不会因为债权人对夏天仁主张了权利，就直接认定债权人对夏天礼也主张了权利。

【易错点提示】

在一般保证中，债权人起诉后又撤回起诉的，就等于没有起诉，若债权人没有别的行为，则应当认定其没有在保证期间内主张权利。

【正确作答结构】

第一步：结论——夏天仁承担，夏天礼不承担。

第二步：理由——在保证期间内向夏天仁主张了权利。

第三步：理由——在保证期间内没有向夏天礼主张权利。

10. 天地物流公司支付维修费3000元可否请求夏风承担？为什么？

【采分点答案】

可以。本题中，天地物流公司与夏风之间未约定维修义务的承担者，因此由出租人夏风承担维修义务。出租人夏风未进行维修，此时作为承租人的天地物流公司自行维修的，可以请求出租人承担维修费用3000元。

【题目解析】

本题考查租赁合同中的维修义务。

（1）《民法典》第712条规定：“出租人应当履行租赁物的维修义务，但是当事人另有约定的除外。”

（2）《民法典》第713条规定：“承租人在租赁物需要维修时可以请求出租人在合理期限内维修。出租人未履行维修义务的，承租人可以自行维修，维修费用由出租人负担。因维修租赁物影响承租人使用的，应当相应减少租金或者延长租期。因承租人的过错致使租赁物需要维修的，出租人不承担前款规定的维修义务。”

（3）本题中，由于当事人不存在“另有约定”，因此维修义务由出租人夏风承担。但由于夏风未进行维修，因此承租人天地物流公司可以自行维修，但是天地物流公司可以请求夏风承担维修费用。

【正确作答结构】

第一步：结论——可以。

第二步：理由——出租人承担维修义务。

第三步：理由——自行维修，费用负担。

11. 夏风欲对热水器的损害提起诉讼，应以何人为被告？

【采分点答案】

被告的选择取决于夏风。

（1）本题中，承租人天地物流公司未尽妥善保管义务，因此其行为构成违约，若夏风主张违约责任，则基于合同的相对性，其应当以天地物流公司为被告。

（2）此外，薛琛损坏热水器，侵犯了夏风的所有权，该行为还构成侵权，而定作人天地物流公司存在过错，因此薛琛与天地物流公司承担按份责任，夏风可以起诉薛琛，可以起诉天地物流公司，也可以将两者一并起诉。

【题目解析】

（1）《民法典》第714条规定："承租人应当妥善保管租赁物，因保管不善造成租赁物毁损、灭失的，应当承担赔偿责任。"

本题中，承租人天地物流公司未尽到妥善保管义务，其构成违约，因此夏风有权主张违约责任。若夏风主张违约责任，则基于合同的相对性，其只能以天地物流公司为被告。

（2）《民法典》第1193条规定："承揽人在完成工作过程中造成第三人损害或者自己损害的，定作人不承担侵权责任。但是，定作人对定作、指示或者选任有过错的，应当承担相应的责任。"

本题中，承揽人薛琛在工作中给夏风造成损害，该行为构成侵权，薛琛须承担赔偿责任。此外，定作人天地物流公司委托没有资质的薛琛，其存在过错，须承担与其过错相应的责任。因此，就该侵权，薛琛与天地物流公司承担按份责任。若夏风选择主张侵权责任，则其可以起诉薛琛，可以起诉天地物流公司，也可以将两者一并起诉。

【易错点提示】

虽然是由于第三人薛琛造成天地物流公司违约，但是第三人原因导致违约的，不影响违约方承担违约责任，因此天地物流公司仍须承担违约责任。

12. 夏风是否有权解除租赁合同？郑西坡有何救济途径？为什么？

【采分点答案】

夏风有权解除合同，郑西坡可主张代天地物流公司支付租金。天地物流公司未经夏风同意擅自转租，夏风享有解除权，但是已经经过6个月的除斥期间，夏风不再基于非法转租享有解除权。但是，天地物流公司长期欠付租金，迟延履行主要义务，夏风可基于此主张解除合同。此时，由于6个月经过，非法转租已经转化为合法转租，次承租人郑西坡可以主张代替承租人支付租金，从而对抗出租人解除合同。

【题目解析】

本题考查转租。

（1）《民法典》第716条第2款规定："承租人未经出租人同意转租的，出租人可以解除合同。"

（2）《民法典》第718条规定："出租人知道或者应当知道承租人转租，但是在六个月内未提出异议的，视为出租人同意转租。”

（3）《民法典》第719条第1款规定：“承租人拖欠租金的，次承租人可以代承租人支付其欠付的租金和违约金，但是转租合同对出租人不具有法律约束力的除外。”

（4）《民法典》第722条规定：“承租人无正当理由未支付或者迟延支付租金的，出租人可以请求承租人在合理期限内支付；承租人逾期不支付的，出租人可以解除合同。”

（5）首先，夏风的解除理由有两点：第一，非法转租。虽然天地物流公司非法转租，夏风基于此享有解除权，但是6个月除斥期间已经经过，该解除权已经消灭。第二，迟延支付租金。由于天地物流公司迟延支付租金，夏风可基于此主张解除合同。因此，本案中，夏风主张解除合同的第二个理由成立，其有权解除合同。但夏风解除合同将影响郑西坡的利益，因此次承租人郑西坡可以主张代替承租人支付租金，进而对抗出租人夏风的解除权。

【易错点提示】

出租人知道或者应当知道非法转租后6个月内没有解除合同的，视为同意转租，非法转租转化为合法转租。

【正确作答结构】

第一步：结论——可以解除，郑西坡可以代为支付租金。

第二步：理由——不能主张非法转租解除合同，可以主张迟延支付租金解除合同。

第三步：理由——次承租人享有代为清偿请求权。

13. 天地物流公司是否有权主张夏风与白雪的合同无效？天地物流公司有何救济途径？为什么？

【采分点答案】

不得主张合同无效，天地物流公司可以要求夏风进行损害赔偿。租赁期间，出租人转让房屋的，承租人享有优先购买权。夏风未通知天地物流公司即转让房屋的，侵犯了天地物流公司的优先购买权，因此天地物流公司可以要求夏风进行损害赔偿。但是，侵害优先购买权并非合同的无效事由，因此夏风与白雪的买卖合同并不因此而无效。

【题目解析】

本题考查承租人的优先购买权。

（1）《民法典》第726条第1款规定：“出租人出卖租赁房屋的，应当在出卖之前的合理期限内通知承租人，承租人享有以同等条件优先购买的权利；但是，房屋按份共有人行使优先购买权或者出租人将房屋出卖给近亲属的除外。”

（2）《民法典》第728条规定：“出租人未通知承租人或者有其他妨害承租人行使优先购买权情形的，承租人可以请求出租人承担赔偿责任。但是，出租人与第三人订立的房屋买卖合同的效力不受影响。”

（3）本案中，夏风未通知承租人天地物流公司即出卖房屋，该行为侵犯了天地物流公司享有的优先购买权，天地物流公司可以基于权利受侵害为由主张损害赔偿，但是不得以此否定买卖合同的效力。

【易错点提示】

侵害优先购买权不是合同的无效事由，无论是在按份共有还是在租赁合同中均是如此。

【正确作答结构】

第一步：结论——合同不无效，可主张损害赔偿。

第二步：理由——侵害优先购买权不导致合同无效。
第三步：理由——侵害优先购买权可产生损害赔偿。

14. 武汉市武昌区法院受理案件后应当如何处理？为什么？

【采分点答案】

武汉市武昌区法院应当裁定移送洪山区法院管辖。天地物流公司基于房屋租赁合同提起诉讼，其属于不动产纠纷，由不动产所在地洪山区法院专属管辖。尽管夏风应诉且没有提出管辖异议，但由于本案涉及专属管辖，因此不能适用应诉管辖。故武昌区法院没有管辖权，其应当裁定移送有管辖权的洪山区法院。

【题目解析】

本题考查专属管辖、应诉管辖与移送管辖。

(1)《民事诉讼法》第34条规定，下列案件，由本条规定的人民法院专属管辖：(一) 因不动产纠纷提起的诉讼，由不动产所在地人民法院管辖……本题中，天地物流公司基于租赁合同提起诉讼，其属于不动产纠纷，应当由不动产所在地洪山区法院专属管辖。

(2)《民事诉讼法》第130条第2款规定："当事人未提出管辖异议，并应诉答辩的，视为受诉人民法院有管辖权，但违反级别管辖和专属管辖规定的除外。"本题中，虽然被告夏风应诉，但是由于本案涉及专属管辖，因此不能适用应诉管辖，武昌区法院不能基于被告应诉取得对该案件的管辖权。

(3)《民事诉讼法》第37条规定："人民法院发现受理的案件不属于本院管辖的，应当移送有管辖权的人民法院，受移送的人民法院应当受理。受移送的人民法院认为受移送的案件依照规定不属于本院管辖的，应当报请上级人民法院指定管辖，不得再自行移送。"本题中，受理案件的武昌区法院发现自己没有管辖权，其应当将案件移送有管辖权的洪山区法院。

【易错点提示】

无论是协议管辖还是应诉管辖，均不能违反级别管辖与专属管辖。

【正确作答结构】

第一步：结论——移送管辖。
第二步：理由——不动产纠纷，专属管辖。
第三步：理由——应诉管辖不得违反专属管辖。
第四步：理由——管辖错误，移送管辖。

15. 天地物流公司与夏风关于危房的租赁合同效力如何？为什么？

【采分点答案】

无效。该租赁合同违反行政规章，将应该拆除的房屋用于开设酒店，危及公共利益，其内容违反公序良俗，应当被认定为无效。

【题目解析】

此处系指导性案例所确立的标准。最高院在指导案例第170号"饶国礼诉某物资供应站等房屋租赁合同纠纷案"中指出：违反行政规章一般不影响合同效力，但违反行政规章签订租赁合同，约定将经鉴定机构鉴定存在严重结构隐患，或将造成重大安全事故的应当尽快拆除的危房出租用于经营酒店，危及不特定公众人身及财产安全，属于损害社会公共利益、违背公序良俗的行为，应当依法认定租赁合同无效，按照合同双方的过错大小确定各自应当承担的法律责任。

【易错点提示】

违反规章不能根据《民法典》第153条第1款的规定认定为无效（违反法律、行政法规的强制性规定的民事法律行为无效。但是，该强制性规定不导致该民事法律行为无效的除外）。

16. 天地物流公司装修的费用可否请求夏风进行补偿？为什么？

【采分点答案】

可以。租赁期间，天地物流公司经夏风同意而进行装修，现租赁合同被认定为无效。由于天地物流公司与夏风对于该无效均存在过错，因此应当按过错分担损失，即天地物流公司有权请求夏风进行补偿。

【题目解析】

（1）《城镇房屋租赁合同解释》第7条规定："承租人经出租人同意装饰装修，租赁合同无效时，未形成附合的装饰装修物，出租人同意利用的，可折价归出租人所有；不同意利用的，可由承租人拆除。因拆除造成房屋毁损的，承租人应当恢复原状。

已形成附合的装饰装修物，出租人同意利用的，可折价归出租人所有；不同意利用的，由双方各自按照导致合同无效的过错分担现值损失。"

（2）本题中，承租人天地物流公司经夏风同意而进行装修，现租赁合同无效，且双方对于合同的无效均存在过错，此时应按照过错分担损失，即天地物流公司可请求夏风进行补偿。

17. 2021年5月，天地物流公司是否有权主张实现汽车抵押权？为什么？

【采分点答案】

无权。天地物流公司的债权于2016年11月到期，开始计算3年的短期时效。2017年3月，天地物流公司提起诉讼，诉讼时效中断，直至2017年4月重新计算。截至2021年5月，该诉讼时效期间已经经过，抵押权不再受到法律保护，抵押权人可以拒绝承担担保责任。

【题目解析】

本题考查抵押权与诉讼时效。

（1）《民法典》第188条第1款规定："向人民法院请求保护民事权利的诉讼时效期间为三年。法律另有规定的，依照其规定。"

（2）《民法典》第419条规定："抵押权人应当在主债权诉讼时效期间行使抵押权；未行使的，人民法院不予保护。"

（3）本案中，截至2021年5月，3年的诉讼时效期间已经届满，抵押人取得抗辩权，因此可以拒绝承担担保责任。

【易错点提示】

以登记为公示要件的担保物权如抵押权受到诉讼时效期间的限制，以交付为公示要件的担保物权如动产质权不受诉讼时效期间的限制。

【正确作答结构】

第一步：结论——无权。

第二步：理由——已过诉讼时效，抵押人可以拒绝承担担保责任。

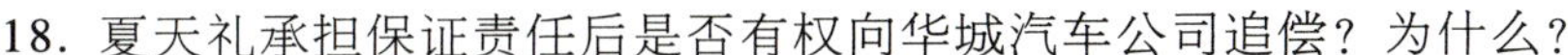

18. 夏天礼承担保证责任后是否有权向华城汽车公司追偿？为什么？

【采分点答案】

不能。本案中，天地物流公司的债权诉讼时效已经经过，债务人华城汽车公司主张诉讼时效的抗辩权，且已将此事告知保证人夏天礼。此时，夏天礼必须援用该时效抗辩，否则其承担保证责任的，不得向债务人主张追偿权。

【题目解析】

本题考查诉讼时效与保证责任。

（1）《担保制度解释》第35条规定："保证人知道或者应当知道主债权诉讼时效期间届满仍然提供保证或者承担保证责任，又以诉讼时效期间届满为由拒绝承担保证责任或者请求返还财产的，人民法院不予支持；保证人承担保证责任后向债务人追偿的，人民法院不予支持，但是债务人放弃诉讼时效抗辩的除外。"

（2）本案中，债务人华城汽车公司已将诉讼时效经过的事实通知保证人夏天礼，夏天礼仍然承担保证责任，此时其无权向债务人进行追偿。

【易错点提示】

原则上，保证人是否主张抗辩权与承担保证责任后的追偿权没有关系，但是如果保证人知道主债务诉讼时效已过，则其必须主张该抗辩权，否则其不享有追偿权。

【正确作答结构】

第一步：结论——不能。

第二步：理由——保证人明知诉讼时效已经经过，承担保证责任的，不享有追偿权。

案例八　大北厂与洪山公司买卖合同、产品责任纠纷案

【案情】

大北厂（主要营业地为武汉市汉口区）系以拖拉机研发与制造为主营范围的有限责任公司。2020年6月5日，大北厂自洪山公司以500万元采购生产设备一批，约定洪山公司于2020年7月15日交付生产设备，大北厂于2021年8月15日之前支付价款，在支付完毕价款前，洪山公司保留该生产设备的所有权，且就此办理了登记。

为担保大北厂依约支付价款，大北厂以自己仓库中保存的拖拉机100辆设立抵押权（价值1000万元），并办理抵押登记。与此同时，大北厂的两名股东，赵多福以自有汽车设立抵押担保，并办理抵押登记；齐向前为该笔债务提供保证担保，未约定保证期间，但是约定若大北厂未按期支付价款，则齐向前无条件承担担保责任且额外支付违约金20万元。

2021年2月23日，大北厂将抵押给洪山公司的拖拉机100辆分别出售给不同的消费者，众多消费者均支付价款并将拖拉机开走。2021年3月15日，洪山公司得知大北厂出现不能清偿到期债务之情形，自大北厂处购买5辆拖拉机，价值100万元，约定洪山公司于2021年7月15日支付价款。

至2021年7月1日，大北厂已经支付400万元设备款项，剩余100万元无力支付。洪山公司多次催告，大北厂均未能按期支付，2021年8月30日，洪山公司向大北厂主张取回生产设备。

因大北厂长期未支付价款，洪山公司于2021年9月10日将对大北厂的债权转让给了于得水，并就此通知了大北厂及赵多福、齐向前。于得水遂要求齐向前承担保证责任。

大北厂出售给世纪农贸公司（主要营业地为西安市雁塔区）的拖拉机中，其中一台拖拉机被世纪农贸公司出售给孔维新（住西安市莲湖区）。世纪农贸公司与孔维新的买卖合同中约定，该合同履行的一切纠纷均由被告住所地或者原告住所地法院管辖。孔维新在西安市长安区驾驶过程中因拖拉机存在故障而受伤。路人李元昊见状驾车将孔维新送往医院，在驾驶过程中发生车祸，孔维新小腿骨折。就医过程中，因术后消毒不善导致孔维新感染。孔维新就各项损害提起诉讼。

孔维新就拖拉机造成的损害提起诉讼，诉讼过程中，孔维新主张自己支出了医疗费5000元，但是其遗失了医疗费的发票。经法院判决，大北厂须承担赔偿责任，在执行过程中，大北厂与孔维新达成和解协议，二人申请法院中止执行，和解协议履行过程中，孔维新发现其系受大北厂欺诈而签订的和解协议。

孔维新就医院造成的损害提起诉讼，在诉讼过程中，孔维新主张医院的病历中记载了医院虚开药品的行为，遂向法院申请要求医院提供病历，但医院辩称因工作人员失误，该病历已经无法找到。

【问题】

1. 洪山公司对大北厂已出售的拖拉机主张抵押权，能否得到法院支持？为什么？

2．大北厂未依约支付价款时，洪山公司应如何主张担保责任？为什么？

3．洪山公司主张取回该生产设备，能否得到法院支持？为什么？

4．齐向前是否应当承担保证责任？

5．若齐向前主动承担120万元的责任，其能否向大北厂追偿120万元？其应如何维护自己的权利？

6．若2021年7月10日，法院受理了大北厂公司的破产清算申请，洪山公司向管理人主张抵销权，能否得到支持？若此时大北厂未将设定抵押权的100辆拖拉机出售，洪山公司向管理人主张抵销权，能否得到支持？

7．就拖拉机造成的损害，孔维新应当以谁作为被告提起诉讼？为什么？

8．就拖拉机造成的损害，孔维新应当向哪个（些）法院提起诉讼？为什么？

9．医院未能提交病历将造成什么样的后果？为什么？

10．孔维新可提出哪些证据来证明自己支付了医疗费5000元？

11．就孔维新小腿骨折的损害，李元昊是否需要承担全部赔偿责任？大北厂是否须就此承担赔偿责任？

12．在发现大北厂欺诈后，孔维新有何救济途径？

13．法院是否可以执行大北厂购买的生产设备？于得水如何维护自己的权利？

【案情分析】

大北厂（主要营业地为武汉市汉口区）系以拖拉机研发与制造为主营范围的有限责任公司。2020 年 6 月 5 日，大北厂自洪山公司以 500 万元采购生产设备一批，约定洪山公司于 2020 年 7 月 15 日交付生产设备，大北厂于 2021 年 8 月 15 日之前支付价款，在支付完毕价款前，洪山公司保留该生产设备的所有权，且就此办理了登记。

大北厂与洪山公司约定保留所有权买卖

为担保大北厂依约支付价款，大北厂以自己仓库中保存的拖拉机 100 辆设立抵押权（价值 1000 万元），并办理抵押登记。与此同时，大北厂的两名股东，赵多福以自有汽车设立抵押担保，并办理抵押登记；齐向前为该笔债务提供保证担保，未约定保证期间，但是约定若大北厂未按期支付价款，则齐向前无条件承担担保责任且额外支付违约金 20 万元。

洪山公司的债权既存在“混合担保”，又存在债务人大北厂提供的物保

2021 年 2 月 23 日，大北厂将抵押给洪山公司的拖拉机 100 辆分别出售给不同的消费者，众多消费者均支付价款并将拖拉机开走。2021 年 3 月 15 日，洪山公司得知大北厂出现不能清偿到期债务之情形，自大北厂处购买 5 辆拖拉机，价值 100 万元，约定洪山公司于 2021 年 7 月 15 日支付价款。

大北厂在正常经营活动中出售了抵押的拖拉机

洪山公司自大北厂处采购拖拉机，负担债务

至 2021 年 7 月 1 日，大北厂已经支付 400 万元设备款项，剩余 100 万元无力支付。洪山公司多次催告，大北厂均未能按期支付，2021 年 8 月 30 日，洪山公司向大北厂主张取回生产设备。

洪山公司主张取回权，但大北厂已付价款达 80%

因大北厂长期未支付价款，洪山公司于 2021 年 9 月 10 日将对大北厂的债权转让给了于得水，并就此通知了大北厂及赵多福、齐向前。于得水遂要求齐向前承担保证责任。

洪山公司将债权转让给于得水，并就此通知债务人及担保人

大北厂出售给世纪农贸公司（主要营业地为西安市雁塔区）的拖拉机中，其中一台拖拉机被世纪农贸公司出售给孔维新（住西安市莲湖区）。世纪农贸公司与孔维新的买卖合同中约定，该合同履行的一切纠纷均由被告住所地或者原告住所地法院管辖。孔维新在西安市长安区驾驶过程中因拖拉机存在故障而受伤。路人李元昊见状驾车将孔维新送往医院，在驾驶过程中发生车祸，孔维新小腿骨折。就医过程中，因术后消毒不善导致孔维新感染。孔维新就各项损害提起诉讼。

世纪农贸公司与孔维新的合同中约定了管辖协议

无偿搭乘致人损害

医疗侵权

孔维新就拖拉机造成的损害提起诉讼，诉讼过程中，孔维新主张自己支出了医疗费 5000 元，但是其遗失了医疗费的发票。经法院判决，大北厂须承担赔偿责任，在执行过程中，大北厂与孔维新达成和解协议，二人申请法院中止执行，和解协议履行过程中，孔维新发现其系受大北厂欺诈而签订的和解协议。

遗失证据

签订执行和解协议后发现存在欺诈

孔维新就医院造成的损害提起诉讼，在诉讼过程中，孔维新主张医院的病历中记载了医院虚开药品的行为，遂向法院申请要求医院提供病历，但医院辩称因工作人员失误，该病历已经无法找到。

文书提出命令

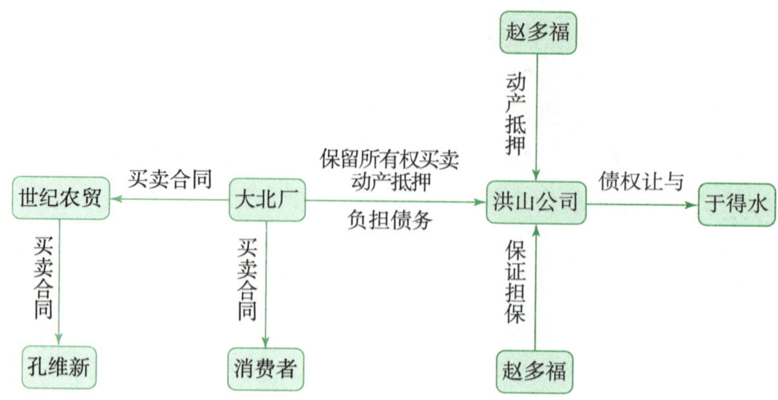

【采分点答案及题目解析】

1. 洪山公司对大北厂已出售的拖拉机主张抵押权，能否得到法院支持？为什么？

【采分点答案】

不能得到法院的支持。

大北厂出售拖拉机属于其正常经营活动，且各买受人均已支付合理价款，且已经完成拖拉机的交付，因此动产抵押权人洪山公司不得对抗拖拉机的买受人，其不得再对拖拉机主张抵押权。

【题目解析】

（1）《民法典》第404条规定："以动产抵押的，不得对抗正常经营活动中已经支付合理价款并取得抵押财产的买受人。"

（2）本案中，洪山公司享有动产抵押权，但抵押人大北厂出售拖拉机属于其正常经营活动，且买受人已经支付合理价款并取得抵押财产，故抵押权人的抵押权不得对抗此类买受人，其不得再对该类买受人主张抵押权。

2. 大北厂未依约支付价款时，洪山公司应如何主张担保责任？为什么？

【采分点答案】

洪山公司可以选择由赵多福或者齐向前承担担保责任。针对洪山公司的债权，既存在赵多福提供的物保，又存在齐向前提供的人保，因此属于混合担保。当事人没有约定债权人主张权利的顺序，且由于洪山公司无法对大北厂提供的拖拉机行使抵押权，因此可以认定债务人未提供担保，此时债权人行使权利没有顺序限制，其可以选择由抵押人赵多福承担保证责任，也可以选择由保证人齐向前承担保证责任。

【题目解析】

《民法典》第392条规定："被担保的债权既有物的担保又有人的担保的，债务人不履行到期债务或者发生当事人约定的实现担保物权的情形，债权人应当按照约定实现债权；没有约定或者约定不明确，债务人自己提供物的担保的，债权人应当先就该物的担保实现债权；第三人提供物的担保的，债权人可以就物的担保实现债权，也可以请求保证人承担保证责任。提供担保的第三人承担担保责任后，有权向债务人追偿。"

本案中，洪山公司的债权既存在人保又存在物保，因此属于混合担保。在该混合担保中，当事人之间没有约定债权人行使权利的顺序，并且由于债务人大北厂提供的拖拉机已经出售，洪山公司无法再行使抵押权，故此时洪山公司主张权利没有顺序上的限制，其既可以主张实现物保，也可以主张实现人保。

3. 洪山公司主张取回该生产设备，能否得到法院支持？为什么？

【采分点答案】

不能得到法院支持。

本案中，尽管大北厂未支付到期价款，且经催告仍未支付，但由于大北厂已经支付400万元的价款，其支付的价款超过总价款的75%，因此洪山公司不享有取回权，不能取回该设备。

【题目解析】

（1）《买卖合同解释》第26条第1款规定："买受人已经支付标的物总价款的百分之七十五以上，出卖人主张取回标的物的，人民法院不予支持。"

（2）本案中，该生产设备的总价款为500万元，大北厂已经支付400万元，超出75%，因此洪山公司的取回权遭到阻却，其不得主张取回标的物。

4. 齐向前是否应当承担保证责任？

【采分点答案】

齐向前无须承担担保责任。本案中，债务人大北厂在收到债权转让通知之时，其对转让人洪山公司享有100万元的债权，且大北厂的债权于2021年7月15日到期，其早于被转让的债权到期，因此大北厂可以向债权受让人于得水主张抵销100万元。此时，保证人齐向前在债务人享有的抵销权范围内免责，故齐向前可在100万元范围内免责，而主债务仅剩100万元，故齐向前无须承担担保责任。

【题目解析】

（1）《民法典》第549条规定："有下列情形之一的，债务人可以向受让人主张抵销：（一）债务人接到债权转让通知时，债务人对让与人享有债权，且债务人的债权先于转让的债权到期或者同时到期；（二）债务人的债权与转让的债权是基于同一合同产生。"

（2）《民法典》第702条规定："债务人对债权人享有抵销权或者撤销权的，保证人可以在相应范围内拒绝承担保证责任。"

（3）本案中，洪山公司将债权转让给于得水之时，大北厂基于其与洪山公司之间的拖拉机买卖合同，对洪山公司享有100万元的债权，且该债权先于被转让的债权到期，因此大北厂对债权受让人于得水享有抵销权，可以主张抵销100万元。齐向前作为保证人，在债务人享有抵销权的范围内免责，本来债务就只剩100万元，再免去100万元，即可认定该债务消灭，故齐向前无须承担保证责任。

5. 若齐向前主动承担120万元的责任，其能否向大北厂追偿120万元？其应如何维护自己的权利？

【采分点答案】

不能。齐向前与洪山公司约定额外支付20万元的违约金，该约定违反了担保在范围上的从属性，因此，当齐向前承担该责任后，对于超出主债务范围的部分不能向债务人大北厂追偿，其只能向大北厂追偿100万元。对于多出的20万元，齐向前可以请求债权人返还。

【题目解析】

（1）《担保制度解释》第3条第1款规定："当事人对担保责任的承担约定专门的违约责任，或者约定的担保责任范围超出债务人应当承担的责任范围，担保人主张仅在债务人应当承担的责任范围内承担责任的，人民法院应予支持。

担保人承担的责任超出债务人应当承担的责任范围，担保人向债务人追偿，债务人主张仅在其应当承担的责任范围内承担责任的，人民法院应予支持；担保人请求债权人返还超出部分的，人民法院依法予以支持。"

（2）本案中，齐向前与洪山公司在保证合同中约定专门的违约责任20万元，该约定违反了担保范围上的从属性。因此，若齐向前主动承担超出债务人应当承担的责任范围100万元的，则其不能就超出的20万元向债务人大北厂主张追偿。但是，于得水的债权仅为100万元，其就超出的20万元不享有债权，故其获得该20万元属于不当得利。齐向前可以要求其进行不当得利返还。

6. 若2021年7月10日，法院受理了大北厂公司的破产清算申请，洪山公司向管理人主张抵销权，能否得到支持？若此时大北厂未将设定抵押权的100辆拖拉机出售，洪山公司向管理人主张抵销权，能否得到支持？

（1）若2021年7月10日，法院受理了大北厂公司的破产清算申请，洪山公司向管理人主张抵销权，能否得到支持？

【采分点答案】

洪山公司向管理人主张抵销权，不能得到法院支持。

本题中，洪山公司作为债务人大北厂的债权人，其明知债务人有不能清偿到期债务的事实，而仍然对大北厂负担债务，故在破产程序中，禁止其主张抵销权。

【题目解析】

①《破产法》第40条规定，债权人在破产申请受理前对债务人负有债务的，可以向管理人主张抵销。但是，有下列情形之一的，不得抵销：……（二）债权人已知债务人有不能清偿到期债务或者破产申请的事实，对债务人负担债务的……但是，债权人因为法律规定或者有破产申请一年前所发生的原因而负担债务的除外。

②保护债权人的公平受偿权是企业破产法的基本原则。本题中，若允许洪山公司主张抵销权，则会造成洪山公司获得实物形式的优先受偿，违背了公平受偿原则。具体而言，若没有发生洪山公司"突击负债"+抵销，则大北厂破产时，5台拖拉机属于债务人财产，其变现价值将面向所有债权人公平清偿。若允许洪山公司行使抵销权，则5台拖拉机归属于洪山公司，由此产生的对债务人大北厂的负债，却被抵销，而不用实际清偿。使得洪山公司在大北厂的破产程序中获得了100%清偿。

（2）若此时大北厂未将设定抵押权的100辆拖拉机出售，洪山公司向管理人主张抵销权，能否得到支持？

【采分点答案】

此时，洪山公司向管理人主张抵销权，能够得到支持。

若大北厂未将设定抵押权的100辆拖拉机出售，意味着洪山公司可以就抵押物价值获得优先受偿；同时，大北厂对洪山公司的债权并无优先受偿权。此时，即便洪山公司不行使抵销权，

在大北厂破产程序中，仍享有别除权，能够就抵押物价值获得优先受偿，其债权不会受到破产程序的消极影响。

综上，洪山公司行使抵押权不会产生不公平受偿的效果，其行使抵销权能够得到支持。

【题目解析】

《破产法解释（二）》第45条规定："企业破产法第四十条所列不得抵销情形的债权人，主张以其对债务人特定财产享有优先受偿权的债权，与债务人对其不享有优先受偿权的债权抵销，债务人管理人以抵销存在企业破产法第四十条规定的情形提出异议的，人民法院不予支持。但是，用以抵销的债权大于债权人享有优先受偿权财产价值的除外。"

【易错点提示】

（1）破产中的抵销有其自身特点：

①只能由债权人向管理人主张，而禁止管理人向债权人主张抵销权；

②对于所抵销的债务并不要求其内容、种类相同。

（2）凡是债权人主张抵销权将造成不公平时，则禁止抵销。

7. 就拖拉机造成的损害，孔维新应当以谁作为被告提起诉讼？为什么？

【采分点答案】

被告的确定应当以孔维新的选择为准。本案中，世纪农贸公司交付的拖拉机存在缺陷造成孔维新人身损害，该行为属于加害给付，同时满足违约与侵权的要件。若孔维新选择主张违约责任，则应当以相对人世纪农贸公司为被告。若孔维新选择主张侵权责任，则其不仅可以起诉作为销售者的世纪农贸公司，还可以起诉作为生产者的大北厂。

【题目解析】

（1）《民法典》第186条规定："因当事人一方的违约行为，损害对方人身权益、财产权益的，受损害方有权选择请求其承担违约责任或者侵权责任。"

（2）《民法典》第577条规定："当事人一方不履行合同义务或者履行合同义务不符合约定的，应当承担继续履行、采取补救措施或者赔偿损失等违约责任。"

（3）《民法典》第1203条第1款规定："因产品存在缺陷造成他人损害的，被侵权人可以向产品的生产者请求赔偿，也可以向产品的销售者请求赔偿。"

（4）本案中，世纪农贸公司交付的拖拉机存在缺陷给购买者孔维新造成人身损害，此时孔维新有权选择主张违约责任或侵权责任。若孔维新主张违约责任，则基于合同的相对性，即只能要求相对人世纪农贸公司承担责任，其只能起诉世纪农贸公司。但若孔维新选择主张侵权责任，则孔维新可以请求生产者大北厂与销售者世纪农贸公司承担连带责任，故其可以起诉大北厂与世纪农贸公司。

8. 就拖拉机造成的损害，孔维新应当向哪个（些）法院提起诉讼？为什么？

【采分点答案】

管辖法院根据孔维新的选择而确定。

若孔维新选择主张违约责任，则根据孔维新与世纪农贸公司之间的约定，由原告住所地或者被告住所地法院管辖，该管辖协议有效，故孔维新可选择在原告住所地西安市莲湖区或在被告住所地西安市雁塔区法院提起诉讼。

若孔维新选择主张侵权责任，则该案件的管辖法院为被告住所地或侵权行为地法院。本案被告为大北厂与世纪农贸公司，因此被告住所地法院为武汉市汉口区、西安市雁塔区法院，而侵权行为地法院为西安市长安区法院。

【题目解析】

（1）《民事诉讼法》第35条规定："合同或者其他财产权益纠纷的当事人可以书面协议选择被告住所地、合同履行地、合同签订地、原告住所地、标的物所在地等与争议有实际联系的地点的人民法院管辖，但不得违反本法对级别管辖和专属管辖的规定。"

（2）《民诉法解释》第30条规定："根据管辖协议，起诉时能够确定管辖法院的，从其约定；不能确定的，依照民事诉讼法的相关规定确定管辖。

管辖协议约定两个以上与争议有实际联系的地点的人民法院管辖，原告可以向其中一个人民法院起诉。"

（3）《民事诉讼法》第29条规定："因侵权行为提起的诉讼，由侵权行为地或者被告住所地人民法院管辖。"

（4）本案中，若孔维新选择以违约责任起诉，则其与世纪农贸公司之间存在管辖协议，该管辖协议确定了由原告住所地或被告住所地法院管辖，因此，原告在起诉时可以任意选择一个法院起诉。故孔维新可以选择向原告住所地西安市莲湖区法院起诉，也可以选择向被告住所地西安市雁塔区法院起诉。

若孔维新选择以侵权责任起诉，则由被告住所地或侵权行为地法院管辖。本案中，被告住所地包括大北厂住所地（武汉市汉口区）、世纪农贸公司住所地（西安市雁塔区），本案中能够确定的侵权行为地为侵权结果发生地即西安市长安区，故孔维新可以选择在武汉市汉口区法院、西安市雁塔区法院或西安市长安区法院起诉。

9. 医院未能提交病历将造成什么样的后果？为什么？

【采分点答案】

医院无正当理由拒绝提供病历，此时应当推定医院对孔维新的医疗损害存在过错，孔维新无须再对医院的过错承担举证责任。此外，孔维新申请法院责令医院提供书证，医院无正当理由拒绝提供，此时推定孔维新主张的"虚开药品"的事实成立。

【题目解析】

（1）《民法典》第1222条规定："患者在诊疗活动中受到损害，有下列情形之一的，推定医疗机构有过错：（一）违反法律、行政法规、规章以及其他有关诊疗规范的规定；（二）隐匿或者拒绝提供与纠纷有关的病历资料；（三）遗失、伪造、篡改或者违法销毁病历资料。"本题中，医院隐匿了孔维新的病历，因此在孔维新提出的侵权诉讼中，应推定医院具有过错，此时孔维新无须就医院存在过错这一事实承担举证责任。

（2）《民诉法解释》第112条规定："书证在对方当事人控制之下的，承担举证证明责任的当事人可以在举证期限届满前书面申请人民法院责令对方当事人提交。申请理由成立的，人民法院应当责令对方当事人提交，因提交书证所产生的费用，由申请人负担。对方当事人无正当理由拒不提交的，人民法院可以认定申请人所主张的书证内容为真实。"本题中，孔维新主张医院虚开药品，并申请法院要求医院提交该书证（病历）。现医院无正当理由拒不提交，因此可以认定医院虚开药品的事实为真。

10. 孔维新可提出哪些证据来证明自己支付了医疗费5000元？

【采分点答案】

孔维新可以通过医疗费转账的凭证、医生的证人证言、医院留存的支付凭证等多种证据来证明其支付了5000元的医疗费。

【题目解析】

本题属于开放式答案，考生言之有理即可得分。

11. 就孔维新小腿骨折的损害，李元昊是否需要承担全部赔偿责任？大北厂是否须就此承担赔偿责任？

【采分点答案】

李元昊无须对此承担全部责任。李元昊无偿搭载孔维新造成损害，且李元昊不存在故意、重大过失，因此应当减轻李元昊的赔偿责任，其无须承担全部赔偿责任。

大北厂无须对此承担赔偿责任。大北厂产品侵权的行为与孔维新小腿骨折的损害之间不存在相当因果关系，因此大北厂无须对此承担责任。

【题目解析】

（1）《民法典》第1217条规定："非营运机动车发生交通事故造成无偿搭乘人损害，属于该机动车一方责任的，应当减轻其赔偿责任，但是机动车使用人有故意或者重大过失的除外。"本题中，路人李元昊因为非营运车辆无偿搭乘给孔维新造成损害，且李元昊对损害的发生不存在故意与重大过失，因此应当减轻李元昊的赔偿责任。

（2）根据民法理论，侵权责任的成立要求侵权行为与损害事实之间存在相当因果关系。本题中，孔维新小腿骨折的事实系由于李元昊的交通事故而引发，其与大北厂的产品缺陷之间不存在相当因果关系，因此大北厂无须承担侵权责任。

12. 在发现大北厂欺诈后，孔维新有何救济途径？

【采分点答案】

孔维新可以起诉撤销该和解协议，亦可申请恢复对原裁判的执行。在执行过程中，孔维新与大北厂达成了执行和解协议，但该和解协议系因大北厂的欺诈而订立，故属于可撤销的法律行为，故此时孔维新可以选择起诉撤销该和解协议，亦可选择恢复对原裁判的执行。

【题目解析】

《最高人民法院关于执行和解若干问题的规定》第16条规定："当事人、利害关系人认为执行和解协议无效或者应予撤销的，可以向执行法院提起诉讼。执行和解协议被确认无效或者撤销后，申请执行人可以据此申请恢复执行。

被执行人以执行和解协议无效或者应予撤销为由提起诉讼的，不影响申请执行人申请恢复执行。"

13. 法院是否可以执行大北厂购买的生产设备？于得水如何维护自己的权利？

【采分点答案】

法院可以执行该生产设备，但应当就生产设备的变价款优先向于得水支付。本案中，被执行人大北厂的生产设备系他人保留所有权的生产设备，此时于得水作为债权人可以要求就该生产设备的变价款优先支付自己的债权。

【题目解析】

《最高人民法院关于人民法院民事执行中查封、扣押、冻结财产的规定》第16条规定，被执行人购买第三人的财产，已经支付部分价款并实际占有该财产，第三人依合同约定保留所有权的，人民法院可以查封、扣押、冻结。保留所有权已办理登记的，第三人的剩余价款从该财产变价款中优先支付；第三人主张取回该财产的，可以依据《民事诉讼法》第227条（现第234条）的规定提出异议。

（1）被执行人购买第三人的财产，被执行人已经支付部分价款并实际占有该财产，第三人依合同约定保留所有权的，法院可以查封、扣押、冻结。保留所有权已办理登记的，第三人的剩余价款从该财产变价款中优先支付；第三人主张取回该财产的，可以依据《民事诉讼法》第234条的规定提出执行标的异议。

（2）本案中，需要注意，于得水并非保留所有权买卖中的当事人，其仅仅是一个债权的受让人，因此，于得水不能选择取回标的物或者解除合同，其只能选择继续履行，并要求优先支付自己的债权。

案例九　中天公司房地产开发、融资案

【案情】

中天公司是知名的地产开发商，魏超持有该公司70%股权，并担任法定代表人。中天公司欲开发一处高端小区“1公馆”，遂将该小区的建设发包给恒和公司，约定工程款为3000万元。

施工过程中，恒和公司自明达公司处采购建材若干，应付价款500万元，于2020年9月2日前支付。为担保恒和公司依约支付价款，恒和公司的股东陆巡与明达公司签订《股权转让合同》，约定陆巡将自己享有的恒和公司20%的股权登记在明达公司名下，若到期恒和公司无力偿还债务，则该股权归明达公司所有，二者办理了股权变更登记。与此同时，恒和公司的股东钱唯为该笔债务提供保证担保，约定保证方式为连带责任保证，约定钱唯承担保证责任直至恒和公司支付完毕价款为止。陆巡与钱唯均在恒和公司与明达公司的买卖合同中签字。

因恒和公司到期未支付价款，明达公司于2020年12月2日向法院提起诉讼，要求钱唯承担保证责任，法院于2020年12月30日送达钱唯。但由于各种原因，明达公司后撤回起诉。直至2021年4月23日，明达公司方才再次要求钱唯承担担保责任。

中天公司为筹措资金投入到工程建设中，向德恒公司借款1000万元。为担保债务的履行，中天公司以正在修建的“1公馆”的房屋设立抵押权，双方进行了预告登记。此外，永和公司以自有生产设备一台为德恒公司设立抵押权，并约定该抵押权独立于中天公司与德恒公司间的借款合同，但未办理抵押登记。设立抵押后，永和公司将该设备出租给顾湘，租期5年，顾湘一次性支付全部租金，且顾湘并不知晓抵押之事。此外，永和公司的法定代表人董美丽以其自有房屋为德恒公司设立抵押权，已办理抵押登记。

“1公馆”完工后，中天公司于2021年1月25日办理所有权登记，但其拒绝为德恒公司办理抵押权的本登记，因此德恒公司于2021年2月3日要求实现抵押权。此外，中天公司亦未支付恒和公司的工程款，恒和公司遂向法院提起诉讼，要求拍卖“1公馆”的房屋并优先受偿。

经法院审理，法院判决恒和公司对“1公馆”的房屋在3000万元范围内享有优先受偿权。恒和公司遂申请法院就“1公馆”的房屋进行执行。德恒公司认为，此前中天公司已经向恒和公司支付工程款300万元，因此恒和公司优先受偿的范围仅有2700万元。德恒公司由此向法院提起诉讼，要求撤销此前的判决，且向法院提出执行异议。另一方面，中天公司则以该建设工程施工合同无效，向法院提起诉讼。恒和公司得知后，以魏超与中天公司财产混同为由，提起法人人格否认之诉，要求魏超对中天公司债务承担连带责任。

【问题】

1. 若陆巡存在出资瑕疵，恒和公司的债权人可否要求明达公司承担责任？明达公司对该股权享有什么权利？为什么？

2. 钱唯是否应当承担担保责任？若其承担了担保责任，其可以如何维护自己的权利？为什么？

3. 若中天公司与德恒公司间的借款合同无效，永和公司是否应当就合同无效产生的责任承担担保责任？为什么？

4. 若德恒公司行使对设备的抵押权，经拍卖为曹蔚宁拍得，曹蔚宁可否要求顾湘返还设备或支付租金？为什么？

5. 德恒公司对“1 公馆”的房屋是否享有优先受偿权？为什么？

6. 若德恒公司主张债权，其能否直接主张实现董美丽提供的房屋抵押？为什么？

7. 恒和公司与德恒公司对“1 公馆”房屋的权利，何者优先？为什么？

8. 德恒公司是否具备起诉资格？为什么？

9. 若德恒公司的执行异议被驳回，其能否就该判决申请再审？为什么？

10. 若在法院审理德恒公司的诉讼过程中，中天公司因涉嫌合同诈骗罪与非法吸收公众存款罪而被立案侦查，则法院是否应当中止审理？为什么？

11. 若在恒和公司起诉前，该房屋已经被其他债权人申请执行，恒和公司向执行法院主张优先受偿的，是否视为行使优先受偿权？为什么？

12. 法院是否应当受理中天公司提起的诉讼？为什么？

13. 对于恒和公司提起的法人人格否认之诉，应当如何确定当事人？其诉讼请求能否得到法院支持？

【案情分析】

中天公司欲开发一处高端小区“1公馆”，遂将该小区的建设发包给恒和公司，约定工程款为3000万元。

> 中天公司与恒和公司签订建设工程施工合同

施工过程中，恒和公司自明达公司处采购建材若干，应付价款500万元，于2020年9月2日前支付。为担保恒和公司依约支付价款，恒和公司的股东陆巡与明达公司签订《股权转让合同》，约定陆巡将自己享有的恒和公司20%的股权登记在明达公司名下，若到期恒和公司无力偿还债务，则该股权归明达公司所有，二者办理了股权变更登记。与此同时，恒和公司的股东钱唯为该笔债务提供保证担保，约定保证方式为连带责任保证，约定钱唯承担保证责任直至恒和公司支付完毕价款为止。陆巡与钱唯均在恒和公司与明达公司的买卖合同中签字。

> 陆巡通过让与股权的方式，担保恒和公司对明达公司的债务

> 钱唯为明达公司的债权提供保证担保

> 同债同签

因恒和公司到期未支付价款，明达公司于2020年12月2日向法院提起诉讼，要求钱唯承担保证责任，法院于2020年12月30日送达钱唯。但由于各种原因，明达公司后撤回起诉。直至2021年4月23日，明达公司方才再次要求钱唯承担担保责任。

> 针对连带责任保证人起诉后又撤回起诉

中天公司为筹措资金投入到工程建设中，向德恒公司借款1000万元。为担保债务的履行，中天公司以正在修建的“1公馆”的房屋设立抵押权，双方进行了预告登记。此外，永和公司以自有生产设备一台为德恒公司设立抵押权，并约定该抵押权独立于中天公司与德恒公司间的借款合同，但未办理抵押登记。设立抵押后，永和公司将该设备出租给顾湘，租期5年，顾湘一次性支付全部租金，且顾湘并不知晓抵押之事。此外，永和公司的法定代表人董美丽以其自有房屋为德恒公司设立抵押权，已办理抵押登记。

> 以建设工程设立抵押，并办理抵押权预告登记

> 永和公司约定提供独立担保

> 先抵后租，抵押权未登记

“1公馆”完工后，中天公司于2021年1月25日办理所有权登记，但其拒绝为德恒公司办理抵押权的本登记，因此德恒公司于2021年2月3日要求实现抵押权。此外，中天公司亦未支付恒和公司的工程款，恒和公司遂向法院提起诉讼，要求拍卖“1公馆”的房屋并优先受偿。

> 承包人恒和公司主张建设工程优先受偿权

经法院审理，法院判决恒和公司对“1公馆”的房屋在3000万元范围内享有优先受偿权。恒和公司遂申请法院就“1公馆”的房屋进行执行。德恒公司认为，此前中天公司已经向恒和公司支付工程款300万元，因此恒和公司优先受偿的范围仅有2700万元。德恒公司由此向法院提起诉讼，要求撤销此前的判决，且向法院提出执行异议。另一方面，中天公司则以该建设工程施工合同无效，向法院提起诉讼。

> 德恒公司提起第三人撤销之诉，并提出执行异议

> 重复起诉

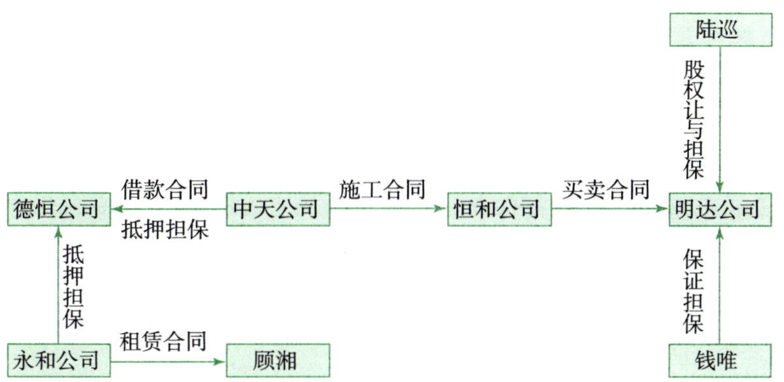

【采分点答案及题目解析】

1. 若陆巡存在出资瑕疵，恒和公司的债权人可否要求明达公司承担责任？明达公司对该股权享有什么权利？为什么？

【采分点答案】

不能要求明达公司承担责任。陆巡与明达公司通过让与股权的方式进行担保的，构成股权让与担保。尽管股权已经登记到明达公司名下，但明达公司并未成为股东，其不承担瑕疵出资的责任。若债务人恒和公司到期不能偿还债务，明达公司可就股权进行处置，并享有优先受偿权。

【题目解析】

（1）《担保制度解释》第69条规定："股东以将其股权转移至债权人名下的方式为债务履行提供担保，公司或者公司的债权人以股东未履行或者未全面履行出资义务、抽逃出资等为由，请求作为名义股东的债权人与股东承担连带责任的，人民法院不予支持。"

（2）本案中，陆巡将股权移转到明达公司名下，其目的在于担保，而不在于单纯移转股权，这属于股权让与担保。因此，明达公司所取得的是让与担保这一担保权，而非股权。故明达公司不是股东，其不承担瑕疵出资的股东责任，但是由于股权已经办理登记，故明达公司享有优先受偿权。

2. 钱唯是否应当承担担保责任？若其承担了担保责任，其可以如何维护自己的权利？为什么？

【采分点答案】

钱唯应当承担担保责任。钱唯的保证方式为连带责任保证，其约定一直承担责任直至债务还清，该保证期间约定不明，应当视为主债务到期后6个月，即2020年9月2日至2021年3月2日。债权人明达公司于2020年12月2日提起诉讼，尽管其撤回起诉，但由于法院已经送达，故应当认定债权人在保证期间内主张了权利，因此钱唯需要承担保证责任。

钱唯承担保证责任后可以向债务人恒和公司进行追偿，且由于钱唯与陆巡在同一份合同上签字，因此应当认定为连带共同担保。故其向恒和公司追偿不能时，可以请求陆巡按照比例进行分担。

【题目解析】

（1）《担保制度解释》第32条规定："保证合同约定保证人承担保证责任直至主债务本息

还清时为止等类似内容的，视为约定不明，保证期间为主债务履行期限届满之日起六个月。”

（2）《担保制度解释》第 31 条第 2 款规定：“连带责任保证的债权人在保证期间内对保证人提起诉讼或者申请仲裁后，又撤回起诉或者仲裁申请，起诉状副本或者仲裁申请书副本已经送达保证人的，人民法院应当认定债权人已经在保证期间内向保证人行使了权利。”

（3）《担保制度解释》第 13 条规定：“同一债务有两个以上第三人提供担保，担保人之间约定相互追偿及分担份额，承担了担保责任的担保人请求其他担保人按照约定分担份额的，人民法院应予支持；担保人之间约定承担连带共同担保，或者约定相互追偿但是未约定分担份额的，各担保人按照比例分担向债务人不能追偿的部分。

同一债务有两个以上第三人提供担保，担保人之间未对相互追偿作出约定且未约定承担连带共同担保，但是各担保人在同一份合同书上签字、盖章或者按指印，承担了担保责任的担保人请求其他担保人按照比例分担向债务人不能追偿部分的，人民法院应予支持。

除前两款规定的情形外，承担了担保责任的担保人请求其他担保人分担向债务人不能追偿部分的，人民法院不予支持。”

3. 若中天公司与德恒公司间的借款合同无效，永和公司是否应当就合同无效产生的责任承担担保责任？为什么？

【采分点答案】

永和公司不承担担保责任。本案中，尽管永和公司与德恒公司约定其抵押权具有独立性，但此种独立担保的约定违背了担保从属性的规定，不能发生效力。因此，当借款合同作为主合同被认定无效时，抵押合同也从属无效，永和公司无须承担担保责任。

【题目解析】

《担保制度解释》第 2 条规定：“当事人在担保合同中约定担保合同的效力独立于主合同，或者约定担保人对主合同无效的法律后果承担担保责任，该有关担保独立性的约定无效。主合同有效的，有关担保独立性的约定无效不影响担保合同的效力；主合同无效的，人民法院应当认定担保合同无效，但是法律另有规定的除外。

因金融机构开立的独立保函发生的纠纷，适用《最高人民法院关于审理独立保函纠纷案件若干问题的规定》。”

4. 若德恒公司行使对设备的抵押权，经拍卖为曹蔚宁拍得，曹蔚宁可否要求顾湘返还设备或支付租金？为什么？

【采分点答案】

曹蔚宁不得要求顾湘返还设备或支付租金。本案中，尽管该机器设备是先抵押而后出租，但由于德恒公司的抵押权未办理抵押登记，因此不得对抗善意承租人顾湘。故当曹蔚宁拍得该设备时，仍然适用“买卖不破租赁”，顾湘的租赁关系不受影响，曹蔚宁不得要求顾湘返还设备，且由于顾湘已经支付完毕租金，故曹蔚宁也不得要求顾湘支付租金。

【题目解析】

《担保制度解释》第 54 条规定：“动产抵押合同订立后未办理抵押登记，动产抵押权的效力按照下列情形分别处理：

（一）抵押人转让抵押财产，受让人占有抵押财产后，抵押权人向受让人请求行使抵押权的，人民法院不予支持，但是抵押权人能够举证证明受让人知道或者应当知道已经订立抵押合同的除外；

（二）抵押人将抵押财产出租给他人并移转占有，抵押权人行使抵押权的，租赁关系不受影响，但是抵押权人能够举证证明承租人知道或者应当知道已经订立抵押合同的除外；

（三）抵押人的其他债权人向人民法院申请保全或者执行抵押财产，人民法院已经作出财产保全裁定或者采取执行措施，抵押权人主张对抵押财产优先受偿的，人民法院不予支持；

（四）抵押人破产，抵押权人主张对抵押财产优先受偿的，人民法院不予支持。”

5. 德恒公司对“1公馆”的房屋是否享有优先受偿权？为什么？

【采分点答案】

享有。本案中，虽然德恒公司的抵押权尚未办理抵押登记。但由于其已经办理了预告登记，且目前中天公司已经办理建筑物所有权的首次登记，且不存在预告登记的失效事由，即具备办理抵押权本登记的条件，因此德恒公司可以依据预告登记享有优先受偿权。

【题目解析】

（1）《担保制度解释》第52条第1款规定：“当事人办理抵押预告登记后，预告登记权利人请求就抵押财产优先受偿，经审查存在尚未办理建筑物所有权首次登记、预告登记的财产与办理建筑物所有权首次登记时的财产不一致、抵押预告登记已经失效等情形，导致不具备办理抵押登记条件的，人民法院不予支持；经审查已经办理建筑物所有权首次登记，且不存在预告登记失效等情形的，人民法院应予支持，并应当认定抵押权自预告登记之日起设立。”

（2）本案中，虽然仅存在抵押权的预告登记，未办理抵押权的本登记，但亦有可能根据预告登记享有优先受偿权。但根据预告登记享有优先受偿权须具备两个条件：办理建筑物所有权首次登记；不存在预告登记失效情形。本案两个条件都已满足，故德恒公司可根据预告登记而享有优先受偿权。

6. 若德恒公司主张债权，其能否直接主张实现董美丽提供的房屋抵押？为什么？

【采分点答案】

（1）答案一：可以。本题中，对于德恒公司的债权，既存在中天公司的工程抵押，又存在董美丽的房屋抵押，其构成共同物保。尽管债务人中天公司以自有财产提供了抵押，但是其并非混合担保，因此债权人实现权利没有顺序限制，德恒公司可以直接请求董美丽承担担保责任。

（2）答案二：不可以。本题中，对于德恒公司的债权，既存在中天公司的工程抵押，又存在董美丽的房屋抵押，其构成共同物保。由于债务人中天公司以自有财产设立了抵押，基于避免循环求偿的立法目的，德恒公司应当先就债务人中天公司的财产实现权利，而不能直接请求其他担保人承担担保责任。

【题目解析】

（1）本题属于开放性命题，涉及的问题是：在共同物保中，债权人实现权利是否存在顺序限制。两种观点，答出其一即可得分。

（2）《民法典》第392条规定：“被担保的债权既有物的担保又有人的担保的，债务人不履行到期债务或者发生当事人约定的实现担保物权的情形，债权人应当按照约定实现债权；没有约定或者约定不明确，债务人自己提供物的担保的，债权人应当先就该物的担保实现债权；第三人提供物的担保的，债权人可以就物的担保实现债权，也可以请求保证人承担保证责任。提供担保的第三人承担担保责任后，有权向债务人追偿。”

（3）上述规定中，债务人存在物保时，应当先实现债务人的物保。但是，上述规定适用的前提是混合担保，而本题中并不存在人保，其属于共同物保，因此如果严格遵守法律的规定，在共同物保中并不存在先就债务人的担保实现权利的顺序要求。此为观点一。

（4）混合担保中要求债权人先就债务人提供的物保实现权利的主要目的在于：避免循环求偿。在共同物保中也存在循环求偿的问题，因此，如果遵守立法目的，在共同物保中也应适用混合担保中关于债权人行使权利顺序的规定。此为观点二。

7. 恒和公司与德恒公司对“1公馆”房屋的权利，何者优先？为什么？

【采分点答案】

恒和公司优先。恒和公司作为建筑工程的承包人，在发包人中天公司未支付工程款时，恒和公司对该建筑物享有优先受偿权，且该优先受偿权优先于建筑物的抵押权人德恒公司。

【题目解析】

《建设工程施工合同解释（一）》第36条规定：“承包人根据民法典第八百零七条规定享有的建设工程价款优先受偿权优于抵押权和其他债权。”

8. 德恒公司是否具备起诉资格？为什么？

【采分点答案】

具备。恒和公司对建筑物的权利优先于德恒公司，因此，恒和公司享有优先受偿权的范围直接影响着德恒公司的利益。故德恒公司认为判决认定恒和公司的优先受偿权数额过高时，其属于与该判决有利害关系的第三人，具备提起第三人撤销之诉的原告资格。

【题目解析】

【最高法指导案例第150号】中国民生银行股份有限公司温州分行诉浙江山口建筑工程有限公司、青田依利高鞋业有限公司第三人撤销之诉案

【裁判要点】建设工程价款优先受偿权与抵押权指向同一标的物，抵押权的实现因建设工程价款优先受偿权的有无以及范围大小受到影响的，应当认定抵押权的实现同建设工程价款优先受偿权案件的处理结果有法律上的利害关系，抵押权人对确认建设工程价款优先受偿权的生效裁判具有提起第三人撤销之诉的原告主体资格。

9. 若德恒公司的执行异议被驳回，其能否就该判决申请再审？为什么？

【采分点答案】

不能。本案中，德恒公司已经启动第三人撤销之诉，故当其执行异议被驳回后，便不能申请再审，法院也不会受理其再审申请。

【题目解析】

《民诉法解释》第301条规定：“第三人提起撤销之诉后，未中止生效判决、裁定、调解书执行的，执行法院对第三人依照民事诉讼法第二百三十四条规定提出的执行异议，应予审查。第三人不服驳回执行异议裁定，申请对原判决、裁定、调解书再审的，人民法院不予受理。

案外人对人民法院驳回其执行异议裁定不服，认为原判决、裁定、调解书内容错误损害其

合法权益的，应当根据民事诉讼法第二百三十四条规定申请再审，提起第三人撤销之诉的，人民法院不予受理。”

案外人再审与三撤二者只能择其一，本案中，由于当事人已经提起了三撤，因此当执行因被裁定驳回时，其只能选择将三撤进行到底，而不能叠加适用案外人再审。

10. 若在法院审理德恒公司的诉讼过程中，中天公司因涉嫌合同诈骗罪与非法吸收公众存款罪而被立案侦查，则法院是否应当中止审理？为什么？

【采分点答案】

法院不应中止审理。本案中，德恒公司的主张是否成立有赖于其债权是否成立，若该借款合同无效，则德恒公司不享有债权也无权提起“三撤”。但是，该借款的效力与中天公司的行为是否构成犯罪并不具有当然的原因关系，故法院无须中止审理。

【题目解析】

《民间借贷规定》第7条规定：“民间借贷纠纷的基本案件事实必须以刑事案件的审理结果为依据，而该刑事案件尚未审结的，人民法院应当裁定中止诉讼。”

《民间借贷规定》第12条规定：“借款人或者出借人的借贷行为涉嫌犯罪，或者已经生效的裁判认定构成犯罪，当事人提起民事诉讼的，民间借贷合同并不当然无效。人民法院应当依据民法典第一百四十四条、第一百四十六条、第一百一十三条、第一百五十四条以及本规定第十三条之规定，认定民间借贷合同的效力。

担保人以借款人或者出借人的借贷行为涉嫌犯罪或者已经生效的裁判认定构成犯罪为由，主张不承担民事责任的，人民法院应当依据民间借贷合同与担保合同的效力、当事人的过错程度，依法确定担保人的民事责任。”

本案中，虽然同时存在刑事案件与民事案件，但借款行为是否构成犯罪并不当然影响该合同的效力，因此，民事案件不以刑事案件的审理结果为依据，故法院无须中止审理。

11. 若在恒和公司起诉前，该房屋已经被其他债权人申请执行，恒和公司向执行法院主张优先受偿的，是否视为行使优先受偿权？为什么？

【采分点答案】

视为。承包人恒和公司向执行法院主张其享有优先受偿权且未超过除斥期间的，视为承包人恒和公司已经行使该优先受偿权。

【题目解析】

此处考查了最高法指导案例的观点。最高人民法院在指导案例第171号“中天建设集团有限公司诉河南恒和置业有限公司建设工程施工合同纠纷案”中指出：执行法院依其他债权人的申请，对发包人的建设工程强制执行，承包人向执行法院主张其享有建设工程价款优先受偿权且未超过除斥期间的，视为承包人依法行使了建设工程价款优先受偿权。发包人以承包人起诉时行使建设工程价款优先受偿权超过除斥期间为由进行抗辩的，人民法院不予支持。

由此可见，建设工程承包人主张建设工程优先受偿权的方式不仅包括直接提起诉讼，也包括在执行过程中进行主张。

12. 法院是否应当受理中天公司提起的诉讼？为什么？

【采分点答案】

不应受理。中天公司的起诉与此前恒和公司的起诉，当事人相同，诉讼标的相同，且中天公司提出认定该建设工程施工合同无效的诉讼请求将实质上否定前诉的判决。故该起诉构成重复起诉，法院不应受理。

【题目解析】

《民诉法解释》第247条规定："当事人就已经提起诉讼的事项在诉讼过程中或者裁判生效后再次起诉，同时符合下列条件的，构成重复起诉：

（一）后诉与前诉的当事人相同；

（二）后诉与前诉的诉讼标的相同；

（三）后诉与前诉的诉讼请求相同，或者后诉的诉讼请求实质上否定前诉裁判结果。

当事人重复起诉的，裁定不予受理；已经受理的，裁定驳回起诉，但法律、司法解释另有规定的除外。"

13. 对于恒和公司提起的法人人格否认之诉，应当如何确定当事人？其诉讼请求能否得到法院支持？

【采分点答案】

（1）因为恒和公司对中天公司的工程款债权已经法院生效判决确认，因此，应当以魏超为被告，将中天公司列为第三人。

【相关法条】

《九民纪要》

13. 【诉讼地位】人民法院在审理公司人格否认纠纷案件时，应当根据不同情形确定当事人的诉讼地位：

（1）债权人对债务人公司享有的债权已经由生效裁判确认，其另行提起公司人格否认诉讼，请求股东对公司债务承担连带责任的，列股东为被告，公司为第三人；

（2）债权人对债务人公司享有的债权提起诉讼的同时，一并提起公司人格否认诉讼，请求股东对公司债务承担连带责任的，列公司和股东为共同被告；

（3）债权人对债务人公司享有的债权尚未经生效裁判确认，直接提起公司人格否认诉讼，请求公司股东对公司债务承担连带责任的，人民法院应当向债权人释明，告知其追加公司为共同被告。债权人拒绝追加的，人民法院应当裁定驳回起诉。

（2）恒和公司的诉讼请求不能得到法院支持。

适用法人人格否认制度，要求股东对公司债务承担连带责任须同时满足以下条件：①股东须有滥用法人独立地位的行为，即使得公司的核心人格特征如人员、机构、经营业务、财务、财产与股东或者关联企业间混同。②股东滥用权利的行为与债权人损失之间须存在因果关系，且唯有否认法人的人格方能保护债权人的利益。如果债权人的债权之上已经设立了保证、质押等债的担保，债权人的债权基本能够通过债的担保而获得救济，则没有适用法人人格否认的必要。

本题中，法院已经确认恒和公司享有建设工程款优先权，其能够通过该权利的行使获得足额清偿，则没有必要适用法人人格否认制度要求中天公司股东承担连带责任。

案例十 横大集团融资、建设工程施工合同纠纷案

【案情】

主要营业地位于深圳市南山区的中国横大集团股份公司（以下简称横大集团）是知名的房地产开发商。徐家宝持有横大集团35%的股份，并担任公司董事长、总经理。2018年，徐家宝决定聘请知名的券商研究员任泽丘为副总经理，年薪1500万元，舆论哗然。为了提升员工的参与度，并分享公司的经营成果，横大集团推出内部“筹款计划”——根据级别不同，员工可以向横大集团提供不同金额的借款，年化利率高于银行存款。横大集团将自员工处获得的借款用于项目开发。

主要营业地位于北京市大兴区的北京横大地产有限公司（以下简称北京横大）是横大集团与北方城市投资有限公司（以下简称北方城投）共同设立的项目公司，其中横大集团持有90%的股权，北方城投持有10%的股权。北京横大在北京热门板块拿地，开发银河湾项目（位于北京市朝阳区）。

为给银河湾项目预热，开盘前，北京横大通过多种渠道进行宣传。提到项目绿化率达到60%，所售住宅精装修，均使用牛可波罗品牌高档地砖。众多消费者据此与北京横大签订了买卖合同，其中约定，若任何一方违约须支付违约金30万元。

2019年12月，为开发银河湾项目，北京横大自兴发银行获得贷款2亿元，期限2年（经股东会100%表决权同意），由横大集团提供一般保证，以项目建设用地使用权设立抵押并办理了抵押登记。当时，该建设用地上房屋已修建至10层。

2019年10月，北京横大与北京鲁班工程建设有限公司（以下简称鲁班公司）签订《建设工程施工合同》，约定由鲁班公司负责项目施工，合同总价款4亿元。经北京横大同意，鲁班公司将其中的1号楼的主体工程分包给北京墨子工程建筑有限公司（以下简称墨子公司）施工。

2021年1月开始，受房地产行业下行影响，横大集团及各地项目公司陷入危机，出现债券、银行贷款违约。横大集团将自有的多项财产以不合理的低价转让给了自己的高管。媒体披露后，受到广大网友的强烈谴责。

2021年6月，为缓解资金压力，北京横大自京通银行获得贷款1亿元，以银河湾项目全部地上建筑物设立抵押权，并就房屋办理抵押权登记。此时，房屋已经修建至20层。但是，其中的1号楼因墨子公司建设质量不合格，未能竣工验收。

此后，北京横大陷入危机。2021年11月，北京横大无力向兴发银行偿还即将到期的贷款本息，经过协商与兴发银行达成如下协议：兴发银行于2021年12月31日前，向北京横大发放贷款2亿元，贷款本金进入监管账户，定向用于偿还北京横大所欠兴发银行贷款，贷款期限1年。该协议经北京横大公司股东会审议通过。为担保该笔贷款，北京横大在此前的抵押未注销的情况下，再次以建设用地使用权设立抵押，用以担保。此外，横大集团继续提供一般保证，北方城投也对此提供了连带保证担保。至2021年12月底，各方按照约定完成了贷款的发放与还款。

2022年3月，北京横大未能向兴发银行支付利息，根据合同约定，兴发银行宣布贷款提前到期，诉至法院，要求北京横大偿还贷款本息，北方城投承担保证责任，并主张实现抵押权。

2022年3月，至约定的交房日期，北京横大无法向购房者交房。购房者发现，小区绿地面积有限，绿化率不足50%，且铺设的地砖为劣质杂牌。购房者欲维权，发现关于绿化率和装修用料的内容并未写入购房合同。在诉讼中，北京横大与消费者达成和解协议，约定北京横大在1年内整改小区，如未能实现则承担违约金20万元。达成和解协议后，购房者撤回起诉。此后，北京横大未能依约履行和解协议，消费者再次提起诉讼。在诉讼中，北京横大提出，约定的违约金20万元过分高于实际损失，请求法院对违约金进行调整。

2022年9月，法院受理了横大集团的破产申请，兴发银行就其保证债权向管理人申报债权，管理人称兴发银行对北京横大的诉讼尚未审结，亦未开始执行，横大集团不应承担责任。

2022年10月，法院受理了北京恒大、北方城投的破产申请。为了保障自己的利益，兴发银行同时向北京恒大、北方城投破产程序中的管理人申报了全部债权2.1亿元。在北方城投的破产程序中，向兴发银行清偿了1亿元，其管理人遂向北京横大追偿。

【问题】

1. 徐家宝是否有权决定聘任任泽丘担任副总经理并发放高薪？

2. 横大集团共面向19000名员工内部集资200亿元，借款合同是否有效？

3. 针对横大集团低价转让财产的行为，横大集团的债权人可以采取何种措施？

4. 横大集团为北京横大提供一般保证时，需要履行何种手续？为什么？

5. 北方城投是否需要承担保证责任？为什么？

6. 若兴发银行单独起诉横大集团，法院应如何处理？为什么？

7. 兴发银行对于银河湾的房屋是否享有优先受偿权？为什么？

8．京通银行对银河湾的建设用地使用权是否享有优先受偿权？其与兴发银行何者优先？

9．墨子公司是否有权向鲁班公司主张部分工程款？为什么？

10．购房者能否向北京横大主张违约责任？如果能，哪个（些）法院享有管辖权？

11．购房者针对和解协议提起诉讼，法院是否应当受理？为什么？

12．针对北京横大提出的请求，法院应当如何处理？为什么？

13．横大集团破产管理人的主张是否成立？

14．北方城投在破产程序中向兴发银行清偿1亿元后，兴发银行是否应当减少对北京横大的债权申报金额？北方城投破产管理人向北京横大追偿，能否得到支持？

【案情分析】

主要营业地位于深圳市南山区的中国横大集团股份公司（以下简称横大集团）是知名的房地产开发商。徐家宝持有横大集团35%的股份，并担任公司董事长、总经理。2018年，徐家宝决定聘请知名的券商研究员任泽丘为副总经理，年薪1500万元，舆论哗然。为了提升员工的参与度，并分享公司的经营成果，横大集团推出内部“筹款计划”——根据级别不同，员工可以向横大集团提供不同金额的借款，年化利率高于银行存款。横大集团将自员工处获得的借款用于项目开发。

公司股权结构+治理结构

高级管理人员的任命

公司为经营需要，内部集资

主要营业地位于北京市大兴区的北京横大地产有限公司（以下简称北京横大）是横大集团与北方城市投资有限公司（以下简称北方城投）共同设立的项目公司，其中横大集团持有90%的股权，北方城投持有10%的股权。北京横大在北京热门板块拿地，开发银河湾项目（位于北京市朝阳区）。

项目公司的股权结构

为给银河湾项目预热，开盘前，北京横大通过多种渠道进行宣传。提到项目绿化率达到60%，所售住宅精装修，均使用牛可波罗品牌高档地砖。众多消费者据此与北京横大签订了买卖合同，其中约定，若任何一方违约须支付违约金30万元。

地产广告内容确定的，构成要约，合同成立后，具有约束力

2019年12月，为开发银河湾项目，北京横大自兴发银行获得贷款2亿元，期限2年（经股东会100%表决权同意），由横大集团提供一般保证，以项目建设用地使用权设立抵押并办理了抵押登记。当时，该建设用地上房屋已修建至10层。

混合担保：人保+债务人提供的物保

抵押：房地一体主义

2019年10月，北京横大与北京鲁班工程建设有限公司（以下简称鲁班公司）签订《建设工程施工合同》，约定由鲁班公司负责项目施工，合同总价款4亿元。经北京横大同意，鲁班公司将其中的1号楼的主体工程分包给北京墨子工程建筑有限公司（以下简称墨子公司）施工。

建设工程的发包与分包（主体工程）

2021年1月开始，受房地产行业下行影响，横大集团及各地项目公司陷入危机，出现债券、银行贷款违约。横大集团将自有的多项财产以不合理的低价转让给了自己的高管。媒体披露后，受到广大网友的强烈谴责。

不合理低价转让财产

2021年6月，为缓解资金压力，北京横大自京通银行获得贷款1亿元，以银河湾项目全部地上建筑物设立抵押权，并就房屋办理抵押权登记。此时，房屋已经修建至20层。但是，其中的1号楼因墨子公司建设质量不合格，未能竣工验收。

此后，北京横大陷入危机。2021年11月，北京横大无力向兴发银行偿还即将到期的贷款本息，经过协商与兴发银行达成如下协议：兴发银行于2021年12月31日前，向北京横大发放贷款2亿元，贷款本金进入监管账户，定向用于偿还北京横大所欠兴发银行贷款，贷款

期限1年。该协议经北京横大公司股东会审议通过。为担保该笔贷款，北京横大在此前的抵押未注销的情况下，再次以建设用地使用权设立抵押，用以担保。此外，横大集团继续提供一般保证，北方城投也对此提供了连带保证担保。至2021年12月底，各方按照约定完成了贷款的发放与还款。

借新还旧，新贷保证人与旧贷保证人不同

混合担保

2022年3月，北京横大未能向兴发银行支付利息，根据合同约定，兴发银行宣布贷款提前到期，诉至法院，要求北京横大偿还贷款本息，北方城投承担保证责任，并主张实现抵押权。

2022年3月，至约定的交房日期，北京横大无法向购房者交房。购房者发现，小区绿地面积有限，绿化率不足50%，且铺设的地砖为劣质杂牌。购房者欲维权，发现关于绿化率和装修用料的内容并未写入购房合同。在诉讼中，北京横大与消费者达成和解协议，约定北京横大在1年内整改小区，如未能实现则承担违约金20万元。达成和解协议后，购房者撤回起诉。此后，北京横大未能依约履行和解协议，消费者再次提起诉讼。在诉讼中，北京横大提出，约定的违约金20万元过分高于实际损失，请求法院对违约金进行调整。

与广告宣传不符合

违约金过高

2022年9月，法院受理了横大集团的破产申请，兴发银行就其保证债权向管理人申报债权，管理人称兴发银行对北京横大的诉讼尚未审结，亦未开始执行，横大集团不应承担责任。

一般保证人破产

2022年10月，法院受理了北京恒大、北方城投的破产申请。为了保障自己的利益，兴发银行同时向北京恒大、北方城投破产程序中的管理人申报了全部债权2.1亿元。在北方城投的破产程序中，向兴发银行清偿了1亿元，其管理人遂向北京横大追偿。

保证人和债务人均破产

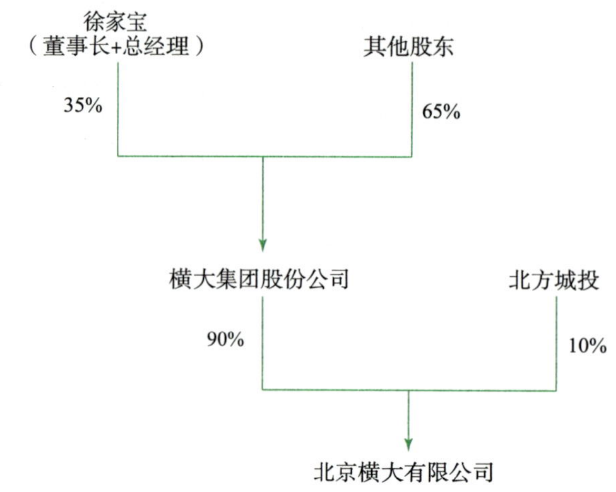

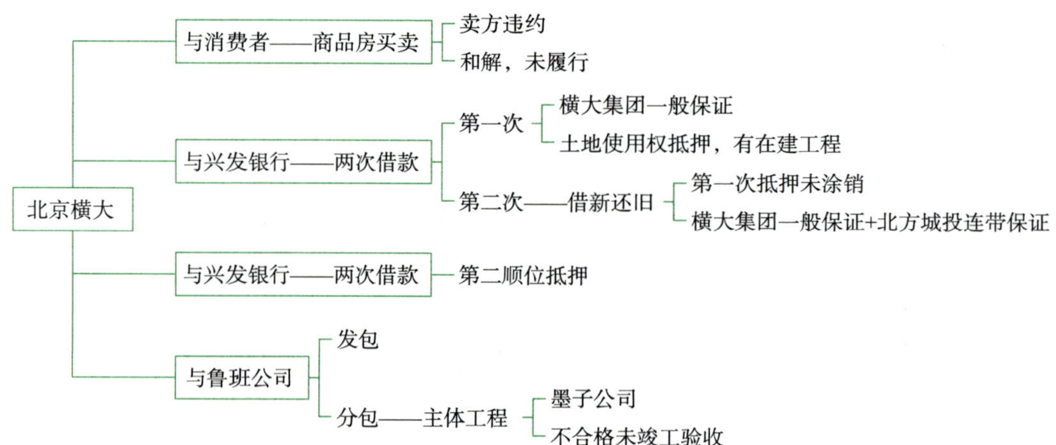

【采分点答案及题目解析】

1. 徐家宝是否有权决定聘任任泽丘担任副总经理并发放高薪？

【采分点答案】

（1）徐家宝无权决定聘任任泽丘担任副总经理并发放高薪。

（2）根据《公司法》规定，副总经理属于公司高级管理人员，应当由（总）经理提名，董事会决定聘任并决定其报酬事项。

本题中徐家宝为董事长，并无人事任命权。

【易错点提示】

公司董事、监事由股东会选举或罢免；董事会聘任或解聘经理，并根据经理的提名聘任或解聘副经理或财务负责人。

一般情况下，公司的人事任命权归属于股东会或董事会，大股东、董事长并没有人事任命权。

2. 横大集团共面向19000名员工内部集资200亿元，借款合同是否有效？

【采分点答案】

有效。本题中，横大集团虽然向职工筹集资金，但是其筹集资金的目的是为了横大集团的生产、经营，且不存在其他的无效事由。因此，该借款合同应当被认定为有效。

【题目解析】

《民间借贷规定》第11条规定：“法人或者非法人组织在本单位内部通过借款形式向职工筹集资金，用于本单位生产、经营，且不存在民法典第一百四十四条、第一百四十六条、第一百五十三条、第一百五十四条以及本规定第十三条规定的情形，当事人主张民间借贷合同有效的，人民法院应予支持。”

3. 针对横大集团低价转让财产的行为，横大集团的债权人可以采取何种措施？

【采分点答案】

债权人可以通过诉讼方式主张撤销横大集团的低价转让行为。横大公司在负担诸多债务并出现违约之后，低价转让财产的行为属于不正当处分财产的行为，损害了其他债权人的债权，且受让人为企业高管，其应当知晓该行为将损害其他债权人的利益。因此，其他债权人享有债权人撤销权，可以撤销该行为。

【题目解析】

《民法典》第539条规定：“债务人以明显不合理的低价转让财产、以明显不合理的高价受让他人财产或者为他人的债务提供担保，影响债权人的债权实现，债务人的相对人知道或者应当知道该情形的，债权人可以请求人民法院撤销债务人的行为。”

4. 横大集团为北京横大提供一般保证时，需要履行何种手续？为什么？

【采分点答案】

（1）横大集团应当依据章程规定，由股东大会或董事会作出同意提供担保的决议。

（2）本题中，北京横大是横大集团的子公司，并非横大集团的股东或实际控制人。根据《公司法》第16条的规定，应当由横大集团股东大会或董事会作出决议，具体决议机构由公司章程规定。

【易错点提示】

公司提供担保，根据担保对象不同，可分为对非关联方提供担保和对关联方提供担保。

对非关联方提供担保，是指对股东、实际控制人以外的“他人”提供担保，包括对其子公司提供担保。

对关联方提供担保是指对其股东、实际控制人提供担保。必须经股东（大）会决议，且关联股东应当回避，经出席会议的其他股东所持表决权过半数通过决议。

5. 北方城投是否需要承担保证责任？为什么？

【采分点答案】

北方城投需要承担保证责任。北京横大与兴发银行协议借新还旧，北方城投为新贷提供担保。由于北方城投系北京横大的股东，在新贷与旧贷中其均参与了股东会决议，因此，北方城投知晓新贷偿还旧贷的事实，故需要承担担保责任。

【题目解析】

（1）《担保制度解释》第16条第1款规定：“主合同当事人协议以新贷偿还旧贷，债权人请求旧贷的担保人承担担保责任的，人民法院不予支持；债权人请求新贷的担保人承担担保责任的，按照下列情形处理：（一）新贷与旧贷的担保人相同的，人民法院应予支持；（二）新贷与旧贷的担保人不同，或者旧贷无担保新贷有担保的，人民法院不予支持，但是债权人有证据证明新贷的担保人提供担保时对以新贷偿还旧贷的事实知道或者应当知道的除外。”

（2）本题中，债权人兴发银行与债务人北京横大协议新贷偿还旧贷，北方城投为此提供担保。但是，北方城投并非旧贷的担保人，其仅参与新贷，因此，北方城投是否承担担保责任，取决于其是否知道新贷偿还旧贷的事实。本题中，北方城投的身份很特殊，其是债务人北京横大的股东，在北京横大的新贷与旧贷中，北方城投均参与了股东会决议，所以可以得知北方城投知晓新贷偿还旧贷的事实。因此，北方城投需要承担担保责任。

【易错点提示】

在新贷偿还旧贷中，债权人对担保人负有告知义务，如债权人未告知新贷担保人，则新贷担保人不承担担保责任。

6. 若兴发银行单独起诉横大集团，法院应如何处理？为什么？

【采分点答案】

（1）答案一：法院应当驳回兴发银行的起诉。横大集团的保证方式为一般保证，债权人兴发银行单独起诉一般保证人的，法院应当裁定驳回起诉。

（2）答案二：法院应当向兴发银行释明，追加债务人北京横大为共同被告，兴发银行拒不追加的，法院方才裁定驳回起诉。

【题目解析】

（1）本题涉及一般保证人的诉讼地位问题，由于司法解释的规定之间存在矛盾，因此可能产生两种不同的结论。

（2）《担保制度解释》第26条第1款规定：“一般保证中，债权人以债务人为被告提起诉讼的，人民法院应予受理。债权人未就主合同纠纷提起诉讼或者申请仲裁，仅起诉一般保证人的，人民法院应当驳回起诉。”据此规定，当债权人单独起诉一般保证人的，法院应当直接裁定驳回起诉。此为答案一的理由。

（3）《民间借贷规定》第4条第2款规定：“保证人为借款人提供一般保证，出借人仅起诉保证人的，人民法院应当追加借款人为共同被告；出借人仅起诉借款人的，人民法院可以不追加保证人为共同被告。”据此规定，当债权人单独起诉一般保证人的，人民法院应当追加借款人为共同被告，而不是直接驳回。此为答案二的理由。

（4）在考试中这个题目可能会设计为开放型答案，但是建议各位按照答案二作答，因为其属于通说观点。

7. 兴发银行对于银河湾的房屋是否享有优先受偿权？为什么？

【采分点答案】

兴发银行仅对10层房屋享有优先受偿权。北京横大以建设用地使用权为兴发银行设立抵押权，该抵押权的效力及于地上房屋，但抵押时地上房屋仅修建10层，因此兴发银行仅对10层房屋享有优先受偿权。新增房屋不属于兴发银行抵押权的客体，其不享有优先受偿权。

【题目解析】

《担保制度解释》第51条规定：“当事人仅以建设用地使用权抵押，债权人主张抵押权的效

力及于土地上已有的建筑物以及正在建造的建筑物已完成部分的，人民法院应予支持。债权人主张抵押权的效力及于正在建造的建筑物的续建部分以及新增建筑物的，人民法院不予支持。

当事人以正在建造的建筑物抵押，抵押权的效力范围限于已办理抵押登记的部分。当事人按照担保合同的约定，主张抵押权的效力及于续建部分、新增建筑物以及规划中尚未建造的建筑物的，人民法院不予支持。

抵押人将建设用地使用权、土地上的建筑物或者正在建造的建筑物分别抵押给不同债权人的，人民法院应当根据抵押登记的时间先后确定清偿顺序。”

8. 京通银行对银河湾的建设用地使用权是否享有优先受偿权？其与兴发银行何者优先？

【采分点答案】

京通银行享有优先受偿权。北京横大以房屋为京通银行设立抵押权，该抵押权的效力及于建筑范围内的建设用地使用权，因此京通银行对建设用地使用权享有优先受偿权。

兴发银行的抵押权优先。北京横大与兴发银行协议新贷偿还旧贷，北京横大在旧贷未注销的情况下为新贷提供担保，此时兴发银行的抵押权登记在先，其优先于登记在后的京通银行。

【题目解析】

（1）《民法典》第 397 条规定：“以建筑物抵押的，该建筑物占用范围内的建设用地使用权一并抵押。以建设用地使用权抵押的，该土地上的建筑物一并抵押。抵押人未依据前款规定一并抵押的，未抵押的财产视为一并抵押。”本题中，北京横大以银河湾的房屋为京通银行设立抵押权，尽管仅对房屋办理了抵押登记，但所涉及的建设用地使用权视为一并登记，因此，京通银行对建设用地使用权享有抵押权，有权主张优先受偿。

（2）《担保制度解释》第 16 条第 2 款规定：“主合同当事人协议以新贷偿还旧贷，旧贷的物的担保人在登记尚未注销的情形下同意继续为新贷提供担保，在订立新的贷款合同前又以该担保财产为其他债权人设立担保物权，其他债权人主张其担保物权顺位优先于新贷债权人的，人民法院不予支持。”本题中，2021 年 11 月，兴发银行与北京横大协议新贷偿还旧贷，北京横大在旧贷的抵押担保未注销的情况下，以建设用地使用权继续提供抵押，该抵押权的成立时间溯及至旧贷登记的时间，即 2019 年 12 月。此时，兴发银行的抵押权登记在先，因此优先于京通银行。

9. 墨子公司是否有权向鲁班公司主张部分工程款？为什么？

【采分点答案】

无权。鲁班公司将 1 号楼的主体工程分包给墨子公司，该分包合同无效。但是由于 1 号楼经验收不合格，因此实际施工人墨子公司无权请求参照无效的合同支付工程款。

【题目解析】

（1）《民法典》第 791 条第 3 款规定：“禁止承包人将工程分包给不具备相应资质条件的单位。禁止分包单位将其承包的工程再分包。建设工程主体结构的施工必须由承包人自行完成。”

（2）《民法典》第 793 条规定：“建设工程施工合同无效，但是建设工程经验收合格的，可以参照合同关于工程价款的约定折价补偿承包人。建设工程施工合同无效，且建设工程经验收不合格的，按照以下情形处理：（一）修复后的建设工程经验收合格的，发包人可以请求承包人承担修复费用；（二）修复后的建设工程经验收不合格的，承包人无权请求参照合同关于工程价款的约定折价补偿。发包人对因建设工程不合格造成的损失有过错的，应当承担相应的责任。”

10. 购房者能否向北京横大主张违约责任？如果能，哪个（些）法院享有管辖权？

【采分点答案】

（1）可以。本题中，北京横大对于银河湾房屋的宣传涉及房屋的附属设施，内容具体明确，且对房屋买卖合同的内容具有重大影响，因此该宣传的内容视为要约，已经成为合同的内容。此后，北京横大交付的房屋不符合宣传的标准，构成违约，需承担违约责任。

（2）本案属于商品房买卖合同纠纷，应当由合同履行地或被告住所地法院管辖。交付不动产的，以不动产所在地作为合同履行地，因此，北京市大兴区法院和北京市朝阳区法院对本案享有管辖权。

【题目解析】

（1）《商品房买卖合同解释》第3条规定：“商品房的销售广告和宣传资料为要约邀请，但是出卖人就商品房开发规划范围内的房屋及相关设施所作的说明和允诺具体确定，并对商品房买卖合同的订立以及房屋价格的确定有重大影响的，构成要约。该说明和允诺即使未载入商品房买卖合同，亦应当为合同内容，当事人违反的，应当承担违约责任。”本题中，北京横大对银河湾“绿化率达到60%，所售住宅精装修，均使用牛可波罗品牌高档地砖”的宣传涉及房屋的附属设施，内容具体明确，且对当事人签订买卖合同具有重大影响。因此，该宣传的内容视为合同的内容。此后，北京横大交付的房屋不符合约定，因此其需要对购房者承担违约责任。

（2）政策性房屋买卖合同纠纷，由不动产所在地法院专属管辖，但本案属于商品房买卖合同纠纷，不适用专属管辖的规定，因此与普通的合同纠纷一样，由合同履行地或被告住所地法院管辖。大家在回答管辖相关的题目时，固定句式就是“先定性、找规范、得答案”。

11. 购房者针对和解协议提起诉讼，法院是否应当受理？为什么？

【采分点答案】

购房者针对和解协议起诉的，法院应当受理。购房者在一审中达成和解协议后撤回起诉，纠纷未被实体裁判过，再次起诉的，不违反“一事不再理”的要求。双方达成的和解协议效力相当于民事合同，其覆盖了原纠纷，因此，北京横大未依约履行该和解协议时，购房者可以针对该和解协议起诉。

【题目解析】

本案中当事人在一审中达成和解协议后，购房者撤回起诉，之后北京横大不履行和解协议，购房者可以针对和解协议起诉，因为相关纠纷从未被法院实体裁判过。但大家不要发生混淆：如果是二审中达成和解协议后撤回上诉，之后当事人不履行和解协议的，可以申请执行一审裁判，但不能针对二审中的和解协议起诉（可参考最高法指导案例第2号案例）。因为，此时纠纷已经被一审法院实体裁判过，如果再针对二审中的和解协议起诉，就会变相违反“一事不再理”的要求。此外，执行和解协议是可诉的，但执行程序与诉讼程序的运行原理和本质功能存在根本差异，切勿随意“类推”适用。

12. 针对北京横大提出的请求，法院应当如何处理？为什么？

【采分点答案】

法院不予调整。本题中，北京横大违约后，在诉讼中达成了和解协议，此后北京横大再次

违反和解协议，且主张违约金过高的，有违诚信原则，因此法院不予调整。

【题目解析】

本题考查最高法指导案例中的观点。最高院在指导案例第166号“北京隆昌伟业贸易有限公司诉北京城建重工有限公司合同纠纷案”中指出：当事人双方就债务清偿达成和解协议，约定解除财产保全措施及违约责任。一方当事人依约申请人民法院解除了保全措施后，另一方当事人违反诚实信用原则不履行和解协议，并在和解协议违约金诉讼中请求减少违约金的，人民法院不予支持。

13. 横大集团破产管理人的主张是否成立？

【采分点答案】

横大集团破产管理人作为一般保证人主张先诉抗辩权，不能成立。

保证人破产的，一般保证人主张先诉抗辩权的，人民法院不予支持，但债权人在一般保证人破产程序中的分配额应予提存，待一般保证人应承担的保证责任确定后再按照破产清偿比例予以分配。

【相关法条】

《破产法解释（三）》第4条

保证人被裁定进入破产程序的，债权人有权申报其对保证人的保证债权。

主债务未到期的，保证债在保证人破产申请受理时视为到期。一般保证的保证人主张行使先诉抗辩权的，人民法院不予支持，但债权人在一般保证人破产程序中的分配额应予提存，待一般保证人应承担的保证责任确定后再按照破产清偿比例予以分配。

保证人被确定应当承担保证责任的，保证人的管理人可以就保证人实际承担的清偿额向主债务人或其他债务人行使求偿权。

14. 北方城投在破产程序中向兴发银行清偿1亿元后，兴发银行是否应当减少对北京横大的债权申报金额？北方城投破产管理人向北京横大追偿，能否得到支持？

【采分点答案】

（1）兴发银行对北京横大的债权申报金额无须调整。

虽然兴发银行在保证人北方城投的破产程序中获得部分清偿，但债务人北京横大进入破产程序，通常情况下兴发银行无法就其未获偿金额获得足额清偿。故其仍以全部债权金额向北方横大的破产管理人进行债权申报，能够保障自己的利益最大化。

（2）北方城投破产管理人不享有对北京横大的求偿权。

（3）因为北京横大进入破产程序，且兴发银行已经向北京横大的破产管理人申报了全部债权，若北方城投管理人向北京横大追偿，会加重债务人负担，损害所有债权人的公平受偿权。

【相关法条】

《破产法解释（三）》第5条

债务人、保证人均被裁定进入破产程序的，债权人有权向债务人、保证人分别申报债权。

债权人向债务人、保证人均申报全部债权的，从一方破产程序中获得清偿后，其对另一方的债权额不作调整，但债权人的受偿额不得超出其债权总额。保证人履行保证责任后不再享有求偿权。

案例十一　大唐公司与百富公司买卖合同纠纷案

【案情】

大唐食品有限责任公司（以下简称大唐公司）是一家以方便面制造与销售为主要经营范围的企业，土坛酸菜泡面是其一款热销品。大唐公司常年自百富公司处采购生产该泡面所需的酸菜。

2021年3月15日（消费者权益保护日），大唐公司与百富公司签订了《酸菜买卖合同》，约定由百富公司向大唐公司提供土坛酸菜若干，大唐公司支付价款500万元。合同中约定，任何一方违约的，须支付违约金50万元（百富公司实际上并未使用土坛生产酸菜，其酸菜均为土坑酸菜，与其宣传的质量完全不符，亦不符合酸菜的食品安全标准）。

2021年3月20日，大唐公司为融资需要，自众诚公司处借款3000万元，为担保大唐公司依约偿还债务，大唐公司将自己名下的一宗建设用地使用权抵押给众诚公司，于当日办理了抵押登记。双方约定借期1年，但对于是否支付利息，双方约定不明。

2021年4月，大唐公司的法定代表人苏大强（持股30%）为筹集资金，将自己名下的20%的股权转让给苏明玉（非股东），为了避免麻烦，未告知大唐公司其他股东，双方于股权转让协议签订当天办理了股权变更登记。双方约定转让款为200万元，分10期支付，每期支付20万元。为担保苏明玉依约支付转让款，苏明玉将其自有的汽车一辆抵押给苏大强，但未办理抵押登记。

2021年8月10日，大唐公司与蒙志远、柳青等人预备设立江南销售有限公司，其职能为销售大唐公司生产的系列泡面。大唐公司以上述抵押给众诚公司的建设用地使用权作价1500万元进行出资。蒙志远以其大型货车20台作价500万元进行出资，经查该批货车的实际价值为350万元。此外，柳青以登记在其名下的办公用房一套进行出资，并办理了过户登记。该房屋实际上为柳青与妻子共有，该出资并未经过妻子同意，而江南销售有限公司对此并不知情。

2022年2月，因大唐公司暂时无力偿还债务，大唐公司与众诚公司约定，众诚公司向大唐公司再次出借3300万元，用于偿还此前的本金3000万元及利息300万元（该利息为大唐公司自愿支付）。大唐公司以上述建设用地使用权继续提供抵押权。此外，大唐公司的另一名股东谢广坤向众诚公司发出《承诺函》，载明“若大唐公司到期不偿还债务，本人愿就此承担连带责任”。众诚公司收到后，并未提出异议。

至2022年5月，苏明玉因个人债务问题，无力支付欠付苏大强的股权转让款，已欠付两期。苏大强得知后准备主张实现抵押权，不料发现苏明玉的另一债权人石天冬已申请法院将该抵押的汽车进行查封，法院已经作出查封裁定。此外，其他的债权人也均主张要对该汽车进行执行。苏大强无奈，通知苏明玉解除该股权转让合同。此时，大唐公司其他股东得知苏大强的股权转让行为，向法院主张对该部分股权的优先购买权。

2022年3月15日，某电视台举办的消费者晚会将百富公司生产的酸菜实为土坑酸菜的事件予以曝光。职业打假人苏明哲非常反感此类食物制假事件，其在当地寻找尚未下架的“土坑酸菜泡面”，终于在彩旗超市购得尚未下架的“土坑酸菜泡面”若干。

大量的赔偿请求，造成大唐公司资金严重困难，大唐公司遂拒绝向百富公司支付购买酸菜的价款500万元。百富公司于是向大唐公司住所地的A区法院提起诉讼，开庭当日大唐公司的律师刘安提出两项抗辩：

抗辩1：A区法院的院长系百富公司的股东之一。

抗辩2：百富公司存在欺诈行为，大唐公司有权拒付价款。

大唐公司的另一律师李松则表示，要反诉百富公司交付的酸菜质量不合格，百富公司须支付违约金50万元。百富公司则表示，违约金过高，请求法院对违约金进行调整。

【问题】

1. 江南公司其他股东向法院主张大唐公司向江南公司的出资无效，法院应如何处理？

2. 就蒙志远向江南公司的出资问题，江南公司要求大唐公司承担相应的责任，能否得到法院的支持？

3. 柳青妻子得知柳青以房屋出资的事实后，向江南公司主张返还该房屋，能否得到支持？

4. 大唐公司是否应当支付利息300万元？为什么？

5. 谢广坤出具的《承诺函》属于债务加入还是连带责任保证？为什么？

6. 苏大强可否对抵押汽车主张优先受偿权？为什么？

7. 石天冬对汽车申请查封后，苏明玉的其他债权人能否对该汽车主张平等受偿？为什么？

8. 苏大强可否解除与苏明玉的股权转让合同？为什么？

9. 大唐公司其他股东主张对苏大强转让股权的优先购买权，能否得到法院支持，为什么？

10. 苏明哲是否有权向彩旗超市主张《食品安全法》中规定的惩罚性赔偿？为什么？

11. 若刘安提出的抗辩理由1成立，A区法院应如何处理？

12. 刘安抗辩称百富公司存在欺诈行为，该主张应当由谁承担举证证明责任？需要达到何种证明标准？

13. 针对刘安提出的抗辩理由2，A区法院应如何处理？

14. 针对李松提出的反诉，A区法院可否受理？为什么？

15. 反诉中，百富公司主张违约金过高，应由何人承担违约金过高的举证证明责任？

【案情分析】

大唐食品有限责任公司（以下简称大唐公司）是一家以方便面制造与销售为主要经营范围的企业，土坛酸菜泡面是其一款热销品。大唐公司常年自百富公司处采购生产该泡面所需的酸菜。

2021 年 3 月 15 日（消费者权益保护日），大唐公司与百富公司签订了《酸菜买卖合同》，约定由百富公司向大唐公司提供土坛酸菜若干，大唐公司支付价款 500 万元。合同中约定，任何一方违约的，须支付违约金 50 万元（百富公司实际上并未使用土坛生产酸菜，其酸菜均为土坑酸菜，与其宣传的质量完全不符，亦不符合酸菜的食品安全标准）。

欺诈

2021 年 3 月 20 日，大唐公司为融资需要，自众诚公司处借款 3000 万元，为担保大唐公司依约偿还债务，大唐公司将自己名下的一宗建设用地使用权抵押给众诚公司，于当日办理了抵押登记。双方约定借期 1 年，但对于是否支付利息，双方约定不明。

土地使用权抵押

非自然人借款，利息约定不明

2021 年 4 月，大唐公司的法定代表人苏大强（持股 30%）为筹集资金，将自己名下的 20% 的股权转让给苏明玉（非股东），为了避免麻烦，未告知大唐公司其他股东，双方于股权转让协议签订当天办理了股权变更登记。双方约定转让款为 200 万元，分 10 期支付，每期支付 20 万元。为担保苏明玉依约支付转让款，苏明玉将其自有的汽车一辆抵押给苏大强，但未办理抵押登记。

股权买卖分期付款

动产抵押，未登记

2021 年 8 月 10 日，大唐公司与蒙志远、柳青等人预备设立江南销售有限公司，其职能为销售大唐公司生产的系列泡面。大唐公司以上述抵押给众诚公司的建设用地使用权作价 1500 万元进行出资。蒙志远以其大型货车 20 台作价 500 万元进行出资，经查该批货车的实际价值为 350 万元。此外，柳青以登记在其名下的办公用房一套进行出资，并办理了过户登记。该房屋实际上为柳青与妻子共有，该出资并未经过妻子同意，而江南销售有限公司对此并不知情。

抵押的建设用地使用权出资

出资不实

股东无权处分，公司善意取得

2022 年 2 月，因大唐公司暂时无力偿还债务，大唐公司与众诚公司约定，众诚公司向大唐公司再次出借 3300 万元，用于偿还此前的本金 3000 万元及利息 300 万元（该利息为大唐公司自愿支付）。大唐公司以上述建设用地使用权继续提供抵押权。此外，大唐公司的另一名股东谢广坤向众诚公司发出《承诺函》，载明“若大唐公司到期不偿还债务，本人愿就此承担连带责任”。众诚公司收到后，并未提出异议。

利息

新贷偿还旧贷

债务加入与连带责任保证

至 2022 年 5 月，苏明玉因个人债务问题，无力支付欠付苏大强的股权转让款，已欠付两期。苏大强得知后准备主张实现抵押权，不料发现苏明玉的另一债权人石天冬已申请法院将该抵押的汽车进行查封，法院已经作出查封裁定。此外，其他的债权人也均主张要对该汽车进行执行。苏大强无奈，通知苏明玉解除该股权转让合同。此时，

动产抵押未登记；首次查封

大唐公司其他股东得知苏大强的股权转让行为，向法院主张对该部分股权的优先购买权。

股东优先购买权的保护

2022 年 3 月 15 日，某电视台举办的消费者晚会将百富公司生产的酸菜实为土坑酸菜的事件予以曝光。职业打假人苏明哲非常反感此类食物制假事件，其在当地寻找尚未下架的“土坑酸菜泡面”，终于在彩旗超市购得尚未下架的“土坑酸菜泡面”若干。

食品的知假买假

大量的赔偿请求，造成大唐公司资金严重困难，大唐公司遂拒绝向百富公司支付购买酸菜的价款 500 万元。百富公司于是向大唐公司住所地的 A 区法院提起诉讼，开庭当日大唐公司的律师刘安提出两项抗辩：

抗辩 1：A 区法院的院长系百富公司的股东之一。

抗辩 2：百富公司存在欺诈行为，大唐公司有权拒付价款。

大唐公司的另一律师李松则表示，要反诉百富公司交付的酸菜质量不合格，百富公司须支付违约金 50 万元。百富公司则表示，违约金过高，请求法院对违约金进行调整。

违约金过高

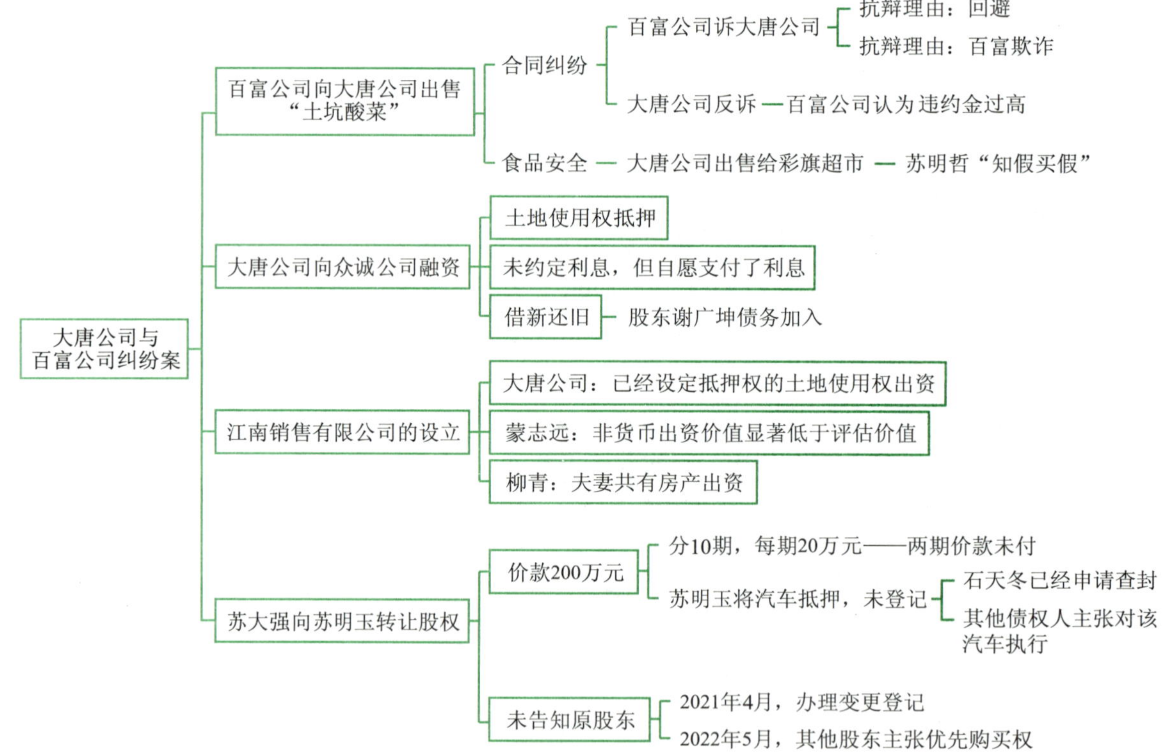

【采分点答案及题目解析】

1. 江南公司其他股东向法院主张大唐公司向江南公司的出资无效，法院应如何处理？

【采分点答案】

法院应当责令大唐公司在合理期间内解除所出资土地使用权的抵押，如果未能在合理期间内解除，则认定大唐公司未完全履行出资义务。

【题目解析】

《公司法解释（三）》第8条规定："出资人以划拨土地使用权出资，或者以设定权利负担的土地使用权出资，公司、其他股东或者公司债权人主张认定出资人未履行出资义务的，人民法院应当责令当事人在指定的合理期间内办理土地变更手续或者解除权利负担；逾期未办理或者未解除的，人民法院应当认定出资人未依法全面履行出资义务。"

【易错点提示】

股东出资瑕疵，如以划拨土地使用权出资、设定权利负担的土地使用权出资，不能直接否定出资的效力，而是先给股东补正的机会，如果在合理期间内不能补正，才认定其未全面履行出资义务。

2. 就蒙志远向江南公司的出资问题，江南公司要求大唐公司承担相应的责任，能否得到法院的支持？

【采分点答案】

（1）能够得到法院的支持。

（2）本题中，蒙志远所出资卡车的真实价值显著低于评估价值，属于"出资不实"。蒙志远本人应当向公司补足差额，大唐公司作为发起人应当承担连带责任。

【题目解析】

《公司法》第30条规定："有限责任公司成立后，发现作为设立公司出资的非货币财产的实际价额显著低于公司章程所定价额的，应当由交付该出资的股东补足其差额；公司设立时的其他股东承担连带责任。"

【易错点提示】

出资不实指的是：出资时的非货币财产价值低于评估价值。若出资后，用于出资的非货币财产贬值的，不属于出资不实。

《公司法解释（三）》第15条规定："出资人以符合法定条件的非货币财产出资后，因市场变化或者其他客观因素导致出资财产贬值，公司、其他股东或者公司债权人请求该出资人承担补足出资责任的，人民法院不予支持。但是，当事人另有约定的除外。"

3. 柳青妻子得知柳青以房屋出资的事实后，向江南公司主张返还该房屋，能否得到支持？

【采分点答案】

（1）不能得到支持。

（2）本题中，柳青以夫妻共有房产出资，属于无权处分。江南公司符合善意取得条件，故江南公司原始取得房屋所有权。

【题目解析】

《公司法解释（三）》第7条第1款规定：出资人以不享有处分权的财产出资，当事人之间对于出资行为效力产生争议的，人民法院可以参照民法典第三百一十一条（善意取得）的规定予以认定。

【易错点提示】

若题目进一步给出条件：无权处分人柳青在江南公司担任如法定代表人、董事长、经理职务，则应当推定江南公司对于柳青的无权处分行为是知情的。

4. 大唐公司是否应当支付利息300万元？为什么？

【采分点答案】

应当。大唐公司与众诚公司之间的借款合同，属于非自然人之间的借款合同，其利息约定不明的，视为有利息。现在大唐公司自愿支付300万元的利息，该利息未超合同订立时LPR的四倍，应当认定有效。

【题目解析】

《民间借贷规定》第24条第2款规定："自然人之间借贷对利息约定不明，出借人主张支付利息的，人民法院不予支持。除自然人之间借贷的外，借贷双方对借贷利息约定不明，出借人主张利息的，人民法院应当结合民间借贷合同的内容，并根据当地或者当事人的交易方式、交易习惯、市场报价利率等因素确定利息。"

【易错点提示】

（1）自然人之间的民间借贷，无论是没有约定利息，还是利息约定不明，均视为没有利息。

（2）一方为非自然人的借款合同，只有在没有约定利息的情况下，才视为没有利息。

5. 谢广坤出具的《承诺函》属于债务加入还是连带责任保证？为什么？

【采分点答案】

（1）答案一：债务加入。本题中，谢广坤表示其愿意与大唐公司承担连带责任，表明其愿意与大唐公司共同作为债务人承担责任，因此其意思表示应当被解释为债务加入。

（2）答案二：连带责任保证。本题中，谢广坤作为债务人以外的第三人，其表示在债务人大唐公司未履行债务时，由自己承担责任，其实质是为大唐公司履行债务提供担保，且该担保不存在顺序上的限制，因此应当认定为连带责任保证。

【题目解析】

（1）《担保制度解释》第36条第1、2、3款规定："第三人向债权人提供差额补足、流动性支持等类似承诺文件作为增信措施，具有提供担保的意思表示，债权人请求第三人承担保证责任的，人民法院应当依照保证的有关规定处理。

第三人向债权人提供的承诺文件，具有加入债务或者与债务人共同承担债务等意思表示的，人民法院应当认定为民法典第五百五十二条规定的债务加入。

前两款中第三人提供的承诺文件难以确定是保证还是债务加入的，人民法院应当将其认定为保证。"

（2）本题中，谢广坤单方出具《承诺函》，称"若大唐公司到期不偿还债务，本人愿就此承担连带责任"，这一意思表示从不同的角度进行解释可以得出不同的结论，因此本题属于开放型答案，考生回答债务加入或连带责任保证均可得分。

6. 苏大强可否对抵押汽车主张优先受偿权？为什么？

【采分点答案】

不能。本题中，虽然苏大强对汽车享有抵押权，但其抵押权未经登记不得对抗善意第三人。此后，该抵押汽车被其他债权人申请法院采取了执行措施，此时苏大强不再享有优先受偿权。

【题目解析】

《担保制度解释》第54条规定："动产抵押合同订立后未办理抵押登记，动产抵押权的效力

按照下列情形分别处理：

（一）抵押人转让抵押财产，受让人占有抵押财产后，抵押权人向受让人请求行使抵押权的，人民法院不予支持，但是抵押权人能够举证证明受让人知道或者应当知道已经订立抵押合同的除外；

（二）抵押人将抵押财产出租给他人并移转占有，抵押权人行使抵押权的，租赁关系不受影响，但是抵押权人能够举证证明承租人知道或者应当知道已经订立抵押合同的除外；

（三）抵押人的其他债权人向人民法院申请保全或者执行抵押财产，人民法院已经作出财产保全裁定或者采取执行措施，抵押权人主张对抵押财产优先受偿的，人民法院不予支持；

（四）抵押人破产，抵押权人主张对抵押财产优先受偿的，人民法院不予支持。”

【易错点提示】

未经登记的动产抵押权不得对抗四类善意第三人，包括：善意买受人、善意承租人、破产债权人、查封扣押债权人。

7. 石天冬对汽车申请查封后，苏明玉的其他债权人能否对该汽车主张平等受偿？为什么？

【采分点答案】

苏明玉的其他债权人不能对该汽车主张平等受偿。查封赋予了石天冬对查封物享有的担保物权，相较于其他普通债权人，其债权具有优先性。虽然该车辆已被抵押给苏大强，但并未办理抵押登记手续，因此不影响石天冬对该辆汽车的优先受偿权。

【题目解析】

民事司法中的查封，属于保全的具体措施之一。登记查封与实物查封竞合时，应采用登记查封生效说。查封赋予了债权人对查封物享有的担保物权，因此对于其他普通债权人，其债权具有优先性。查封担保物的产生时间以查封生效为准，如果被查封财产上已经有其他担保物权或类似的优先权，则查封的担保物权具有劣后性。

8. 苏大强可否解除与苏明玉的股权转让合同？为什么？

【采分点答案】

（1）苏大强不能解除其与苏明玉之间的股权转让合同。

（2）本题中，苏大强作为股权的转让方，苏明玉作为股权的受让方，约定股权转让价款分10期支付。虽然苏明玉欠付两期价款，达到总价款的五分之一，但因股权转让不同于一般商品的买卖，不能直接适用民法典关于分期付款买卖合同的解除规则。

①苏明玉受让股权不仅可以获取经济利益还能够参与经营管理，并非满足生活消费；

②苏大强作为有限责任公司的股权出让人，基于其所持股权一直存在于目标公司中的特点，其因分期回收股权转让款而承担的风险，与一般以消费为目的分期付款买卖中出卖人收回价款的风险并不同等；

③双方解除股权转让合同，也不存在向受让人要求支付标的物使用费的情况。

综上特点，股权转让分期付款合同，与一般以消费为目的分期付款买卖合同有较大区别。对本题中的股权转让问题，不应简单适用《民法典》第634条规定的合同解除权。

（3）相关法条

《民法典》第634条规定：“分期付款的买受人未支付到期价款的数额达到全部价款的五分

之一，经催告后在合理期限内仍未支付到期价款的，出卖人可以请求买受人支付全部价款或者解除合同。

出卖人解除合同的，可以向买受人请求支付该标的物的使用费。”

【易错点提示】

该问最大的陷阱在于股权转让是否适用民法典关于分期付款买卖合同的相关规定。此时，需要从原理上分析股权转让行为与一般消费品买卖的区别。

该观点来源于最高法指导案例第67号：汤长龙诉周士海股权转让纠纷案。

9. 大唐公司其他股东主张对苏大强转让股权的优先购买权，能否得到法院支持，为什么？

【采分点答案】

（1）不能得到法院支持。

（2）本题中，苏大强将其持有的大唐公司股权转让给苏明玉，属于有限公司股权的对外转让，其他股东享有优先购买权。

苏大强未告知其他股东，侵犯了其他股东的优先购买权。但其他股东应当在股权变更登记之日起1年内主张，本题中，其他股东得知时，距股权变更登记已经超过1年。

【题目解析】

《公司法解释（四）》第21条第1款规定：“有限责任公司的股东向股东以外的人转让股权，未就其股权转让事项征求其他股东意见，或者以欺诈、恶意串通等手段，损害其他股东优先购买权，其他股东主张按照同等条件购买该转让股权的，人民法院应当予以支持，但其他股东自知道或者应当知道行使优先购买权的同等条件之日起三十日内没有主张，或者自股权变更登记之日起超过一年的除外。”

【易错点提示】

有限公司股东对外转让股权，其他股东享有优先购买权。若其他股东优先购买权受损，主张优先购买权的，受到期限约束：

（1）自其知道或应当知道优先购买权受损之日起30日内主张；

（2）自股权变更登记之日起1年内主张。

上述两个期限必须同时满足。

10. 苏明哲是否有权向彩旗超市主张《食品安全法》中规定的惩罚性赔偿？为什么？

【采分点答案】

（1）苏明哲有权向彩旗超市主张《食品安全法》中规定的惩罚性赔偿；

（2）本题中，百富公司生产的酸菜不符合食品安全标准，“315晚会”予以曝光。由此可知，彩旗超市作为食品的经营者对泡面中酸菜不符合食品安全标准知情。

彩旗超市明知泡面中含有不符合食品安全标准的酸菜，仍然销售，消费者有权主张赔偿损失，并按照价款的十倍主张惩罚性赔偿，不足1000元的，按1000元计算。

本题中，苏明哲虽然属于“知假买假”，但在食品、药品领域，经营者不得以消费者明知食品、药品存在问题而仍然购买为由进行抗辩。

故苏明哲依据《食品安全法》向彩旗超市主张惩罚性赔偿，能够得到法院支持。

（3）相关法条

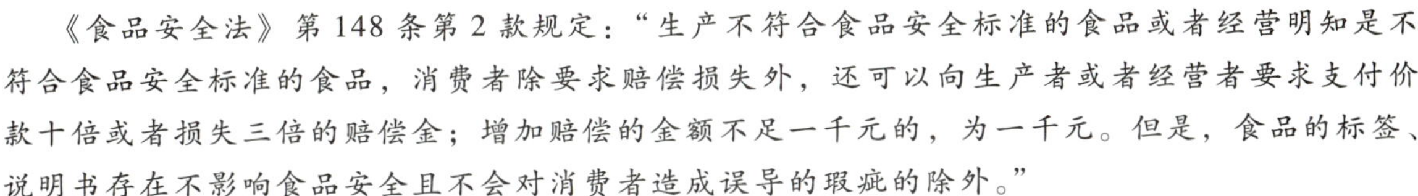

《食品安全法》第148条第2款规定：“生产不符合食品安全标准的食品或者经营明知是不符合食品安全标准的食品，消费者除要求赔偿损失外，还可以向生产者或者经营者要求支付价款十倍或者损失三倍的赔偿金；增加赔偿的金额不足一千元的，为一千元。但是，食品的标签、说明书存在不影响食品安全且不会对消费者造成误导的瑕疵的除外。”

《关于审理食品药品纠纷案件适用法律若干问题的规定》第3条规定：“因食品、药品质量问题发生纠纷，购买者向生产者、销售者主张权利，生产者、销售者以购买者明知食品、药品存在质量问题而仍然购买为由进行抗辩的，人民法院不予支持。”

11. 若刘安提出的抗辩理由1成立，A区法院应如何处理？

【采分点答案】

A区法院应当以存在法律上的特殊原因无法行使管辖权为由，报请上级法院指定其他法院管辖。

【题目解析】

若A区法院的院长是百富公司的股东之一，则A区法院应当集体回避。但我国没有规定集体回避制度，因此应当以存在法律上的特殊原因无法行使管辖权为由，报请上级法院指定管辖。

12. 刘安抗辩称百富公司存在欺诈行为，该主张应当由谁承担举证证明责任？需要达到何种证明标准？

【采分点答案】

刘安抗辩称百富公司存在欺诈行为，应当由刘安承担举证证明责任。对欺诈事实的证明，须达到排除合理怀疑的证明标准。

【题目解析】

（1）依据“谁主张、谁举证”的证明责任分配的一般规则，谁主张积极事实，谁应当对该积极事实的发生承担证明责任。因此刘安主张百富公司存在欺诈行为，就应当对该积极主张承担证明责任。

（2）我国民事诉讼的证明标准目前分为三档：①原则上适用高度盖然性的证明标准。②两类事实适用排除合理怀疑的证明标准——对欺诈、胁迫、恶意串通事实的证明；对口头遗嘱或者赠与事实的证明。③对诉讼保全、回避等程序事项有关的事实，达到较大可能性的证明标准即可。

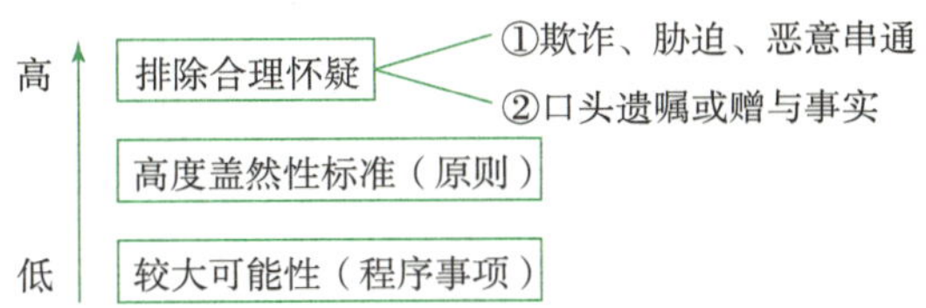

13. 针对刘安提出的抗辩理由2，A区法院应如何处理？

【采分点答案】

刘安提出百富公司存在欺诈行为，属于以抗辩的方式主张撤销权，法院应当审查合同是否存在可撤销的事由并作出相应判断，不能仅以其未提出反诉而不予审查或不予支持，从而有利于纠纷的一次性彻底解决并避免出现矛盾的裁判结果。

【题目解析】

本题涉及反诉与抗辩的识别。依据《九民纪要》的规定，一方请求另一方履行合同，另一方以合同具有可撤销事由提出抗辩的，法院应当在审查合同是否具有可撤销事由以及是否超过法定期间等事实的基础上，对合同是否可撤销作出判断，不能仅以当事人没有提起诉讼或者反诉为由不予审查或不予支持。本案中刘安提出的合同可撤销的抗辩，法院应当将之视为反诉予以审查和处理，从而避免作出矛盾裁判，且有利于一次性彻底解决纠纷。

14. 针对李松提出的反诉，A 区法院可否受理？为什么？

【采分点答案】

A 区法院可以受理反诉。李松的主张符合主体同一性、请求独立性的要求，且其与本诉均基于同一法律关系，符合牵连关系的要求，因此符合反诉的构成要件。

【题目解析】

本题考查反诉的成立条件，大家可以运用课上讲过的识别反诉的从易到难“三步法”：(1) 主体是否同一→ (2) 请求是否独立→ (3) 是否具备牵连关系（反诉与本诉的诉讼请求基于相同法律关系；或者诉讼请求之间具有因果关系；或者反诉与本诉的诉讼请求基于相同事实）。本案中李松的反诉请求具有独立性，且与本诉均基于同一法律关系，符合反诉的构成要件，可以合并审理。

15. 反诉中，百富公司主张违约金过高，应由何人承担违约金过高的举证证明责任？

【采分点答案】

应当由百富公司承担违约金过高的举证证明责任。

【题目解析】

依据《九民纪要》的规定，主张违约金过高的违约方应当对违约金是否过高承担举证责任。此乃谁主张积极事实，谁承担相应的证明责任，属于“谁主张、谁举证”的具体体现。

案例十二 江海公司买卖合同、保理合同纠纷案

【案情】

主要营业地在河南省商丘市夏邑区的江海有限责任公司（以下简称江海公司）是一家以罐头的生产、销售为主要经营范围的有限公司，其股东为宋江河（持股30%）、李保正（持股50%）、赵俊义（持股20%）。2017年1月江海公司成立时，宋江河以其持有的水金源食品有限公司70%股权出资，出资完成后，水金源公司作为江海公司的子公司，贡献了江海公司历年营收的主要部分。根据水金源公司章程，宋江河持股比例70%，应出资700万元，应于2016年10月全部缴纳。宋江河逾期未履行出资义务，水金源公司遂作出了限制宋江河利润分配请求权的决议。

2021年4月29日，江海公司与隆昌公司（主要营业地位于四川省乐山市市中区）签订《买卖合同》，约定隆昌公司自江海公司处采购若干水果罐头，价款为300万元，且约定由江海公司代办托运。

2021年5月1日，江海公司将该批罐头交柏冠公司运输。2021年5月2日，隆昌公司将运输中的罐头全部出售给凯盛公司，约定货到付款。不料，在运输过程中，装载罐头的货车遭遇山洪，价值100万元的罐头被冲毁。在剩余罐头运抵凯盛公司前，隆昌公司得知凯盛公司已被法院受理破产申请。隆昌公司急忙通知柏冠公司将罐头运送至关联方仓库，但因通讯原因，柏冠公司依然将罐头送至凯盛公司仓库。隆昌公司得知后向凯盛公司管理人主张取回罐头。

因受疫情影响，江海公司每年营利不多，为了积攒利润用于扩大生产规模，自2019年至2021年年底，江海公司未进行分红，对此，历次股东会会议上赵俊义均投了反对票，而其他股东均赞同不分红的决议。赵俊义无法接受投资无法获得回报，于是提出要求公司回购股权。李保正见状也不想继续留在公司，于是准备将其享有的股权均转让给小舅子吴用。赵俊义得知后，立刻表示自己愿意按照同等条件购买，而此时李保正则表示自己不再出售该股权。

在隆昌公司支付价款前，江海公司与浦大银行签订《有追索权的国内保理合同》，将该债权以200万元的价格转让给了浦大银行，采用的保理方式为有追索权的保理。

因股东之间出现争议，员工纷纷离职，其中包括江海公司的采购经理杨志，此前杨志长期代理江海公司自农户处采购水果。2022年4月26日，离职后的杨志擅自以江海公司的名义自果农武植处采购杨梅，须支付价款30万元，由于江海公司并未告知果农杨志离职之事，因此武植并不知晓杨志已经离职。

2022年4月，江海公司为了获得流动性，拟将其持有的全部水金源公司股权转让，为此召开了股东会会议，虽然赵俊义反对，但公司仍通过了出售水金源公司股权的决议。赵俊义遂要求江海公司以合理价款回购其股权。因与江海公司无法达成协议，赵俊义在自己住所地的河南省郑州市金水区法院提起诉讼，江海公司应诉并参加诉讼。

2022年5月1日，武植为运输肥料，自同村果农西门岸处采购了小货车一辆，西门岸将该货车交付给武植，但是未办理登记。此后，因西门岸对他人负债，债权人获得胜诉判决后申请执行，在执行过程中法院发现西门岸名下的该辆货车，遂根据债权人的申请对该辆货车进行了扣押。武植得知后，向执行法院提起了执行异议，不料遭到驳回。

因买车的坎坷经历，导致武植整日借酒浇愁。某日，武植在酒吧与朋友喝酒后，借用朋友柴木盛的汽车，柴木盛知晓武植酒量好便将汽车借给武植。不料，武植驾驶过程中发生车祸，将路人刘唐撞伤，且武植也因伤势过重而死亡。

为分割武植的遗产，武植的弟弟武林将武植的妻子潘小菊诉至法院。武林提出：2020 年 10 月 18 日，武植于公证处立下公证遗嘱，其中载明所有遗产均由武林继承。潘小菊则提出：2021 年 8 月 15 日，武植立下自书遗嘱，其中载明所有遗产均由潘小菊继承。在此后的多次开庭中，潘小菊均未出庭。

【问题】

1. 宋江河对江海公司的出资是否符合公司法相关规定？若不符合，能否直接认定宋江河未完全履行出资义务？

2. 100 万元罐头被冲毁的损失应由何人承担？为什么？

3. 隆昌公司针对罐头主张行使取回权，能否得到法院支持？

4. 因对江海公司不进行利润分配不满，赵俊义是否有权要求公司回购其股权？

5. 李保正是否可以拒绝将股权出售给赵俊义？

6. 2022 年 4 月，赵俊义要求江海公司回购其股权，能否得到法院支持？

7. 河南省郑州市金水区法院对赵俊义提起的诉讼是否具有管辖权？为什么？

8. 浦大银行可否将江海公司与隆昌公司列为共同被告？

9. 若隆昌公司向浦大银行支付300万元，就超出保理融资款本息部分，应如何处理？

10. 武植是否可以请求江海公司支付价款30万元？为什么？

11. 2022年5月1日，武植是否取得货车的所有权？为什么？

12. 西门岸的债权人是否有权申请对该货车进行执行？为什么？

13. 执行异议被驳回后，武植可采取何种手段维护自己的权利？

14. 刘唐是否可以仅起诉柴木盛要求承担侵权责任？为什么？

15. 若法官无法对自书遗嘱形成心证，法官应如何处理？为什么？

16. 潘小菊拒不出庭，法院应如何处理？为什么？

【案情分析】

主要营业地在河南省商丘市夏邑区的江海有限责任公司（以下简称江海公司）是一家以罐头的生产、销售为主要经营范围的有限公司，其股东为宋江河（持股30%）、李保正（持股50%）、赵俊义（持股20%）。2017年1月江海公司成立时，宋江河以其持有的水金源食品有限公司70%股权出资，出资完成后，水金源公司作为江海公司的子公司，贡献了江海公司历年营收的主要部分。根据水金源公司章程，宋江河持股比例70%，应出资700万元，应于2016年10月全部缴纳。宋江河逾期未履行出资义务，水金源公司遂作出了限制宋江河利润分配请求权的决议。

江海公司股权结构

所出资股权存在权利瑕疵

2021年4月29日，江海公司与隆昌公司（主要营业地位于四川省乐山市市中区）签订《买卖合同》，约定隆昌公司自江海公司处采购若干水果罐头，价款为300万元，且约定由江海公司代办托运。

2021年5月1日，江海公司将该批罐头交柏冠公司运输。2021年5月2日，隆昌公司将运输中的罐头全部出售给凯盛公司，约定货到付款。不料，在运输过程中，装载罐头的货车遭遇山洪，价值100万元的罐头被冲毁。在剩余罐头运抵凯盛公司前，隆昌公司得知凯盛公司已被法院受理破产申请。隆昌公司急忙通知柏冠公司将罐头运送至关联方仓库，但因通讯原因，柏冠公司依然将罐头送至凯盛公司仓库。隆昌公司得知后向凯盛公司管理人主张取回罐头。

买卖合同中的风险

破产取回权

因受疫情影响，江海公司每年营利不多，为了积攒利润用于扩大生产规模，自2019年至2021年年底，江海公司未进行分红，对此，历次股东会会议上赵俊义均投了反对票，而其他股东均赞同不分红的决议。赵俊义无法接受投资无法获得回报，于是提出要求公司回购股权。李保正见状也不想继续留在公司，于是准备将其享有的股权均转让给小舅子吴用。赵俊义得知后，立刻表示自己愿意按照同等条件购买，而此时李保正则表示自己不再出售该股权。

有限公司，异议股东回购请求权

有限公司股东的优先购买权

在隆昌公司支付价款前，江海公司与浦大银行签订《有追索权的国内保理合同》，将该债权以200万元的价格转让给了浦大银行，采用的保理方式为有追索权的保理。

保理合同当事人的选择

因股东之间出现争议，员工纷纷离职，其中包括江海公司的采购经理杨志，此前杨志长期代理江海公司自农户处采购水果。2022年4月26日，离职后的杨志擅自以江海公司的名义自果农武植处采购杨梅，须支付价款30万元，由于江海公司并未告知果农杨志离职之事，因此武植并不知晓杨志已经离职。

表见代理

2022年4月，江海公司为了获得流动性，拟将其持有的全部水金源公司股权转让，为此召开了股东会会议，虽然赵俊义反对，但公司仍通过了出售水金源公司股权的决议。赵俊义遂要求江海公司以合理价

有限公司，异议股东回购请求权

款回购其股权。因与江海公司无法达成协议，赵俊义在自己住所地的河南省郑州市金水区法院提起诉讼，江海公司应诉并参加诉讼。

公司诉讼；应诉管辖

2022 年 5 月 1 日，武植为运输肥料，自同村果农西门岸处采购了小货车一辆，西门岸将该货车交付给武植，但是未办理登记。此后，因西门岸对他人负债，债权人获得胜诉判决后申请执行，在执行过程中法院发现西门岸名下的该辆货车，遂根据债权人的申请对该辆货车进行了扣押。武植得知后，向执行法院提起了执行异议，不料遭到驳回。

基于法律行为的物权变动；特殊动产

执行异议之诉

因买车的坎坷经历，导致武植整日借酒浇愁。某日，武植在酒吧与朋友喝酒后，借用朋友柴木盛的汽车，柴木盛知晓武植酒量好便将汽车借给武植。不料，武植驾驶过程中发生车祸，将路人刘唐撞伤，且武植也因伤势过重而死亡。

出借人存在过错

为分割武植的遗产，武植的弟弟武林将武植的妻子潘小菊诉至法院。武林提出：2020 年 10 月 18 日，武植于公证处立下公证遗嘱，其中载明所有遗产均由武林继承。潘小菊则提出：2021 年 8 月 15 日，武植立下自书遗嘱，其中载明所有遗产均由潘小菊继承。在此后的多次开庭中，潘小菊均未出庭。

公证遗嘱与免证事实；证明责任

缺席判决

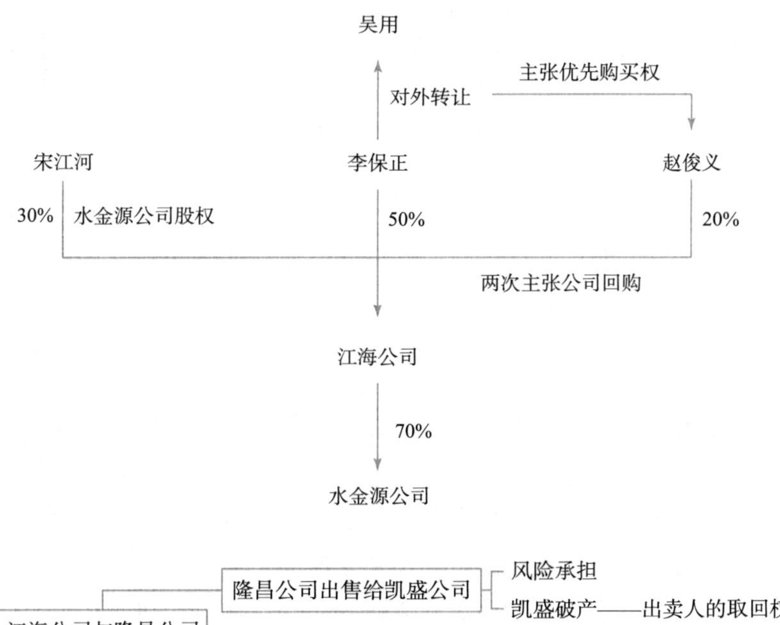

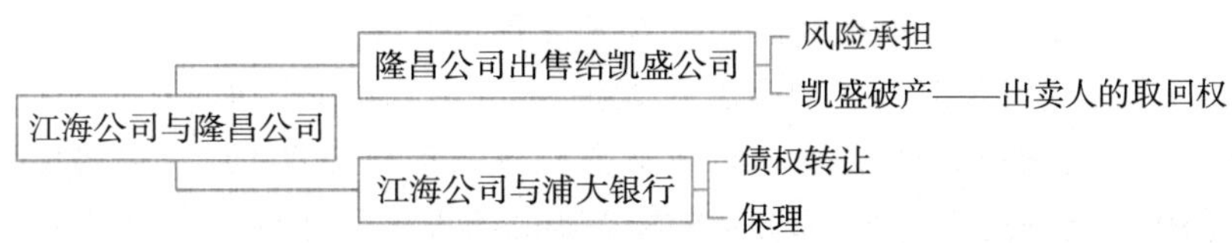

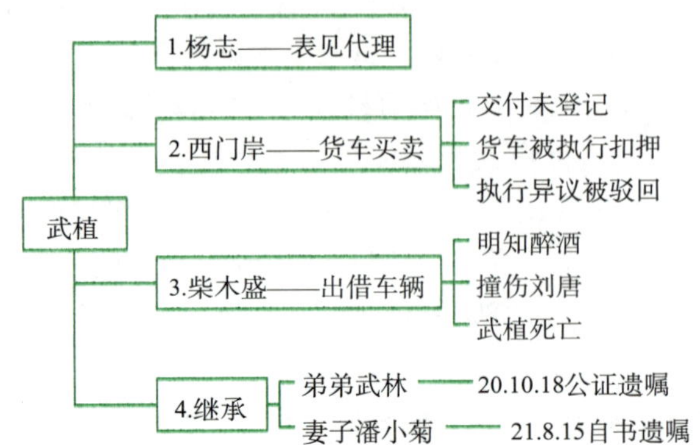

【采分点答案及题目解析】

1. 宋江河对江海公司的出资是否符合公司法相关规定？若不符合，能否直接认定宋江河未完全履行出资义务？

【采分点答案】

（1）宋江河以其持有的水金源公司70%的股权出资，属于非货币财产出资。但因其未按章程约定向水金源公司履行出资义务，导致其股东权利受到限制，故宋江河持有的水金源公司股权存在权利瑕疵，不符合《公司法解释（三）》对于股权出资的要求。

（2）不能直接认定宋江河未完全履行出资义务。江海公司有权要求宋江河在合理期间内采取补正措施，消除其所出资股权的权利瑕疵——具体而言，宋江河应当在合理期间内向水金源公司履行700万元的出资义务。

【题目解析】

《公司法解释（三）》第11条规定："出资人以其他公司股权出资，符合下列条件的，人民法院应当认定出资人已履行出资义务：

（一）出资的股权由出资人合法持有并依法可以转让；

（二）出资的股权无权利瑕疵或者权利负担；

（三）出资人已履行关于股权转让的法定手续；

（四）出资的股权已依法进行了价值评估。

股权出资不符合前款第（一）、（二）、（三）项的规定，公司、其他股东或者公司债权人请求认定出资人未履行出资义务的，人民法院应当责令该出资人在指定的合理期间内采取补正措施，以符合上述条件；逾期未补正的，人民法院应当认定其未依法全面履行出资义务。

股权出资不符合本条第一款第（四）项的规定，公司、其他股东或者公司债权人请求认定出资人未履行出资义务的，人民法院应当按照本规定第九条的规定处理。"

【易错点提示】

（1）股东出资瑕疵，通常不能直接认定出资无效；而是要求其在合理期间内采取补正措施；

（2）本题中，宋江河所持有的水金源公司股权存在权利瑕疵，导致其对江海公司出资瑕疵，其应采取的补正措施为消除该部分水金源公司股权上的权利瑕疵，故应当向水金源公司补足出资，而非向江海公司"补足出资"。

2. 100万元罐头被冲毁的损失应由何人承担？为什么？

【采分点答案】

由凯盛公司承担。本题中，在隆昌公司与凯盛公司之间签订买卖合同后，罐头因不可归责于当事人的因素被山洪冲毁，此时发生了买卖合同中的风险。由于隆昌公司与凯盛公司之间的买卖属于在途货物买卖，因此在合同成立时，该风险移转给买受人凯盛公司承担，故该损失由凯盛公司承担。

【题目解析】

（1）《民法典》第606条规定："出卖人出卖交由承运人运输的在途标的物，除当事人另有约定外，毁损、灭失的风险自合同成立时起由买受人承担。"

（2）本题中，隆昌公司出售给凯盛公司的是正在运输中的货物，因此其属于在途货物买卖，其买卖合同的风险在成立时转移给买受人凯盛公司承担。因此，罐头毁损灭失的风险由买受人凯盛公司承担。

【正确作答结构】

第一步：结论——凯盛公司承担。

第二步：性质界定——买卖合同中的风险。

第三步：理由——在途货物买卖。

3. 隆昌公司针对罐头主张行使取回权，能否得到法院支持?

【采分点答案】

（1）隆昌公司针对罐头主张行使取回权，能够得到法院支持。

（2）权利人针对在运输途中的标的物，买方未支付全部价款的，有权主张取回权。本题中，隆昌公司主张取回权时，罐头在运输途中，且买方凯盛公司未支付全部价款，符合出卖人取回权的行使条件。

（3）权利人可以通知承运人将标的物交给其他收货人，以行使取回权，只要权利人在运输途中通知了承运人，标的物到达管理人后，其要求行使取回权，依然能够得到支持。

【题目解析】

（1）《破产法》第39条规定："人民法院受理破产申请时，出卖人已将买卖标的物向作为买受人的债务人发运，债务人尚未收到且未付清全部价款的，出卖人可以取回在运途中的标的物。但是，管理人可以支付全部价款，请求出卖人交付标的物。"

（2）《破产法解释（二）》第39条规定："出卖人依据企业破产法第三十九条的规定，通过通知承运人或者实际占有人中止运输、返还货物、变更到达地，或者将货物交给其他收货人等方式，对在运途中标的物主张了取回权但未能实现，或者在货物未达管理人前已向管理人主张取回在运途中标的物，在买卖标的物到达管理人后，出卖人向管理人主张取回的，管理人应予准许。

出卖人对在运途中标的物未及时行使取回权，在买卖标的物到达管理人后向管理人行使在运途中标的物取回权的，管理人不应准许。"

【易错点提示】

出卖人的取回权，也称为特别取回权。它要求：1. 货物在运输途中；2. 买方未支付全部价款。

《破产法解释（二）》关于出卖人行使取回权作了一定的"扩大性解释"，即只要出卖人主张取回权时，标的物尚在运输途中，哪怕未能实现，待货物到达管理人后，其主张行使取回权亦能得到支持。

4. 因对江海公司不进行利润分配不满，赵俊义是否有权要求公司回购其股权？

【采分点答案】

赵俊义无权要求公司回购其股权。

根据《公司法》第74条规定，只有当公司连续五年不向股东分配利润，而公司该五年连续盈利，并且符合本法规定的分配利润条件的，股东在股东会会议上对此投反对票，才享有异议股东回购请求权。

本题中，江海公司自2019年至2021年年底未进行利润分配，并不满足连续五年不向股东分配利润。

5. 李保正是否可以拒绝将股权出售给赵俊义？

【采分点答案】

（1）李保正有权拒绝将股权出售给赵俊义。

（2）根据《公司法解释（四）》规定，有限责任公司的转让股东，在其他股东主张优先购买后又不同意转让股权的，对其他股东优先购买的主张，人民法院不予支持。

本题中，李保正拟将其股权转让给非股东，赵俊义主张优先购买权后，李保正可以放弃股权转让。赵俊义主张优先购买权的，法院不予支持。

但赵俊义主张李保正承担缔约过失责任，赔偿其合理损失的，法院应予支持。

6. 2022年4月，赵俊义要求江海公司回购其股权，能否得到法院支持？

【采分点答案】

（1）赵俊义要求江海公司回购其股权能够得到法院支持。

（2）根据《公司法》第74条的规定，公司转让主要财产，股东在股东会会议上对此投反对票的，有权要求公司回购其股权。

本题中，江海公司持有水金源公司70%股权，水金源公司贡献了江海公司营业收入的主要部分，故可以认定水金源公司股权是江海公司的主要财产。赵俊义在股东会会议上对该部分股权转让投反对票，故其享有异议回购请求权。

【题目解析】

《公司法》第74条规定："有下列情形之一的，对股东会该项决议投反对票的股东可以请求公司按照合理的价格收购其股权：

（一）公司连续五年不向股东分配利润，而公司该五年连续盈利，并且符合本法规定的分配利润条件的；

（二）公司合并、分立、转让主要财产的；

（三）公司章程规定的营业期限届满或者章程规定的其他解散事由出现，股东会会议通过决议修改章程使公司存续的。

自股东会会议决议通过之日起六十日内，股东与公司不能达成股权收购协议的，股东可以自股东会会议决议通过之日起九十日内向人民法院提起诉讼。"

7. 河南省郑州市金水区法院对赵俊义提起的诉讼是否具有管辖权？为什么？

【采分点答案】

郑州市金水区法院没有管辖权。因为本案属于公司诉讼，应当由公司住所地法院管辖，即商丘市夏邑区法院管辖。

【题目解析】

本题考查公司诉讼的管辖法院，依据《民事诉讼法》及相关司法解释的规定，以下类型的公司诉讼均由公司住所地法院管辖：公司设立纠纷；确认股东资格纠纷；分配利润纠纷；公司解散纠纷；股东名册记载纠纷；请求变更公司登记纠纷；股东知情权纠纷；公司决议纠纷；公司合并纠纷；公司分立纠纷；公司减资纠纷；公司增资纠纷等。

8. 浦大银行可否将江海公司与隆昌公司列为共同被告？

【采分点答案】

可以。本题中，江海公司与浦大银行之间的保理合同所采用的保理方式为有追索权的保理。保理人浦大银行行使权利时，可以将原债权人江海公司与债务人隆昌公司列为共同被告。

【题目解析】

《担保制度解释》第66条规定："同一应收账款同时存在保理、应收账款质押和债权转让，当事人主张参照民法典第七百六十八条的规定确定优先顺序的，人民法院应予支持。

在有追索权的保理中，保理人以应收账款债权人或者应收账款债务人为被告提起诉讼，人民法院应予受理；保理人一并起诉应收账款债权人和应收账款债务人的，人民法院可以受理。

应收账款债权人向保理人返还保理融资款本息或者回购应收账款债权后，请求应收账款债务人向其履行应收账款债务的，人民法院应予支持。"

【易错点提示】

（1）有追索权的保理中，保理人行使权利的方式是多元的，所以其在选择被告时也是多元的，可以单独起诉债权人、债务人，也可一并起诉。

（2）无追索权的保理中，保理人行使权利的方式是单一的，所以其在被告的选择上也是单一的，其只能单独起诉债务人。

9. 若隆昌公司向浦大银行支付300万元，就超出保理融资款本息部分，应如何处理？

【采分点答案】

应当返还给债权人江海公司。本题中，江海公司与浦大银行之间的保理方式为有追索权的保理，债务人隆昌公司清偿债务，在扣除保理人浦大银行的融资款本息后，保理人浦大银行应当将该超出部分返还给债权人江海公司。

【题目解析】

《民法典》第766条规定："当事人约定有追索权保理的，保理人可以向应收账款债权人主张返还保理融资款本息或者回购应收账款债权，也可以向应收账款债务人主张应收账款债权。保理人向应收账款债务人主张应收账款债权，在扣除保理融资款本息和相关费用后有剩余的，剩余部分应当返还给应收账款债权人。"

【易错点提示】

（1）有追索权的保理——多退少补。

（2）无追索权的保理——买断债权。

10. 武植是否可以请求江海公司支付价款30万元？为什么？

【采分点答案】

可以。杨志自江海公司处离职，其以江海公司名义与武植签订合同的行为属于无权代理。但是，由于杨志此前一直作为江海公司的代理人，其离职后江海公司也未就此通知武植，杨志存在代理权外观，且相对人武植为善意。因此，杨志的无权代理构成表见代理，该行为直接约束江海公司，故武植有权请求江海公司支付价款。

【题目解析】

（1）《民法典》第172条规定："行为人没有代理权、超越代理权或者代理权终止后，仍然实施代理行为，相对人有理由相信行为人有代理权的，代理行为有效。"

（2）表见代理的构成需要具备四个要件：其一，行为人实施无权代理。其二，存在代理的权利外观。其三，相对人为善意。其四，权利外观的形成可归责于被代理人。

（3）本题中，杨志离职后仍以江海公司名义签订合同，其属于无权代理。但是，基于此前其职务的外观，其存在代理的权利外观。武植并不知晓其离职之事，武植为善意。杨志离职，江海公司未通知武植，其具有可归责性。综上，本题完全满足表见代理的构成要件，该行为直接约束被代理的江海公司。

【易错点提示】

关于表见代理的构成要件中是否要求"权利外观的形成可归责于被代理人"。在《民法典总则编解释》（征求意见稿）中曾经明确规定要求具备可归责性，但是在正式通过的司法解释中又将这一规定进行了删除，理论上对此还存在争议，因此这一点如果出现在题目中可能会按照开放型答案来设计。

11. 2022年5月1日，武植是否取得货车的所有权？为什么？

【采分点答案】

取得。武植与西门岸签订买卖合同移转汽车所有权，其属于基于法律行为的物权变动。本题中，买卖合同有效，西门岸具有处分权，且已经完成交付。未办理登记只是不能对抗善意第三人，并不影响物权变动的发生。

【题目解析】

（1）《民法典》第225条规定："船舶、航空器和机动车等的物权的设立、变更、转让和消灭，未经登记，不得对抗善意第三人。"

（2）基于法律行为的物权变动需要符合三个条件：法律行为有效；处分人有处分权；完成公示。本题中，完全符合上述三个条件，因此在西门岸向武植完成交付时，武植就已经取得该货车的所有权。

（3）特殊动产的物权变动不以登记为生效要件，因此，虽然没有登记，武植也已经取得该货车的所有权，只是不得对抗善意第三人而已。

12. 西门岸的债权人是否有权申请对该货车进行执行？为什么？

【采分点答案】

无权。尽管货车仍登记在西门岸的名下，但是该货车的所有权已经移转给武植，西门岸的

债权人不得主张自己是不得对抗的善意第三人。因此，西门岸的债权人不得申请对武植所有的货车进行执行。

【题目解析】

《民法典物权编解释》第6条规定："转让人转让船舶、航空器和机动车等所有权，受让人已经支付合理价款并取得占有，虽未经登记，但转让人的债权人主张其为民法典第二百二十五条所称的'善意第三人'的，不予支持，法律另有规定的除外。"

13. 执行异议被驳回后，武植可采取何种手段维护自己的权利？

【采分点答案】

执行异议被裁定驳回后，武植可以提起案外人执行异议之诉来维护自身权利。

【题目解析】

武植作为案外人提出的执行标的异议，与原生效裁判无关，而仅仅指向执行标的，因此当异议被裁定驳回后，案外人武植可以作为原告提起案外人执行异议之诉，此时应以申请执行人为被告，被执行人西门岸反对案外人武植异议的，应列为共同被告；被执行人西门岸不反对案外人武植异议的，可以列为第三人。

14. 刘唐是否可以仅起诉柴木盛要求承担侵权责任？为什么？

【采分点答案】

可以。武植借用柴木盛的汽车发生交通事故给刘唐造成损害，此时由机动车的使用者武植承担责任，出借人柴木盛明知武植醉酒而借车，其具有过错，须承担与其过错相应的按份责任。在承担按份责任中，权利人刘唐可以单独起诉按份责任人柴木盛。

【题目解析】

（1）《民法典》第1209条规定："因租赁、借用等情形机动车所有人、管理人与使用人不是同一人时，发生交通事故造成损害，属于该机动车一方责任的，由机动车使用人承担赔偿责任；机动车所有人、管理人对损害的发生有过错的，承担相应的赔偿责任。"

（2）本题中，在借用期间发生交通事故给刘唐造成损害，机动车的使用人武植须承担责任。出借人柴木盛具有过错，须承担与其过错相应的责任。因此，在本题中，柴木盛与武植承担按份责任。

（3）在按份责任中，债权人可以单独起诉按份责任人，不过只能让其在其份额内承担责任。因此，刘唐可以仅起诉柴木盛。

【易错点提示】

（1）连带责任中，债权人可以任意起诉，并且可以要求任意责任人承担任意责任。

（2）按份责任中，债权人可以任意起诉，但是只能在份额内要求责任人承担责任。

（3）补充责任中，债权人不得单独起诉补充责任人。

15. 若法官无法对自书遗嘱形成心证，法官应如何处理？为什么？

【采分点答案】

法官应按照公证遗嘱进行判决。本题中，被继承人武植存在多份遗嘱，应按照最后一份有效的遗嘱认定。潘小菊主张存在自书遗嘱为最后一份遗嘱，其应当证明自书遗嘱的存在。若法院无法对自书遗嘱形成心证，则此时应认定自书遗嘱不存在。而公证遗嘱属于公证的文书，其属于免证事实，因此应当认定公证遗嘱真实。故最后一份有效的遗嘱为公证遗嘱，应按照公证遗嘱进行处理。

【题目解析】

（1）被继承人存在多份遗嘱的，按照最后一份有效的遗嘱进行执行。本题中，既存在公证遗嘱，又存在自书遗嘱，因此在诉讼中当事人需要证明最后一份遗嘱为哪一份。

（2）潘小菊主张最后一份遗嘱为自书遗嘱，其须对此承担举证责任。若法官不能对自书遗嘱形成心证，则此时法官应认定自书遗嘱不存在。即最后一份遗嘱并非自书遗嘱。

（3）武林主张最后一份遗嘱为公证遗嘱，其无须对此承担举证责任。原因在于，公证遗嘱属于公证文书所确认的事实，其属于免证事实，所以法官可以确认公证遗嘱的存在。

（4）据此，最后一份遗嘱为公证遗嘱，此时法官应按照公证遗嘱来判决。

16. 潘小菊拒不出庭，法院应如何处理？为什么？

【采分点答案】

法院可以对潘小菊缺席判决。本案属于遗产继承纠纷，潘小菊作为被告，不属于必须到庭的被告，因此其无正当理由拒不出庭，法院可以对其作出缺席判决。

【题目解析】

法律规定或法院认为必须到庭的被告，经过两次合法传唤，无正当理由拒不到庭的，法院可以对其进行拘传。本案属于遗产继承纠纷，因此潘小菊不属于必须到庭的被告，其无正当理由拒不到庭的，法院可以对其缺席判决。

案例十三　李某、任某房屋买卖合同及侵权纠纷案

【案情】

李某与任某婚后育有一子李志，为谋生计，在李志5岁时，李某与任某外出务工，将李志交由其外婆葛某抚养。李志就读于小天使幼儿园，为方便照顾李志，葛某自颜方处受让其经营的煎饼摊，但未办理个体工商户营业执照的变更。

2022年4月，6岁的李志因在学校表现很好，受到表扬，班主任赵某送给李志玩具车一辆，李志十分开心地表示接受。不料课间休息时，该玩具车被同学陈川（6岁）损坏，二人发生争执，李志将陈川推倒造成陈川小腿骨折，赵某当时虽然发现但未立刻制止。赵某火速将陈川送至市中医院治疗，诊疗过程中，因医生出现失误，导致赵某的小腿骨头接合不正。此后，经再次手术方才予以治愈。陈川父母就此次事故，将李志的父母、小天使幼儿园、市中医院列为共同被告，要求其对小腿骨折的损害以及再次手术的费用进行赔偿。

诉讼过程中，李志的父母认为陈川父母提交的证明医疗费的发票是伪造的，遂提出异议。此外，陈川父母要求市中医院提供当次诊断的病历报告，市中医院称由于管理问题，该份病历已经遗失。此外，陈川的父母得知李志跟随外婆葛某生活后，要求追加葛某为共同被告，对此承担连带责任。

随着李志年龄增长，为对李志进行管教，李某与任某遂回到当地参加工作。2023年1月，李某和任某与阳光公司签订《商品房预售合同》，购买阳光公司开发的A房屋一套，并在合同约定“发生纠纷一律提交被告住所地法院管辖”。阳光公司为李某和任某办理了预告登记。为购买该商品房，李某与任某为支付购房款自光大银行借款150万元，并以所购房屋为光大银行办理抵押权的预告登记。

2023年7月，房屋建成，阳光公司擅自将该房屋出售给另一购房者张华，且为张华办理过户登记。李某、任某打算向阳光公司维权，发现阳光公司诉讼缠身：阳光公司以其所有的2台吊车为第四建筑有限公司提供担保，但未登记，第四建筑有限公司向法院起诉，要求行使抵押权；怀礼钢材贸易公司要求阳光公司清偿材料款2000万元，并主张适用法人人格否认制度，由阳光公司控股股东巨能公司承担连带责任。上述案件均在审理过程中。2023年9月，因资产显著不足，经债权人申请，阳光公司被法院受理破产案件。

【问题】

1. 如果刘琦在葛某的煎饼摊吃早饭后出现食物中毒的情况，刘琦应当以谁作为被告主张赔偿？

2. 根据《民法典》第144条的规定，分析李志接受赠与的效力，并说明原因。

3. 小天使幼儿园对于陈川的损害是否需要承担赔偿责任？为什么？

4. 陈川的父母将李志的父母与市中医院列为共同被告的做法是否正确？为什么？

5. 李志的父母认为陈川父母提交的医疗费发票系伪造，应当由谁对相关医疗费发票的真实性承担举证证明责任？请说明理由。

6. 若陈川父母未能提供证明医院存在过错的证据，法院应如何处理？为什么？

7. 陈川父母要求葛某承担连带责任的主张能否成立？为什么？

8. 李某和任某与阳光公司在《商品房预售合同》中约定的协议管辖，是否有效？请说明理由。

9. 张华可否取得房屋所有权？为什么？

10. 光大银行可否在阳光公司的破产程序中主张对A房屋优先受偿？为什么？

11. 法院受理阳光公司的破产申请后，第四建筑有限公司主张行使抵押权，管理人以债务人破产为由抗辩，抗辩理由是否成立？

12. 法院受理阳光公司的破产申请后，对于怀礼钢材贸易公司提起的法人人格否认之诉，应如何处理？若最终宣告阳光公司破产，对于怀礼钢材贸易公司的诉讼请求应如何处理？

【案情分析】

李某与任某婚后育有一子李志，为谋生计，在李志5岁时，李某与任某外出务工，将李志交由其外婆葛某抚养。李志就读于小天使幼儿园，为方便照顾李志，葛某自颜方处受让其经营的煎饼摊，但未办理个体工商户营业执照的变更。

委托监护

个体工商户的诉讼地位

2022年4月，6岁的李志因在学校表现很好，受到表扬，班主任赵某送给李志玩具车一辆，李志十分开心地表示接受。不料课间休息时，该玩具车被同学陈川（6岁）损坏，二人发生争执，李志将陈川推倒造成陈川小腿骨折，赵某当时虽然发现但未立刻制止。赵某火速将陈川送至市中医院治疗，诊疗过程中，因医生出现失误，导致赵某的小腿骨头接合不正。此后，经再次手术方才予以治愈。陈川父母就此次事故，将李志的父母、小天使幼儿园、市中医院列为共同被告，要求其对小腿骨折的损害以及再次手术的费用进行赔偿。

无民事行为能力人的行为

在教育机构遭受损害

医疗侵权

诉讼过程中，李志的父母认为陈川父母提交的证明医疗费的发票是伪造的，遂提出异议。此外，陈川父母要求市中医院提供当次诊断的病历报告，市中医院称由于管理问题，该份病历已经遗失。此外，陈川的父母得知李志跟随外婆葛某生活后，要求追加葛某为共同被告，对此承担连带责任。

证据的真实性

无正当理由拒绝提供病历

随着李志年龄增长，为对李志进行管教，李某与任某遂回到当地参加工作。2023年1月，李某和任某与阳光公司签订《商品房预售合同》，购买阳光公司开发的A房屋一套，并在合同约定“发生纠纷一律提交被告住所地法院管辖”。阳光公司为李某和任某办理了预告登记。为购买该商品房，李某与任某为支付购房款自光大银行借款150万元，并以所购房屋为光大银行办理抵押权的预告登记。

协议管辖

所有权的预告登记

抵押权的预告登记

2023年7月，房屋建成，阳光公司擅自将该房屋出售给另一购房者张华，且为张华办理过户登记。李某、任某打算向阳光公司维权，发现阳光公司诉讼缠身：阳光公司以其所有的2台吊车为第四建筑有限公司提供担保，但未登记，第四建筑有限公司向法院起诉，要求行使抵押权；怀礼钢材贸易公司要求阳光公司清偿材料款2000万元，并主张适用法人人格否认制度，由阳光公司控股股东巨能公司承担连带责任。上述案件均在审理过程中。2023年9月，因资产显著不足，经债权人申请，阳光公司被法院受理破产案件。

动产抵押权未登记

法人人格否认

【采分点答案及题目解析】

1. 如果刘琦在葛某的煎饼摊吃早饭后出现食物中毒的情况，刘琦应当以谁作为被告主张赔偿？

【采分点答案】

如果该早餐店有字号，应当以营业执照上登记的字号作为当事人。如果没有字号，应当以登记的经营者颜方和实际经营者葛某作为共同被告。

【题目解析】

个体工商户以营业执照上登记的经营者为当事人。有字号的，以营业执照上登记的字号为当事人，但应同时注明该字号经营者的基本信息。营业执照上登记的经营者与实际经营者不一致的，以登记的经营者和实际经营者为共同诉讼人。

2. 根据《民法典》第144条的规定，分析李志接受赠与的效力，并说明原因。

【采分点答案】

观点一：无效。6岁的李志系无民事行为能力人，其单独实施的行为应该被认定为无效。

观点二：有效。6岁的李志虽然为无民事行为能力人，但其接受赠予属于纯获利的行为，其对李志并无损害，应当认定为有效。

【题目解析】

（1）《民法典》第144条规定："无民事行为能力人实施的民事法律行为无效。"

（2）如果直接按照民法典的上述规定，本案中，李志系无民事行为能力人，因此其实施的法律行为一律均应当被认定为无效，即便是接受赠予这一纯获利的行为，也只能被认定为无效。

（3）但是，理论上有观点认为，《民法典》第144条的规定并不合理，应对其进行目的性限缩，将其解释为不包括纯获利的行为。该观点认为，无民事行为能力人实施的纯获利的行为应该被认定为有效。

3. 小天使幼儿园对于陈川的损害是否需要承担赔偿责任？为什么？

【采分点答案】

针对陈川小腿骨折的损害，小天使幼儿园须承担责任。针对小腿骨头接合不正，小天使幼儿园无须承担责任。

陈川作为无民事行为能力人在小天使幼儿园学习期间遭受损害，小天使幼儿园的工作人员未尽管理职责，存在过错，小天使幼儿园针对骨折须承担赔偿责任。

但是，腿骨骨折后经医院接合不正导致后续损害，与小天使幼儿园的行为不具有相当因果关系。因此，针对后续损害，小天使幼儿园不承担损害赔偿责任。

【题目解析】

（1）《民法典》第1199条规定："无民事行为能力人在幼儿园、学校或者其他教育机构学习、生活期间受到人身损害的，幼儿园、学校或者其他教育机构应当承担侵权责任；但是，能够证明尽到教育、管理职责的，不承担侵权责任。"

（2）本题中，陈川仅6岁属于无民事行为能力人，其在小天使幼儿园遭受损害，由于老师赵某未能及时制止，表明幼儿园存在过错。因此，幼儿园对陈川腿骨骨折须承担损害赔偿责任。

（3）侵权责任的成立要求行为与结果具有相当因果关系。造成他人骨折的行为通常并不会导致去医院治疗出现问题，其不具有相当因果关系。因此，幼儿园针对小腿骨头接合不正的损失不承担赔偿责任。

4. 陈川的父母将李志的父母与市中医院列为共同被告的做法是否正确？为什么？

【采分点答案】

不能。陈川遭受骨折的侵害与医院诊疗失误属于两个不同的侵权纠纷，且不涉及诉的合并。因此，列为共同被告的做法不正确。

5. 李志的父母认为陈川父母提交的医疗费发票系伪造，应当由谁对相关医疗费发票的真实性承担举证证明责任？请说明理由。

【采分点答案】

应当由陈川的父母对医疗费发票的真实性承担举证证明责任。依据“谁主张、谁举证”的一般规则，由主张以医疗费发票证明案件事实的当事人承担举证责任。

6. 若陈川父母未能提供证明医院存在过错的证据，法院应如何处理？为什么？

【采分点答案】

法院应认定医院存在过错，判决医院承担侵权责任。

医院无正当理由拒绝提供病例的行为，应推定医院存在过错，进而要求医院对此承担赔偿责任。

【题目解析】

《民法典》第1222条规定：“患者在诊疗活动中受到损害，有下列情形之一的，推定医疗机构有过错：

（一）违反法律、行政法规、规章以及其他有关诊疗规范的规定；

（二）隐匿或者拒绝提供与纠纷有关的病历资料；

（三）遗失、伪造、篡改或者违法销毁病历资料。”

7. 陈川父母要求葛某承担连带责任的主张能否成立？为什么？

【采分点答案】

不成立。李志的父母将李志委托给葛某监护，此时并未改变监护人身份，葛某并非监护人。作为受委托的葛某对此存在过错的，仅须承担按份责任，而非连带责任。

【题目解析】

《民法典》第1189条规定：“无民事行为能力人、限制民事行为能力人造成他人损害，监护人将监护职责委托给他人的，监护人应当承担侵权责任；受托人有过错的，承担相应的责任。”

8. 李某和任某与阳光公司在《商品房预售合同》中约定的协议管辖，是否有效？请说明理由。

【采分点答案】

协议管辖有效。因为商品房买卖合同纠纷不适用专属管辖的规定，双方约定了与争议有实际联系的法院，符合协议管辖的成立条件。

【题目解析】

政策性买卖合同纠纷由不动产所在地法院专属管辖，不得通过协议管辖变更。但本案属于商品房买卖纠纷，不适用专属管辖的规定，当事人可以进行协议管辖。

9. 张华可否取得房屋所有权？为什么？

【采分点答案】

不能。本案中，阳光公司已经将该房屋出售给李某、任某，且已经为其办理预告登记。此时，未经预告登记权利人李某、任某的同意，阳光公司处分该房屋的，不发生物权效力。

因此，张华无法取得该房屋的所有权。

【题目解析】

《民法典》第221条第1款规定：“当事人签订买卖房屋的协议或者签订其他不动产物权的

协议，为保障将来实现物权，按照约定可以向登记机构申请预告登记。预告登记后，未经预告登记的权利人同意，处分该不动产的，不发生物权效力。”

10. 光大银行可否在阳光公司的破产程序中主张对A房屋优先受偿？为什么？

【采分点答案】

不能。本案中，阳光公司于2023年9月被受理破产申请，其于2023年1月为光大银行办理抵押权的预告登记。属于在破产受理前1年内为没有担保的债务新设立预告登记，因此光大银行不能基于预告登记主张优先受偿。

【题目解析】

《担保制度解释》第52条第2款规定：“当事人办理了抵押预告登记，抵押人破产，经审查抵押财产属于破产财产，预告登记权利人主张就抵押财产优先受偿的，人民法院应当在受理破产申请时抵押财产的价值范围内予以支持，但是在人民法院受理破产申请前一年内，债务人对没有财产担保的债务设立抵押预告登记的除外。”

11. 法院受理阳光公司的破产申请后，第四建筑有限公司主张行使抵押权，管理人以债务人破产为由抗辩，抗辩理由是否成立？

【采分点答案】

（1）抗辩理由成立。

（2）动产抵押未登记的，在破产程序中，抵押权人主张对抵押财产优先受偿的，人民法院不予支持。

【相关法条】

《担保制度解释》第54条规定：“动产抵押合同订立后未办理抵押登记，动产抵押权的效力按照下列情形分别处理：

（一）抵押人转让抵押财产，受让人占有抵押财产后，抵押权人向受让人请求行使抵押权的，人民法院不予支持，但是抵押权人能够举证证明受让人知道或者应当知道已经订立抵押合同的除外；

（二）抵押人将抵押财产出租给他人并移转占有，抵押权人行使抵押权的，租赁关系不受影响，但是抵押权人能够举证证明承租人知道或者应当知道已经订立抵押合同的除外；

（三）抵押人的其他债权人向人民法院申请保全或者执行抵押财产，人民法院已经作出财产保全裁定或者采取执行措施，抵押权人主张对抵押财产优先受偿的，人民法院不予支持；

（四）抵押人破产，抵押权人主张对抵押财产优先受偿的，人民法院不予支持。”

12. 法院受理阳光公司的破产申请后，对于怀礼钢材贸易公司提起的法人人格否认之诉，应如何处理？若最终宣告阳光公司破产，对于怀礼钢材贸易公司的诉讼请求应如何处理？

【采分点答案】

（1）该诉讼应当中止；

（2）怀礼钢材贸易公司的诉讼请求包括：

①阳光公司清偿材料款2000万元，若该债权合法有效，法院应确认债权，怀礼钢材贸易公司对阳光公司的该笔债权作为普通债权在破产程序中进行清偿；

②阳光公司的控股股东巨能公司承担连带责任。

法院宣告阳光公司破产后，应判决驳回该诉讼请求。

【题目解析】

债权人对债务人提起法人人格否认之诉，要求债务人的股东对公司债务承担连带责任的，在债务人被宣告破产后，若法院支持由股东对债权人承担清偿责任，实质上使得该债权人在破产程序之外获得个别、优先受偿。违反了破产法的公平受偿原则。故对于债权人要求股东对公司债务承担连带责任的诉讼请求，在宣告债务人破产后，法院应当驳回债权人的诉讼请求。

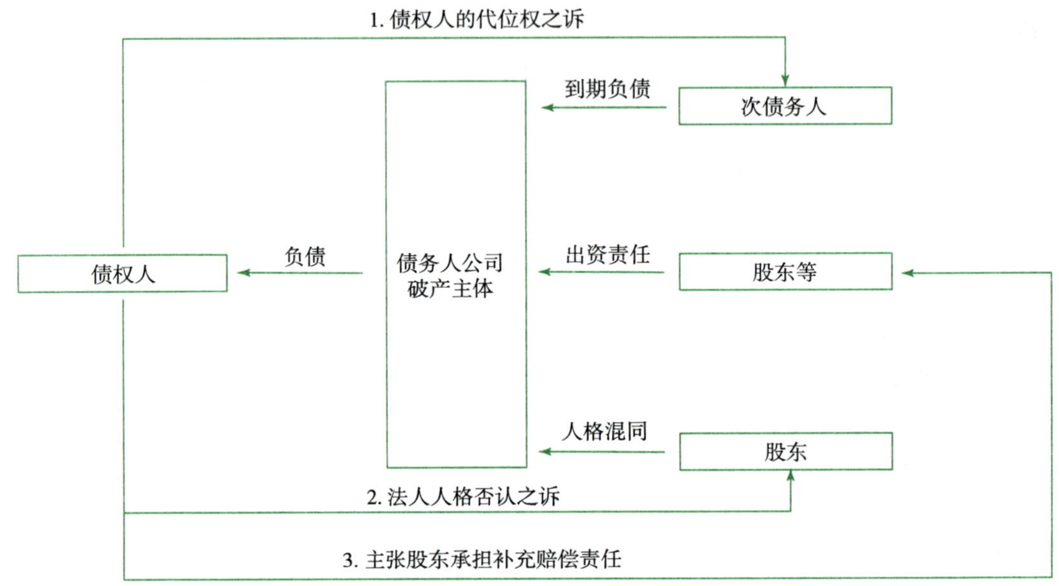

【相关法条】

《破产法解释（二）》第21条

破产申请受理前，债权人就债务人财产提起下列诉讼，破产申请受理时案件尚未审结的，人民法院应当中止审理：

（一）主张次债务人代替债务人直接向其偿还债务的；

（二）主张债务人的出资人、发起人和负有监督股东履行出资义务的董事、高级管理人员，或者协助抽逃出资的其他股东、董事、高级管理人员、实际控制人等直接向其承担出资不实或者抽逃出资责任的；

（三）以债务人的股东与债务人法人人格严重混同为由，主张债务人的股东直接向其偿还债务人对其所负债务的；

（四）其他就债务人财产提起的个别清偿诉讼。

债务人破产宣告后，人民法院应当依照企业破产法第四十四条的规定判决驳回债权人的诉讼请求。但是，债权人一审中变更其诉讼请求为追收的相关财产归入债务人财产的除外。

债务人破产宣告前，人民法院依据企业破产法第十二条或者第一百零八条的规定裁定驳回破产申请或者终结破产程序的，上述中止审理的案件应当依法恢复审理。

案例十四 丙公司与龙腾公司、神龙公司等买卖合同、担保合同纠纷案

【案情】

甲公司是一家劳务派遣公司，公司有多名员工。2023年4月10日，公司新招录李松、韩静、刘琪等若干员工预备将其派往不同单位工作。在派驻其他单位前，甲公司为新入职的劳动者准备了入职旅游。为此，甲公司与乙公司订立了旅游服务合同，约定乙公司为甲公司的员工提供泰国5日游的旅游服务，并将所有的出入境手续均交由乙公司办理。甲公司为此向乙公司支付服务款200万元。根据甲公司章程，签订超过100万元的合同，应当由股东会决议。但甲公司经董事会决议后，即由法定代表人赵鹏与乙公司签订了旅游服务合同。乙公司签订合同时审核了赵鹏的身份证明文件，但未要求甲公司提供相关的内部决议。

不料，由于乙公司失误，导致甲公司的员工等人在进入泰国时因手续欠缺而被遣返，大量的时间均用于往返，导致甲公司的员工心情十分沮丧，其中李松精神抑郁，有抑郁症倾向。甲公司法务赖明亮认为与乙公司签订合同未经公司股东会决议，和乙公司之间的合同效力存在问题。

经过细致的培训，李松被派往丙公司工作。丙公司是一家建筑材料的批发商，李松被安排为该公司的保安。2023年8月4日，龙腾公司前往丙公司购买了一批腻子膏，须支付价款20万元，双方约定龙腾公司分6期支付价款，若其欠付1期价款则丙公司即可解除该合同。为担保龙腾公司价款义务的支付，龙腾公司以自有的A汽车一辆设立抵押权用以担保，双方约定禁止抵押期间转让该汽车，但是未办理抵押登记。此外，飞跃公司经股东会决议，对此提供保证担保。

2023年10月，龙腾公司与华夏公司等共同筹备设立神龙公司从事建筑施工业务。在设立该公司过程中，龙腾公司以上述抵押的汽车进行出资，但未告知其他出资人该汽车已为丙公司设立抵押权之事。神龙公司成立后，发现了龙腾公司所出资汽车系抵押物的事实，提出龙腾公司出资无效。

同月，因龙腾公司欠付第3期价款未付，丙公司立刻向龙腾公司表示解除合同。双方交涉过程中，李松将龙腾公司的法定代表人戴眉眉推倒摔伤。双方因此问题产生争议，丙公司以龙腾公司与飞跃公司为共同被告提起诉讼。

丙公司提出如下诉讼请求：(1) 请求法院判决解除合同；(2) 请求实现对A汽车享有的抵押权；(3) 请求飞跃公司对此承担保证责任。

龙腾公司的法定代表人戴眉眉参与诉讼，在诉讼过程中表示，由于遭受李松的伤害，其主张对此问题提起反诉。飞跃公司参加诉讼后，则表示如合同解除，则自己的担保责任应当归于消灭。

经法院审理，判决丙公司可以对A汽车行使抵押权，丙公司遂申请法院对该汽车进行查封。此时，神龙公司向执行法院提出异议，表示该汽车已归自己所有，法院不应对此进行执行。执行法院经审查，驳回了神龙公司的异议。

被驳回异议的神龙公司遂申请再审对自己的权利进行救济，法院受理了神龙公司的再审申请，但鉴于丙公司的财务状况严重恶化，遂未中止对原判决的执行。再审过程中，丙公司提出证据证明，由于其与龙腾公司约定禁止其转让A汽车，因此龙腾公司以A汽车出资的行为无效。

经法院审理，无确切证据证明神龙公司知晓丙公司与龙腾公司之间禁止转让的约定，但亦无证据证明其不知晓。最终再审法院判决，丙公司可基于抵押权的追及力对神龙公司主张抵押权。

【问题】

1. 李松等人可否对乙公司主张违约损害赔偿？为什么？

2. 乙公司是否需要针对李松等人的精神抑郁承担精神损害赔偿？为什么？

3. 甲公司与乙公司签订的旅游服务合同效力如何？是否受甲公司未召开股东会的影响？

4. 神龙公司的说法是否正确？

5. 丙公司请求法院判决解除合同，能否得到法院的支持？为什么？

6. 针对戴眉眉的反诉，法院应如何处理？为什么？

7. 飞跃公司在诉讼中提出的理由是否成立？为什么？

8. 神龙公司提出的异议理由是否成立？为什么？

9. 神龙公司通过再审维护权利的做法是否正确？为什么？

10. 法院受理神龙公司的再审申请后没有中止对原判决的执行，该种做法是否正确？请说明理由。

11. 试评价再审法院的判决是否正确？为什么？

【案情分析】

甲公司是一家劳务派遣公司，公司有多名员工。2023 年 4 月 10 日，公司新招录李松、韩静、刘琪等若干员工预备将其派往不同单位工作。在派驻其他单位前，甲公司为新入职的劳动者准备了入职旅游。为此，甲公司与乙公司订立了旅游服务合同，约定乙公司为甲公司的员工提供泰国 5 日游的旅游服务，并将所有的出入境手续均交由乙公司办理。甲公司为此向乙公司支付服务款 200 万元。根据甲公司章程，签订超过 100 万元的合同，应当由股东会决议。但甲公司经董事会决议后，即由法定代表人赵鹏与乙公司签订了旅游服务合同。乙公司签订合同时审核了赵鹏的身份证明文件，但未要求甲公司提供相关的内部决议。

法定代表人的职权限制

不料，由于乙公司失误，导致甲公司的员工等人在进入泰国时因手续欠缺而被遣返，大量的时间均用于往返，导致甲公司的员工心情十分沮丧，其中李松精神抑郁，有抑郁症倾向。甲公司法务赖明亮认为与乙公司签订合同未经公司股东会决议，和乙公司之间的合同效力存在问题。

违约造成精神损害

经过细致的培训，李松被派往丙公司工作。丙公司是一家建筑材料的批发商，李松被安排为该公司的保安。2023 年 8 月 4 日，龙腾公司前往丙公司购买了一批腻子膏，须支付价款 20 万元，双方约定龙腾公司分 6 期支付价款，若其欠付 1 期价款则丙公司即可解除该合同。为担保龙腾公司价款义务的支付，龙腾公司以自有的 A 汽车一辆设立抵押权用以担保，双方约定禁止抵押期间转让该汽车，但是未办理抵押登记。此外，飞跃公司经股东会决议，对此提供保证担保。

分期付款买卖

禁止转让抵押物

公司担保

2023 年 10 月，龙腾公司与华夏公司等共同筹备设立神龙公司从事建筑施工业务。在设立该公司过程中，龙腾公司以上述抵押的汽车进行出资，但未告知其他出资人该汽车已为丙公司设立抵押权之事。神龙公司成立后，发现了龙腾公司所出资汽车系抵押物的事实，提出龙腾公司出资无效。

以担保财产出资

同月，因龙腾公司欠付第 3 期价款未付，丙公司立刻向龙腾公司表示解除合同。双方交涉过程中，李松将龙腾公司的法定代表人戴眉眉推倒摔伤。双方因此问题产生争议，丙公司以龙腾公司与飞跃公司为共同被告提起诉讼。

执行职务致人损害

丙公司提出如下诉讼请求：(1) 请求法院判决解除合同；(2) 请求实现对 A 汽车享有的抵押权；(3) 请求飞跃公司对此承担保证责任。

龙腾公司的法定代表人戴眉眉参与诉讼，在诉讼过程中表示，由于遭受李松的伤害，其主张对此问题提起反诉。飞跃公司参加诉讼后，则表示如合同解除，则自己的担保责任应当归于消灭。

反诉

经法院审理，判决丙公司可以对 A 汽车行使抵押权，丙公司遂申请法院对该汽车进行查封。此时，神龙公司向执行法院提出异议，表示该汽车已归自己所有，法院不应对此进行执行。执行法院经审查，驳回了神龙公司的异议。

执行异议

被驳回异议的神龙公司遂申请再审对自己的权利进行救济，法院受理了神龙公司的再审申请，但鉴于丙公司的财务状况严重恶化，遂未中止对原判决的执行。再审过程中，丙公司提出证据证明，由于其与龙腾公司约定禁止其转让A汽车，因此龙腾公司以A汽车出资的行为无效。经法院审理，无确切证据证明神龙公司知晓丙公司与龙腾公司之间禁止转让的约定，但亦无证据证明其不知晓。最终再审法院判决，丙公司可基于抵押权的追及力对神龙公司主张抵押权。

案外人再审

【采分点答案及题目解析】

1. 李松等人可否对乙公司主张违约损害赔偿？为什么？

【采分点答案】

可以。本案中，虽然甲公司以其单位名义与乙公司订立旅游合同，但是旅游者个人仍有权就此单独提起诉讼。因此，李松等人可以以个人名义就乙公司提起诉讼。

【题目解析】

（1）本题属于超纲考点，主要是希望让考生了解一下，在旅游服务合同中存在着一种突破合同相对性的例外情形。

（2）《审理旅游纠纷的规定》[1]第2条规定：以单位、家庭等集体形式与旅游经营者订立旅游合同，在履行过程中发生纠纷，除集体以合同一方当事人名义起诉外，旅游者个人提起旅游合同纠纷诉讼的，人民法院应予受理。

2. 乙公司是否需要针对李松等人的精神抑郁承担精神损害赔偿？为什么？

【采分点答案】

观点一：不需要。本题中，乙公司的行为仅仅系违约行为，其并未侵害李松等人的人身权，因此不需要对其精神损害予以赔偿。

观点二：需要。作为旅游服务合同其目的就是追求精神享受，乙公司因其违约行为给李松等人造成精神损害，其须对此承担损害赔偿责任。

【题目解析】

（1）本题属于开放型设问，两种观点择一作答即可。

（2）关于违约责任中是否对精神损害进行救济理论上存在争议。《民法典》第996条规定：因当事人一方的违约行为，损害对方人格权并造成严重精神损害，受损害方选择请求其承担违约责任的，不影响受损害方请求精神损害赔偿。但是，民法典并未规定在未侵害人格权的案件中能否主张精神损害赔偿。

（3）理论上对此存在两种观点：一种观点认为，违约责任不应支持精神损害赔偿。另一种观点则认为，有的合同其目的就在于追求精神享受，例如旅游合同等服务合同，如果当事人违约，其能够预见到可能给对方当事人造成精神损害。因此，在此类合同中应支持当事人关于精

[1]《最高人民法院关于审理旅游纠纷案件适用法律若干问题的规定》。

神损害赔偿的请求。

3. 甲公司与乙公司签订的旅游服务合同效力如何？是否受甲公司未召开股东会的影响？

【采分点答案】

（1）甲公司与乙公司签订的旅游服务合同合法有效。

（2）甲公司未根据章程规定召开股东会，形成同意与乙公司签订金额为200万元的合同的决议，不影响甲公司、乙公司之间的合同效力。

①根据甲公司章程，签订超过100万元的合同，应当由股东会决议，而非董事会决议。故甲公司董事会的决议违反了公司章程，该决议可撤销。

②若甲公司董事会决议通过之日起60日内，甲公司股东未提起诉讼，要求撤销董事会决议，则董事会决议合法有效，自然不影响基于该决议而签订的合同。

③若甲公司股东在决议通过之日起60日内，提起诉讼要求撤销董事会决议，且得到法院的支持，不影响与善意相对人形成的民事法律关系。

本题中，乙公司为善意的相对人。

【题目解析】

（1）公司决议与外部民事法律行为的关系。公司的民事法律行为从逻辑上包括两步：①召开董事会/股东会，形成决议，即意思表示。②根据决议，进行民事法律行为，如与相对人订立合同。

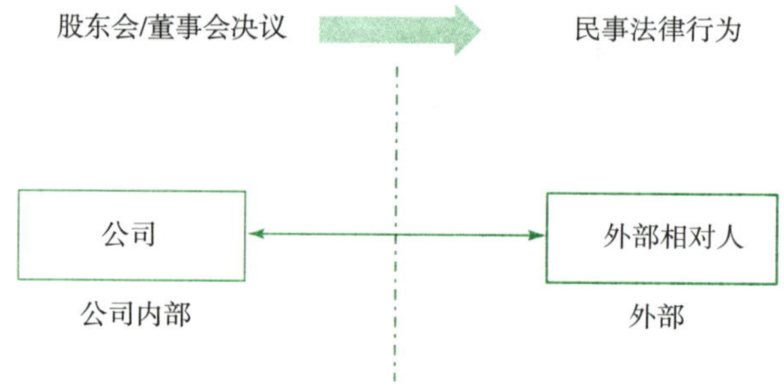

若内部决议效力被否定（不成立、无效、撤销），不影响与善意相对人的法律关系。

（2）决议的效力

本题中，甲公司的董事会决议超出了章程所规定的权限。注意，其内容并不违反法律、行政法规，而仅违反了公司章程。若决议内容违法法律、行政法规，该决议无效；只有在内容不违反法律、行政法规，即不认定无效的前提下，内容违反章程，该决议可撤销。

需要注意的是，决议可撤销，是对其性质的评价，是否撤销取决于股东是否在法律规定的期间（决议通过之日起60日）内，向法院起诉。所以，关于该决议的最终效力，需要分两种情况讨论：股东是否提起撤销之诉。

（3）乙公司是否属于善意的相对人

大家在学习公司法、担保制度解释时，会注意到关于法定代表人越权担保中，公司是否承担担保责任，取决于相对人是否善意。在界定相对人是否善意时，关键看其对公司同意担保的决议是否进行了合理审查。该合理审查义务来源于《公司法》第16条规定的，公司提供担保应当由股东会或董事会决议。

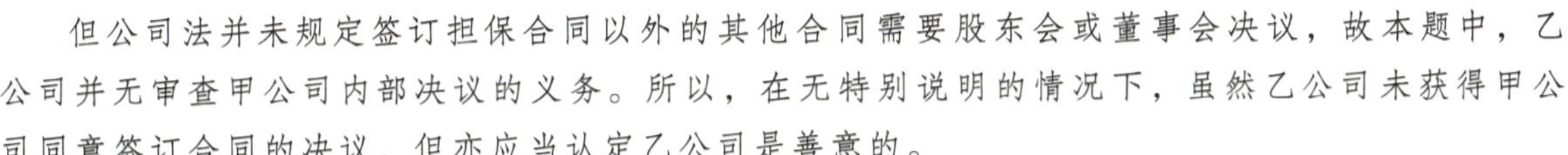

但公司法并未规定签订担保合同以外的其他合同需要股东会或董事会决议，故本题中，乙公司并无审查甲公司内部决议的义务。所以，在无特别说明的情况下，虽然乙公司未获得甲公司同意签订合同的决议，但亦应当认定乙公司是善意的。

4. 神龙公司的说法是否正确?

【采分点答案】

（1）不正确。龙腾公司的出资合法有效。

（2）龙腾公司以设定抵押的汽车出资，属于非货币财产出资。该汽车可以评估作价，可以依法转让，满足非货币财产出资的条件。

（3）龙腾公司虽然已经将标的汽车设定抵押权，但抵押事项和禁止转让的约定均未登记，不得对抗善意的受让人。本题中，神龙公司对于汽车的抵押事项不知情，是善意的，故其可以合法取得龙腾公司作为出资的汽车，且丙公司不能向神龙公司主张抵押权。

【题目解析】

股东以非货币财产出资，需要向公司转移所有权，其本质是股东将非货币财产“转让”给公司。故龙腾公司以设定抵押的汽车出资，可以按照转让抵押财产的规则进行分析。

【陷阱提示】

关于设定担保的财产出资是否有效，公司法没有明确规定，仅《市场主体登记管理条例》第13条规定：公司股东、非公司企业法人出资人、农民专业合作社（联合社）成员不得以劳务、信用、自然人姓名、商誉、特许经营权或者设定担保的财产等作价出资。

故有必要讨论该规定是管理性规范还是效力性规范。

市场主体登记管理条例之所以禁止设定担保的财产出资，原因在于若担保权人行使担保权，则会导致公司财产的下降，进一步影响公司资本的稳定性和债权人利益。

（1）若出资人能够涤除出资标的上的担保权，则不会对公司利益产生影响。故《公司法解释（三）》第8条规定：出资人以设定权利负担的土地使用权出资，公司、其他股东或者公司债权人主张认定出资人未履行出资义务的，人民法院应当责令当事人在指定的合理期间内解除权利负担；逾期未解除的，人民法院应当认定出资人未依法全面履行出资义务。正是这一观点的体现。

（2）若担保权人不能向公司主张担保物权，同样不会对公司利益产生影响。如本题中，动产抵押、禁止转让未登记，则不得对抗善意的受让人。

综上，股东以设定担保的财产出资，并不当然无效。

5. 丙公司请求法院判决解除合同，能否得到法院的支持？为什么?

【采分点答案】

不能。丙公司与龙腾公司之间约定分6期支付价款，其属于分期付款买卖。双方约定欠付1期即可解除合同，约定的比例低于五分之一，该约定无效。现龙腾公司欠付的价款未达总价款的五分之一，丙公司不能享有解除权。

【题目解析】

（1）《民法典》第634条第1款规定：分期付款的买受人未支付到期价款的数额达到全部价款的五分之一，经催告后在合理期限内仍未支付到期价款的，出卖人可以请求买受人支付全部价款或者解除合同。

（2）《买卖合同解释》第27条第2款规定："分期付款买卖合同的约定违反民法典第六百三十四条第一款的规定，损害买受人利益，买受人主张该约定无效的，人民法院应予支持。"

（3）本题中，丙公司与龙腾公司约定的行使解除权的比例低于20%，其约定无效。而龙腾公司仅欠付1期价款，未达到法定的解约比例。因此，丙公司不享有解除权，法院不能支持丙公司的主张。

6. 针对戴眉眉的反诉，法院应如何处理？为什么？

【采分点答案】

法院应不予受理，告知其另行起诉。丙公司提起的诉讼中，被告为龙腾公司而非戴眉眉，现在戴眉眉以个人名义提起反诉，其并非本诉的被告。因此，法院不能作为反诉处理，只能告知其另行起诉。

【题目解析】

（1）《民诉法解释》第233条规定：反诉的当事人应当限于本诉的当事人的范围。

反诉与本诉的诉讼请求基于相同法律关系、诉讼请求之间具有因果关系，或者反诉与本诉的诉讼请求基于相同事实的，人民法院应当合并审理。

反诉应由其他人民法院专属管辖，或者与本诉的诉讼标的及诉讼请求所依据的事实、理由无关联的，裁定不予受理，告知另行起诉。

（2）本案中，戴眉眉并非本诉的当事人，其只是本诉当事人的法定代表人，已经超出本诉当事人的范围。因此，法院应裁定不予受理，告知另行起诉。

7. 飞跃公司在诉讼中提出的理由是否成立？为什么？

【采分点答案】

不成立。担保人对合同解除后所产生的责任仍然应该提供担保。本案中，即便丙公司与龙腾公司的担保合同被解除，对于该合同所产生的责任，飞跃公司也仍然需要提供担保。

【题目解析】

《民法典》第566条第3款规定：主合同解除后，担保人对债务人应当承担的民事责任仍应当承担担保责任，但是担保合同另有约定的除外。

8. 神龙公司提出的异议理由是否成立？为什么？

【采分点答案】

成立。

在抵押期间，龙腾公司与丙公司约定不得转让抵押汽车，但是未就此办理登记。此后，龙腾公司以该汽车向神龙公司出资的行为可以被认定为转让，但由于神龙公司对此并不知情，因此其已经取得该汽车的所有权。

【题目解析】

《担保制度解释》第43条第1款规定：当事人约定禁止或者限制转让抵押财产但是未将约定登记，抵押人违反约定转让抵押财产，抵押权人请求确认转让合同无效的，人民法院不予支持；抵押财产已经交付或者登记，抵押权人请求确认转让不发生物权效力的，人民法院不予支

持，但是抵押权人有证据证明受让人知道的除外；抵押权人请求抵押人承担违约责任的，人民法院依法予以支持。

本题中，虽然抵押权人丙公司与抵押人龙腾公司约定禁止转让抵押汽车，但是双方未就此办理抵押登记。此后，抵押人龙腾公司将该汽车转让给神龙公司时，神龙公司并不知晓该约定的存在。因此，神龙公司可以取得该汽车的所有权。

9. 神龙公司通过再审维护权利的做法是否正确？为什么？

【采分点答案】

神龙公司通过再审维护权利的做法正确。神龙公司的执行异议指向丙公司与龙腾公司、飞跃公司之生效判决的正确性，法院驳回了神龙公司的执行异议，其可以通过案外人再审的方式维护自身权利。

10. 法院受理神龙公司的再审申请后没有中止对原判决的执行，该种做法是否正确？请说明理由。

【采分点答案】

法院没有中止执行的做法错误。法院启动再审程序后原则上应当中止执行，但追索赡养费、扶养费、抚养费、抚恤金、医疗费用、劳动报酬等案件可以不中止执行。本案不属于上述可以不中止执行的情形，所以法院的做法错误。

11. 试评价再审法院的判决是否正确？为什么？

【采分点答案】

不正确。本案中，丙公司的抵押权未办理抵押登记，而神龙公司在受让该汽车时为善意。因此，丙公司不得对善意受让人神龙公司再主张抵押权。

【题目解析】

《担保制度解释》第54条规定："动产抵押合同订立后未办理抵押登记，动产抵押权的效力按照下列情形分别处理：

（一）抵押人转让抵押财产，受让人占有抵押财产后，抵押权人向受让人请求行使抵押权的，人民法院不予支持，但是抵押权人能够举证证明受让人知道或者应当知道已经订立抵押合同的除外……"

【易错点提示】

考生切勿狭隘地将抵押物的转让仅仅理解为买卖，事实上转让指的是有偿的处分，向公司出资的行为亦属于转让行为。

案例十五　潇湘公司与湘南公司、汉阳公司合并、买卖合同纠纷案

【案情】

湘南工程公司（主要营业地在甲市A区，以下简称湘南公司）是潇湘贸易股份公司（主要营业地在乙市C区，以下简称潇湘公司）的股东，持有潇湘公司10%的股权。2020年1月，湘南公司因资金紧张，自潇湘公司借得资金100万元。为担保该笔债务的履行，湘南公司以自己名下的汽车一辆为潇湘公司设定抵押权用以担保，但双方未办理抵押登记。

2020年2月，潇湘公司自汉阳实业公司（主要营业地在丁市W区）采购一批蔬菜，价款50万元，付款日期为2022年2月，并以其对湘南公司的债权设定质押。汉阳实业公司发货后，潇湘公司将该批蔬菜存入自己的冷库之中。此外，潇湘公司的股东王华以其持有的潇湘公司的股权为汉阳实业公司提供担保，双方约定若潇湘公司无法按期支付价款，则该股权直接归汉阳实业公司所有。约定达成后，双方办理了股权的变更登记。

潇湘公司的采购经理张晶，长期与汉阳公司对接，多次代理潇湘公司与汉阳公司签订蔬菜购销合同。2020年10月，张晶自潇湘公司处离职，但是潇湘公司未将此事告知汉阳实业公司。当月18日，张晶以潇湘公司的名义与汉阳实业公司签订价款为20万元的蔬菜买卖合同，双方在合同中约定“发生纠纷提交原告住所地法院或者向S仲裁委员会申请仲裁”。因未收到潇湘公司支付的价款，汉阳公司遂以潇湘公司为被告诉至丁市W区法院，要求支付价款。

潇湘公司在诉讼中申请追加张晶作为第三人，法院准许。在诉讼过程中，汉阳实业公司得知张晶已经离职之事，汉阳实业公司遂变更诉讼请求为要求撤销该买卖合同，并追究张晶的赔偿责任。

2020年11月，湘南公司因资金匮乏，遂将抵押给潇湘公司的汽车出售给汉阳公司，汉阳公司对汽车存在抵押之事并不知情。潇湘公司经咨询律师得知其无法再就该汽车行使抵押权，于是潇湘公司遂主张针对出售汽车所得价款行使优先受偿权。但是，这一主张遭到湘南公司其他债权人的反对。

几经周折，湘南公司欠付潇湘公司的债务未能依约清偿。2021年1月，经过两公司股东的多次协商，双方决议潇湘公司吸收合并湘南公司。汉阳实业公司接到通知后，强烈要求潇湘公司支付欠付的50万元的蔬菜款项。由于两公司的合并，导致潇湘公司代替湘南公司支付了大量欠款，潇湘公司的资金陷入困境。

为查清潇湘公司的内部经营状况，汉阳实业公司主张自己名下登记了潇湘公司的股权，主张实现知情权，查询潇湘公司的会计账簿，遭到潇湘公司拒绝。

2021年5月，潇湘公司在查验冷库时发现汉阳公司交付的该批蔬菜的重量短缺2吨。潇湘公司于5月3日通知汉阳公司解除该合同，当时正值蔬菜出产季节，汉阳公司忙于出货。2021年10月，汉阳公司向法院提起诉讼，要求法院确认该合同未被解除，并要求取得王华用以担保的股权。

【问题】

1. 对于汉阳公司提起的诉讼，丁市W区法院是否有管辖权？为什么？

2. 汉阳公司要求潇湘公司支付20万元的价款的请求，能否得到支持？为什么？

3. 法院准许追加张晶的做法是否正确？为什么？

4. 汉阳公司追究张晶的赔偿责任的主张能否得到法院支持？为什么？

5. 潇湘公司对转让汽车的价款主张优先受偿是否有理由？为什么？

6. 合并后，湘南公司持有的潇湘公司股权应如何处理？

7. 潇湘公司对湘南公司的100万元债权是否消灭？

8. 汉阳实业公司2021年1月要求潇湘公司提前清偿债务，是否能够得到支持？

9. 潇湘公司拒绝汉阳公司的查账主张，是否有理由？为什么？

10. 针对交付的蔬菜重量是否符合约定，应由何人承担举证责任？为什么？

11. 法院能否以汉阳公司起诉时间较晚，直接判决合同已被解除？

12. 汉阳公司要求取得王华的股权能否得到法院支持？为什么？

【案情分析】

湘南工程公司（主要营业地在甲市A区，以下简称湘南公司）是潇湘贸易股份公司（主要营业地在乙市C区，以下简称潇湘公司）的股东，持有潇湘公司10%的股权。2020年1月，湘南公司因资金紧张，自潇湘公司借得资金100万元。为担保该笔债务的履行，湘南公司以自己名下的汽车一辆为潇湘公司设定抵押权用以担保，但双方未办理抵押登记。

动产抵押权未登记

2020年2月，潇湘公司自汉阳实业公司（主要营业地在丁市W区）采购一批蔬菜，价款50万元，付款日期为2022年2月，并以其对湘南公司的债权设定质押。汉阳实业公司发货后，潇湘公司将该批蔬菜存入自己的冷库之中。此外，潇湘公司的股东王华以其持有的潇湘公司的股权为汉阳实业公司提供担保，双方约定若潇湘公司无法按期支付价款，则该股权直接归汉阳实业公司所有。约定达成后，双方办理了股权的变更登记。

应收账款质押

股权让与担保

潇湘公司的采购经理张晶，长期与汉阳公司对接，多次代理潇湘公司与汉阳公司签订蔬菜购销合同。2020年10月，张晶自潇湘公司处离职，但是潇湘公司未将此事告知汉阳实业公司。当月18日，张晶以潇湘公司的名义与汉阳实业公司签订价款为20万元的蔬菜买卖合同，双方在合同中约定"发生纠纷提交原告住所地法院或者向S仲裁委员会申请仲裁"。因未收到潇湘公司支付的价款，汉阳公司遂以潇湘公司为被告诉至丁市W区法院，要求支付价款。

表见代理

或裁或审

潇湘公司在诉讼中申请追加张晶作为第三人，法院准许。在诉讼过程中，汉阳实业公司得知张晶已经离职之事，汉阳实业公司遂变更诉讼请求为要求撤销该买卖合同，并追究张晶的赔偿责任。

要求无权代理人承担责任

2020年11月，湘南公司因资金匮乏，遂将抵押给潇湘公司的汽车出售给汉阳公司，汉阳公司对汽车存在抵押之事并不知情。潇湘公司经咨询律师得知其无法再就该汽车行使抵押权，于是潇湘公司遂主张针对出售汽车所得价款行使优先受偿权。但是，这一主张遭到湘南公司其他债权人的反对。

对抵押物的价款主张优先受偿

几经周折，湘南公司欠付潇湘公司的债务未能依约清偿。2021年1月，经过两公司股东的多次协商，双方决议潇湘公司吸收合并湘南公司。汉阳实业公司接到通知后，强烈要求潇湘公司支付欠付的50万元的蔬菜款项。由于两公司的合并，导致潇湘公司代替湘南公司支付了大量欠款，潇湘公司的资金陷入困境。

企业合并

为查清潇湘公司的内部经营状况，汉阳实业公司主张自己名下登记了潇湘公司的股权，主张实现知情权，查询潇湘公司的会计账簿，遭到潇湘公司拒绝。

行使知情权

2021年5月，潇湘公司在查验冷库时发现汉阳公司交付的该批蔬菜的重量短缺2吨。潇湘公司于5月3日通知汉阳公司解除该合同，当时正值蔬菜出产季节，汉阳公司忙于出货。2021年10月，汉阳公司向法院提起诉讼，要求法院确认该合同未被解除，并要求取得王华用以担保的股权。

【采分点答案及题目解析】

1. 对于汉阳公司提起的诉讼，丁市W区法院是否有管辖权？为什么？

【采分点答案】

丁市W区法院有管辖权。本案中，双方当事人在合同中约定的仲裁协议违反了“或裁或审”的要求，因此仲裁协议无效，但并不影响成立了有效的诉讼协议管辖，因此本案应当依照协议管辖的约定由原告住所地法院管辖，即丁市W区法院。

【题目解析】

当事人约定既可以起诉也可以仲裁的，虽然仲裁协议原则上无效，但不影响可能成立有效的诉讼协议管辖。

2. 汉阳公司要求潇湘公司支付20万元的价款的请求，能否得到支持？为什么？

【采分点答案】

可以。张晶已经从潇湘公司离职，其以潇湘公司名义与汉阳公司签订合同的行为属于无权代理。但是，由于其存在代理的权利外观，且相对人汉阳公司对此不知情，因此其行为构成表见代理。该买卖合同的效力应归属于被代理的潇湘公司承担，故汉阳公司有权要求潇湘公司支付价款。

【题目解析】

《民法典》第172条规定：行为人没有代理权、超越代理权或者代理权终止后，仍然实施代理行为，相对人有理由相信行为人有代理权的，代理行为有效。

3. 法院准许追加张晶的做法是否正确？为什么？

【采分点答案】

正确。本案中，若潇湘公司承担了责任，其有权向张晶进行追偿。因此，张晶对案件的审理结果具有利害关系，法院可以将其追加为本案的第三人（无独三）。

【题目解析】

（1）从实体法角度，本案构成表见代理，被代理人潇湘公司须对此承担责任。但是，潇湘公司在承担责任后对无权代理人张晶享有追偿权。因此，张晶对本案的审理结果具有利害关系。

（2）从程序法角度，《民事诉讼法》第59条第2款规定：对当事人双方的诉讼标的，第三人虽然没有独立请求权，但案件处理结果同他有法律上的利害关系的，可以申请参加诉讼，或者由人民法院通知他参加诉讼。人民法院判决承担民事责任的第三人，有当事人的诉讼权利义务。据此，本案中，法院可以通知张晶作为无独立请求权的第三人参加诉讼。

4. 汉阳公司追究张晶的赔偿责任的主张能否得到法院支持？为什么？

【采分点答案】

观点一：不能得到支持。本案符合表见代理的条件，作为相对人的汉阳公司只能要求被代理人潇湘公司履行合同，而不能要求无权代理人张晶承担损害赔偿责任。

观点二：可以得到支持。本案中，汉阳公司不知道张晶是无权代理人，其属于善意相对人，其有权选择主张撤销合同，并要求无权代理人张晶承担损害赔偿责任。

【题目解析】

（1）本题属于开放型观点，考生择一作答即可。

（2）《民法典》第171条规定：行为人没有代理权、超越代理权或者代理权终止后，仍然实施代理行为，未经被代理人追认的，对被代理人不发生效力。

相对人可以催告被代理人自收到通知之日起三十日内予以追认。被代理人未作表示的，视为拒绝追认。行为人实施的行为被追认前，善意相对人有撤销的权利。撤销应当以通知的方式作出。

行为人实施的行为未被追认的，善意相对人有权请求行为人履行债务或者就其受到的损害请求行为人赔偿。但是，赔偿的范围不得超过被代理人追认时相对人所能获得的利益。

相对人知道或者应当知道行为人无权代理的，相对人和行为人按照各自的过错承担责任。

（3）本案已经构成了表见代理，但是相对人汉阳公司能否选择不适用表见代理，而是适用普通的无权代理中对善意相对人的保护呢？理论上有两种观点。

观点一认为，一旦构成表见代理则相对人没有选择权，其只能向被代理人主张要求履行合同。

观点二认为，在构成表见代理的场合，相对人也可以选择适用普通无权代理的保护规则，向无权代理人主张损害赔偿责任。

5. 潇湘公司对转让汽车的价款主张优先受偿是否有理由？为什么？

【采分点答案】

观点一：无理由。湘南公司将抵押汽车转让给汉阳公司，由于汉阳公司不知情，因此其无须承担该抵押权。此时，潇湘公司有权要求湘南公司将所得价款用以清偿债务，但其并不享有优先受偿权。

观点二：有理由。湘南公司将抵押汽车转让给汉阳公司，由于汉阳公司不知情，因此其无须承担该抵押权。此时，潇湘公司有权要求湘南公司将所得价款用以清偿债务，并且基于担保物权的物上代位性，其有权对价款主张优先受偿。

【题目解析】

（1）本题属于开放型观点，考生择一作答即可。

（2）《民法典》第406条规定：抵押期间，抵押人可以转让抵押财产。当事人另有约定的，按照其约定。抵押财产转让的，抵押权不受影响。

抵押人转让抵押财产的，应当及时通知抵押权人。抵押权人能够证明抵押财产转让可能损害抵押权的，可以请求抵押人将转让所得的价款向抵押权人提前清偿债务或者提存。转让的价款超过债权数额的部分归抵押人所有，不足部分由债务人清偿。

（3）关于抵押权人对转让抵押物所得价款是否享有优先受偿权，理论上存在两种观点。

观点一认为，虽然抵押权人可以主张将抵押物转让所得价款用以清偿，但是不享有优先受偿权。

观点二认为，抵押权作为担保物权具有物上代位性，而代位的范围就包含转让抵押物所得价款，因此，其享有优先受偿权。

6. 合并后，湘南公司持有的潇湘公司股权应如何处理？

【采分点答案】

（1）潇湘公司吸收合并湘南公司，将导致潇湘公司对其10%股权的回购；

（2）对于该部分股权，潇湘公司应当在6个月内转让或注销。

【题目解析】

本题中潇湘公司是股份公司，其回购制度适用《公司法》第142条。

《公司法》第142条规定：

第一百四十二条　公司不得收购本公司股份。但是，有下列情形之一的除外：

（一）减少公司注册资本；

（二）与持有本公司股份的其他公司合并；

（三）将股份用于员工持股计划或者股权激励；

（四）股东因对股东大会作出的公司合并、分立决议持异议，要求公司收购其股份；

（五）将股份用于转换上市公司发行的可转换为股票的公司债券；

（六）上市公司为维护公司价值及股东权益所必需。

公司因前款第（一）项、第（二）项规定的情形收购本公司股份的，应当经股东大会决议；公司因前款第（三）项、第（五）项、第（六）项规定的情形收购本公司股份的，可以依照公司章程的规定或者股东大会的授权，经三分之二以上董事出席的董事会会议决议。

公司依照本条第一款规定收购本公司股份后，属于第（一）项情形的，应当自收购之日起十日内注销；属于第（二）项、第（四）项情形的，应当在六个月内转让或者注销；属于第（三）项、第（五）项、第（六）项情形的，公司合计持有的本公司股份数不得超过本公司已发行股份总额的百分之十，并应当在三年内转让或者注销。

上市公司收购本公司股份的，应当依照《中华人民共和国证券法》的规定履行信息披露义务。上市公司因本条第一款第（三）项、第（五）项、第（六）项规定的情形收购本公司股份的，应当通过公开的集中交易方式进行。

公司不得接受本公司的股票作为质押权的标的。

【易错点提示】

（1）本题中潇湘公司与湘南公司的合并方式为吸收合并，合并完成后潇湘公司存续，湘南公司注销登记，主体资格消灭。

（2）关于公司股权/股份回购制度，要区分有限公司和股份公司。有限公司的回购制度——异议股东回购制度，适用《公司法》第74条；股份公司回购制度适用《公司法》第142条。

7. 潇湘公司对湘南公司的100万元债权是否消灭？

【采分点答案】

（1）潇湘公司对湘南公司的100万元债权并不因两方的合并而消灭；

（2）一般情况下债权人与债务人合并，因债权债务同归于一人，债权终止。但本题中，潇湘公司对湘南公司的债权已经为汉阳实业公司设定了质押担保，此时若认定债权消灭将损害汉阳实业公司的利益。

【题目解析】

(1)《民法典》第576条规定：债权和债务同归于一人的，债权债务终止，但是损害第三人利益的除外。

(2) 本题中，潇湘公司与湘南公司发生合并，其债权债务同归于潇湘公司，此属于混同。原则上，该债权债务应归于消灭。但是，在本题中，由于该笔债权上存在汉阳公司的质权，此时消灭有损第三人利益。因此，该笔债权不因混同而消灭。

8. 汉阳实业公司2021年1月要求潇湘公司提前清偿债务，是否能够得到支持？

【采分点答案】

(1) 能够得到支持。

(2) 公司合并中，债权人接到合并的通知之日起30日内有权要求清偿债务或提供担保。

【题目解析】

公司合并中，合并后的公司继受合并前的公司所有债务，可能对债权人产生消极影响。故在公司合并中，规定了债权人保护制度，即债权人在公司合并时有权要求其清偿债务或提供担保。

《公司法》第173条规定：

公司合并，应当由合并各方签订合并协议，并编制资产负债表及财产清单。公司应当自作出合并决议之日起十日内通知债权人，并于三十日内在报纸上公告。债权人自接到通知书之日起三十日内，未接到通知书的自公告之日起四十五日内，可以要求公司清偿债务或者提供相应的担保。

【易错点提示】

公司重大变更制度包括：增加注册资本、减少注册资本、合并、分立、变更公司形式。其中，仅合并、减少注册资本中规定了债权人保护制度，其他三项重大变更制度中并未规定债权人保护制度。

9. 潇湘公司拒绝汉阳公司的查账主张，是否有理由？为什么？

【采分点答案】

(1) 潇湘公司拒绝汉阳公司的查账主张，有正当理由；

(2) 王华与汉阳公司之间系股权让与担保关系，股权虽然登记在汉阳公司名下，但其身份为王华的债权人，有权对标的股权价值优先受偿，但其不能因此主张行使股东权利。

【题目解析】

股权让与担保中的法律关系如下：

(1) 流担保条款无效：约定债务人未清偿债务时，标的股权归属于债权人的，该约定无效。

(2) 债权人可主张就标的股权优先受偿。

(3) 债权人不具有股东身份：

①债权人向公司主张行使股东权力的，法院不予支持；

②公司的债权人主张由“名义股东”对公司债务承担补充赔偿责任的，不予支持。

10. 针对交付的蔬菜重量是否符合约定，应由何人承担举证责任？为什么？

【采分点答案】

应潇湘公司承担举证责任。本案中，由于潇湘公司未对标的物及时进行检验，在法律上视为汉阳公司交付的标的物没有瑕疵。此时，潇湘公司主张该标的物存在瑕疵，应由其自己承担举证责任。

【题目解析】

（1）《民法典》第621条第1款规定：当事人约定检验期限的，买受人应当在检验期限内将标的物的数量或者质量不符合约定的情形通知出卖人。买受人怠于通知的，视为标的物的数量或者质量符合约定。

（2）本案中，针对蔬菜的数量问题，潇湘公司没有在收到货物时进行检验。因此，应当视为标的物的数量符合约定。此时，应由潇湘公司自己承担举证责任。

【易错点提示】

根据民事诉讼法的规定，应由义务人对义务的履行承担举证责任。但是，如果买受人没有完成检验的，此时的举证责任就移转归买受人承担。

11. 法院能否以汉阳公司起诉时间较晚，直接判决合同已被解除？

【采分点答案】

不能。汉阳公司对解除的通知有异议，其起诉要求法院确认该解除的效力，此时法院须对合同的解除权进行审查，而不能仅以超过合理期限认定合同解除。

【题目解析】

《合同编通则解释》（征求意见稿）第54条规定：当事人因一方以通知方式主张解除合同发生争议的，人民法院应当对其是否享有法律规定或者合同约定的解除权进行审查。经审查，享有解除权的，合同自通知到达对方时解除；不享有解除权的，不发生合同解除的效力。通知解除合同的一方仅以对方未在合理期限内提出异议为由主张合同已经解除的，人民法院不予支持。

12. 汉阳公司要求取得王华的股权能否得到法院支持？为什么？

【采分点答案】

不能。王华将股权让与给汉阳公司的目的在于担保汉阳公司的债权，其行为属于股权让与担保，发挥担保的效力，汉阳公司无法取得该股权。

【题目解析】

《担保制度解释》第69条规定：股东以将其股权转移至债权人名下的方式为债务履行提供担保，公司或者公司的债权人以股东未履行或者未全面履行出资义务、抽逃出资等为由，请求作为名义股东的债权人与股东承担连带责任的，人民法院不予支持。

第五编　考前实战演练

案例一　吃饱了公司与南工公司、中谷公司买卖合同、租赁合同纠纷案

【案情】

2020年10月，吃饱了餐饮服务股份公司（以下简称吃饱了公司）注册成立，其主要营业范围为外卖配送。公司成立后，预备雇佣多名外卖配送员，但为了减少公司购买社保的成本以及避免承担相应的赔偿责任。吃饱了公司遂要求各个外卖配送员自己注册成为个体工商户，然后与公司之间签订合作协议，而非劳动合同。

为了尽快开展配送业务，吃饱了公司自南工电动车公司购买电动车500辆，须支付价款300万元。经双方协商，2020年11月签订了《采购协议》：吃饱了公司增发100万股股票，以新股+100万元现金的方式作为向南工电动车公司的支付手段。相应股份于《采购协议》签订之日起10日内登记到南工电动车公司名下，100万元现金于2022年1月支付。且双方约定，在支付完毕全部价款前，南工电动车公司保留电动车的所有权，双方就此办理了保留所有权登记。

2021年6月，由于公司业务范围扩大，吃饱了公司遂与中谷公司签订《房屋租赁合同》，约定承租中谷公司位于甲市A区的房屋一套，未约定租赁期限。合同签订后，经中谷公司同意，吃饱了公司花费30万元对该房屋进行装修。

李淳风系吃饱了公司的外卖配送员，2021年7月，李淳风在瑞达学院（该市公办大学）进行配送时因车速过快而将该校学生刘琪琪撞伤。刘琪琪遂以李淳风、吃饱了公司以及瑞达学院为共同被告提起诉讼。吃饱了公司抗辩称，自己与李淳风之间不存在劳动关系，自己无须承担赔偿责任。瑞达学院抗辩称，事故发生时刘琪琪自己在道路中央低头玩手机，其存在过错。经查，该校明确禁止外卖进入学校，但是时常有外卖员偷偷进入学校，学校也并未严加管理。

南工电动车公司得知后，担心吃饱了公司会给自己带来声誉风险，遂发出书面通知，要求查阅吃饱了公司的会计账簿，以决定是否处分其持有的股份。吃饱了公司认为南工电动车公司的股份系电动车的对价，只能转让获利，而不享有其他股东权利，遂坚决拒绝。

由于发生事故，李淳风所骑行的电动车出现毁坏，李淳风将其送至泽成配修厂进行维修，维修完成后李淳风无力支付维修费，泽成配修厂遂将该电动车扣留。李淳风则向泽成配修厂表示该车并非自己所有，但泽成配修厂根本不予理会。几日后，李淳风为开展外卖配送，趁夜将该电动车偷走。

2022年3月，由于房屋老化，吃饱了公司承租的办公用房出现漏水现象，吃饱了公司遂要求中谷公司进行维修，中谷公司表示由吃饱了公司自行维修，费用自己立刻支付。吃饱了公司维修该房屋花费2万元。同年4月，中谷公司将其对吃饱了公司享有的20万元租金债权转让给了吃饱了公司，并就此通知江南公司。此后，因吃饱了公司未向江南公司支付租金，江南公司将吃饱了公司诉至法院。

诉讼中，吃饱了公司提出要求抵销2万元的维修费用，江南公司遂请求法院追加中谷公司为本案第三人。法院将中谷公司追加为第三人后，吃饱了公司遂表示房屋质量存在问题，要求解除房屋租赁合同并要求中谷公司对装修问题进行补偿。

该案正在审理过程中，因吃饱了公司无力支付南工电动车公司的购车款，南工电动车公司遂对吃饱了公司所在地法院提出破产申请，甲市B区法院受理了该破产申请。此时，中谷公司预备起诉要求吃饱了公司支付剩余租金，甲市B区法院表示该案系专属管辖，遂判决不予受理。

另外，南工电动车公司主张自己对500辆电动车享有所有权，要求先取回该批电动车。

问题：

1. 吃饱了公司与南工电动车公司签订《采购协议》，应当如何决议？（6 分）

2. 吃饱了公司的抗辩理由是否成立？为什么？（6 分）

3. 针对刘琪琪低头玩手机一事应由何人承担举证责任？为什么？（5 分）

4. 瑞达学院对刘琪琪的损害是否承担赔偿责任？为什么？（4 分）

5. 吃饱了公司拒绝南工电动车公司行使查账权，理由是否成立？若南工电动车公司通过起诉，主张查阅会计账簿，能否得到支持？（6 分）

6. 泽成配修厂是否有权扣留该电动车？为什么？（4 分）

7. 泽成配修厂是否有权要求李淳风返还原物？为什么？（5 分）

8. 江南公司对吃饱了公司的诉讼是否应由甲市 A 区法院专属管辖？为什么？（5 分）

9. 吃饱了公司对中谷公司提出的抵销主张能否得到法院的支持？为什么？（4 分）

10．试评价甲市 B 区法院不予受理的行为。（4 分）

11．南工电动车公司取回的主张能否成立？为什么？（5 分）

【案情分析】

2020 年 10 月，吃饱了餐饮服务股份公司（以下简称吃饱了公司）注册成立，其主要营业范围为外卖配送。公司成立后，预备雇佣多名外卖配送员，但为了减少公司购买社保的成本以及避免承担相应的赔偿责任。吃饱了公司遂要求各个外卖配送员自己注册成为个体工商户，然后与公司之间签订合作协议，而非劳动合同。

未签订劳动合同是否形成劳动关系

为了尽快开展配送业务，吃饱了公司自南工电动车公司购买电动车 500 辆，须支付价款 300 万元。经双方协商，2020 年 11 月签订了《采购协议》：吃饱了公司增发 100 万股股票，以新股 + 100 万元现金的方式作为向南工电动车公司的支付手段。相应股份于《采购协议》签订之日起 10 日内登记到南工电动车公司名下，100 万元现金于 2022 年 1 月支付。且双方约定，在支付完毕全部价款前，南工电动车公司保留电动车的所有权，双方就此办理了保留所有权登记。

保留所有权买卖

2021 年 6 月，由于公司业务范围扩大，吃饱了公司遂与中谷公司签订《房屋租赁合同》，约定承租中谷公司位于甲市 A 区的房屋一套，未约定租赁期限。合同签订后，经中谷公司同意，吃饱了公司花费 30 万元对该房屋进行装修。

房屋租赁合同

李淳风系吃饱了公司的外卖配送员，2021 年 7 月，李淳风在瑞达学院（该市公办大学）进行配送时因车速过快而将该校学生刘琪琪撞伤。刘琪琪遂以李淳风、吃饱了公司以及瑞达学院为共同被告提起诉讼。吃饱了公司抗辩称，自己与李淳风之间不存在劳动关系，自己无须承担赔偿责任。瑞达学院抗辩称，事故发生时刘琪琪自己在道路中央低头玩手机，其存在过错。经查，该校明确禁止外卖进入学校，但是时常有外卖员偷偷进入学校，学校也并未严加管理。

执行职务致人损害

南工电动车公司得知后，担心吃饱了公司会给自己带来声誉风险，遂发出书面通知，要求查阅吃饱了公司的会计账簿，以决定是否处分其持有的股份。吃饱了公司认为南工电动车公司的股份系电动车的对价，只能转让获利，而不享有其他股东权利，遂坚决拒绝。

股份公司的股东要求查阅会计账簿

由于发生事故，李淳风所骑行的电动车出现毁坏，李淳风将其送至泽成配修厂进行维修，维修完成后李淳风无力支付维修费，泽成配修厂遂将该电动车扣留。李淳风则向泽成配修厂表示该车并非自己所有，但泽成配修厂根本不予理会。几日后，李淳风为开展外卖配送，趁夜将该电动车偷走。

成立留置权

留置权人丧失占有

2022 年 3 月，由于房屋老化，吃饱了公司承租的办公用房出现漏水现象，吃饱了公司遂要求中谷公司进行维修，中谷公司表示由吃饱了公司自行维修，费用自己立刻支付。吃饱了公司维修该房屋花费 2 万元。同年 4 月，中谷公司将其对吃饱了公司享有的 20 万元租金债权转让给了吃饱了公司，并就此通知江南公司。此后，因吃饱了公司未向江南公司支付租金，江南公司将吃饱了公司诉至法院。

租赁物的维修

债权转让

诉讼中，吃饱了公司提出要求抵销2万元的维修费用，江南公司遂请求法院追加中谷公司为本案第三人。法院将中谷公司追加为第三人后，吃饱了公司遂表示房屋质量存在问题，要求解除房屋租赁合同并要求中谷公司对装修问题进行补偿。

装修装饰的补偿

该案正在审理过程中，因吃饱了公司无力支付南工电动车公司的购车款，南工电动车公司遂对吃饱了公司所在地法院提出破产申请，甲市B区法院受理了该破产申请。此时，中谷公司预备起诉要求吃饱了公司支付剩余租金，甲市B区法院表示该案系专属管辖，遂判决不予受理。另外，南工电动车公司主张自己对500辆电动车享有所有权，要求先取回该批电动车。

破产中的管辖

破产取回权

【采分点答案及题目解析】

1. 吃饱了公司与南工电动车公司签订《采购协议》，应当如何决议？（6分）

【采分点答案】

（1）应当由董事会制订相关方案（2分），由股东大会出席会议的股东所持股份2/3以上通过。（2分）

（2）吃饱了公司与南工电动车公司签订的《采购协议》，约定以股份+现金方式进行支付，对吃饱了公司而言包括两项内容：

①增加发行股份；（1分）②向南工电动车公司购买电动车。故吃饱了公司应当按照增加注册资本的程序通过相关决议。（1分）

【题目解析】

"增发股份购买资产"从资产购买方的角度看，实质上是增加注册资本+购买资产，按照增加注册资本的程序通过相关决议。

从资产出售方的角度看，其以非货币财产向目标公司增资，成为目标公司的股东。

2. 吃饱了公司的抗辩理由是否成立？为什么？（6分）

【采分点答案】

观点一：吃饱了公司的抗辩理由成立。（2分）

李淳风个人注册了个体工商户，由个体工商户与吃饱了公司签订合作协议，属于平等主体之间的合作关系，而非劳动关系。（2分）

劳动关系的本质特点是劳动者与用人单位之间有隶属关系，本题中李淳风与吃饱了公司之间并无隶属关系。（2分）

观点二：吃饱了公司的抗辩理由不成立。（2分）

李淳风与吃饱了公司之间已经构成事实上的劳动关系：李淳风作为吃饱了公司的外卖员接受公司的派单、日常管理并获得报酬，符合劳动关系的实质。（2分）

吃饱了公司要求外卖员成立个体工商户并与个体工商户签订合作协议，是有意规避双方关系被认定为劳动关系，不应得到支持。（2分）

【题目解析】

（1）本条属于开放型设问，考生择一作答即可。

（2）《民法典》第1191条第1款规定：用人单位的工作人员因执行工作任务造成他人损害的，

由用人单位承担侵权责任。用人单位承担侵权责任后，可以向有故意或者重大过失的工作人员追偿。

（3）本题中核心的争议就在于能否将吃饱了公司与李淳风之间的关系认定为劳动合同关系。针对这一问题存在两种观点：

从形式角度来看，李淳风系个体工商户，其以个体工商户的名义与吃饱了公司签订合作协议，其难以形成劳动合同关系。

从实质角度来看，李淳风注册个体工商户完全是吃饱了公司的要求，以此规避劳动合同的相关规定，李淳风完全在吃饱了公司的指示下完成工作。因此，其仍然应当被认定为劳动合同关系。

3. 针对刘琪琪低头玩手机一事应由何人承担举证责任？为什么？（5 分）

【采分点答案】

应由瑞达学院承担举证责任。（2 分）

刘琪琪低头玩手机系受害人存在过错，属于侵权责任的减免责事由，（1 分）应由侵权人瑞达学院承担侵权责任。（1 分）

【题目解析】

（1）《民法典》第 1173 条规定：被侵权人对同一损害的发生或者扩大有过错的，可以减轻侵权人的责任。本案中，瑞达学院主张刘琪琪低头玩手机，其实是主张被侵权人刘琪琪对损害的发生存在过错，应当减轻赔偿责任，即其属于减免责事由。

（2）《民诉法解释》第 90 条第 1 款规定：当事人对自己提出的诉讼请求所依据的事实或者反驳对方诉讼请求所依据的事实，应当提供证据加以证明，但法律另有规定的除外。本案中，瑞达学院提出该减免责主张，因此其须对此承担举证责任。

4. 瑞达学院对刘琪琪的损害是否承担赔偿责任？为什么？（4 分）

【采分点答案】

承担。（2 分）瑞达学院禁止电动车进入，但是却未尽到管理职责，其对损害的发生具有过错，（2 分）应对此承担侵权责任。

【题目解析】

（1）《民法典》第 1165 条第 1 款规定：行为人因过错侵害他人民事权益造成损害的，应当承担侵权责任。

（2）本题中，瑞达学院明确禁止外卖进入学校，但是并未严加管理，其对于损害的发生具有过错，构成过错侵权。因此，瑞达学院须对此承担侵权责任。

5. 吃饱了公司拒绝南工电动车公司行使查账权，理由是否成立？若南工电动车公司通过起诉，主张查阅会计账簿，能否得到支持？（6 分）

【采分点答案】

（1）吃饱了公司的理由不成立。（1 分）南工电动车公司获得吃饱了公司的股份，成为股东，当然享有股东权利，包括股东的知情权。（2 分）

（2）不能得到法院的支持。（1 分）

吃饱了公司是股份公司，股份公司的股东不享有查账权。（2分）

【易错点提示】

关于知情权，有限公司的股东和股份公司的股东有所不同：

有限公司	①有限公司股东有权查阅、复制章程、股东会会议记录、董事会会议决议、监事会会议决议和财务会计报告 ②股东可以要求查阅公司会计账簿 书面请求，说明目的 若有不正当目的，可能损害公司合法利益的，公司可以拒绝，并于15日内说明理由 ③股东可以请求人民法院要求公司提供查阅
股份公司	①股份公司股东有权查阅公司章程、股东名册、公司债券存根、股东大会会议记录、董事会会议决议、监事会会议决议、财务会计报告 ②股份公司股东无查账权

6. 泽成配修厂是否有权扣留该电动车？为什么？（4分）

【采分点答案】

有权。（2分）债务人李淳风未向泽成配修厂支付到期修理费，泽成配修厂基于同一法律关系占有了该电动车，其享有留置权，有权扣留。（2分）

【题目解析】

（1）《民法典》第447条第1款：债务人不履行到期债务，债权人可以留置已经合法占有的债务人的动产，并有权就该动产优先受偿。

（2）《担保制度解释》第62条第1款规定：债务人不履行到期债务，债权人因同一法律关系留置合法占有的第三人的动产，并主张就该留置财产优先受偿的，人民法院应予支持。第三人以该留置财产并非债务人的财产为由请求返还的，人民法院不予支持。

（3）本案中，虽然该电动车并不属于债务人李淳风所有，但是泽成配修厂基于同一法律关系进行留置的，可以直接留置第三人的财产。

7. 泽成配修厂是否有权要求李淳风返还原物？为什么？（5分）

【采分点答案】

观点一：不能。（2分）李淳风盗走该电动车后，泽成配修厂即丧失对该电动车的占有，其留置权归于消灭。（2分）泽成配修厂不再是物权人，（1分）也就不再享有返还原物请求权。

观点二：有权。（2分）李淳风盗走该电动车后，泽成配修厂即丧失对该电动车的占有，其留置权归于消灭。（2分）但是，泽成配修厂仍然享有返还原物请求权，其行使返还原物请求权回复对电动车的占有后，其留置权将重新产生。（1分）

【题目解析】

（1）本题中属于开放型设问，择一作答即可。

（2）《民法典》第457条规定：留置权人对留置财产丧失占有或者留置权人接受债务人另行提供担保的，留置权消灭。

（3）关于留置权人在丧失留置物的占有后能否享有返还原物请求权，理论上有两种不同的观点。

观点一认为，留置权人一旦丧失占有，其留置权便归于消灭，其不再是物权人也就不能享有返还原物请求权。

观点二认为，为了对留置权人进行保护，在其丧失占有时，其仍可主张返还原物请求权，若能回复占有，则其留置权可重新享有。

8. 江南公司对吃饱了公司的诉讼是否应由甲市A区法院专属管辖？为什么？（5分）

【采分点答案】

观点一：不应由甲市A区法院专属管辖。（2分）江南公司并非房屋租赁合同的当事人，（1分）其起诉吃饱了公司的请求权基础是其从中谷公司处受让的20万元租金债权，而并非直接基于房屋租赁合同，（2分）因此不适用专属管辖的规定。

观点二：应当由甲市A区法院专属管辖。（2分）江南公司虽然不是房屋租赁合同的当事人，但是其所受让的租金债权源于房屋租赁合同，（2分）因此应当受到专属管辖的制约，否则将纵容当事人通过转让租金债权来规避专属管辖。（1分）

9. 吃饱了公司对中谷公司提出的抵销主张能否得到法院的支持？为什么？（4分）

【采分点答案】

可以。（2分）吃饱了公司享有的2万元的维修费系基于租赁合同产生，而中谷公司转让给江南公司的20万元债权也系基于租赁合同产生，两个债权系基于同一合同产生。（2分）因此，吃饱了公司可以向债权受让人江南公司主张抵销2万元。

【题目解析】

《民法典》第549条规定：“有下列情形之一的，债务人可以向受让人主张抵销：

（一）债务人接到债权转让通知时，债务人对让与人享有债权，且债务人的债权先于转让的债权到期或者同时到期；

（二）债务人的债权与转让的债权是基于同一合同产生。”

10. 试评价甲市B区法院不予受理的行为。（4分）

【采分点答案】

甲市B区法院不予受理的做法正确，（1分）但理由错误。（1分）甲市B区法院受理破产申请后，中谷公司起诉要吃饱了公司支付剩余租金，B区法院应当不予受理，告知其向管理人申报债权。（2分）换言之，B区法院不予受理的理由是吃饱了公司已经进入破产程序，而非因为专属管辖。

【题目解析】

人民法院受理破产申请后，债权人新提起的要求债务人清偿的民事诉讼，人民法院不予受理，同时告知债权人应当向管理人申报债权。

11. 南工电动车公司取回的主张能否成立？为什么？（5分）

【采分点答案】

观点一：成立。（2分）南工电动车公司保留了电动车的所有权，其属于电动车的所有权人，（2分）吃饱了公司作为破产债务人，其占有了不属于自己的财产。（1分）因此，南工电动车公司有权主张取回。

观点二：不成立。（2分）保留所有权买卖中，南工电动车公司保留的所有权并非一般意义上的所有权，（1分）其本质上是担保物权，（1分）因此，其只能在吃饱了公司的破产程序中主张优先受偿权，（1分）而不能主张取回权。

【题目解析】

（1）本题属于开放型设问，择一作答即可。

（2）关于保留所有权买卖中出卖人保留的所有权以及融资租赁合同中出租人保留的所有权，理论上认为有不同的效力：

观点一认为，其就属于正常的所有权，在买受人、承租人破产的情形下，出卖人、出租人当然可以主张解除合同，进而要求返还原物。

观点二认为，其不属于一般意义上的所有权，保留所有权的目的在于担保债务的履行，因此在破产程序中，其只能主张优先受偿权，而无法基于保留的所有权主张返还原物。

案例二 天兴公司与洪湖公司、天力公司融资合同、建设工程合同纠纷案

【案情】

2020年1月，洪湖投资有限公司（以下简称洪湖公司）出资1亿元向天兴房地产有限公司（以下简称天兴公司）增资。为保障洪湖公司的利益，洪湖公司、天兴公司、天兴公司股东赵大伟三方签订了《保底协议》：至2023年，若天兴公司未能实现营业收入20%的年复合增长率，天兴公司、赵大伟则以1亿元本金并加算12%/年收益的价格收购洪湖公司持有的天兴公司的股权，天兴公司与赵大伟承担连带责任。

天兴公司获得融资后，开始筹建新的小区楼盘。2020年5月3日，天兴公司与天力建筑公司（以下简称天力公司）签订《建设工程合同》，约定由天力公司承建该小区工程，工程款为3000万元。合同签订后，经天兴公司同意，天力公司将部分工程分包给具有施工资质的谷登公司实施，约定分包款为1000万元。

在施工过程中，由于天力公司需要使用大型挖掘机一辆，其遂与中安融资租赁公司（以下简称中安公司）签订《融资租赁合同》。双方约定，由中安公司购入大型挖掘机一辆出租给天力公司，租期5年，总租金200万元，租期届满后该挖掘机归天力公司所有。为担保租金的支付，天力公司还以自有的一辆货车为中安公司设立抵押担保，且办理抵押登记。

此后，中安公司在购买挖掘机时擅自购买了价格较低的另一型号的挖掘机，由于工期较赶，天力公司遂未表示拒绝。不料，在使用过程中发现该挖掘机发动机存在严重质量瑕疵。

2020年10月，施工场地遭遇泥石流，该挖掘机被泥石流掩埋，天力公司遂停止向中安公司支付租金。中安公司就此诉至法院要求天力公司支付租金，天力公司提出两项抗辩理由：其一，由于挖掘机已经毁损，因此自己无法使用，自然也就无法支付租金；其二，由于挖掘机存在质量问题，中安公司须就此承担违约赔偿责任。

由于天力公司与中安公司之间出现纠纷，导致天兴公司无法尽快卖出房屋收回成本。天兴公司遂以该在建工程为抵押，自江夏银行处借款2000万元，且办理抵押登记。为鼓励天力公司尽快推进工程进度，天兴公司与天力公司协商将工程款由原来的3000万元变更为3500万元。天力公司为追赶工程进度，遂加大投资，将抵押给中安公司的货车以市场价格出售给赵世刚，且完成交付。

2021年10月工程竣工，但此时的天兴公司已经无力支付工程款，也无力偿还欠付江夏银行的欠款。此时，天力公司主张其工程款3500万元均享有优先受偿的权利，遭到江夏银行的异议。另一方面，谷登公司的工程款也未拿到，其也主张行使优先受偿权。

长久的争议导致天兴公司业绩不佳，营业收入年复合增长率仅为2%，洪湖公司遂以天兴公司、赵大伟为被告向天兴公司住所地甲市A区法院提起诉讼，要求按照约定价格收购其股权。诉讼中，天兴公司认为《保底协议》的约定违反了股权风险性的本质，是无效的。此时，赵大伟的妻子王明丽向赵大伟失踪前的住所地乙市B区法院提出赵大伟已经下落不明三年，要求申请宣告赵大伟失踪。

经乙市B区法院审理，判决宣告赵大伟失踪，指定王明丽为财产代管人。不久，王明丽向乙市B区提起离婚诉讼，要求解除与赵大伟的夫妻关系，并且对赵大伟名下的天兴公司的股权进行分割。由于无法与赵大伟协商，该法院遂直接判决将赵大伟名下的股份的一半分割归王明丽所

有。天兴公司的其他股东得知后表示反对。此外，赵大伟之前的创业伙伴李大壮称赵大伟曾向其借款100万元用于临时周转，但一直未归还该笔借款。

【问题】

1. 天力公司提出的抗辩理由一，法院能否支持？为什么？（5分）

2. 天力公司提出的抗辩理由二，法院应如何处理？为什么？（4分）

3. 中安公司能否向赵世刚主张实现货车抵押权？为什么？（7分）

4. 江夏银行针对天力公司主张实现3500万元的优先受偿权的异议是否成立？为什么？（6分）

5. 谷登公司行使优先受偿权的主张能否成立？为什么？（5分）

6. 洪湖公司与天兴公司、赵大伟签订的《保底协议》是否有效？洪湖公司要求天兴公司、赵大伟履行约定的股权收购义务能否得到法院支持？（8分）

7. 甲市A区法院是否应当将被告由赵大伟变更为王明丽？为什么？（5分）

8. 法院能否在赵大伟未出庭的情况下，判决解除婚姻关系？为什么？（4分）

9. 法院直接判决分割股权的做法是否正确？为什么？（5 分）

10. 天兴公司的其他股东不服，有何救济途径？（7 分）

【案情分析】

2020年1月，洪湖投资有限公司（以下简称洪湖公司）出资1亿元向天兴房地产有限公司（以下简称天兴公司）增资。为保障洪湖公司的利益，洪湖公司、天兴公司、天兴公司股东赵大伟三方签订了《保底协议》：至2023年，若天兴公司未能实现营业收入20%的年复合增长率，天兴公司、赵大伟则以1亿元本金并加算12%/年收益的价格收购洪湖公司持有的天兴公司的股权，天兴公司与赵大伟承担连带责任。

对赌协议

天兴公司获得融资后，开始筹建新的小区楼盘。2020年5月3日，天兴公司与天力建筑公司（以下简称天力公司）签订《建设工程合同》，约定由天力公司承建该小区工程，工程款为3000万元。合同签订后，经天兴公司同意，天力公司将部分工程分包给具有施工资质的谷登公司实施，约定分包款为1000万元。

合法分包

在施工过程中，由于天力公司需要使用大型挖掘机一辆，其遂与中安融资租赁公司（以下简称中安公司）签订《融资租赁合同》。双方约定，由中安公司购入大型挖掘机一辆出租给天力公司，租期5年，总租金200万元，租期届满后该挖掘机归天力公司所有。为担保租金的支付，天力公司还以自有的一辆货车为中安公司设立抵押担保，且办理抵押登记。

融资租赁

此后，中安公司在购买挖掘机时擅自购买了价格较低的另一型号的挖掘机，由于工期较赶，天力公司遂未表示拒绝。不料，在使用过程中发现该挖掘机发动机存在严重质量瑕疵。

出租人擅自变更租赁物

租赁物存在质量瑕疵

2020年10月，施工场地遭遇泥石流，该挖掘机被泥石流掩埋，天力公司遂停止向中安公司支付租金。中安公司就此诉至法院要求天力公司支付租金，天力公司提出两项抗辩理由：其一，由于挖掘机已经毁损，因此自己无法使用，自然也就无法支付租金；其二，由于挖掘机存在质量问题，中安公司须就此承担违约赔偿责任。

发生融资租赁合同的风险

由于天力公司与中安公司之间出现纠纷，导致天兴公司无法尽快卖出房屋收回成本。天兴公司遂以该在建工程为抵押，自江夏银行处借款2000万元，且办理抵押登记。为鼓励天力公司尽快推进工程进度，天兴公司与天力公司协商将工程款由原来的3000万元变更为3500万元。天力公司为追赶工程进度，遂加大投资，将抵押给中安公司的货车以市场价格出售给赵世刚，且完成交付。

在建工程抵押

转让抵押物

2021年10月工程竣工，但此时的天兴公司已经无力支付工程款，也无力偿还欠付江夏银行的欠款。此时，天力公司主张其工程款3500万元均享有优先受偿的权利，遭到江夏银行的异议。另一方面，谷登公司的工程款也未拿到，其也主张行使优先受偿权。

建设工程优先受偿权

长久的争议导致天兴公司业绩不佳，营业收入年复合增长率仅为2%，洪湖公司遂以天兴公司、赵大伟为被告向天兴公司住所地甲市

A区法院提起诉讼，要求按照约定价格收购其股权。诉讼中，天兴公司认为《保底协议》的约定违反了股权风险性的本质，是无效的。此时，赵大伟的妻子王明丽向赵大伟失踪前的住所地乙市B区法院提出赵大伟已经下落不明三年，要求申请宣告赵大伟失踪。

宣告失踪

经乙市B区法院审理，判决宣告赵大伟失踪，指定王明丽为财产代管人。不久，王明丽向乙市B区提起离婚诉讼，要求解除与赵大伟的夫妻关系，并且对赵大伟名下的天兴公司的股权进行分割。由于无法与赵大伟协商，该法院遂直接判决将赵大伟名下的股份的一半分割归王明丽所有。天兴公司的其他股东得知后表示反对。此外，赵大伟之前的创业伙伴李大壮称赵大伟曾向其借款100万元用于临时周转，但一直未归还该笔借款。

分割夫妻共有股权

【采分点答案及题目解析】

1. 天力公司提出的抗辩理由一，法院能否支持？为什么？（5分）

【采分点答案】

不支持。（2分）在融资租赁合同中，租赁的挖掘机因不可归责于当事人的原因出现了毁损灭失，这属于融资租赁合同的风险，（1分）该风险应由承租人天力公司承担。（2分）因此，天力公司应当继续按照约定支付租金。

【题目解析】

《民法典》第七百五十一条　承租人占有租赁物期间，租赁物毁损、灭失的，出租人有权请求承租人继续支付租金，但是法律另有规定或者当事人另有约定的除外。

【易错点提示】

在租赁合同中，租金的风险由出租人负担；在融资租赁合同中，租金的风险由承租人负担。

2. 天力公司提出的抗辩理由二，法院应如何处理？为什么？（4分）

【采分点答案】

法院应作为反诉处理。（2分）天力公司以挖掘机存在质量问题为由要求中安公司承担违约赔偿责任，符合主体同一、请求独立和牵连关系的要求，符合反诉的构成要件，（2分）法院应当作为反诉合并审理。

【题目解析】

反诉的构成要件：主体同一；管辖同一；程序同一；目的对抗；牵连关系；请求独立。其中牵连关系要求本诉与反诉存在法律上或事实上的联系，包括：反诉与本诉的诉讼请求基于相同法律关系，或者诉讼请求之间具有因果关系，或者反诉与本诉的诉讼请求基于相同事实。

3. 中安公司能否向赵世刚主张实现货车抵押权？为什么？（7分）

【采分点答案】

可以。（2分）天力公司为中安公司设立的抵押权已经办理抵押登记，（1分）且天力公司出售该货车并不属于其正常经营活动。（2分）因此，中安公司的抵押权具有追及力，（2分）其可以对买受人赵世刚继续主张抵押权。

【题目解析】

《民法典》第406条第1款规定：抵押期间，抵押人可以转让抵押财产。当事人另有约定的，

按照其约定。抵押财产转让的，抵押权不受影响。

【易错点提示】

抵押权原则上具有追及力，在两种情形下，该追及力被切断：（1）未经登记不得对抗善意买受人；（2）正常经营活动买受人规则。

4. 江夏银行针对天力公司主张实现3500万元的优先受偿权的异议是否成立？为什么？（6分）

【采分点答案】

成立。（2分）天力公司享有的建设工程优先受偿权原则优先于江夏银行享有的抵押权，（2分）但是本案中天力公司与天兴公司对工程款进行了变更，变更部分的工程款不享有优先于抵押权的效力。（2分）

【题目解析】

（1）本题并无直接的法律依据，是根据理论通说观点进行设计。

（2）建设工程价款优先受偿权优于抵押权和其他债权，但有如下例外情形：其一，在以建设工程为标的物的抵押权设立之后，若发包人和承包人变更建设工程价款，则此时建设工程价款优先受偿权优先于抵押权仍宜以原建设工程价款的数额为限；其二，购房消费者的商品房买卖合同项下的债权不应优先于建设工程价款优先受偿权。

5. 谷登公司行使优先受偿权的主张能否成立？为什么？（5分）

【采分点答案】

观点一：成立。（2分）谷登公司作为合法的分包人，其工程价款债权未能实现，且其修建的工程合格，因此其可以主张建设工程优先受偿权。（3分）

观点二：不成立。（2分）谷登公司并非与发包人天兴公司直接订立施工合同的承包人，因此其不享有建设工程优先受偿权。（3分）

【题目解析】

（1）本条属于开放型设问，考生择一作答即可。

（2）《建设工程合同解释》第35条规定：与发包人订立建设工程施工合同的承包人，依据民法典第807条的规定请求其承建工程的价款就工程折价或者拍卖的价款优先受偿的，人民法院应予支持。

（3）关于建设工程优先受偿权的享有主体范围理论上存在不同看法：

有观点认为仅限于与发包人直接订立施工合同的承包人方可享有该优先受偿权。

有的观点则认为，建设工程价款优先受偿权的请求主体并不限于承包人，还包含勘察人、设计人、合法分包人、合法次承包人及实际施工人在内，但材料供应商不在其中。

6. 洪湖公司与天兴公司、赵大伟签订的《保底协议》是否有效？洪湖公司要求天兴公司、赵大伟履行约定的股权收购义务能否得到法院支持？（8分）

【采分点答案】

《保底协议》有效。（2分）

洪湖公司与天兴公司、赵大伟签订的《保底协议》属于投资方同时与目标公司、目标方的股东进行对赌。（2分）

（1）投资方与目标公司订立的“对赌协议”在不存在法定无效事由的情况下，目标公司仅以存在股权回购或者金钱补偿约定为由，主张“对赌协议”无效的，人民法院不予支持。故洪湖公司与天兴公司之间的“对赌协议”有效。（2分）

（2）投资方与目标公司的股东之间的“对赌协议”并无民法典规定的无效情形，是有效的。

洪湖公司要求天兴公司履行股权回购义务，必须以天兴公司履行了合法的减少注册资本的程序为前提。若天兴公司未履行合法的减少注册资本的程序，洪湖公司要求天兴公司履行股权回购义务，不能得到法院的支持。（2分）

洪湖公司要求赵大伟履行股权收购义务，能够得到法院的支持。

赵大伟作为天兴公司的股东，其与洪湖公司之间系平等关系，其与洪湖公司之间订立了“对赌协议”，该约定有效，投资方要求实际履行，法院应当予以支持。

【题目解析】

投资方与目标公司对赌：

（1）效力：有效。

（2）是否支持履行：

投资方请求目标公司回购股权的，人民法院应当依据《公司法》第35条关于“股东不得抽逃出资”或者第142条关于股份回购的强制性规定进行审查。经审查，目标公司未完成减资程序的，人民法院应当驳回其诉讼请求。

投资方请求目标公司承担金钱补偿义务的，人民法院应当依据《公司法》第35条关于“股东不得抽逃出资”和第166条关于利润分配的强制性规定进行审查。经审查，目标公司没有利润或者虽有利润但不足以补偿投资方的，人民法院应当驳回或者部分支持其诉讼请求。今后目标公司有利润时，投资方还可以依据该事实另行提起诉讼。

投资方与目标公司股东/实际控制人对赌：

（1）效力：有效。

（2）是否支持履行：支持。

7. 甲市A区法院是否应当将被告由赵大伟变更为王明丽？为什么？（5分）

【采分点答案】

应当将被告由赵大伟变更为王明丽。（2分）利害关系人申请宣告下落不明人失踪的，（1分）人民法院作出宣告失踪判决后，应当变更财产代管人为当事人，相关法律文书向财产代管人送达。（2分）

8. 法院能否在赵大伟未出庭的情况下，判决解除婚姻关系？为什么？（4分）

【采分点答案】

可以。（2分）赵大伟已被法院宣告失踪，此是其配偶王明丽要求解除婚姻关系，法院应当判决准予离婚。（2分）

【题目解析】

《民法典》第1079条第4款规定：一方被宣告失踪，另一方提起离婚诉讼的，应当准予离婚。

【易错点提示】

离婚诉讼要求当事人本人亲自参与，符合条件的可以依法拘传，法院原则上不得缺席判决，但确有特殊情况的除外。被告被宣告失踪即属于特殊情况的一种。

9. 法院直接判决分割股权的做法是否正确？为什么？（5分）

【采分点答案】

不正确。（2分）对于夫妻共有的有限公司的股权，在进行分割时须保证其他股东的优先购买权，只有其他股东不行使优先购买权时，另一配偶方可取得该股权。（3分）

【题目解析】

《民法典婚姻家庭编解释（一）》第73条规定：人民法院审理离婚案件，涉及分割夫妻共同财产中以一方名义在有限责任公司的出资额，另一方不是该公司股东的，按以下情形分别处理：

（一）夫妻双方协商一致将出资额部分或者全部转让给该股东的配偶，其他股东过半数同意，并且其他股东均明确表示放弃优先购买权的，该股东的配偶可以成为该公司股东；

（二）夫妻双方就出资额转让份额和转让价格等事项协商一致后，其他股东半数以上不同意转让，但愿意以同等条件购买该出资额的，人民法院可以对转让出资所得财产进行分割。其他股东半数以上不同意转让，也不愿意以同等条件购买该出资额的，视为其同意转让，该股东的配偶可以成为该公司股东。

用于证明前款规定的股东同意的证据，可以是股东会议材料，也可以是当事人通过其他合法途径取得的股东的书面声明材料。

10. 天兴公司的其他股东不服，有何救济途径？（7分）

【采分点答案】

天兴公司的其他股东可以提起第三人撤销之诉。（2分）法院判决将赵大伟名下股份的一半分割归王明丽所有，侵害了天兴公司其他股东的优先购买权，（2分）其他股东可以提起第三人撤销之诉对损害其利益的裁判内容主张撤销。天兴公司的其他股东作为案外人，不能直接申请再审，（2分）需要以执行异议作为“跳板”，而本案中尚未启动执行程序，因此其他股东无法提出执行异议。（1分）

案例三　闪购中心与鸿发公司民间借贷及担保合同纠纷案

【案情】

2020年7月9日，杨超超与东平贸易公司共同在甲市Y区注册东江易购有限公司（以下简称易购公司），注册资本为10万元，杨超超出资9万元，东平贸易公司出资1万元，均已经实缴出资。杨超超担任易购公司法定代表人。易购公司又与李达各出资100万元，共同设立闪购中心（普通合伙）。易购公司作为执行事务合伙人委派杨超超作为执行事务代表，闪购中心注册地址为甲市S区。

2020年8月10日，闪购中心为启动电商服务，遂自鸿发公司处借款200万元，约定借期1年，且易购公司须根据其盈利情况向鸿发公司支付利息。为担保闪购中心依约还本付息，李达以其汽车一辆为鸿发公司设立抵押担保并办理抵押登记。此外，李达的好友李淳风为该笔债务提供连带责任保证，但未约定保证期间。东平贸易公司也为该笔债务提供连带责任保证，但未召开任何会议，系其法定代表人戴眉眉擅自与鸿发公司签订的《保证合同》。为了业务合规，戴眉眉向鸿发公司出具了《董事会决议》（全部董事签字均由戴眉眉伪造），东平贸易公司《章程》规定：为他人提供担保由股东会决议。

闪购中心获得该笔借款后开始电商经营。2021年1月，闪购中心自创鑫公司处购买一批坚果礼盒，预备在春节期间进行销售。双方约定，由闪购中心于1月19日，自行委派运输车辆前往创鑫公司的仓库取货。合同签订后，创鑫公司将该批货物打包，存放在指定房间。但是，闪购中心因事务繁忙，未能按期前往取货。1月23日，由于暴雨仓库被雨水浸泡，大量的坚果均出现变质。经过鉴定，该批坚果本身已经存在一定质量问题。（不影响正常食用）

2021年9月，闪购中心未依约向鸿发公司还款，鸿发公司遂委托劲松律师事务所律师韩静进行催讨，韩静多次向闪购中心发出律师函，闪购中心均未理会。由于闪购中心未能正常还款，致使鸿发公司欠付风行公司的到期货款300万元也未偿还。

2021年10月，风行公司遂以闪购中心、易购公司、杨超超、李达、李淳风、东平贸易公司提起诉讼，要求闪购中心偿还债务，易购公司作为普通合伙人承担连带责任，杨超超作为易购公司控股股东承担连带责任，要求实现李达提供的汽车抵押，并要求李淳风、东平贸易公司对此承担保证责任。

诉讼过程中，闪购中心抗辩称鸿发公司已经多次向自己主张权利，因此风行公司无权直接向自己主张权利。易购公司称，其仅应当在出资额100万元范围内承担责任，其出资完毕后，不应再对闪购中心债务承担责任。杨超超认为闪购中心的债务与自己无关。

李达抗辩称，汽车抵押权并未登记在风行公司名下，其无权主张实现抵押权。李淳风抗辩称，自己只是保证人，物保人李达都没有承担责任，自己也不应该承担责任。东平贸易公司称因戴眉眉越权担保，且相对人并非善意，故其不应承担担保责任。风行公司对各方的抗辩不胜其烦，又不愿意出钱委托律师，遂向法院申请撤回起诉。此后，一直未再主张权利。

2021年11月11日，刘豆豆（住所地为丙市K区）自闪购中心（主要办事机构所在地为丁市X区）的直播间购买了一套厨具，邮寄至丙市F区的丈母娘家。收货后因不喜欢该款式且认为存在色差，要求闪购中心退货，遭到闪购中心的拒绝。刘豆豆遂将此事告知其好友杨凡（住所地为丙市C区），二人遂商议在网上曝光闪购中心的行为。为增加热度，刘豆豆与杨凡遂在

“非常”网站上捏造闪购中心销售的产品存在重大质量瑕疵，对人体存在严重伤害的言论，导致闪购中心的销量直线降低。闪购中心遂通知“非常”网站将该信息予以删除。

易购公司和李达召开了合伙人会议后，决议对此提起诉讼，两方遂作为共同原告以刘豆豆为被告提起诉讼。诉讼过程中，刘豆豆向法院申请追加杨凡为本案的共同被告，遭到了法院的拒绝。经过法院的审理，法院认为易购公司和李达与本案没有直接的利害关系，遂裁定驳回起诉。

【问题】

1. 闪购中心能否以坚果存在瑕疵且自己未取得坚果从而拒绝向创鑫公司支付货款？为什么？（8 分）

2. 闪购中心的抗辩理由是否成立？为什么？（4 分）

3. 易购公司的抗辩理由是否成立？为什么？（5 分）

4. 杨超超的抗辩理由是否成立？为什么？（6 分）

5. 李达的抗辩理由是否成立？为什么？（5 分）

6. 李淳风的抗辩理由是否成立？为什么？（5 分）

7. 东平贸易公司的抗辩理由是否成立？为什么？（9 分）

8. 如果刘豆豆在退货遭拒后，遂起诉闪购中心要求其承担产品存在色差的违约责任，该案件应当由哪个（些）法院管辖？为什么？（4分）

9. 法院拒绝追加杨凡为共同被告的行为是否正确？为什么？（6分）

10. 法院裁定驳回起诉的做法是否正确？为什么？（6分）

【案情分析】

2020年7月9日，杨超超与东平贸易公司共同在甲市Y区注册东江易购有限公司（以下简称易购公司），注册资本为10万元，杨超超出资9万元，东平贸易公司出资1万元，均已经实缴出资。杨超超担任易购公司法定代表人。易购公司又与李达各出资100万元，共同设立闪购中心（普通合伙）。易购公司作为执行事务合伙人委派杨超超作为执行事务代表，闪购中心注册地址为甲市S区。

合伙企业

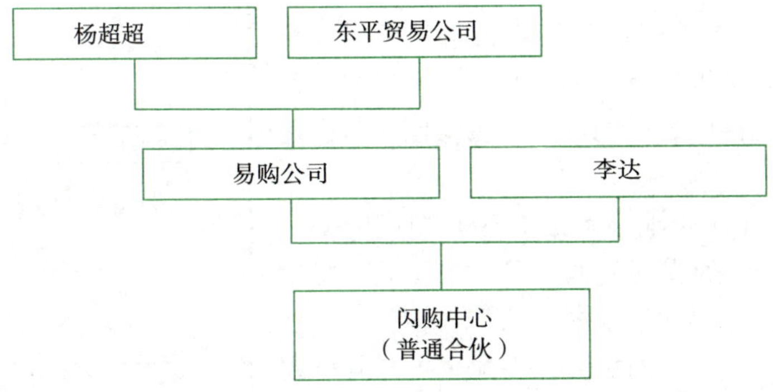

2020年8月10日，闪购中心为启动电商服务，遂自鸿发公司处借款200万元，约定借期1年，且易购公司须根据其盈利情况向鸿发公司支付利息。为担保闪购中心依约还本付息，李达以其汽车一辆为鸿发公司设立抵押担保并办理抵押登记。此外，李达的好友李淳风为该笔债务提供连带责任保证，但未约定保证期间。东平贸易公司也为该笔债务提供连带责任保证，但未召开任何会议，系其法定代表人戴眉眉擅自与鸿发公司签订的《保证合同》。为了业务合规，戴眉眉向鸿发公司出具了《董事会决议》（全部董事签字均由戴眉眉伪造），东平贸易公司《章程》规定：为他人提供担保由股东会决议。

混合担保

法定代表人越权担保

闪购中心获得该笔借款后开始电商经营。2021年1月，闪购中心自创鑫公司处购买一批坚果礼盒，预备在春节期间进行销售。双方约定，由闪购中心于1月19日，自行委派运输车辆前往创鑫公司的仓库取货。合同签订后，创鑫公司将该批货物打包，存放在指定房间。但是，闪购中心因事务繁忙，未能按期前往取货。1月23日，由于暴雨仓库被雨水浸泡，大量的坚果均出现变质。经过鉴定，该批坚果本身已经存在一定质量问题。（不影响正常食用）

买卖合同中的风险

2021年9月，闪购中心未依约向鸿发公司还款，鸿发公司遂委托劲松律师事务所律师韩静进行催讨，韩静多次向闪购中心发出律师函，闪购中心均未理会。由于闪购中心未能正常还款，致使鸿发公司欠付风行公司的到期货款300万元也未偿还。

债务人怠于主张次债权

2021年10月，风行公司遂以闪购中心、易购公司、杨超超、李达、李淳风、东平贸易公司提起诉讼，要求闪购中心偿还债务，易购公司作为普通合伙人承担连带责任，杨超超作为易购公司控股股东承担连带责任，要求实现李达提供的汽车抵押，并要求李淳风、东平贸易公司对此承担保证责任。

诉讼过程中，闪购中心抗辩称鸿发公司已经多次向自己主张权利，因此风行公司无权直接向自己主张权利。易购公司称，其仅应当在出资额100万元范围内承担责任，其出资完毕后，不应再对闪购中心债务承担责任。杨超超认为闪购中心的债务与自己无关。

李达抗辩称，汽车抵押权并未登记在风行公司名下，其无权主张实现抵押权。李淳风抗辩称，自己只是保证人，物保人李达都没有承担责任，自己也不应该承担责任。东平贸易公司称因戴眉眉越权担保，且相对人并非善意，故其不应承担担保责任。风行公司对各方的抗辩不胜其烦，又不愿意出钱委托律师，遂向法院申请撤回起诉。此后，一直未再主张权利。

撤回起诉

2021年11月11日，刘豆豆（住所地为丙市K区）自闪购中心（主要办事机构所在地为丁市X区）的直播间购买了一套厨具，邮寄至丙市F区的丈母娘家。收货后因不喜欢该款式且认为存在色差，要求闪购中心退货，遭到闪购中心的拒绝。刘豆豆遂将此事告知其好友杨凡（住所地为丙市C区），二人遂商议在网上曝光闪购中心的行为。为增加热度，刘豆豆与杨凡遂在"非常"网站上捏造闪购中心销售的产品存在重大质量瑕疵，对人体存在严重伤害的言论，导致闪购中心的销量直线降低。闪购中心遂通知"非常"网站将该信息予以删除。

网购合同争议

名誉权侵权

通知移除

易购公司和李达召开了合伙人会议后，决议对此提起诉讼，两方遂作为共同原告以刘豆豆为被告提起诉讼。诉讼过程中，刘豆豆向法院申请追加杨凡为本案的共同被告，遭到了法院的拒绝。经过法院的审理，法院认为易购公司和李达与本案没有直接的利害关系，遂裁定驳回起诉。

【采分点答案及题目解析】

1. 闪购中心能否以坚果存在瑕疵且自己未取得坚果从而拒绝向创鑫公司支付货款？为什么？（8分）

【采分点答案】

不能。（2分）

本案中，坚果因为不可归责于当事人的原因而毁损灭失，发生了买卖合同中的风险。（2分）

虽然创鑫公司未向闪购中心完成交付，但由于买受人闪购中心迟延受领，因此风险自闪购中心迟延之日起便移转给闪购中心承担。（2分）

此外，尽管创鑫公司提供的坚果存在瑕疵构成违约，但其属于一般违约，并不影响风险的转移。（2分）

综上，该买卖合同的风险由闪购中心承担，其应当继续支付价款。

【题目解析】

（1）《民法典》第605条规定：因买受人的原因致使标的物未按照约定的期限交付的，买受人应当自违反约定时起承担标的物毁损、灭失的风险。

（2）《民法典》第六百零九条　出卖人按照约定未交付有关标的物的单证和资料的，不影响标的物毁损、灭失风险的转移。

2. 闪购中心的抗辩理由是否成立？为什么？（4 分）

【采分点答案】

不成立。（2 分）尽管鸿发公司通过律师事务所要求闪购中心还款，但是其并未就闪购中心提起诉讼或者申请仲裁，（2 分）因此可以认定鸿发公司怠于主张权利，故风行公司可以行使债权人代位权。

【题目解析】

《合同编通则解释》（征求意见稿）第 34 条规定：债务人不履行其对债权人的到期债务，又不以诉讼或者仲裁方式向相对人主张其享有的债权或者与该债权有关的从权利，致使债权人的到期债权未能实现的，人民法院可以认定为民法典第 535 条规定的“债务人怠于行使其债权或者与该债权有关的从权利，影响债权人的到期债权实现”。

3. 易购公司的抗辩理由是否成立？为什么？（5 分）

【采分点答案】

易购公司的抗辩理由不成立。（2 分）

闪购中心为普通合伙企业，易购公司是其普通合伙人。（1 分）合伙企业的债务应当由合伙企业承担，对于其无法清偿的部分，全体合伙人承担无限连带责任。（2 分）

【题目解析】

普通合伙企业的债务清偿分三步：

合伙企业自有财产清偿；

不足部分，由全体合伙人承担无限连带责任；

合伙人之间进行内部追偿（约定——协商——实缴出资比例——平均）。

【易错点提示】

合伙企业与公司制度不同，公司中股东以认缴的出资额为限承担有限责任，合伙企业中，普通合伙人承担无限连带责任。

4. 杨超超的抗辩理由是否成立？为什么？（6 分）

【采分点答案】

杨超超的抗辩理由成立。（2 分）

杨超超的身份包括易购公司的股东、易购公司委派至闪购中心的代表。

（1）易购公司作为普通合伙人应当对闪购中心不能清偿的债务承担无限连带责任，但杨超超作为易购公司的股东，仅以认缴的出资额为限承担有限责任。（2 分）

杨超超已经履行了对易购公司的出资义务，故其不应当再对易购公司债务承担任何责任。

（2）普通合伙人委派的执行事务代表不是普通合伙人，无须对合伙企业债务承担责任。（2 分）

【题目解析】

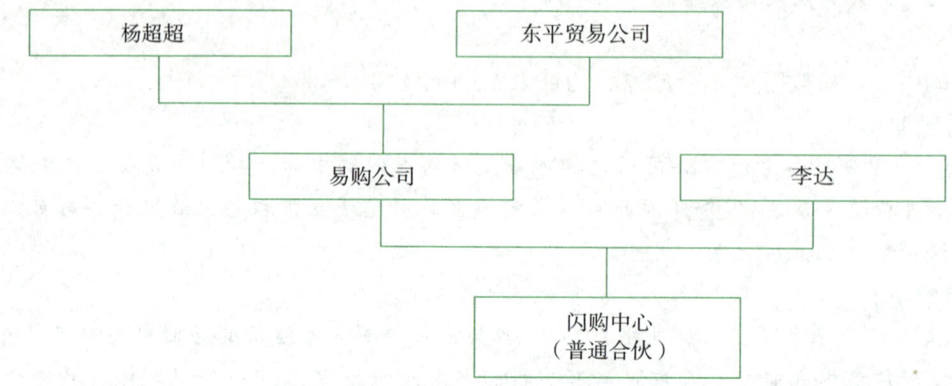

本题中是典型的"有限公司+普通合伙"的"嵌套结构"：在投资人和普通合伙企业之间以有限公司作为"夹层"，能够避免合伙企业的责任向投资人传导，即易购公司作为普通合伙人虽然承担无限连带责任，但其股东杨超超和东平贸易公司却以认缴的出资额为限承担有限责任。

5. 李达的抗辩理由是否成立？为什么？（5分）

【采分点答案】

不成立。（2分）风行公司主张代位权时，不仅可以主张实现鸿发公司享有的债权，（1分）也可以一并要求实现与该债权有关的从权利。（2分）鸿发公司对李达的汽车享有的抵押权就属于从权利，（1分）风行公司可以代位主张。

【题目解析】

《民法典》第535条第1款规定：因债务人怠于行使其债权或者与该债权有关的从权利，影响债权人的到期债权实现的，债权人可以向人民法院请求以自己的名义代位行使债务人对相对人的权利，但是该权利专属于债务人自身的除外。

【易错点提示】

两种情形下，抵押权未登记在债权人名义下，也可以主张实现抵押权：（1）债权转让时，受让人一并取得抵押权；（2）债权人行使代位权时，要求一并实现抵押权。

6. 李淳风的抗辩理由是否成立？为什么？（5分）

【采分点答案】

不成立。（2分）该笔债务既存在李达提供的物保，又存在李淳风提供的人保，其属于混合担保。（1分）但是，债务人鸿发公司并未提供物保，因此债权人主张权利不存在顺序限制。（2分）

【题目解析】

《民法典》第392条规定：被担保的债权既有物的担保又有人的担保的，债务人不履行到期债务或者发生当事人约定的实现担保物权的情形，债权人应当按照约定实现债权；没有约定或者约定不明确，债务人自己提供物的担保的，债权人应当先就该物的担保实现债权；第三人提供物的担保的，债权人可以就物的担保实现债权，也可以请求保证人承担保证责任。提供担保的第三人承担担保责任后，有权向债务人追偿。

7. 东平贸易公司的抗辩理由是否成立？为什么？（9分）

【采分点答案】

（1）东平贸易公司的抗辩理由不成立。（2分）

（2）因东平贸易公司就担保事项未召开股东会、董事会，由戴眉眉擅自签订《保证合同》，属于法定代表人越权担保。（1分）东平贸易公司是否应当承担保证责任取决于相对人鸿发公司是否属于善意相对人。

本题中鸿发公司对《董事会决议》进行了合理审查，尽到了审慎的注意义务，应当认定为善意相对人，故东平贸易公司应当承担担保责任。（2分）

虽然鸿发公司获得的并非《章程》所规定的“股东会决议”，但东平贸易公司为闪购中心提供担保属于为非关联方提供担保，鸿发公司无论是对股东会决议还是董事会决议进行了审查，都认定其履行了合理审查的义务。（2分）

最后，鸿发公司的合理审查义务仅为形式审查义务，即便《董事会决议》上的签字系伪造，也不影响东平贸易公司承担担保责任。（2分）

【题目解析】

公司提供担保包括：为非关联方提供担保和为关联方提供担保。两者的决议程序、越权担保时相对人的审核义务均有不同：

（1）为非关联方提供担保	①决议：根据公司章程，由董事会或股东（大）会决议 ②相对人并无获取、审查公司章程的义务，无论其审查了董事会决议还是股东会决议，均认定其为善意相对人
（2）为关联方提供担保	①决议：股东（大）会决议，经出席会议的其他股东所持表决权过半数通过 ②相对人应对股东（大）会决议进行审查，且决议上不应由被担保股东的签章

【相关法条】

《担保制度解释》

第7条 公司的法定代表人违反公司法关于公司对外担保决议程序的规定，超越权限代表公司与相对人订立担保合同，人民法院应当依照民法典第六十一条和第五百零四条等规定处理：

（一）相对人善意的，担保合同对公司发生效力；相对人请求公司承担担保责任的，人民法院应予支持。

（二）相对人非善意的，担保合同对公司不发生效力；相对人请求公司承担赔偿责任的，参照适用本解释第十七条的有关规定。

法定代表人超越权限提供担保造成公司损失，公司请求法定代表人承担赔偿责任的，人民法院应予支持。

第一款所称善意，是指相对人在订立担保合同时不知道且不应当知道法定代表人超越权限。相对人有证据证明已对公司决议进行了合理审查，人民法院应当认定其构成善意，但是公司有证据证明相对人知道或者应当知道决议系伪造、变造的除外。

《九民纪要》

18.【善意的认定】前条所称的善意，是指债权人不知道或者不应当知道法定代表人超越权限订立担保合同。《公司法》第16条对关联担保和非关联担保的决议机关作出了区别规定，相应地，在善意的判断标准上也应当有所区别。一种情形是，为公司股东或者实际控制人提供关联担保，《公司法》第16条明确规定必须由股东（大）会决议，未经股东（大）会决议，构成越权代表。在此情况下，债权人主张担保合同有效，应当提供证据证明其在订立合同时对股东（大）会决议进行了审查，决议的表决程序符合《公司法》第16条的规定，即在排除被担保股东表决权的情况下，该项表决由出席会议的其他股东所持表决权的过半数通过，签字人员也符合公司章程的规定。另一种情形是，公司为公司股东或者实际控制人以外的人提供非关联担保，根据《公司法》第16条的规定，此时由公司章程规定是由董事会决议还是股东（大）会决议。无论章程是否对决议机关作出规定，也无论章程规定决议机关为董事会还是股东（大）会，根据《民法总则》第61条第3款关于"法人章程或者法人权力机构对法定代表人代表权的限制，不得对抗善意相对人"的规定，只要债权人能够证明其在订立担保合同时对董事会决议或者股东（大）会决议进行了审查，同意决议的人数及签字人员符合公司章程的规定，就应当认定其构成善意，但公司能够证明债权人明知公司章程对决议机关有明确规定的除外。

债权人对公司机关决议内容的审查一般限于形式审查，只要求尽到必要的注意义务即可，标准不宜太过严苛。公司以机关决议系法定代表人伪造或者变造、决议程序违法、签章（名）不实、担保金额超过法定限额等事由抗辩债权人非善意的，人民法院一般不予支持。但是，公司有证据证明债权人明知决议系伪造或者变造的除外。

8. 如果刘豆豆在退货遭拒后，遂起诉闪购中心要求其承担产品存在色差的违约责任，该案件应当由哪个（些）法院管辖？为什么？（4分）

【采分点答案】

本案属于网购合同纠纷，（1分）应当由合同履行地和被告住所地法院管辖，（2分）交付标的的方式为实物邮寄，收货地为合同履行地，（1分）因此收货地法院（丙市F区法院）和被告住所地法院（丁市X区）法院对本案享有管辖权。

【题目解析】以信息网络方式订立的买卖合同，通过信息网络交付标的的，以买受人住所地为合同履行地；通过其他方式交付标的的，收货地为合同履行地。合同对履行地有约定的，从其约定。

9. 法院拒绝追加杨凡为共同被告的行为是否正确？为什么？（6分）

【采分点答案】

法院的做法不正确。（2分）刘豆豆和杨凡商议在网上曝光闪购中心的行为并且在"非常"网站上捏造闪购中心销售的产品存在重大质量瑕疵，二者属于有意思联络的共同侵权，（2分）应当作为必要共同诉讼的共同被告，（2分）法院应当同意追加。

10. 法院裁定驳回起诉的做法是否正确？为什么？（6分）

【采分点答案】

法院的做法正确。（2分）本案中应当以合伙企业作为原告，易购公司和李达是普通合伙人，不能以自己的名义代表合伙企业作为原告起诉，即原告不适格，不符合起诉条件。（2分）法院在立案受理后才发现不符合起诉条件的，（1分）应当裁定驳回起诉。

瑞达e学简介

瑞达e学是瑞达教育网教中心重磅推出的线上直播互动服务课堂，是专注于法律职业资格考试培训的在线网络课程。为在职、时间少、需要督促的您提供便利。无论在家、出差、在单位，无论白天、晚上，随时随地都可以听到瑞达老师的专业课程，享受贴心的陪伴带学。这里有深受学员喜爱的实战派名师，业内知名，师资雄厚；青春活力的青年讲师团队，教学实用，课程有趣；实力扎实的教辅助学团队，答疑解惑，陪考助力；贴心的导学师团队，班级内督促带学，陪伴带练；专业的规划师团队，经验丰富，为您甄选方案。

- **瑞达e学主观题VIP班简介：**

课程适合"二战"主观题学员应试备考。瑞达名师主讲，搭配e学讲师辅导课，5轮授课计划层层递进。第一轮是名师深度讲解主观题知识点，搭配讲师梳理；第二轮是名师主讲案例分析搭配讲师方法小课；第三轮是主观题密训提高；第四轮是主观题点睛冲刺；第五轮是主观题考前密押。群内有班班督学、答疑、模考和人工批改阅卷等班级服务，还有班班制定入学学习计划、跟进回访的个性化服务。

扫一扫购买

- **瑞达e学主观题"二战"先锋班简介：**

课程适合"二战"主观题学员应试备考。课程共5轮。第一轮是讲师主讲知识点+基础案例，打基础；第二轮是讲师主讲知识点+法条+方法+真题带练+典型指导案例讲解+模拟题讲解，着重做题方法、思路、法条运用等；第三轮是主观题密训提高；第四轮是主观题点睛冲刺；第五轮是主观题考前密押。群内有班班督学、答疑、模考和人工批改阅卷等班级服务。

扫一扫购买

- **扫码进群，享受瑞达e学6大服务**

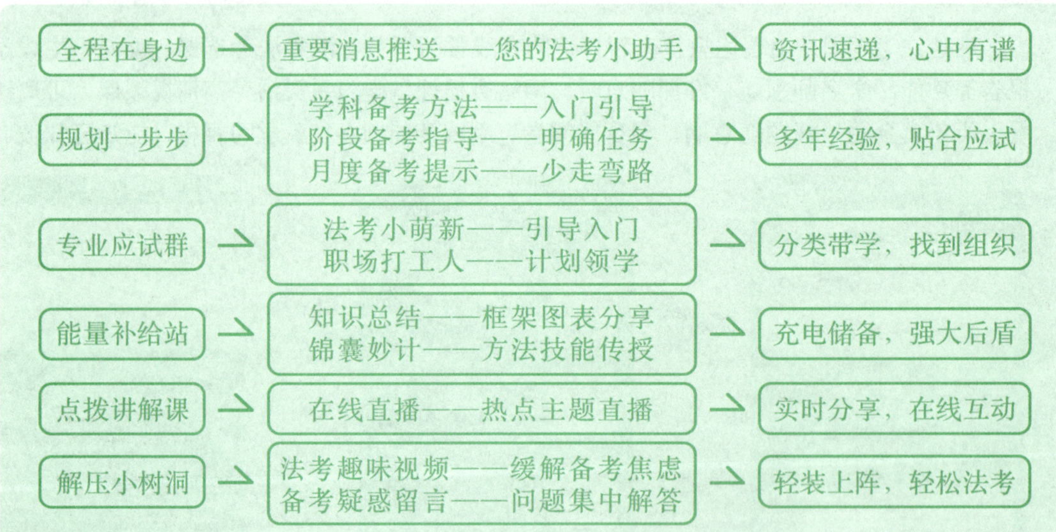

扫码关注　陪伴备考

干货推送　经验分享

法考路上，没有人是孤岛，瑞达在你身边

瑞达e学服务号

瑞达e学公众号

瑞达法考直属分校联系方式

北方分校

办公地址：北京市海淀区西三环北路72号世纪经贸大厦B座27层2700

上课地址：天津市武清区新源道18号奥蓝际德商务酒店（园区免费停车）

1. 客服值班电话：400－1660－360转1转1再转1

王老师：17343174185（同微信） 杨老师：17812032760（同微信）

2. 北京市面授及网课咨询：

闫老师：15910626131（同微信） 卜老师：15901252307（同微信）

王老师：17810798753（同微信）

3. 天津市面授及网课咨询：王老师：17810798753（同微信）

4. 河北省面授及网课咨询：卜老师：15901252307（同微信）

5. 辽宁省面授及网课咨询：陈小龙老师：17810632673（同微信）

6. 吉林省面授及网课咨询：陈鸿丰老师：17810712815（同微信）

7. 黑龙江面授及网课咨询：陈鸿丰老师：17810712815（同微信）

8. 内蒙古面授及网课咨询：陈鸿丰老师：17810712815（同微信）

9. 河南省面授及网课咨询：陈小龙老师：17810632673（同微信）

10. 山西省、陕西省咨询：卜老师：15901252307（同微信）

11. 甘肃省、新疆区域咨询：闫老师：15910626131（同微信）

12. 青海省、宁夏区域咨询：杨老师：17812032760（同微信）

南京分校

客服值班电话：4001660360转1转1再转5

江苏、安徽、山东报名咨询：沙老师13812318935；办公地址：南京市鼓楼区新楼花马路66号南邮大厦1714室

上海分校

客服值班电话：4001660360转1转1再转2

1.（市区报名）上海市静安区汉中路158号汉中广场902室；地铁1号线、12号线、13号线汉中路站下。电话：021－52902865、021－52902869、18516307172（微信同号）陈老师、13738188215（微信同号）

2.（大学城报名）上海市松江区三新北路1800弄8号楼3002室（松江大学城六期）

上海海事大学、江西省报名咨询：13052397071（微信同号）余老师

3. 上海政法学院、上海商学院、华东理工、上师大、厦门报名咨询：13052393272（微信同号）陈老师

4. 上大、贤达、金融、衫达、海关、漳州、泉州咨询：13395718787（微信同号）李老师

杭州分校

客服值班电话：4001660360转1转1转4

1. 杭州分校报名咨询：0571－87756276、13738188215（微信同号）；地址：杭州市西湖区文二路195号（靠近教工路）耀江文欣大厦1503室

2. 浙大宁波理工、温州、嘉兴地区：梅老师13738188215（微信同号）

3. 下沙地区、杭州商学院、现科、浙大城院：梅老师13738188215（微信同号）

4. 万里学院、宁波科技学院、浙江工业大学、杭州师范大学：梅老师13738188215（微信同号）

5. 绍兴地区、金华地区、农林大学、警官学院、东方财经、科艺学院：谢老师15168367817（微信同号）

广州分校

客服值班电话：4001660360转1转1再转3

广州地址：广州市天河区广州大道北613号城光大厦700A－B

咨询热线：020－62875806 手机：17688466828

乘车路线：地铁天号线平架A出口（南洋长胜酒店方向）；公交：兴华路口站

1. 广技师、五邑大学、新华学院（林老师）：16624710323

2. 广外、广大、广警、北理、北师（李老师）：18124065249

3. 广海、岭师、广油、华农、中山电子（林华老师）：13922309460

4. 广应科、培正、华师（柳老师）：13602889765

5. 韶关学院、广东工业大学、广东财经大学、广州商学院、嘉应学院、惠州学院、肇庆学院、东莞理工学院城市学院（张老师）：18620087770

深圳分校

客服值班电话：4001660360转1转1再转6

深圳地址：深圳市福田区深南中路2016号兴华大厦B座829

咨询热线：0755－23964781，手机：13316856786

乘车路线：地铁科学馆站B口出前行150米

深圳大学、海南三亚学院、海南大学咨询：13311520165（王老师）

法考 主观题加密课程获课流程

PC获课流程

① 通过浏览器输入瑞达法考的网址进行搜索，进入瑞达法考官网首页。

https://www.ruidaedu.com

② 进入首页后，点击导航上的“主观题”进入加密课程专题页面。

首页 免费课堂 配套教材 瑞达讲师 ………… 学习部落 主观题 机考模拟

③ 进入主观题专题页后点击 “加密课程” 进行登录。
（提示：若无官网账号，请先进行注册再登录）

④ 登录后需要刮开获课码，输入20位获课码将加密课程与账号绑定，完成后即可学习加密课程。
（提示：课程上传后才会生效，若已有获取的课程，则直接进入加密课程页面进行学习）

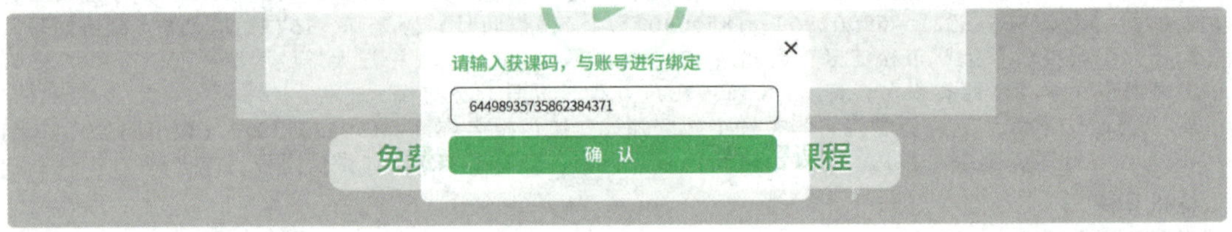

APP获课流程

扫码下载“瑞达法考”APP。
（如手机应用商店无法检索，请联系客服获取下载途径）

点击“学习”进入学习模块

点击“+”进入课程获取界面

点击“图书产品”输入20位获课码，点击“→”课程获取成功后会跳转到学习界面

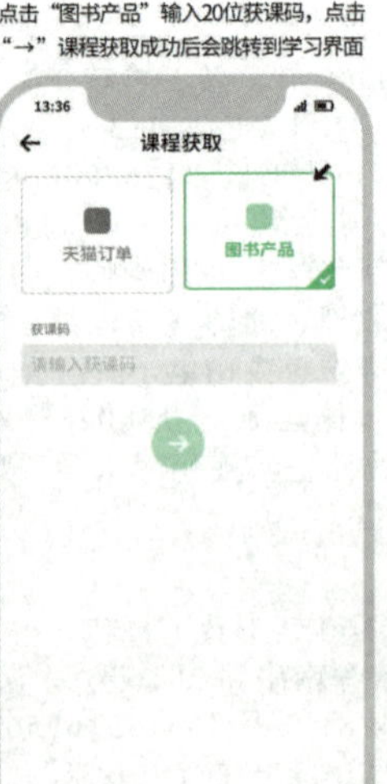

获课成功后，在“权限课”中可查看，进入课程界面，点击目录选择课程进行听课。